CW01497325

MEIN KIND

MEIN KIND

Unsere ersten drei Jahre

Rose Riecke-Niklewski

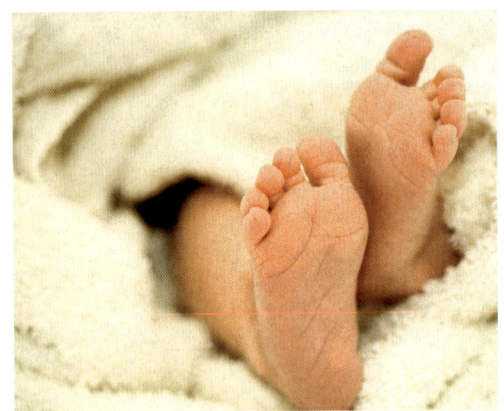

INHALTSVERZEICHNIS

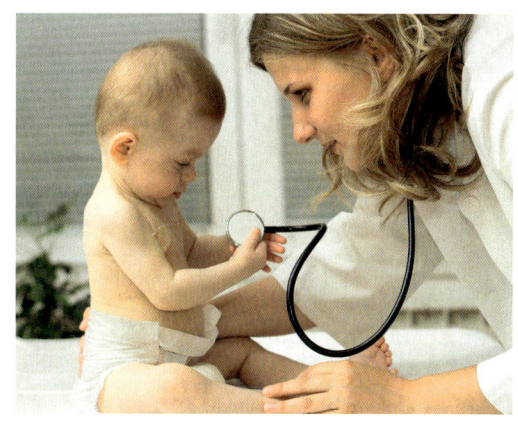

NEUGEBOREN: AUF GEHT'S!

Da ist es – endlich – Ihr Baby, auf das Sie schon lange mit Vorfreude, Neugier, Spannung, vielleicht auch Anspannung und mancherlei Befürchtungen gewartet haben, ist geboren. Die Geburt ist überstanden. Sie sind Mutter und Vater geworden!

DER ERSTE AUGENBLICK – DIE ERSTE BEGEGNUNG

Viele Mütter berichten, dass mit dem Augenblick der Geburt, die Schmerzen und Anstrengungen der letzten Stunden vergessen sind. Auch das Baby scheint – eine komplikationslose Geburt ohne besondere medikamentöse Belastung vorausgesetzt – sein Geburtserlebnis erst einmal „vergessen" zu haben: Gerade in den ersten Stunden nach der Geburt zeigt es sich ausgesprochen wach, aufnahmebereit und interessiert – weit mehr als in den folgenden Tagen.

Was in dieser intensiven Zeit– jetzt so kurz nach dem „Schock" der Geburt, den wir uns für es ausmalen – in ihm vorgeht weiß keiner. Was man aber beobachten kann: Lässt man das Neugeborene in engem Hautkontakt mit seiner Mutter gewähren, beginnt es nach einer kurzen Er-holungspause die Brustwarze seiner Mutter zu suchen und es findet sie geleitet von seinem Geruchssinn. Es schafft es sogar, sich mit seinen Beinchen abzustoßen und allein Richtung Brust zu robben. Schmatzend mit geschürzten Lippen und mit angestrengten Suchbewegungen seines kleinen Kopfes erreicht es sie. Schon kurz davor öffnet es seinen Mund und kann nun seine Lippen um die Brustwarze schließen. Geschafft!

Doch noch wichtiger scheint dem Baby das Gesicht seiner Mutter. Ihm widmet es sich mit seiner ganzen Aufmerksamkeit. Trotz der enormen Anstrengungen der Geburt scheint es gerade in den ersten Minuten „ganz Auge" und sucht den Augenkontakt mit seiner Mutter. Der erste Augenblick ist wirklich ein Augen-Blick.

Kein Blind Date

Mütter kennen ihr Kind schon lange. Auch ohne die moderne Ultraschalldiagnostik haben sie das Ungeborene wahrgenommen. Sie haben bemerkt, auf welche äußeren Reize ihr Baby mit Strampeln reagiert, welche ihrer Bewegungen es beruhigen, welche anregen. Sie wussten, zu welcher Tages- und Nachtzeit es besonders aktiv ist und wann es tief schläft. Wie selbstverständlich haben sie die Aktivitäten und Reaktionen des Babys gedeutet, ihm Temperament, Ruhebedürfnis, Aufgeregtheit oder Gelassenheit zugeschrieben und sich so auf ihr Kind vorbereitet.

Spätestens mit den ersten spürbaren Kindsbewegungen haben sie ihr Baby als eigenständiges, ganz individuelles Wesen erlebt und nach und nach eine innere Vertrautheit mit ihm entwickelt.

Mütter (und Väter, denn auch sie sind meist schon lange vor der Geburt mit ihrem Kind in Beziehung getreten) machen sich spätestens dann, wenn sie erfahren, dass sie „schwanger" sind, Gedanken über ihr zukünftiges Baby, über sich als Eltern sowie über die Familie, die sie sein werden, die sie sein wollen. In diese Gedanken und die Gefühle, die damit verbunden sind, fließen ihre eigenen Erinne-

INFO Angeboren!

Tatsächlich – dem Baby ist dieses sogenannte Nippelsuchverhalten im wahrsten Sinne des Wortes angeboren: es bringt die Fähigkeit, die Brustwarze zu finden, mit der Geburt auf die Welt. Aber schon bei diesem „angeboren" spielt das Erlernen eine wichtige Rolle. Denn das Baby sucht seine Brustwarze, nämlich die, die genauso riecht wie die Fruchtwasserflüssigkeit, die es nun schon so gut kennengelernt hat. Woher man das weiß? Das menschliche Baby reagiert genauso wie viele andere Neugeborene unserer Säugetierverwandtschaft, und diese – das haben Experimente gezeigt – suchen ihre Nahrungsquelle dort, wo es so riecht wie im Mutterleib. Wäscht man die Nippel ihrer Mutter ab und gibt stattdessen auf deren Rücken einige Tropfen des abgegangenen Fruchtwassers, so suchen die Tierbabys an dieser Stelle – und spritzt man der trächtigen Mutter einige Tropfen Zitronenaroma ins Fruchtwasser, so werden die Nippel dort gesucht, wo die Mutter nach Zitrone riecht. Das scheinbar rein instinktive Verhalten nach der Nahrungsquelle ist also von Geburt an verbunden mit dem Suchen nach der „erlernten" Kombination von bestimmten Geruchsempfindungen sowie der damit verbundenen Erfahrung von Geborgenheit im Mutterleib.

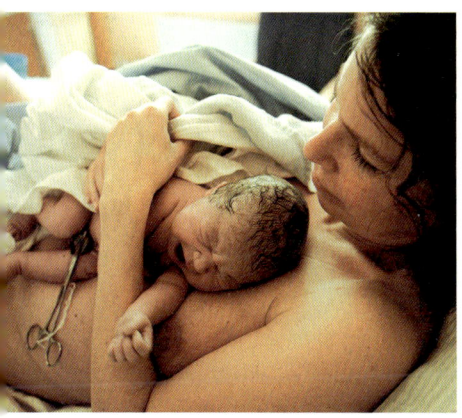
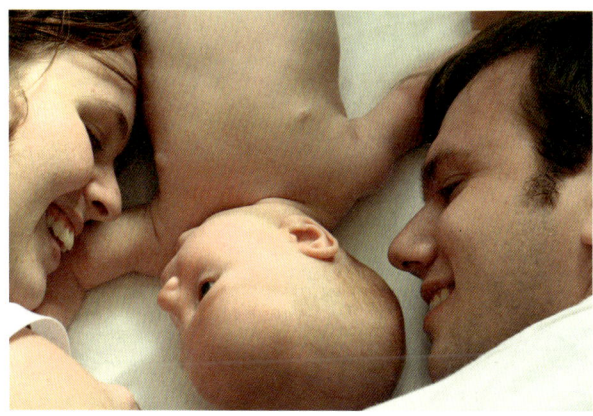

rungen ein und Erfahrungen – die gegenwärtigen, aber auch die vergangenen, vor allem die, die sie als Kind ihrer Eltern gemacht haben. Wichtig sind auch alle Fantasien, die sie je über sich als Eltern, über Erziehung, über Familie, im Grunde genommen über ihr Leben gemacht haben.

Diese „Geburtsvorbereitung" ist nachhaltiger als Atemübungen, Schwangerschaftsgymnastik und Massagen. Denn sie lässt in den Eltern Bilder von ihrem Baby und von sich selbst als Eltern entstehen, die von Anfang an ihre Gefühle, ihre Einstellung und ihr Verhalten gegenüber dem Baby, das gerade geboren wurde, prägen.

„Ein Herz und eine Seele"

Aber auch das Baby „kennt" seine Mutter. Vom Moment seiner Zeugung an bestand ein reger Austausch zwischen ihm und seiner Mutter. Zu Anfang war es nur das Blut, das dem Embryo, dann dem Fötus über seine Mutter während der Schwangerschaftsmonate Auskunft gab. Es teilte ihm mit, ob sie gesund oder krank war, wie sie sich ernährte, ob sie sorgsam mit ihm und seiner Entwicklung umging, oder ob sie trotz Schwangerschaft zum Beispiel rauchte und Alkohol trank. Jeder weiß von den schädigenden Wirkungen auf ein ungeborenes Baby, die bestimmte Infektionen (zum Beispiel Röteln) der Mutter oder „Gifte" (wie Alkohol, Nikotin, andere Suchtstoffe und Medikamente) haben können.

Das Baby erfuhr auch ihre Stimmungslage, ob sie seiner Ankunft entspannt oder angespannt, voller (Selbst-)zweifel und Angst oder freudig entgegensah und ob sie genügend Unterstützung erhielt, um sich gelassen auf ihre neue Aufgabe einlassen zu können. Diese Informationen erhielt das Baby über die Zusammensetzung des mütterlichen Blutes. Der Anteil an Sauerstoff, den es über die Plazenta erhielt, der Spiegel an („Stress"- oder „Glücks"-)Hormonen und Botenstoffen waren die Indikatoren. Denn alle Gefühle gehen mit Veränderungen des (Gehirn-) Stoffwechsels einher, die sich im Blut nachweisen lassen. Und das mütterliche Blut ist nun mal nicht zu trennen vom Blut des Babys in ihrem Bauch.

Und was macht das Baby aus diesen Informationen? Es reagiert durch sein Wachsen und Gedeihen. Beide Vorgänge sind schon jetzt nicht nur durch die Veranlagung des Babys, sondern auch durch die Umwelt – hier also das Leben im Bauch der Mutter – geprägt. Das ist nicht besonders überraschend, weil ihr Blut auch sein Blut, ihr Körper auch sein Körper ist.

Man weiß inzwischen, dass bestimmte Botenstoffe, die bei der Mutter eine wesentliche Rolle im Stoffwechsel des Gehirns und damit auch im Gefühlshaushalt spielen, in seiner vorgeburtlichen Entwicklung als Signalstoffe dienen, die die Weichen für ganz bestimmte Entwicklungsprozesse stellen.

Man weiß auch, dass bestimmte Hormone, auch solche, die mit dem Erleben der Mutter zusammenhängen, durch die Plazenta ihren direkten Weg ins Gehirn des ungeborenen Babys finden und dort dessen Entwicklung beeinflussen. Ein Beispiel dafür ist eine hohe Konzentration des Stresshormons Kortisol. Genauer: Steht die zukünftige Mutter auf Dauer unter Stress – läuft also ihre Kortisolproduktion auf Hochtouren –, kann sich ihr Stress durch die hohe Kortisolkonzentration in ih-

INFO   „Geburtstrauma"

Viel ist über das Geburtserlebnis eines Babys spekuliert worden. Dass seine Geburt dramatische Veränderungen für den neuen Erdenbürger mit sich bringt, ist offensichtlich. Die Geburt ist – betrachtet man sie aus dem Blickwinkel eines Erwachsenen – alles andere als einfach. Gequetscht und hinausgeschubst durch die Kontraktionen des Uterus – denen es sich im Übrigen durchaus aktiv durch Drehen und Winden anpasst – befindet sich das Neugeborene plötzlich in einer Situation, die so gar nicht dem möglicherweise paradiesischen Zustand im Bauch seiner Mutter gleicht. Zu dieser Umgebung gehören meist grelles Licht, Temperaturschwankungen, „ungefilterte" Geräusche, die Erfahrung der Schwerkraft, die nicht dem „schwerelosen" Schaukeln im Mutterleib gleicht, und – ganz dringend – Luft zum Atmen, die

es nun holen muss. Bald auch wird es Hunger und Durst verspüren, da das „Rundum-Sorglos-Paket", das durch die Nabelschnur gewährleistet war, mit dem Geburtstermin „abgelaufen" ist. Ist allein dies „traumatisch", wie manche meinen? Wir wissen es nicht.

Muss man nicht angeborene Fähigkeiten annehmen, die dem Baby helfen, genau damit fertig zu werden?

Anders ist dies sicher bei einer zu frühen oder bei einer schwierigen, zu langen Geburt oder wenn das Baby nach einer Notsituation (Sauerstoffmangel, Geburtsstillstand, Nabelschnurumschlingung ...) „geholt" werden muss, also bei Geburten, die die Lebenschancen des Babys auf dem Weg ins Leben tatsächlich bedrohen. Solche Erfahrungen können die Anpassung an das Leben „draußen" erschweren oder gar „Narben" hinterlassen.

rem Blut auf die Entwicklung seines Gehirns auswirken. Schon vor dem eigentlichen Start wird das Baby für „Stress" sensibilisiert. Darauf wird später noch eingegangen (siehe Seite 109).

Eine sinnliche Bekanntschaft

Nach und nach erlebt das Baby seine Mutter auch über seine fünf Sinne, die sich vom Tastsinn (nach einigen Wochen) über den Hör- und Geschmackssinn (ab dem vierten Monat) und dem Gesichtssinn, über den es etwa ab dem letzten Schwangerschaftsdrittel hell und dunkel – dies im Zusammenhang mit dem tageszeitlichen Rhythmus seiner Mutter – erkennen kann, entwickeln.

Von Anfang an reagiert das Baby auf seine Wahrnehmungen. Ab dem dritten Monat versucht es, bei „umwerfenden" Bewegungen seiner Mutter seinen Kopf im Gleichgewicht zu halten, und es reagiert mit Bewegung seiner Ärmchen und Beinchen sowie einer Veränderung seiner Lage auf Druck oder Berührung des Bauches. Bald schon zeigt es durch seine Bewegung auch, dass ihm diese oder jene Aktivität oder Körperhaltung der Mutter besonders ge- oder missfällt.

Die frühe Entwicklung des Geruchs- und Geschmackssinns (schon ab dem sechsten Monat) bereitet es auf das erste Kennenlernen vor. Aromastoffe, die es im Bauch wahrgenommen hat, die typisch für seine Mutter und zum Beispiel ihr Er-

nährungsverhalten sind, „erkennt" es nun nach der Geburt wieder. Sie machen ihm seine Muttermilch vertraut. Der Geruchssinn zeigt ihm den Weg zur besten Quelle.

Besondere Bedeutung für das vorgeburtliche Kennenlernen hat auch das Hören. Schon nach der 16. Schwangerschaftswoche zeigt sich das Baby als durchaus geräuschempfindlich und es reagiert bald gegenüber Geräuschen, Tönen und Stimmen, die von außen kommen, mit eindeutigen Vorlieben oder Abneigung. Einem leisen Geräusch – so können Ultraschallbilder zeigen – wendet es sich zu, ein lautes Geräusch neben der Mutter lässt es zusammenzucken. Es zeigt durch seine Aktivität, ob ihm eine ganz bestimmte Musik, die seine Mutter gerade hört, besonders gefällt oder missfällt. Es erkennt in den letzten Monaten Melodien wieder und es lässt sich durch das Vorsingen oder Vorspielen häufig gehörter Lieder oder Musikstücke beruhigen. Aber vor allem die Stimme seiner Mutter hat es ihm angetan. Sein Herz schlägt schneller, wenn es diese Stimme hört, während sein Puls sich verlangsamt, wenn eine fremde Stimme zu ihm spricht.

Schon vor seiner Geburt hat das Baby also seine Mutter „kennengelernt": Ihre Stimme, ihr Geschmack, Geruch, Herzschlag, Rhythmus, ihre Art, sich zu bewegen, sind ihm vertraut. Es ist gut vorbereitet für die erste Begegnung von Angesicht zu Angesicht.

ALLES IN ORDNUNG? DIE ERSTEN MEDIZINISCHEN CHECKS

Jede Schwangerschaft ist begleitet von Befürchtungen und Ängsten.

Eine Hauptsorge aller Eltern ist immer: Wird unser Kind gesund zur Welt kommen? Ein Großteil ihrer Befürchtungen ließ sich vielleicht durch die regelmäßigen Vorsorgeuntersuchungen während der Schwangerschaft zerstreuen, durch die der Frauenarzt mit hoher Sicherheit genetische Schäden, Entwicklungsstörungen oder Funktionsstörungen des Herz-Kreislauf-Systems ausschließen konnte. Die Ultraschallaufnahmen haben ihnen bestätigt, dass ihr Kind sich normal entwickelt hat und keine äußeren Fehlbildungen zu erwarten sind. Und trotzdem: Nach wie vor ist die dringlichste und erste Frage aller Eltern nach der Geburt: Ist unser Baby gesund?

In der modernen Geburtshilfe können sich Eltern auf einen großen Erfahrungsschatz und hoch entwickelte medizinische Untersuchungsmethoden verlassen. Diese versetzen die die Geburtshelfer –Ärzte und Hebammen – innerhalb der ersten Minuten in die Lage, diese Frage mit einem uneingeschränkten Ja zu beantworten oder eventuell lebensrettende Maßnahmen und das Risiko einer vielleicht lebenslangen Behinderung oder lebensbedrohlichen Krankheit gering zu halten oder auszuschalten. Sie folgen dabei ausgefeilten Checklisten, die entwickelt wurden, um, wenn es sein muss, in kürzester Zeit nach der Geburt handeln zu können.

APGAR-Test

Der allererste Test – er findet in der ersten, fünften und in der zehnten Minute statt – ist der Apgar-Test, dessen Ergebnis auch als Apgar-Zahl festgehalten wird. Er zeigt an, wie das Baby die Geburt überstanden hat und ob und wie es in der Lage ist, die sehr komplizierte Umstellung und Anpassung an die neue Umgebung außerhalb des Mutterleibs zu meistern. Der Vorteil des Apgar-Tests ist seine einfache Handhabung. Entgegen früheren Annahmen sagt er jedoch nichts über die zukünftige Entwicklung des Babys aus.

Die US-amerikanische Kinderärztin Virginia Apgar hat den Punktindex zur Beurteilung der Lebensfähigkeit des Neugeborenen als Erste formuliert. Daher die Bezeichnung, die sich auch im Sinne einer Eselsbrücke aufschlüsseln lässt:

- A wie Aussehen,
- P wie Puls,
- G wie Gesichtsbewegungen,
- A wie Aktivität (Muskelspannung) und
- R wie Respiration (Atmung).

Die Beurteilung wird für alle Bereiche nach einem Punktsystem von null bis zwei vorgenommen. Man erhält also fünf Einzelwerte zwischen null und zwei. Ein Wert von Zwei für P = Puls bedeutet, dass der Puls des Babys normal ist, also bei über 100 Schlägen pro Minute liegt; ein Baby, dessen Puls unter 100 liegt, erreicht den Punktwert Eins; wenn kein Puls gemessen werden kann, den Punktwert Null.

Gesunde Babys haben danach Apgar-Werte, die – zählt man alle fünf Einzelwerte zusammen – zwischen sieben und zehn Punkten liegen. Eine Zahl unter sieben weist darauf hin, dass das Kind Schwierigkeiten mit der Umstellung von Atmung und Kreislauf hat. Es bedarf der genauen Beobachtung, eventuell weiterer Untersuchungen oder erster medizinischer Maßnahmen wie etwa einer zusätzlichen Sauerstoffgabe. Ein Apgar-Wert unter fünf zeigt an, dass das Neugeborene sich in einem kritischen Zustand befindet. Sofortige Hilfen sind notwendig.

Die ersten Apgar-Werte werden vom Geburtshelfer oder der Hebamme während der Routineversorgung (Abnabeln, Abtrocknen, etc.) erhoben. Der Test wird – wenn das Baby vielleicht schon auf dem Bauch oder im Arm seiner Mutter liegt – wiederholt. Jetzt nach fünf Minuten und – im Zweifelsfall – noch einmal nach zehn Minuten sind die Apgar-Zahlen meist höher als bei der ersten Messung. Das zeigt, dass das Baby sich schon von dem Stress der Geburt erholt hat und sich an das Leben außerhalb des Mutterleibs gewöhnt. Ebenfalls in den ersten Minuten nach der Geburt – noch vor der Abnabelung – wird das Verhältnis von Säuren und Basen im Nabelschnurblut kontrolliert, da dieser Wert Auskunft über einen eventuellen Sauerstoffmangel während der Geburt geben kann.

U1 – Die Erstuntersuchung

Ungefähr zehn Minuten nach der Geburt findet meist die nächste Untersuchung statt, die Neugeborenen-Erstuntersuchung. Sie ist im Übrigen die erste Untersuchung – deshalb U1 – einer Reihe von insgesamt zwölf Vorsorgeuntersuchungen des gesetzlich geregelten Früherken-

---

INFO **Früher ging es doch auch!**

Dass Frauen schon immer auch ohne die moderne Medizin und Geburtshilfe gesunde Kinder zur Welt gebracht haben, ist einerseits richtig. Andererseits muss auch bedacht werden: Das Risiko für Mutter und Kind war immer ungleich höher. Am Leben blieb unter den so oft beschworenen natürlichen Bedingungen ein Kind nur dann, wenn Schwangerschaft und Geburt einen normalen Verlauf nahmen, also Komplikationen, Fehlbildungen, Unverträglichkeiten und Krankheiten ausblieben, und wenn seine Konstitution und sein allgemeiner Gesundheitszustand gut waren. Der Sinn moderner Geburtsmedizin und der ersten Untersuchungen ist also die Verringerung des Risikos, ein Kind zu verlieren oder eine bleibende Behinderung in Kauf nehmen zu müssen.

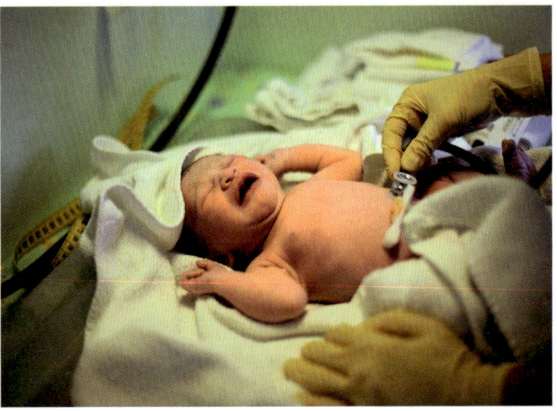

nungsprogramms (siehe Seite 246) für Kinder bis zum Ende des Jugendalters der gesetzlichen und privaten Krankenkassen in Deutschland.

Durch diese erste gründlichere Inspektion sollen Geburtsverletzungen und Fehlbildungen ausgeschlossen werden. Bestehen geringste Zweifel am Gesundheitszustand des Babys, wird – hoffentlich – ein Kinderarzt mit Weiterbildung zur Neonatologie (Lehre vom Neugeborenen) hinzugezogen, um so schnell wie möglich eventuell notwendige Behandlungen einleiten zu können.

Größe und Gewicht

Ein gesundes Neugeborenes wiegt im Durchschnitt 3,4 Kilogramm (95 Prozent wiegen zwischen 2,5 und 4,6 Kilogramm). Jungen sind allgemein etwas schwerer als Mädchen, erstgeborene Kinder etwas leichter als die nachfolgenden Geschwister. Die Größe beträgt im Durchschnitt 50 bis 51 Zentimeter. Mädchen und Erstgeborene sind meist etwas kleiner.

Größe und Gewicht hängen von verschiedenen Faktoren ab. Ausschlaggebend dafür ist vor allem die Vererbung. Große Eltern bekommen meist große, schwere Babys. Kleine, leichte Kinder haben meist auch kleine, zierliche Eltern. Größe und Gewicht hängen natürlich auch

von der Schwangerschaftszeit, dem Gestationsalter des Neugeborenen ab. Verschiedene vorgeburtliche Faktoren (zum Beispiel die Plazentafunktion oder eventuelle Krankheiten der Mutter und Krankheiten des ungeborenen Kindes) spielen eine Rolle. Ebenso beeinflussen Alkohol- und Nikotinmissbrauch der Mutter Größe und Gewicht ihres Fötus beziehungsweise Neugeborenen. So wiegen Babys rauchender Mütter im Allgemeinen 100 bis 300 Gramm weniger als durchschnittliche Neugeborene. Mütter, die unter Diabetes leiden, haben hingegen meist schwerere Babys.

Der Reifezustand

Da man weiß, dass die körperliche Entwicklung von der Dauer der Schwangerschaft abhängt, können die Geburtshelfer aufgrund bestimmter Merkmale wie dem Aussehen der Brustwarzen und Brustdrüsen etwa oder der Behaarung, dem Aussehen der Geschlechtsteile, der Ohrmuschel oder bestimmter Falten an den Fußsohlen die Tragzeit und damit den Reifezustand des neugeborenen Babys bestimmen. Vor allem die Haut gibt wichtige Hinweise, ob ein Neugeborenes zu früh oder zu spät geboren wurde. Ein übertragenes Baby hat zum Beispiel meist die typischen „Waschfrauenhände" und seine

Noch keine zehn Minuten alt, da wird der neue Erdenbürger schon überprüft –
Muskeln, Atmung und einiges mehr geben den Geburtshelfern Auskunft über den Gesundheitszustand des Säuglings.

Haut wirkt dick, fast pergamentartig. Die Haut eines zu früh geborenen Babys dagegen ist sehr dünn und lässt die Blutgefäße bläulich durchschimmern, da das Unterhautfettgewebe noch fehlt, die Finger- und Zehennägel erreichen nicht die Kuppe.

Wie das Baby schreit, seine Bewegungen beim Schreien und Gehaltenwerden, die Spannung seiner Muskeln (Muskeltonus) beim Liegen und Getragenwerden, seine allgemeine Ansprechbarkeit (das heißt sein Repertoire an Reaktionsmustern auf die Umwelt), sagen Geburtshelfern eine Menge über den Stand seiner neurologischen Entwicklung, das heißt seines Gehirns und seines zentralen Nervensystems. Wichtige Hinweise liefert die Haltung des Neugeborenen, zum Beispiel wie es in der Bauch-Hänge-Lage auf den Händen des Arztes liegt, wie es seinen Kopf hält beim Hochziehen und welche Lage es liegend von selbst einnimmt.

Ein weiteres wichtiges Indiz für die gesunde neurologische Entwicklung und seiner Steuerungsfunktionen sind die sogenannten Primitivreflexe des Neugeborenen, das heißt seine unwillkürlichen Reaktionen auf äußere und innere Reize. Sie lassen sich beim Neugeborenen auslösen, da seine Hirnrinde noch nicht voll ausgereift ist – deshalb primitiv – und deshalb die Stammhirnfunktionen noch den Ton angeben.

Bestimmte Reflexe treten erst mit einem gewissen Reifegrad, das heißt ab einem bestimmten Konzeptionsalter (Alter des Kindes seit der Zeugung) auf. Ein Frühgeborenes etwa hat ein anderes Reflexverhalten als ein Kind, welches zum Termin geboren wurde. Fehlt eine bestimmte, bei gesunden reifen Neugeborenen mit Sicherheit vorhersagbare Reaktion auf einen Reiz, kann dies anzeigen, dass etwas nicht in Ordnung ist. Weitere Untersuchungen müssen dann eingeleitet werden.

Auch für die zukünftige Entwicklung können solche Reflexe ein guter Indikator sein. Denn manche entstehen und verschwinden in ziemlich genau datierbarer und vorhersagbarer Reihenfolge abhängig vom Entwicklungsstand des Kindes.

Blutuntersuchungen

In der Regel wird bei der ersten Untersuchung nur der Säuregehalt des Blutes, der pH-Wert und der Hämoglobin-Wert (Hb) bestimmt.

Das Blut für diese Untersuchung wird aus der Nabelschnur entnommen. Wenn der pH-Wert zu niedrig ist, bedeutet dies, dass das Blut des Neugeborenen zu „sauer" ist – oftmals die Folge eines schwierigen Geburtsverlaufs. Dann muss das Neugeborene besonders überwacht werden, damit gegebenenfalls medizinische Maßnahmen eingeleitet werden können. Ein niedriger Hb-Wert weist auf einen Blutverlust vor oder bei der Geburt hin.

Einige Tage später bei der Neugeborenen-Basisuntersuchung (siehe Seite 16), werden dem Baby noch einmal ein paar Tropfen Blut abgenommen, um dann

BILD 1: Ganz im „heiteren" Schlaf vertieft – das Messen der otoakustischen Emissionen (TEOAE) scheint dem Kleinen nicht lästig zu sein.
BILD 2: Und auch die Hirnstammaudiometrie (AABR) verursacht hier keinen Unmut.

durch aufwendige Laboruntersuchungen eventuelle lebensbedrohliche Stoffwechselerkrankungen so früh wie möglich erkennen und behandeln zu können. Mit dem TSH-Test, der bei der U2 durchgeführt wird, werden Störungen der Schilddrüsenfunktion erfasst. Er soll vor allem eine Schilddrüsenunterfunktion, die schwerwiegende Folgen für die Entwicklung des Kindes hätte, ausschließen. Ebenso wichtig ist der Guthrie-Test, der zwischen dem dritten und fünften Lebenstag durchgeführt wird. Er ist ein Labortest zur Früherkennung gefährlicher, jedoch behandlungsfähiger Stoffwechselerkrankungen, die unbehandelt vor allem das Nervensystem schädigen und damit die normale Entwicklung des Kindes beeinträchtigen oder zu einer lebensbedrohlichen Stoffwechselentgleisung führen können. Spezielle Diäten oder die Gabe von Hormonen können die Auswirkungen dieser Stoffwechselstörungen abwenden.

Zur Basisuntersuchung gehört auch das Neugeborenen-Hörscreening. Es besteht aus einer Routineuntersuchung (Stufe 1), die bei negativem Ergebnis wiederholt (Stufe 2) und in Zweifelsfällen mittels weiterer Untersuchungen überprüft wird (Stufe 3). Zuerst werden die otoakustischen Emissionen (TEOAE) an beiden Ohren getestet. Bei diesem Messverfahren gibt eine Sonde im Gehörgang ein leises Klickgeräusch ab – und die Sinneszellen des Innenohrs senden eine Art Echo zurück, wenn sie in Ordnung sind. Die Untersuchung ist gefahrlos und kann an wachen oder schlafenden Neugeborenen durchgeführt werden.

Oft ist der erste Test noch nicht aussagekräftig, denn im Gehörgang können Reste von Fruchtwasser die Schallleitung beeinträchtigen. Genauso können Störgeräusche von außen oder unruhige Bewegungen der Kleinen das Resultat verfälschen. Der Test wird dann einige Tage

INFO   **Der zweite Check – Die Neugeborenen-Basisuntersuchung**

Die sogenannte Neugeborenen-Basisuntersuchung (U2, siehe Seite 251) wird, wenn Sie in der Klinik entbunden haben, zwischen dem dritten und zehnten Lebenstag Ihres Kindes vorgenommen, also meist noch vom Kinderarzt Ihres Krankenhauses. Der Kinderarzt verfolgt wie schon die Geburtshelfer bei der U1 (siehe Seite 13) auch bei

dieser zweiten Untersuchung ein vorgeschriebenes Untersuchungsschema, dessen Ergebnisse wie auch die der ersten Untersuchung in das sogenannte „Gelbe Heft" (siehe Seite 250) eingetragen werden. Genauere Informationen über diese Untersuchung und das „Gelbe Heft" finden Sie im Kapitel „Gesundheit" (siehe Seite 243).

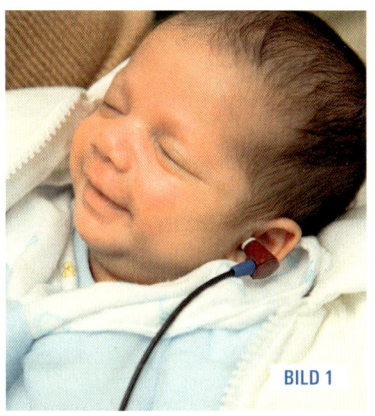

BILD 1

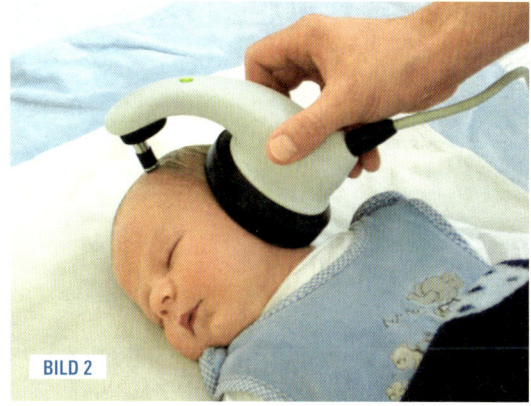

BILD 2

später wiederholt. Sollte auch die Kontroll-untersuchung Auffälligkeiten ergeben, wird noch auf der Neugeborenenstation oder am Kinderbett eine automatisierte Form der Hirnstammaudiometrie (AABR) durchgeführt. Sie misst, ob Schallwellen als elektrische Impulse aus dem Innenohr an das Gehirn weitergeleitet werden, und man erfährt so, ob die nervlichen Prozesse, die bei der Verarbeitung von Geräuschen im Hirnstamm ablaufen, unauffällig sind.

Die Häufigkeit, das ein Kind eine Hörstörung hat, ist aber eher gering (1 Kind von 30 bis 40 Kindern, Quelle: Gemeinsamer Bundesausschuss, GBA).

LESETIPPS

Zusätzliche Informationen zum Neugeborenen-Hörscreening finden Sie im Artikel „Nützlicher Klick im Ohr", erschienen im test-Heft Februar 2010. Dieser Beitrag ist auch unter www.test.de abrufbar (für eine Gebühr von 1,50 Euro).

Vitamin K

Auf Empfehlung der Ernährungskommission erhalten alle Neugeborenen sofort nach der Geburt, dann noch einmal am fünften und achten Lebenstag je 2 Milli-gramm des für die Gerinnungsfähigkeit des Blutes notwendigen Vitamin K. Damit soll möglichen größeren und damit lebensbedrohlichen Hirnblutungen vorgebeugt werden, die sich bei Störungen des Gerinnungssystems aus den in der Neugeborenenphase nicht seltenen winzigen und punktförmigen Blutungen entwickeln können. Sicherheitshalber wird die Vitamin-K-Gabe am Ende der vierten Lebenswoche wiederholt. Sämtliche Vitamin-K-Gaben erfolgen meist in der kinderärztlichen Praxis während der Vorsorgeuntersuchungen U2 und U3 (siehe Seite 251f.). Übrigens: Der alte Verdacht, eine solche Vitamin-K-Gabe könne krebserregend sein, bezieht sich auf eine Injektion unter die Haut oder in den Muskel. Heute wird Vitamin K jedoch nur noch in Tropfenform (oral = durch den Mund) verabreicht. Mögliche Bedenken gegen diese vorbeugende Maßnahme sind also nicht angebracht.

Gelbsucht

Die Leber von Neugeborenen nimmt ihre Funktion erst allmählich auf. Dadurch erhöht sich die Konzentration von Bilirubin, einem Abbauprodukt des Blutfarbstoffs Hämoglobin, im Körper. Deshalb kann es sein, dass Sie bei Ihrem Baby in den ersten Tagen nach der Geburt eine leichte Gelbfärbung der Haut und der Bindehaut des Auges beobachten können. Diese Neugeborenen-Gelbsucht, die meist völlig ungefährlich ist, verschwindet im Allgemeinen von selbst innerhalb einer Woche.

Aber: Verläuft die Neugeborenen-Gelbsucht besonders schwer oder wird nicht rechtzeitig erkannt und behandelt, besteht das Risiko eines Kernikterus. Beim Kernikterus lagert sich das Bilirubin auch im Gehirn ab. Dadurch können Nervenzellen im Gehirn absterben und es kommt zu dauerhaften Schäden. Deshalb muss der Verlauf der Gelbsucht genau beobachtet werden. Sinkt der Wert nicht wie erwartet nach vier bis sechs Tagen ab, oder übersteigt die Bilirubin-Konzentration einen bestimmten Grenzwert, ist eine Phototherapie notwendig. Dabei wird das Baby zumeist in zwei Intervallen von jeweils sechs Stunden einer blauen Lichtquelle ausgesetzt. Durch das Licht spaltet sich Bilirubin in Moleküle, die aus dem Körper besser ausgeschieden werden können. Im Extremfall muss das Blut des Neugeborenen ausgetauscht werden.

Mütter, die zu Hause oder ambulant entbunden haben oder vorzeitig nach Hause gehen, müssen deshalb unbedingt vor der Geburt klären, wen (kinderärztliche Praxis, Hebamme, Notfallambulanz von Kinderkliniken an Wochenenden, Feiertagen, regional verschieden ggf. auch unter der Woche) sie für diese Bilirubinbestimmung ihres Babys aufsuchen können.

Kein Grund zur Sorge!

Viele Eltern sind tatsächlich erst einmal irritiert. Trotz intensiver Vorbereitung haben Sie sich ein Baby ausgemalt, das eher dem dreimonatigen Wonneproppen der Werbung entspricht, als ihrem kleinen, möglicherweise noch ganz zerknautschten faltigen Etwas, das sie nun im Arm halten. Und auch wenn Arzt und Hebamme bestätigt haben, dass alles in Ordnung ist – vielen Eltern macht dieses Aussehen ihres Babys Sorge. Tatsächlich: Gesicht und Kopf können verformt, gequetscht wirken. Denn während der Geburt passt sich der Schädel dem Geburtskanal an. Die Schädelteile konnten sich übereinander schieben, da sie, anders als beim Erwachsenen, noch nicht fest miteinander verbunden sind. Während der Geburt konnte so der Kopfumfang bis zu 2,5 Zen-

---

TIPP **Gelbsucht: Warnsignale**

Unbedingt zum Arzt muss Ihr Baby, wenn es schon in den ersten 24 Stunden diese Gelbfärbung der Haut und der Bindehaut zeigt.

Dasselbe gilt, wenn die Gelbfärbung nach dem vierten Lebenstag auftritt, wenn sie sehr intensiv ist und wenn sie nicht innerhalb weniger Tage abklingt.

INFO Silbernitrattropfen?

Die bis vor einigen Jahren noch gültige gesetzliche Vorschrift, Neugeborenen zur Vorbeugung einer bestimmten durch Gonorrhoe (Tripper) ausgelösten Bindehautentzündung eine einprozentige Silbernitratlösung ins Auge zu träufeln, wurde wegen rückläufiger Erkrankungszahlen aufgehoben. Heutzutage entscheidet der Arzt, ob stattdessen ein Antibiotikum (meist ein Mittel mit dem Wirkstoff Erythromyzin) gegeben wird, welches nicht in den Augen schmerzt und gegen mehrere unterschiedliche Keime gleichzeitig wirkt. Da jedoch viele Erreger inzwischen gegenüber den zur Verfügung stehenden Antibiotika resistent geworden sind und auch gegen eine prophylaktische Antibiotika-Gabe Stimmen laut geworden sind, besteht heute die Tendenz, das Silbernitrat erneut einzusetzen – allerdings nur im Einverständnis mit den Eltern. Sie müssen also selbst entscheiden, ob Sie zur Risikogruppe gehören, bei Ihnen also möglicherweise eine Infektion mit Tripper-Erregern vorliegt. Aller Wahrscheinlichkeit nach wurde diese jedoch längst während der Schwangerschaftsvorsorgeuntersuchungen ausgeschlossen. Wenn Sie sich gegen die Augentropfen-Prophylaxe entschieden haben, sollten Sie Ihr Baby im Falle einer Augenentzündung jedoch unbedingt sofort Ihrem Kinderarzt vorstellen.

timeter kleiner werden. Auch Geburtsgeschwülste und Blutergüsse kann das Baby durch die Strapazen der Geburt – vor allem während der letzten Phase, wenn der Schädel den Beckenboden überwindet – davongetragen haben. Aber diese Deformierungen sind kein Grund zur Besorgnis. Da das Gehirn des Babys noch weich und nachgiebig ist, kann es durch die Verformung nicht geschädigt werden. Und die äußeren „Verunstaltungen", die vielleicht jetzt beunruhigend sind, bilden sich in kurzer Zeit von selbst zurück. Meist dauert es nur ein bis drei Wochen, bis das Köpfchen wieder seine normale Form hat. Auch Nase und Ohrläppchen gewinnen in den nächsten Wochen, spätestens in ein bis zwei Monaten, ihre eigene angeborene Form zurück.

Der Storchenbiss – so werden punktförmige oder flächige Geburtsmale an Augenlidern, Stirn, Oberlippe und besonders im Nacken genannt –, über den viele Eltern erschrecken, kommt bei über 50 Prozent aller Neugeborenen vor. Diese Punkte, die besonders beim Schreien und bei Erregung hervortreten, verschwinden im Gesicht (nicht im Nacken – der Grund dafür ist bisher unbekannt) in der Regel bis zum dritten Lebensjahr.

So klein und hilflos - aber doch bestimmt bald ganz, ganz stark! Frühchen erhalten eine ganz besondere medizinische Pflege. Und Mama sowie Papa haben zwei besonders wichtige Aufgaben: die Versorgung des Kleinen mit Muttermilch und intensivem Körperkontakt.

Manche Neugeborenen sind auch noch – meist im Gesicht, Schulter- und Rückenbereich – mit einem feinen dunklen Flaum, den Lanugohaaren, bedeckt. Dieser Rest des uralten Tiererbes, der Behaarung, verschwindet in ein paar Monaten.

Jetzt, so kurz nach der Geburt, haben viele Babys ganz krumme Beinchen, und die Füßchen eines Neugeborenen sind oft nach innen gedreht. Solche Verformungen normalisieren sich meist innerhalb der ersten Woche und sind kein Hinweis auf irgendwelche Missbildungen. Stellen Sie sich einfach vor, wie Ihr Baby die letzten Wochen zugebracht hat!

Seien Sie sicher, in wenigen Wochen wird auch Ihr Baby rund und rosig sein, so wie all die Babys, die Sie in den Elternzeitschriften so süß finden.

Was sind „Risikokinder"?

Frühgeborene – genannt „Frühchen" – sind vor der vollendeten 37. Schwangerschaftswoche geboren. Ungefähr 5 bis 8 Prozent aller Kinder kommen vor diesem Zeitpunkt zur Welt. Kinder, die nach der 42. Woche geboren werden, gelten als „übertragen". Von untergewichtigen Neugeborenen sprechen Ärzte, wenn das Ba-

---

INFO   **Kanguruing**

Die Känguru-Methode (oder das englische Wort Kanguruing) hat inzwischen in vielen Frühgeborenenstationen Einzug gehalten. Sie ist dem Känguru abgeschaut. Das bedeutet, dass das Frühchen sich wie ein Kängurubaby, das – gemessen am Entwicklungsstand der meisten anderen Säugetiere – ebenfalls viel „zu früh" geboren wird, im Beutel der Mutter – hier in engem Haut-zu-Haut-Kontakt mit der Mutter, dem Vater – weiterentwickeln kann.

Wie funktioniert das? Das Baby wird nackt eine halbe Stunde bis eineinhalb Stunden je nach seinem Gesundheitszustand mehrmals am Tag auf die nackte Brust der Mutter oder des Va-

ters gebunden. Dieser enge Kontakt kann die Sinne des Babys stimulieren und fördern: den Hörsinn durch die Stimmen der Eltern, den Gleichgewichtssinn durch die Bewegungen der Eltern, den Tastsinn durch den großflächigen Hautkontakt und den Geruchssinn durch den Körpergeruch der Eltern. Das auf der nackten Haut getragene Baby erlebt den Herzschlag, das Atmen, die Schwingungen des Brustkorbs beim Sprechen und das Schaukeln bei jeder Bewegung seiner Eltern – ganz so wie es ein Baby, das noch ein paar Wochen länger die Geborgenheit im Bauch seiner Mutter genießen kann, tut.

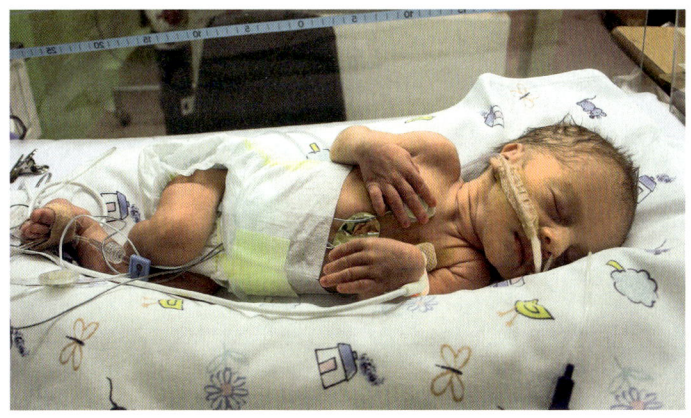 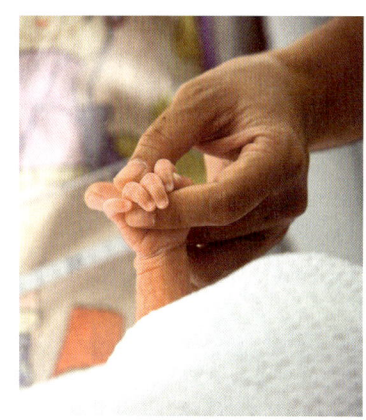

by bei der Geburt weniger als 2 500 Gramm wiegt. Alle diese Kinder brauchen eine besonders intensive Nachsorge, da eine mögliche Mangelversorgung bei Spätgeborenen in den letzten Tagen der Schwangerschaft oder ein noch nicht ausgereiftes Organsystem ein besonderes Risiko darstellen können. Glücklicherweise konnte dieses durch die entscheidenden Fortschritte der perinatalen Medizin (der Medizin „um den Zeitpunkt der Geburt herum") gerade in den letzten 50 Jahren erheblich gesenkt werden.

Für Eltern eines solchen Risikokindes ist Vertrauen in die medizinische Versorgung besonders wichtig. Sprechen Sie in der Klinik aber auch offen über Ihre Befürchtungen und Ängste und bestehen Sie auf bestmöglicher Aufklärung! Es ist Ihr Kind, auch wenn das verantwortliche Klinikpersonal in seinen Bemühungen um Ihr Kind manchmal anderer Meinung zu sein scheint.

Und denken Sie daran: Jedes Baby – und sei es noch so winzig – empfindet. Und es „erinnert" sich (sowohl körperlich als auch emotional) später an die frühen Erfahrungen und Empfindungen. Das bedeutet: Wenn Ihr Baby lange Zeit im Krankenhaus und sogar im Brutkasten bleiben muss, versuchen Sie, so häufig und so intensiv wie möglich körperlichen Kontakt

mit ihm aufzunehmen. Ihr Baby braucht das! Warm zugedeckt, fühlen sich Babys auf der nackten Brust von Vater oder Mutter sehr wohl Vor allem nach einer schwierigen Geburt, welche die Mutter zwingt, auf einer anderen Station oder sogar in einem anderen Krankenhaus zu sein, fällt dem Vater eine ganz wesentliche Aufgabe zu: Auch seine Wärme, seine Bewegungen, sein Atmen, seine Herz- und Bauchgeräusche helfen dem Baby, sich gesund zu entwickeln. Oft ist er auch wichtig als Überbringer der Muttermilch, die die Mutter auf der Entbindungsstation abgepumpt hat.

Wenn Sie Ihr Baby dann endlich mit nach Hause nehmen können, müssen Sie auf größere Schwierigkeiten gefasst sein, mit ihm in Beziehung zu treten: Vielleicht ist es besonders unruhig, schreit so seltsam. Möglicherweise wirkt sein Aussehen auf Sie „anders", vielleicht so „zerbrechlich", dass Sie gar nicht wagen, es einfach unbekümmert auf den Arm zu nehmen. Oder es zeigt stärker oder auch weniger ausgeprägte Reaktionen als ein normal geborenes Baby. Auf jeden Fall braucht es viel mehr Pflege – rund um die Uhr –, sodass Ihre Erschöpfung nicht ausbleiben kann.

Trotzdem dürfen Sie nicht vergessen: Ihr Baby ist nicht krank. Es entwickelt sich seiner Ausgangssituation und seinem Tempo entsprechend stetig weiter und wird nach und nach aufholen.

Es wird vielleicht in den ersten Jahren im Vergleich mit normal geborenen Babys nicht ganz gleichauf liegen. Erhält es jedoch die medizinische Versorgung, die Pflege und vor allem die Zuneigung und Unterstützung, die es braucht, wird es sich normal entwickeln. Das heißt, es braucht wie alle Kinder Liebe, Sicherheit, Stabilität, Anerkennung und Lob, immer neue „passende" Erfahrungen und Anregungen und die Möglichkeit, Selbstständigkeit und Selbstverantwortung zu erlernen.

AUF BEZIEHUNG KOMMT ES AN!

Eltern, die den ersten „Augenblick" erleben, spüren es ganz deutlich: Ihr Baby zeigt ihnen durch sein Schauen, worauf es ihm ankommt, nämlich auf eine Beziehung, die für sein Überleben notwendig ist.

Und die Eltern? Sie können sich diesem Beziehungsangebot kaum entziehen – auch dies ein „Trick" der Natur, um das Leben des Neugeborenen zu garantieren. Man spricht heute von Bonding, wenn man diese Bindung der Mutter an ihr Baby, die wohl nicht nur die stärkste, sondern auch die wichtigste aller menschlichen Verbundenheiten darstellt, benennen will. Deshalb wird Müttern heute in fast allen Entbindungskliniken eine solche erste Begegnung ermöglicht.

Verbandelt – Bonding
Der (englische) Begriff Bonding stammt von Marshall H. Klaus und Jahn H. Ken-

nell, zwei US-amerikanischen Wissenschaftlern, die weltweit die „ersten Augenblicke" zwischen Mutter und ihrem neugeborenen Baby zu ihrem Forschungsgegenstand gemacht haben. Sie formulierten ihre Theorie des Bonding zum ersten Mal in den 1970er Jahren – also zu einer Zeit, als in unserer westlichen Welt die neugeborenen Babys erst frisch gebadet, vermessen und gewogen ihrer Mutter überreicht wurden, um dann sofort wieder ins Säuglingszimmer abgeschoben zu werden. Ganz anderes hatten Klaus und Kennell dagegen in anderen Ländern und Erdteilen beobachtet und zogen daraus den Schluss: Die ersten Blickkontakte zwischen Mutter und Baby entscheiden über die gesamte weitere Entwicklung der Beziehung einer Mutter zu ihrem Baby. Und: Können Mutter und Baby diese erste sensible Phase nicht gemeinsam verbringen, kann dies die Bindung der Mutter an ihr Baby beeinträchtigen.

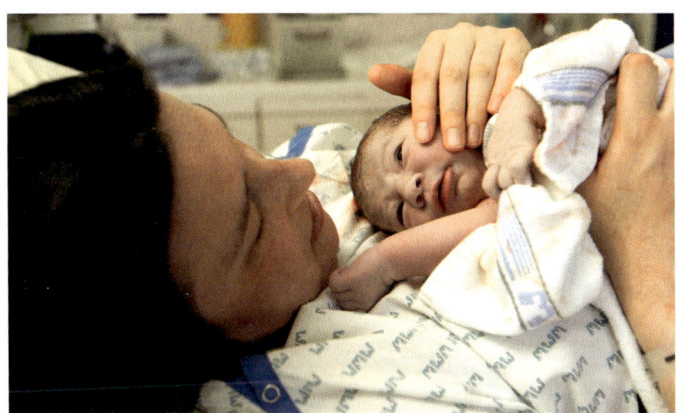
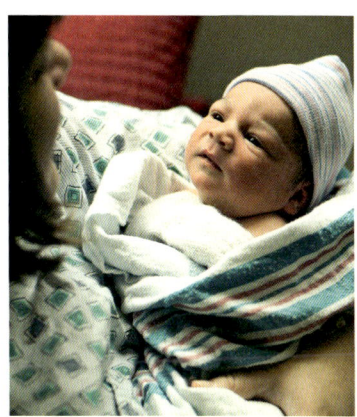

Zu Anfang ihrer Forschungen glaubten Klaus und Kennell, der erste Blickkontakt sei für das Baby ebenso prägend – dies der Fachausdruck aus der Tierwelt – wie beispielsweise bei der Graugans, die reflexartig die erste Person zu ihrer Mutter macht, die sie nach dem Ausschlüpfen sieht. Inzwischen liegt die Betonung auf der Mutter. Nicht das Baby – so die Theorie – wird „geprägt", sondern gewissermaßen die Mutter, da diese durch die ersten Blickkontakte ihre Bindung an ihr Baby auslösen.

Diese sich über Wochen und Monate entwickelnde Beziehung des Babys zu seiner Mutter, seinen Eltern bezeichnet man heute mit Bindung (oder englisch: attachment), ein Begriff der uns noch häufig begegnen wird.

Aber nicht immer ist dieser magische Augenblick möglich – sei es wegen einer Kaiserschnittentbindung, sei es, weil das Neugeborene aus medizinischen Gründen einer besonderen Behandlung bedarf.

Auch sind nicht alle Frauen in der Lage, diese ersten Minuten und Stunden nach der Geburt zu genießen, weil sie selbst zu erschöpft und mitgenommen sind. Viele empfinden in diesem Moment nur das Gefühl der Erleichterung, dass alles vorbei ist, und das Bedürfnis, erst einmal selbst Kraft zu schöpfen.

Liebe auf den ersten Blick?

Gibt es tatsächlich eine sensible Phase, in der dieses Band geknüpft werden muss, weil es später zu spät ist? Ist dieser erste Augenblick der Grundstein der engen Bin-

---

INFO **Wie misst man Mutterliebe?**

Wie kann Mutter-/Vaterliebe beobachtet werden? Woran kann man erkennen, ob eine Mutter, ob Eltern ihr Baby lieben oder ob ihnen ihr Baby (noch) fremd ist, so fremd, dass sie es noch nicht als ihr Baby annehmen konnten? Die meisten Forscher haben sich darauf verständigt, dass diese Liebe daran erkennbar ist, ob Eltern offen sind für ihr Baby, ob sie sich einfühlen können und ihr Baby „verstehen". Sie zeigt sich auch darin, dass Eltern ihr Elternsein akzeptiert haben und – ganz wichtig – dass nun ihr eigenes Wohlbefinden vom Wohlbefinden ihres Babys abhängig geworden ist.

dung, somit also die Geburtsstunde der Mutterliebe, die dafür sorgt, dass die Mutter bis an die Grenzen ihrer Belastbarkeit Zeit, Energie und Fürsorge ihrem Baby zuwendet und die mütterlichen Fähigkeiten entwickelt, die ihr Kind braucht?

Seit den Anfängen der Arbeit von Klaus und Kennell ist die Forschung nicht stehen geblieben. Sie selbst und mit ihnen viele andere Forscher haben viele Mütter mit ihren Babys von den ersten Minuten an beobachtet und ihren gemeinsamen Entwicklungsweg begleitet.

Die Frage, die ihre Beobachtungen leitete, war und ist: Entsteht eine solche Mutter-/Vaterliebe im und mit dem ersten Augenblick?

Tatsächlich zeigten viele Beobachtungen, dass Mütter, die gleich nach der Geburt Kontakt mit ihrem Baby haben und diesen Moment bewusst erleben konnten, sich in den ersten Tagen und Wochen mit ihrem Baby sicherer fühlten und es auch besser verstehen konnten. Vor allem Müttern, die bisher während der Schwangerschaft keine positiven Gefühle für ihr Baby entwickeln konnten, half der erste Kontakt gleich nach der Geburt, ihr Baby anzunehmen. Auch das Stillen klappte viel besser, wenn man dem Baby gleich nach der Geburt die Möglichkeit zum selbstständigen „Suchen" gab. Und die Mütter, die sich deshalb sicher sein konnten, ihrem Baby das geben zu können, was es suchte, konnten sehr viel schneller „mit Leib und Seele" Mutter werden. Und: Vätern ging es ähnlich und sie waren auch von Anfang an mehr an der Versorgung des Babys beteiligt.

Also: Genießen Sie die kostbaren Minuten als besonders günstige Zeit für eine ganz intensive erste Begegnung. Staunen Sie über Ihr Baby, das Ihnen schon jetzt zeigen kann, wie sehr ihm an Ihnen gelegen ist – wenn Sie können und mögen.

Diese Einschränkung ist wichtig! Denn nicht wenige Frauen erleben heute ihre eigene Erschöpfung mit Schuldgefühlen. Sie zweifeln an sich, weil sie im offenbar doch so entscheidenden Zeitraum nicht in der Lage sind, den Augenblick zu genießen. Sie haben sich die Ankunft ihres Kindes als einen Moment höchsten Glücks vorgestellt und erwartet, die Mutterliebe werde gewissermaßen einschießen wie wenig später die Muttermilch.

Aber: Ein schlechtes Gewissen oder gar Angst, nie eine gute Mutter oder gute Eltern zu werden, sind nicht angebracht. Auch die Mütter, die aus welchen Gründen auch immer nicht die Möglichkeit haben, die erste Stunde nach der Geburt mit ihrem Baby in engem Haut- und Blickkontakt zu verbringen, also den frühen Erstkontakt wahrzunehmen, müssen keine bleibende Beeinträchtigung ihrer Beziehung zu ihrem Baby befürchten. Wie die oben zitierten Untersuchungen nämlich auch ergeben haben, holen die Eltern, die den „magischen ersten Augenblick" nicht erleben konnten, auf. In wenigen Wochen und Monaten waren die zuerst beobachteten Unterschiede im Verhalten und Empfinden verschwunden. Eine kurze Trennung nach der Geburt wird keine nachhaltigen negativen Folgen haben! Auch sie werden eine Bindung zu ihrem Baby entwickeln.

Denn die Bindung von Eltern und Kind ist ein langer Prozess. Auch Eltern, die den ersten Augenblick auskosten können, müssen ihr Baby kennenlernen. Mit der Geburt beginnt eine neue Beziehung, die in vielen Schritten zur Bindung wird. Diese Bindung vertieft sich stetig aufgrund unzähliger neuer Augenblicke, Begegnungen und gemeinsamer Erfahrungen. Die erste Begegnung in den Minuten nach der Geburt ist nur ein Schritt – und nicht einmal der erste – auf dem Weg des Sich-Kennen-und-Lieben-Lernens. Die Betonung liegt auf Lernen. Das geht nicht von heute auf morgen. Aber Sie beide haben die besten Voraussetzungen dafür, weil Eltern und Baby die Ausstattung dafür mitbekommen haben – überall auf der Welt!

Von Kopf bis Fuß auf Liebe eingestellt ...

Die Natur liefert das Starter-Kit, die Erstausstattung, die die Bindung möglich macht. Beginnen wir mit dem Baby: Eben geboren zeigt es sich ausgesprochen wach – ganz anders als in den folgenden Stunden und Tagen, in denen es sich erst einmal von den Anstrengungen der Geburt zu erholen scheint. Ganz am Anfang aber – bei der ersten Begegnung – befindet es sich in einem ruhig-aufmerksamen Wachzustand, den es schon aus dem Mutterleib – zu erkennen auch im Ultraschall – kennt. Eine solch lange Zeitspanne von Aufmerksamkeit wird erst nach einigen Wochen wieder möglich. Jetzt aber macht sich das Baby bereit für den ersten Kontakt. Jetzt soll der Funke überspringen.

Ihr Baby – ein „Tragling"

Von den sogenannten Primitivreflexen haben wir oben schon gehört. Sie sind ein uraltes Erbe und gehören zu einem Sicherheitsrepertoire an Verhaltensweisen, welches das Baby zum Überleben mitbringt. Zu diesem Sicherheitsrepertoire gehören zum Beispiel der Saugreflex (er wird ausgelöst durch das Berühren der Lippen mit dem Finger) oder der Suchreflex (Mundöffnen und Hinwenden des Kopfes bei Berührung der Wange mit dem Finger). Andere Reflexe und Reaktionen sorgen dafür, dass das Baby nicht erstickt, wenn man es auf den Bauch legt: Es hebt den Kopf und dreht ihn zur Seite. In einer bestimmten Lage kann es sich sogar auf die Arme aufstützen und vorwärts kriechen. Taucht es beim Baden mit dem Kopf unter Wasser, ist es in der Lage, die Luft anzuhalten. Sein Würgereflex verhindert, dass es Wasser schluckt. Von einigen reflexartigen Bewegungen nimmt man heute an, dass sie eine Rolle für die Drehbewegungen spielen, mit denen sich das Baby durch den Geburtskanal hindurchgearbeitet hat. Der Rückgratreflex zum Beispiel (das Neugeborene windet sich in Richtung des Reizes, wenn man ihm mit dem Finger an einer Seite der Wirbelsäule entlangstreicht) führt dazu, dass das Baby

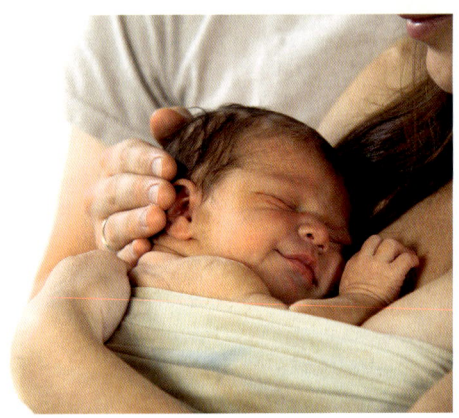

sich während der Geburt hin- und her-krümmt und dadurch aktiv vorwärts schiebt.

Aber nicht nur Luft zur Atmung sowie Nahrung sind für das Überleben Ihres Babys notwendig. Andere Reflexe – ebenfalls Erbe unserer Evolutionsgeschichte – zeigen, wie lebenswichtig Halten, Getragen-Werden und Kontakt sind.

Da ist zum Beispiel der Klammer- oder Greifreflex: Bis zum Alter von etwa drei Monaten umschließen die Finger des Babys automatisch alles, womit seine Handflächen in Berührung kommen. Dabei können sie so fest zugreifen, dass sie ihr eigenes Körpergewicht halten können. Ein ähnlicher Reflex wird ausgelöst, wenn

man die Fußsohlen streichelt. Der Fuß krümmt sich nach innen, als wolle das Kind damit etwas umklammern. Auch der sogenannte Babinski-Reflex (beim Berühren der Fußsohlen spreizen sich die Zehen weit, um sich dann sofort „einzurollen") war in unserer Vorgeschichte offensichtlich dazu geeignet, sich festzuhalten. Das menschliche Baby verhält sich also bei genauer Beobachtung nicht anders als ein kleiner Affe, der verzweifelt versucht, sich am Fell seiner Mutter festzuklammern. Auch der Moro-Reflex, der sogenannte Schreckreflex, hat eine solche uralte Bedeutung. Er wird ausgelöst, wenn das Baby „erschrickt" – daher der Name –, weil es spürt, dass es fällt. Auch ein lautes Geräusch kann diesen Reflex auslösen. Das Baby zeigt eine typische Abfolge schneller Bewegungen: Es streckt „im ersten Schreck" alle viere von sich, um dann seine Arme und Beine sofort wieder in einer Anklammerungsbewegung an den Körper zurückzuführen. Dabei krümmt es den Rücken und ballt die Fäustchen, als wollte es sich an etwas festhalten. Ihr Baby verhält sich also auch hier nicht anders als ein kleiner Affe, der sich im Fell seiner Mutter festklammert, wenn sie aufsteht, um loszuklettern. Und beobachten Sie es einmal genau, wenn Sie es hochnehmen: Reflexartig im wahrsten Sinn des Wortes wird es

---

INFO   **Und was ist ein „Tragling"?**

Der Begriff Tragling stammt von dem Verhaltensbiologen Bernhard Hassenstein. Er führte ihn 1970 ein. Mit ihm wird am besten beschrieben, was ein Menschenbaby von Nesthockern, die zufrieden in ihrem Nest zurückbleiben, und Nestflüchtern, die von Anfang an in der Lage sind, ihren Eltern zu folgen, unterscheidet.

die Beinchen anwinkeln, also eine „Spreiz-Hock-Stellung einnehmen, mit der es sich perfekt auf der tragenden Hüfte „anklammern" kann.

Der uralte Sinn dieser Reflexe ist überdeutlich: Sie „outen" Ihr Baby als Tragling (siehe Kasten). Die natürliche Erwartung eines Traglings ist es, in engem Körperkontakt zu seinen Eltern zu sein – eben wie ein kleiner Affe. Und doch nicht ganz: Denn im Gegensatz zu diesem, der sich aktiv festklammern kann, ist Ihr Baby ein sogenannter passiver Tragling, weil er Sie – Ihre Arme – braucht. Seine Greif-

und Festhaltereflexe stammen aus Zeiten, in denen der aufrechte Gang noch nicht entwickelt und die Ganzkörperbehaarung noch nicht verschwunden und aktives Festhalten also noch leichter war. Außerdem ist sein Kopf so schwer, dass es ihn noch nicht allein „tragen" kann. Ihr Baby ist deshalb darauf angewiesen, von Ihnen gehalten, getragen, gestützt zu werden, und zwar so lange, bis es sich selbstständig fortbewegen kann. Genau dieses lebensnotwendige Bedürfnis machen die Reflexe Ihres Babys deutlich. Und Eltern verstehen ihre Bedeutung hoffentlich!

... GANZ BEI SINNEN

Das vorherige Kapitel hat gezeigt, dass ein Baby von Anfang an begierig ist, Kontakt aufzunehmen. Die ersten Augenblicke zeigen es. Aber auch die fünf „klassischen" Sinne (Sehen, Hören, Riechen, Schmecken und Tasten), die schon lange vor der Geburt ihre Arbeit aufgenommen haben, stehen ganz im Dienst der Kontaktaufnahme. Säuglingsforscher betonten heute ganz im Gegensatz zu früher, als vor allem Wert darauf gelegt wurde, die natürliche „Reizschranke" als Schutz des Neugeborenen zu respektieren, den „Reizhunger" des neugeborenen Babys.

Genauer: Ihr Baby ist von Anfang darauf programmiert, sich für andere Menschen zu interessieren. Es hat die Voraus-

setzungen mitgebracht, Kontakt aufzunehmen und nach und nach individuelle, persönliche Bindungen einzugehen, und zwar Bindungen an Personen, die stärker und erfahrener sind und die es schützen und versorgen. Diese Veranlagung ist für sein Überleben ebenso wichtig wie seine instinktive Fähigkeit zu trinken.

Sehen & Schauen

Beginnen wir mit dem Sehen und Schauen. Man weiß inzwischen, dass schon neugeborene Babys sehen und aktiv schauen können und dies auch wollen. Natürlich sind seine Sehfähigkeiten begrenzt: Zum Beispiel ist Ihr Baby recht kurzsichtig mit einer Sehschärfe von etwa 1 : 30. Die Augenlinsen eines neugeborenen Babys haben auch noch eine feste Brennweite. Das heißt: Ihre Anpassungsfähigkeit (die Akkomodationsfähigkeit) ist erst mit etwa vier Wochen so weit entwickelt, dass es Gegenstände in unterschiedlichen Entfernungen sehen kann. Sein Blickradius ist auch noch eingeschränkt, das heißt: Es kann wirklich nur das sehen, was direkt vor ihm liegt. Dabei ist es auch noch kaum in der Lage, beide Augen auf einen Gegenstand zu fokussieren. Auch der Ort des schärfsten Sehens im Augenhintergrund, von wo die Seheindrücke zum Gehirn weitergeleitet werden, ist bisher nur in Ansätzen vorhanden. Aber es hat Reflexe mitbekommen, die es ihm gestatten, einem Objekt mit dem Blick zu folgen sowie es mit einem Auge zu fixieren. Was es dann sieht, ist nicht nur schwarz/weiß. Schon von Geburt an unterscheidet es verschiedene Nuancen von Grau und sieht den Unterschied zwischen Rot und Grün. Und es kann sehen, was es sehen „will" – das heißt, was für sein Überleben wichtig ist. Denn es hat die angeborene Neigung, Reize auszuwählen.

Das Sehvermögen von Neugeborenen ist also mehr als nur eine passive Fähigkeit. Tatsächlich suchen schon Neugeborene nach visuellen Reizen. Sie öffnen die Augen, wenn man sie in eine halb aufrechte Position bringt, was die Vermutung nahelegt, dass sie die Umgebung innerhalb ihres Gesichtsfeldes erkunden wollen. Und dieser „Reizhunger" ist so groß,

INFO Der „kompetente" Säugling

In den 1990er Jahren hat das Schlagwort vom kompetenten Säugling Einzug in die Säuglingsforschung gehalten. Im Gegensatz zur bis dahin landläufigen Ansicht von einem Neugeborenen, zeigte sich plötzlich - aufgrund neuer Fragestellungen und Beobachtungsmethoden, dass Babys durchaus kompetent mit ihren Eltern vom ersten Moment an in Kontakt treten, Beziehungen aufnehmen und gestalten. Damit hat endlich auch die Wissenschaft entdeckt, was Eltern schon immer intuitiv wussten: Ihr Baby möchte von Beginn an „angesprochen" werden. Und: Es kann von Anfang an „antworten", also Kontakt aufnehmen. Für diese Kontaktaufnahme bringt es Eigenschaften und Fähigkeiten (Kompetenzen) mit, die Ihnen zu erkennen geben, dass Beziehung und Bindung für sein Überleben ebenso wichtig sind wie Muttermilch. Dies zeigt schon die erste Begegnung, der erste Augenblick. Und Sie werden weiter staunen, wie kompetent Ihr Baby ist!

dass sie sich sogar während des Stillens ablenken lassen, wenn etwas Neues, Interessantes in ihrem Blickfeld auftaucht.

Diese Sehfähigkeit hat für den Anpassungsprozess eine ganz besondere Bedeutung.

Was sieht mein Baby am liebsten?

Neugeborene scheinen beim Schauen angeborenen Regeln zu folgen, wie es der Entwicklungspsychologe und Säuglingsforscher Marshall M. Haith einmal formuliert hat. Diese Regeln lauten:

- Wenn du wach und aufmerksam bist, mache die Augen auf!
- Wenn es dunkel ist, suche mit den Augen die Umgebung ab, bis du hell siehst!
- Suche nach Begrenzungen in deinem Blickfeld!
- Wenn du sie gefunden hast, versuche sie mit dem Blick zu überqueren!
- Richte deinen Blick in die Richtung, in der du Konturen wahrnimmst. Konzentriere dich auf Bereiche mit starken Konturen und auf deren Ränder!
- Bleibe mit deinem Blick dort hängen, wo du eine ganz bestimmte Kombination von Konturen sowie Reizen vorfindest! Diese Kombination sieht folgendermaßen aus: In einem größeren Oval befinden sich zwei dunkle Konturen,

die symmetrisch angeordnet sind, wobei die Spiegelung nicht von unten nach oben, sondern von rechts nach links stattfindet oder – weniger kompliziert – wo du so etwas wie ein großes aufrechtes „T" entdeckst.

- Interessiere dich vor allem dann für ein solches Objekt, wenn du unterhalb – nicht oberhalb! – der beiden oberen dunklen Konturen eine weitere dunkle Kontur vorfindest. Du wirst diese „Reizkombination" normalerweise in einer Entfernung von etwa 20 bis 30 Zentimetern von deinen Augen entfernt entdecken.

Und was sieht das Baby dann? Sie werden es bestimmt schon erraten haben. Es ist das Gesicht der Mutter, des Vaters, die mit ihm direkten Blickkontakt aufnehmen, die mit ihm sprechen und schäkern.

Denn von allen visuellen Reizen in der Umgebung Ihres Babys bietet das menschliche Gesicht am besten diese Kombination von Reizen, für die das neugeborene Baby von Anfang an größtes Interesse zeigt! Hat ein Baby die „Wahl" zwischen irgendwelchen Gegenständen, also etwa einem Ball, oder Mustern, die nicht an ein Gesicht erinnern, und einem Gesicht, wird es fast immer das menschliche Gesicht vorziehen. Im Übrigen: Wie wichtig ihm diese „Reizkombination" ist, zeigt es durch seine Mimik, die höchstes Interesse ausdrückt. Und nicht nur das. Wenn Ihr Baby seinen „Lieblingsreiz" zu Gesicht bekommt, verlangsamt sich sein Puls.

Auch seine motorische Aktivität nimmt ab. Ihr Baby ist plötzlich „ganz Auge". Es befindet sich – wie Psychologen dies nennen – in einem Zustand intensiver visueller Aufmerksamkeit und bereit zur Aufnahme und Verarbeitung der für ihn so wichtigen Information.

Von Angesicht zu Angesicht

Vor allem die Augenpartie ist es, die das neugeborene Baby interessiert. Sein Abtasten mit den Augen und das Suchen nach Kontrasten wird zwar anfangs noch zu keinem Blickkontakt von seiner Seite führen. Gesunde Babys können jedoch von Geburt an ein Gesicht fixieren und es mit den Augen verfolgen.

Diese Vorlieben für das Gesicht – oder zumindest für seine hervorstechenden Merkmale – sind wohl in seinen Genen verschlüsselt.

Und noch ein interessanter Aspekt: Sich anzuschauen ist in der Neugeborenenphase für die Mutter sowie für das Baby wohl ebenso wichtig wie das Anlegen an die Brust und das Im-Arm-Halten. Denn es ist eine erste Liebeserklärung und bindet die Mutter an das Baby und dieses an sie.

INFO **Diese Stimme kenne ich doch!**

In einem Versuch wurde drei Tage alten Babys eine Geschichte sowohl von der Mutter als auch von einer anderen Frau vorgelesen. Jedes Baby schien sie dann lieber zu mögen (es hörte länger zu), wenn sie von seiner Mutter erzählt wurde. Ähnliche Experimente zeigten sogar, dass eine Geschichte, die das Neugeborene schon aus seiner vorgeburtlichen Zeit „kannte", sein Interesse wesentlich mehr erregte als eine neue, fremde.

INFO **Mamas Milch riecht besonders gut**

Bei einem Versuch wurden Babys Stilleinlagen, die zum einen mit der Milch der eigenen Mutter, zum anderen mit der Milch einer anderen Frau getränkt waren, aufs Kissen gelegt. Zwei Tage alte Babys wandten den Kopf noch nicht zur richtigen Seite, nach sechs Tagen erkannten zwei Drittel der Babys „ihre" Milch, nach acht bis zehn Tagen schafften es drei Viertel der Säuglinge.

Hören & Horchen

Neugeborene Babys hören auch gut. Sie reagieren auf eine Rassel oder eine Stimme in normaler Lautstärke, indem sie mit den Augen und sogar einer Drehung des Kopfes nach der Geräuschquelle suchen. Dabei zeigt jedes Baby eine deutliche Vorliebe für menschliche Stimmen, wobei es sich einer weiblichen, also hohen Stimme noch lieber zuwendet.

Säuglingsforscher haben gezeigt, dass ein Neugeborenes wenige Stunden nach der Geburt seine Bewegungen dem Sprechrhythmus einer ihm zugewandten Person anpasst. Ebenso kann es bereits unmittelbar nach der Geburt offenbar die Stimme der Mutter (nicht die des Vaters) von der anderer Menschen gut unterscheiden (siehe Kasten links).

Auf Ansprache „antworten" Babys mit dem ganzen Körper. Andere Geräusche lösen solche Reaktionen nicht aus. Das bedeutet – so das Ergebnis zahlreicher Beobachtungen der Säuglingsforschung –, dass Neugeborene auf die menschliche Sprache „programmiert" sind.

Auch hier wird also deutlich: Ihr Baby ist mit einer ganz bestimmten „Erwartung" auf die Welt gekommen, der „die Welt" auch entspricht.

Was passiert, wenn sie dies nicht tut, hat das viel zitierte Experiment des Kaisers Friedrich II. im 13. Jahrhundert gezeigt, durch das er der „Ursprache" des Menschen auf die Spur kommen wollte. Ammen wurden angehalten, Babys zwar körperlich gut zu versorgen, jedoch auf keinen Fall mit ihnen zu sprechen. Was passierte? Die Babys, die ohne jede Ansprache aufwachsen sollten, starben, bevor sie ihr erstes Wort – in welcher Ursprache auch immer – sprechen konnten.

Riechen & Schmecken

Neugeborene haben einen hoch entwickelten Geruchs- und Geschmackssinn aus ihrer vorgeburtlichen Zeit mitgebracht. Sie können süß und salzig, sauer und bitter unterscheiden. Ihr Verhalten und ihr Gesichtsausdruck zeigen eindeutig: Süß schmeckt besser als salzig und sauer, bitter ist schrecklich und muss ausgespuckt werden (siehe Seite 82).

Babys unterscheiden sogar verschiedene Arten von Süß: Saccharose (Haushaltszucker) schmeckt ihnen weitaus besser als Glukose (Traubenzucker). Babys ziehen auch süße Gerüche eindeutig allen anderen Gerüchen vor und sie verziehen angewidert das Gesicht, wenn man ihnen etwa den Geruch fauler Eier zumutet.

Binnen weniger Tage sind Neugeborene sogar in der Lage, den Geruch „ihrer" Muttermilch von dem einer anderen Muttermilch zu unterscheiden (siehe Kasten links). Es ist also wohl der ausgeprägte Geruchssinn, der den Babys hilft, schon sehr früh die eigene Mutter und deren Brust zu erkennen. Im Alter von etwa drei Wochen zeigen Babys auf dem Arm der Mutter ein deutliches Suchverhalten, während sie auf dem Arm des Vaters eher ganz aufmerksam sind.

Spüren & Empfinden

Noch bis in die 1980er Jahre nahmen Wissenschaftler an, dass Neugeborene keinen Schmerz empfinden. Reaktionen auf den Einstich bei der Blutabnahme zum Beispiel hielt man für ein reflexartiges Zucken. Inzwischen weiß man, dass der Tastsinn als erster aller Sinne schon in der siebten Schwangerschaftswoche seine Arbeit aufnimmt. Bei der Geburt gehören die Gehirnanteile, die das Empfinden steuern, zu den am weitesten entwickelten Arealen. Man weiß auch, dass die Nervenendungen in der Haut eines Neugeborenen sich weder in der Anzahl noch in der Entwicklung von denen eines Erwachsenen unterscheiden. Genauere Beobachtungen lassen denn auch den Schluss zu, dass selbst Neugeborene – man beobachtete zum Beispiel vier Stunden alte Babys bei der Blutabnahme aus der Ferse – Schmerz empfinden. Denn sie zeigen das gleiche Verhalten, das Erwachsene bei Schmerz zeigen. Eine wissenschaftliche Studie bewies sogar, dass sieben von zehn Neugeborenen vier Stunden nach der Geburt mit dem Bein, das nicht gepiekt wurde, das andere rieben, was die Annahme zulässt, dass sie sogar in der Lage sind, Schmerz zu lokalisieren.

Die Haut als Sitz des Tastsinns lässt das Baby von Anfang an Wärme und Kälte, Druck, Schmerz und Bewegung empfinden. Mit sichtbarem Wohlbefinden reagiert das Neugeborene auf alles, was ihm schon vor der Geburt Sicherheit und Schutz geboten hatte. Es erkennt mit dem ganzen Körper die Wärme der Mutter wieder, spürt ihren gleichmäßigen Herzschlag und das Wiegen ihrer Bewegungen. Jeder weiß, dass auch neugeborene Kinder weinen, wenn sie aus dem Arm in ihr Bett gelegt werden. Und vom ersten Moment an können Babys durch Hochnehmen und intensiven Körperkontakt beruhigt werden. Sie empfinden langsames Streicheln oder Festhalten als beruhigend und schnelles Streicheln und Tätscheln als anregend und aufweckend. Der Übergang von beruhigender zu anregender Berührung schwankt dabei von Kind zu Kind und von Situation zu Situation. Wie das Neugeborene reagiert, hängt auch davon ab, welche Körperregion berührt wird. Für Mutter, Vater und Kind wird also die Berührung zum ersten und wichtigsten Kommunikationsmittel und der Körperkontakt zum Mitteilungssystem, das von allen Beteiligten gelernt werden muss.

Mit allen Sinnen ...

Ein Baby kann also sehen, hören, fühlen, schmecken und riechen und es nimmt wahr durch seinen Gleichgewichtssinn und durch seine Tiefensensibilität. Das Erstaunliche: Es muss nicht erst lernen, diese ganz unterschiedlichen Sinneseindrücke zu verknüpfen. Schon Neugeborene – das jüngste Baby im Test war gerade 16 Stunden alt! – können offenbar Gegenstände, die sie nur mit dem Tastsinn wahrgenommen hatten, beim Betrachten wiedererkennen. Schon von Anfang an ist es in der Lage zur sogenannten „kreuzmodalen Wahrnehmung", kann also verschiedene Wahrnehmungen zu einem Ganzen zusammensetzen oder als Teile eines ganzen Eindrucks „erkennen", wobei – wie weitere Experimente zeigten – der Transfer vom Tast- zum Sehsinn sehr viel früher möglich ist als umgekehrt.

Vielleicht ist dies aber nicht der springende Punkt. Denn was ein Baby wahrnimmt, nimmt es auf allen Kanälen (in allen Modalitäten) wahr, zerlegt nicht und muss deshalb auch nicht wieder zusammensetzen. Dabei scheint es ihm im wahrsten Sinn des Wortes „gleich-gültig" zu sein, mit welchem Sinnesorgan es wahrnimmt, in welchem Bereich seiner Erlebniswelt seine Erfahrungen auftreten.

Das bedeutet: ein Baby nimmt seine Umwelt „ganzheitlich" wahr. Es verbindet beispielsweise das eigene Saugen mit seinem Gefühl der Sättigung und Geborgenheit mit der Wärme der Mutter, mit ihrem unverwechselbaren Geruch, dem Geschmack ihrer Milch, einer lang bekannten Stimme, einem vertrauten Rhythmus sowie den dazu gehörigen Bewegungen und Berührungen und hat in diesem Fall seine „Mutter" als Inbegriff sämtlicher Bestandteile dieses Moments kennengelernt.

Imitieren

Und Ihr Baby kann imitieren. Dies ist wohl die erstaunlichste Fähigkeit, die es mitbringt. Ein neugeborenes Baby, das in richtig gewähltem Abstand ein Gesicht vor sich sieht, richtet seinen Blick auf Augen und Mund dieses Gesichts und beobachtet das Mienenspiel seines Gegenübers. Und dann? Es ist kaum zu glauben: Ihr Baby öffnet mit einiger Zeitverzögerung den Mund, wenn Sie es ihm vormachen. Es spitzt die Lippen, wenn Sie die Lippen spitzen, und streckt seine Zunge heraus, wenn Sie das tun.

Für diese Nachahmung benötigt Ihr Baby etwas Zeit, sodass Sie seine Anstrengungen möglicherweise gar nicht bemerken. Das wäre schade, denn zeigt diese Fähigkeit nicht, dass Ihr Baby von Geburt an dafür ausgerüstet ist, mit Ihnen in einen Dialog einzutreten?

Wer genau hinsieht, entdeckt: Besonders nachahmenswert sind Töne, Grimassen und Bewegungen, die „sprechen", das heißt: mimische, gestische und lautliche Ausdrücke, die für die emotionale sowie sprachliche Verständigung einmal wichtig werden. Schon zwei Tage alte Kinder können traurige, fröhliche und überraschte Gesichter nachmachen – lange bevor sie wissen, wie sich diese Gefühle anfühlen.

Mit dieser Fähigkeit zur Imitation hat Ihr Baby die Möglichkeit, sich auf ein wechselseitiges Spiel mit Ihnen einzulassen. Und Sie werden staunend mitspielen. Sie werden – ohne dass Sie das vielleicht so genau wissen oder erklären könnten, warum Sie dies tun – die Nase rümpfen, wenn Ihr Baby die Nase rümpft. Sie werden gähnen, wenn Ihr Baby gähnt, und den Mund öffnen – ganz genau so, wie Ihr Baby es tut. Denn auch Sie haben die intuitive Tendenz, Ihr Baby zu imitieren, es nachzumachen und ihm so gleichzeitig zurückzuspiegeln, was es Ihnen zeigt. Lange bevor Ihr Baby sich selbst versteht, zeigen Sie ihm, dass Sie es verstanden haben. Deshalb gilt vielen Experten gilt dieser Imitationsreflex, den Ihr Baby übrigens nur in den ersten Wochen seines Lebens zeigt, als Grundstein sozialer Interaktion.

Spiegelneuronen – die neurobiologische Grundlage

Von entscheidender Bedeutung für das Verständnis dieser fast unglaublichen „Leistung" Ihres neugeborenen Babys war die neurobiologische Entdeckung der sogenannten Spiegelnervenzellen oder Spiegelneuronen. Das sind Nervenzellen im Gehirn – genauer: im Scheitel- und Frontallappen des Gehirns –, die „feuern", wenn wir einen anderen bei einer Tätigkeit beobachten. Sie aktivieren damit unsere Nervenzellen, um das eben Beobachtete auszuführen. Damit begünstigen sie eine spontane Tendenz, den anderen zu imitieren.

Dieses System der Spiegelneuronen ist – so nimmt man heute an – die neurobiologische Basis dafür, dass ein Baby in den ersten Minuten nach seiner Geburt

INFO **Empathie – angeboren und erlernt!**

Die Grundlage dafür, dass aus Ihrem neugeborenen Baby einmal ein Mensch mit Empathie werden wird, ist ihm angeboren. Doch ob es aus diesem Geschenk der Natur etwas machen kann, ob es seine angeborene Fähigkeit zur Empathie entwickeln kann, hängt davon ab, ob es selbst die Erfahrung empathischer Einfühlung durch andere macht. Denn nur dann, wenn Ihr Baby vom ersten Tag an Ihre einfühlsame und liebevolle Behandlung erfährt, so ist dies genau das ideale Training für seine Spiegelneuronen.

die Mimik seines Gegenübers imitieren kann (siehe Seite 128). Und nicht nur das: Sie sind das „Starter-Kit", die Grundausstattung, die das Baby mitbringt, um mit seinen Betreuungspersonen von Anfang an in einen sozialen Austausch zu treten. Sie sind es auch, die es Eltern ermöglichen, zu fühlen, was ihr Baby fühlt, und zu spüren, was es spürt. Mehr noch: Spiegel-neuronen sind die neurobiologische Voraussetzung für Empathie (siehe Kasten, Seite 33) überhaupt, also für die Fähigkeit, intuitiv zu verstehen, was andere Menschen fühlen und denken, sich in den anderen Menschen einfühlen zu können, die Perspektive anderer einnehmen zu können und zu verstehen, was seine Motive sind.

KOMPETENTES BABY – KOMPETENTE ELTERN

Nicht nur Ihr Baby ist für den „Erstkontakt", von dem es bekanntlich heißt, er sei entscheidend für die folgende Beziehungsgestaltung, gut von der Natur ausgestattet worden.

Auch Sie werden Eigenschaften und Fähigkeiten an sich entdecken, die Sie als kompetente „kontaktfähige" Eltern ausweisen.

Beginnen wir mit der Mutter: Durch ganz bestimmte neurochemische Vorgänge im Zusammenhang mit Schwangerschaft, Geburt und engem Kontakt mit dem Baby entstehen – nicht anders als bei unseren Säugetierverwandten – neue „Verdrahtungen" im mütterlichen Gehirn mit dem Ziel, ein „Muttergehirn" zu schaffen, das höchst aufmerksam, beschützend und umsorgend das Wachsen und Gedeihen des Babys sichert. Man weiß auch: Mütter sind gerade in den ersten Tagen und Wochen besonders fähig, sich auf ihr Baby einzustellen. Die verschiedensten Hormone und Botenstoffe erlauben ihr einen Zustand, den der bekannte Kinderarzt und Psychoanalytiker D. Winnicott als primäre Mütterlichkeit bezeichnet hat. Was er damit meinte, ist eine bestimmte emotionale Verfassung, die es „neugeborenen" Müttern erleichtert, sich in die Lage des Babys hineinzuversetzen und sich ihrem neugeborenen Baby „zur Verfügung zu stellen" und die Anforderungen, die auf sie zukommen, zu genießen, weil sie sich mit dem Baby, das sie umsorgt, identifiziert. Diese „vorübergehende Krankheit" – auch diese Bezeichnung stammt von Winnicott – macht die Mutter besonders sensibel für die Bedürfnisse ihres Babys.

Aber nicht nur Mütter können sich auf diese biologische Grundausstattung verlassen. Auch Väter, Adoptiveltern und Frauen, die selbst nie schwanger waren, können sich nach täglichem engem Kon-

Das Kindchenschema bei Mensch und Tier

takt mit einem Baby wie eine biologische Mutter verhalten. Die körperlichen Signale des Babys lassen auch in ihrem Gehirn neue neurochemische Übertragungswege entstehen: die Verschaltung für Mutterverhalten, wie es die US-amerikanische Neurobiologin und Neuropsychiaterin Louann Brizendine formuliert hat.

Ganz intuitiv

Im Grunde genommen reagieren alle Menschen auf ein Baby mit einer Haltung, die nichts anderes ist als der Beweis für ein instinktives „Bemutterungs- und Kontaktprogramm". Denn kennen wir nicht alle die Situation: Wir sehen ein kleines Kätzchen, einen Welpen, ein Baby – und fast automatisch fallen uns so Wörter wie goldig, süß, niedlich .... ein, eben Wörter, die ein ganz bestimmtes Gefühl in uns ausdrücken. Das Gefühl selbst ist schwer zu beschreiben. Ziemlich sicher verhindert es jedoch, dass wir gerade diesem „süßen Etwas" Schaden zufügen. Im Gegenteil: Es löst in uns eher Schutz- und Bemutterungsimpulse aus – und zwar durch sein ganz bestimmtes Aussehen, die großen

Augen unter vorgewölbter Stirn, die kurze Nase und die dicken Backen. Dieser Wirkung des sogenannten Kindchenschemas, die sich ja auch die Werbung zunutze macht, verfallen (fast) alle: Kinder im Vorschulalter, Jugendliche – weibliche besonders, aber auch männliche –, dann vor allem natürlich werdende Mütter und Väter und auch werdende Großeltern, wie Studien ergeben haben.

Es gibt also eine allgemeine Bereitschaft, sich gerade Babys gegenüber fürsorglich zu verhalten, mit der Tendenz, sich noch zu steigern, wenn das Thema dran ist, also in der Pubertät mit dem Beginn der Geschlechtsreife und in Zeiten der Elternschaft, aber auch Großelternschaft.

Und jeder von uns beginnt, auf eine für Außenstehende oft äußerst merkwürdige Art und Weise, zu einem Baby Kontakt aufzunehmen. Unsere eigenen angeborenen Fähigkeiten lassen uns dabei intuitiv das Richtige tun. Wir zeigen bestimmte Verhaltensweisen, die nichts anderes sind als das passende Gegenstück zur Kontakterwartung des Babys und zu seinen Möglichkeiten, unsere Kontaktangebote wahr-

Haben Sie das Kindchenschema durchschaut? Süße Babys, ob menschliche oder tierische, zeigen zum Beispiel eine ähnliche Wölbung der Stirn. Dazu kommen große, runde Augen, eine kleine Nase, ein kleines Kinn und Pausbäckchen.

zunehmen, zu verstehen und auch selbst aktiv Kontakt aufzunehmen.

Blicke sagen mehr als Worte

Wer Menschen dabei beobachtet, wie sie mit einem Baby in Kontakt treten, wird überall in der Welt Ähnliches beobachten:

Gibt man einem Erwachsenen (oder auch Kindern ab einem bestimmten Alter) einen Säugling in den Arm, so wird er fast hundertprozentig versuchen, mit ihm Blickkontakt aufzunehmen, und zwar aus einer Entfernung von etwa 20 bis 30 Zentimetern. Er bietet also sein Gesicht dem Baby in der Entfernung an, in der es sieht. Er schaut ihm direkt ins Gesicht, versucht mit seinem Blick den Blick des Babys einzufangen (siehe Kasten, Seite 28). Und dann „funkt" es – und zwar automatisch, ohne dass je die Person, die sich liebevoll einem Baby näherte, hätte den Grund dafür angeben können. Genau in dem Augenblick, wenn der Blickkontakt hergestellt ist, wenn sich die Blicke „berühren", geschieht Merkwürdiges in ihrem Gesicht: Sie wird die Augen weit aufreißen, den Mund öffnen und mit überbetonter, verlangsamter sowie einer vereinfachten Mimik versuchen den Blick des Babys zu fesseln. Sie wird seine Reaktionen auf die Reaktionsgeschwindigkeit des Babys abpassen und auf die Signale und Gesprächsangebote eines Babys innerhalb von etwa 0,8 Sekunden antworten. Das ist – wie Säuglingsforscher herausgefunden haben – der optimale Zeitrahmen dafür, dass ein Baby eine Verbindung zwischen dem eigenen Signal und der Reaktion darauf wahrnehmen und als Antwort empfinden kann.

Der Ton macht die Musik

Und natürlich wird jeder in dieser Situation mit dem Baby sprechen – und zwar in

---

INFO **Sprache ist Beziehungspflege**

Für die US-amerikanische Anthropologin Dean Falk zeigt sich in dieser Ammensprache die Hauptfunktion der menschlichen Sprache: Als in der Entwicklung der Menschheit der aktive Tragling zum passiven (siehe Seite 27) wurde, also getragen werden musste, war seine Mutter eben doch hin und wieder gezwungen, ihn abzulegen. Um das Baby, das ja als Tragling auf Kontakt angewiesen war, dennoch beruhigen zu können, musste ein neuer Weg gefunden werden, Nähe herzustellen: die Sprache. Statt der Vermittlung von Information – so ihre These – ging es beim „Sprechen" also ursprünglich um das Aufrechterhalten einer sozialen Beziehung, der zwischen Mutter und Baby, und zwar schon vor unserer Zeit als Homo sapiens.

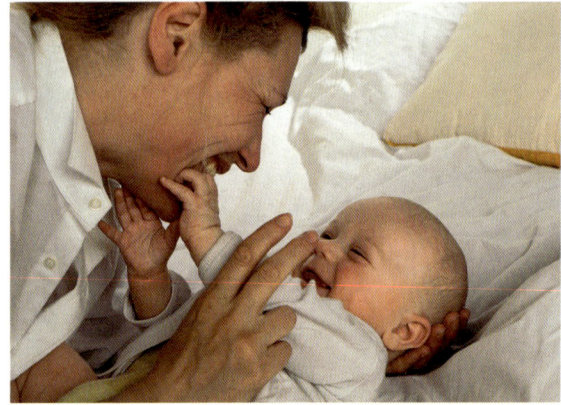

einer Sprache, die alle Babys der Welt verstehen. Vor allem die Sprachmelodie ist international. Sie umfasst – so haben Sprachforscher festgestellt – zwei Oktaven mit über 20 Halbtönen (die der „normalen" Sprechweise nur etwa sieben Halbtöne), und in dieser Variationsbreite „singen" Eltern überall auf dieser Welt ähnliche Melodien, um ihr Baby anzuregen, zu beruhigen, zu warnen, aufzumuntern und um mit ihm ins Gespräch zu kommen – auch wenn sie eben noch darüber herablassend gelächelt haben.

Auch Sie können diese „Weltsprache" sprechen, ohne sie jemals richtig gelernt zu haben. Ganz intuitiv werden Sie die sogenannte Ammensprache oder – wie sie heute auch oft in Deutschland heißt – die „Motherese" verwenden. Wenn Sie mit Ihrem Baby sprechen, wird Ihre Stimme automatisch höher. Sie sprechen langsamer, mit vielen Übertreibungen und langen Vokalen. Ohne es bewusst gelernt zu haben, verwenden Sie beispielsweise ein ansteigendes „Ja", um Ihr Baby aufzumuntern, ein helles „Ja" mit abfallender Stimme, um es zu bestätigen, und ein tiefes "Ja" mit fallender Melodik, um es zu trösten. Sie verwenden kurze einfache Sätze mit vielen Pausen, um immer wieder dasselbe zu sagen. Und Sie sprechen mit Ihrem Gesicht, mit den Augen, den

Augenbrauen und der ganzen Mundpartie. Sie zeigen sich erstaunt, positiv überrascht mit weit geöffneten Augen, hochgezogenen Augenbrauen und bieten Ihr Gesicht immer wieder durch die Bewegung Ihres Kopfes an. Und Sie tun damit das, was Ihr Baby interessiert und worauf es antworten kann. Denn Sie wissen intuitiv, worauf es anspricht. Folgen Sie also Ihrem Impuls und sprechen Sie mit Ihrem Baby wie Ihnen der (Ammen-)Schnabel gewachsen ist. Und Ihr Baby wird Ihnen antworten. Hört es Ihre Stimme, ist es im wahrsten Sinn des Wortes ganz Ohr.

Die elterliche Startausrüstung wird heute oft als „intuitive elterliche Kompetenz" bezeichnet. Dieser Ausdruck stammt von Hanuš und Mechthild Papoušek, die sich seit Jahrzehnten mit der Beziehung zwischen Eltern und ihrem Baby beschäftigt haben. In vielen Gesprächen, Untersuchungen und Studien sind sie der Frage nachgegangen, wie es Eltern gelingt, ihr Baby „intuitiv" – also ohne nachzudenken und ohne es bewusst gelernt zu haben – zu verstehen. Sie konnten zeigen, dass Eltern Fähigkeiten – Kompetenzen – haben, die sie quasi von Natur aus mitbringen und die es ihnen erlauben, „automatisch das Richtige" für ihr Baby zu tun, und zwar innerhalb von Bruchteilen von Sekunden, nachdem sie verstan-

den haben. Ohne zu wissen, wie oder warum, passen sie sich den Möglichkeiten ihres Babys in ihrer Mimik und Gestik, dem Tonfall ihrer Stimme und in der Geschwindigkeit, dem Rhythmus und der Intensität ihrer Bewegungen an. Sie wissen intuitiv, wie sie ihr Baby beruhigen und wann und wie sie es anregen können. Sie können ihre Anregungen zugleich so dosieren, dass sie der Aufnahmebereitschaft und Belastbarkeit ihres Babys entsprechen. Sie können dies, weil sie sich in ihr Baby einfühlen können.

Mütter und Väter besitzen besondere Antennen, die es ihnen ermöglichen, die „Sprache" ihres Babys wahrzunehmen. Sie reagieren darauf, ohne lange zu überlegen, und zwar so, dass es genau für ihr Baby „passt", weil sie sich in ihr Baby hineinversetzen können. Ohne diese Fähigkeit der Eltern, sich in ihr Baby im wahrsten Sinn des Wortes hinein- und einfühlen zu können, könnte wohl kein Baby gedeihen. Sie ist die Voraussetzung dafür, dass im Laufe der Zeit aus Beziehung Bindung wird.

EINE NEUGEBORENE FAMILIE

Mit der Geburt eines Kindes wird alles neu, alles muss sich einspielen – ein neuer Alltag, ein neues Selbstverständnis, eine neue Rolle für Mutter und Vater. Mit anderen Worten: ein gewaltiges Lernpensum. Und was ist das Lernziel? Eltern werden.

Und Eltern werden ist manchmal gar nicht so einfach und geht wahrhaftig auch nicht von heute auf morgen. Aber Sie schaffen es! Und zwar am besten immer Schritt für Schritt, in aller Ruhe und so entspannt wie möglich.

Das Wochenbett – die beste Zeit für eine erste Lektion

Als Wochenbett werden die ersten acht Wochen nach der Geburt eines Kindes bezeichnet. Denn ungefähr diese Zeit benötigt der mütterliche Körper für die Heilungs- und Rückbildungsvorgänge. Außerdem dauert es einige Wochen, bis sich das gesamte Hormonsystem wieder umgestellt hat. Nicht umsonst ist diese Zeit schon immer und in allen Kulturen eine ganz besondere Zeit. Sie ist auch in Deutschland unter dem Begriff „Mutterschutz" im Sozialgesetzbuch als besonders schützenswürdige Zeit geregelt: Mütter, die eben geboren haben, dürfen aus gesundheitlichen Gründen in diesen acht Wochen keine Beschäftigung ausüben.

Aber nicht nur medizinische Gründe machen Schonung so wichtig. Denn es geht ja nicht nur um körperliche „Rückbildung". Es geht um Neuorientierung und diese möglichst ohne den Anspruch, schnell wieder „die Alte" zu sein. Denn eine Frau, die ein Baby geboren hat, ist nicht mehr so wie „früher". Mit der Ankunft ihres Kindes übernimmt sie eine ganz neue Rolle in der Familie, der Paarbeziehung oder als allein verantwortlicher „Vorstand" einer kleinen neuen Familie und in ihrem Alltag, der sich in den nächsten Wochen und Monaten vor allem um ihr Baby drehen wird. Es beginnt eine Zeit, in der man unzähligen, neuen Erfahrungen begegnet. Eine gewaltige psychologische Umstellung steht an. Es ist – so beschreibt es der bekannte US-Kinderarzt T. Berry Brazelton –, als müsse die Mutter eine vollständige „Verwandlung" durchmachen, die nicht nur ihre Aktivitäten und Ansichten verändert, sondern auch ihr Selbstbild, ihre sozialen Bindungen und die Prioritäten, die sie in Zukunft in ihrem Leben setzen wird.

Eine solche „Verwandlung" ist gar nicht so einfach. Mit der Geburt ihres Babys kommt auch eine Mutter zur Welt und es gibt globusweit wohl keine „neugeborene" Mutter, die nicht gerade in den ersten Wochen ein Wechselbad der Gefühle erlebt. Denn den Phasen des höchsten Glücks folgen leider allzu oft Zeiten, in denen eine Vielzahl von Ängsten die Oberhand zu gewinnen scheinen.

Die Befürchtungen, die besonders „frischgebackene" Mütter in den ersten Wochen begleiten, sind oft ganz unspezifisch. Sie drehen sich natürlich meist um die Gesundheit und das Wohlergehen des Babys, oft aber auch um die familiäre Zukunft im Allgemeinen und Besonderen, und fast immer auch um die eigene Kompetenz, mit all den neuen Anforderungen zurechtzukommen. Auch die eigene körperliche Verfassung hindert Mütter, die eben ein Kind zur Welt gebracht haben, daran, „Bäume auszureißen". Es ist also durchaus normal, wenn auch Sie die ersten Tage und Wochen unsicher, aufgeregt und manchmal vollkommen ratlos sind. Auch wenn Sie sich in Wickelkursen und durch eine Vielzahl von Ratgebern vorbereiten konnten, haben Sie doch aller Wahrscheinlichkeit nach bisher kaum Erfahrungen (vielleicht als große Schwester, Cousine, Tante innerhalb einer größeren Familie oder allein durch Anschauungsunterricht bei Freundinnen oder Bekannten) sammeln können. Den meisten jungen Eltern fehlen heute die Hands-on-Erfahrungen mit Babys, wie Psychologen das nennen, oder anders ausgedrückt: Die wenigsten von ihnen haben je zuvor ein Baby in den Armen gehalten, es getröstet oder gar umsorgt. Das heißt: Mit der Geburt des ersten Babys beginnt ein neues und unbekanntes Abenteuer.

Der Alltag mit einem Baby wirft völlig neue Fragen auf. Was ist, wenn mein Baby sich beim Trinken immer verschluckt? Nimmt es überhaupt richtig zu? Mein Baby will dauernd an die Brust. Habe ich überhaupt genügend Milch? Heilt der Nabel richtig? Der Windelinhalt sieht plötzlich ganz anders aus? Kann es sein, dass der Apfel, den ich gegessen habe, mei-nem Baby Blähungen macht? Mache ich beim Baden alles richtig? Mein Baby ist heute so blass oder so rot? Es schreit so komisch ...

Babyblues

Natürlich sind Sie glücklich! Aber ... Dieses erste „Aber" taucht meist gerade dann auf, wenn junge Mütter dem eige-

---

INFO **Häusliche Wochenbettpflege**

Vergessen Sie nicht: Sie haben einen Anspruch auf eine häusliche Wochenbettbetreuung.
Was das heißt? Eine Hebamme besucht Sie innerhalb der ersten acht Wochen anfangs täglich zu Hause, nach den ersten zehn Tagen werden die Treffen dann individuell nach Bedarf vereinbart.
Die Hebamme berät Sie bei all Ihren Unsicherheiten. Sie beobachtet Ihr neugeborenes Baby und kontrolliert seine Atmung, seine Hautfarbe und seine Verdauung. Aufgrund ihrer langen Erfahrung kann sie seine Gesamtentwicklung beurteilen. Sie weiß was „völlig normal" ist und wo möglicherweise ein Arzt zu Rate gezogen werden sollte. Ihre Hebamme gibt Ihnen auch ganz praktische Anleitung, wie Sie mit Ihrem Baby umgehen, und hilft ihnen über Anfangsschwierigkeiten beim Stillen hinweg.

Darüber hinaus kann die Hebamme Sie während der gesamten Stillzeit weiter beraten und betreuen.
Sie ist jedoch nicht nur für den kleinen Sprössling da, sondern hat auch Ihre Genesung und Ihr Wohlbefinden im Blick, kontrolliert die Rückbildung der Gebärmutter und die Heilung etwaiger Geburtsverletzungen oder des Dammschnitts. Kurz: Sie kümmert sich um Ihr Wohlbefinden und das Ihres Babys, beantwortet Ihre Fragen und hilft Ihnen über die ersten Unsicherheiten hinweg. Darüber hinaus kann sie Sie während der gesamten Stillzeit weiter beraten und betreuen.
Zögern Sie also nicht, das Angebot der häuslichen Wochenbettbetreuung anzunehmen! Denn es ist nun mal leider oft so: Ist man plötzlich allein auf sich gestellt, entpuppt sich vieles von dem, was Sie gelesen haben, erst einmal als graue Theorie.

nen Selbstverständnis nach und in den Augen aller Angehörigen und Freunde überglücklich sein müssten. Aber plötzlich haben Sie – wie übrigens bei uns etwa 50 bis 70 Prozent aller frischgebackenen Mütter – wie aus heiterem Himmel ganz „schrecklich nahe ans Wasser gebaut". Sie fühlen sich deprimiert, ängstlich sowie völlig überfordert und alleingelassen bei der großen Aufgabe, die Sie jetzt vor sich haben.

Dieser Babyblues, wie die „Heultage" heutzutage immer häufiger genannt werden, wird mit der hormonellen Umstellung in Zusammenhang gebracht: Spielen die Hormone verrückt, gerät auch die Psyche aus dem Takt. Dafür sprechen die Regelmäßigkeit und der Ablauf, mit denen

INFO   Auf Tuch- oder besser: Hautfühlung

Neuere Studien ergaben: Bei Müttern, die ihr Baby von Anfang an bei sich haben und seine körperliche Nähe spüren, ist die Wahrscheinlichkeit, dass sie in dieses depressive Loch fallen, sehr viel geringer. Eine neue Erkenntnis? Natürlich nicht. Nur leider geriet dieses intuitive Wissen in unserer Gesellschaft über viele Jahrzehnte in Vergessenheit. Zwar wurde seit den 1970er Jahren nach und nach das sogenannte Rooming-in (Baby im Raum) der Mutter – allerdings im eigenen Bettchen – auch in den Geburtskliniken immer mehr zur Normalität und löste endlich die vermeintlich Mütter schonende Gepflogenheit ab, ihnen, solange sie in der Entbindungsklinik Klinik waren, ihre Babys alle vier Stunden frisch gewickelt zum Stillen zu bringen.

Doch erst seit Kurzem wird über die Vorteile diskutiert, das Neugeborene im Bett seiner Mutter zu lassen. Der Arzt und Ethnomediziner Wulf Schiefenhövel nennt das „Bedding-in". Unsere Evolutionsgeschichte hat uns – so argumentiert er – körperlich und seelisch so eingerichtet, dass Mutter und Neugeborenes zusammengehören. Deshalb – und dies konnte er belegen – leiden junge Mütter, die ihr Baby bei sich im Bett haben konnten, sehr viel seltener unter einem Babyblues als andere, die körperlich von ihrem Baby getrennt waren. Das Rooming-in, das ja keinen ständigen direkten körperlichen Kontakt vorsieht, hatte diese Wirkung nicht.

Und: Dass in den Zeiten, als die Trennung von Mutter und Baby Mode war, die Muttermilch oft nicht ausreichte, und kaum ein Baby länger als ein paar Wochen gestillt wurde, wundert aus heutiger Sicht überhaupt nicht, denn, allein die körperliche Nähe des Babys fördert Milchproduktion und -fluss.

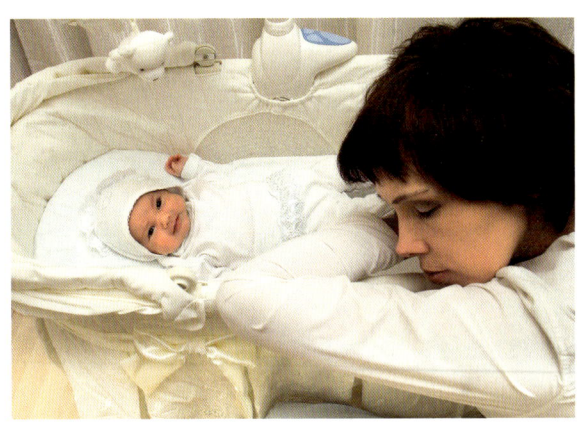

der Babyblues auftritt. Denn er beginnt fast immer am dritten Tag nach der Geburt, erreicht seinen Höhepunkt etwa am fünften Tag, um dann ohne jegliche therapeutische Anstrengung gegen den zehnten Tag auszuklingen.

Was bei dieser Erklärung aber oft nicht erwähnt wird: In Kulturen, in denen den Frauen, die geboren haben, Unterstützung, Zeit und Rituale den „Übergang" zum Muttersein erleichtern, tritt der Babyblues interessanterweise sehr viel seltener auf als hierzulande. Deshalb stellt sich die Frage, ob es neben den hormonellen Ursachen nicht auch emotionale Gründe sind, die eine frischgebackene Mutter (gerade in den ersten Tagen nach der Geburt, vielleicht sogar gerade dann, wenn sie voll Stolz das Krankenhaus verlässt und sich zum ersten Mal voll ganz und gar für ihr Baby verantwortlich fühlt), in ein vorübergehendes (!) depressives Loch stürzen lässt. Und: Die körperliche Erschöpfung nach der Geburt, die emotionalen Folgen, die Sorge um das Baby – nur wenige Frauen sind heutzutage auf diesen Schock vorbereitet. Dazu kommt dann auch meist der ungeheure Erwartungsdruck, dem sich junge Mütter in unserer Gesellschaft ausgesetzt fühlen.

Gleichzeitig haben junge Mütter selbst den Anspruch und die unrealistische Vor-stellung, die Versorgung des Kindes, den Haushalt und natürlich außerdem ihr normales, vorgeburtliches soziales Leben sofort wieder zu „schaffen", und zwar perfekt.

Oft sind es dann diese eigenen hochgesteckten Erwartungen, die Mütter an sich und ihrer Kompetenz verzweifeln lassen. Das Bild, das Mütter sich von ihrem Baby und von sich selbst – einschließlich ihrer neuen Rolle – gemacht haben, passt oft so gar nicht zur Realität des neuen Lebens, das sich ja erst einspielen muss. Sie gestehen sich nicht ein, dass sie nicht nur körperlich, sondern auch psychisch Zeit und Ruhe brauchen, um ein neues Gleichgewicht zu finden. Ist es ein Wunder, dass viele Frauen gerade jetzt – wenn Körper und Seele eine schwierige Anpassungsleistung zu vollbringen haben – „ins Schlingern" geraten?

Glücklicherweise hält dieser unbefriedigende Zustand nicht lange an – vor allem dann nicht, wenn seine Botschaft verstanden wird: Ich brauche Unterstützung, um mit der neuen Situation klarzukommen, und vor allem, mein Baby und ich – wir brauchen Ruhe sowie genügend Zeit, um uns aufeinander einzustellen, uns kennenzulernen und uns zu verstehen, und zwar in ganz engem, intensivem körperlichen Kontakt.

Sorgen und Stress umschiffen

Frischgebackene Mütter brauchen zuallererst ganz praktische Unterstützung in den ersten Wochen nach der Geburt. Denn wer selbst noch körperlich und psychisch erschöpft ein Baby rund um die Uhr betreuen will und muss, kann angesichts der sonstigen Pflichten wie Einkaufen, Wäscheberge abtragen, Kochen, Putzen, Aufräumen – Aufgaben, die Sie sicher bisher mit links erledigt haben – verzweifeln.

Junge Mütter brauchen aber auch Begleitung, Beruhigung, Ermunterung und die Möglichkeit zum Austausch über die vielfältigen und oft auch verwirrenden Gefühle, die einfach in diesen Wochen dazugehören.

Aber gerade in dieser Phase der Erschöpfung, Verunsicherung und (langsamen) Anpassung fühlen sich unerfahrene Mütter heute oft alleingelassen. Und sie sind es oft auch – ganz im Gegensatz zu

---

INFO   Das „Männerkindbett"

Viele Völker haben Traditionen entwickelt, in denen der Vater während und nach der Geburt eines Kindes die Rolle der Wöchnerin spielt – sei es um böse Geister zu verbannen, die Bedeutung der männlichen Rolle bei der Geburt zu betonen oder die Schwangerschaftsbeschwerden stellvertretend zu übernehmen. Diese uralte Sitte des Couvade (franz. für Männerkindbett), die übrigens in vielen Teilen der Erde (zum Beispiel Bolivien oder Mexiko) bis heute praktiziert wird, gibt es bei uns nicht. Im Gegenteil: Väter sind hierzulande eingeplant als der aktive Part, der leisten will und muss, was früher oft mehrere Frauen im Dorf oder aus der Verwandtschaft im Wochenbett geleistet haben.

Väter nehmen teil an Schwangerschaft und Geburt, und sie übernehmen voller Tatendrang in den Tagen und Wochen nach der Geburt ihres Kindes das Umsorgen von Mutter und Kind, den Haushalt, die Erledigung der Bürokratie sowie die Organisation der Kontakte zu Verwandten und Freunden. Was in all dieser Hektik oft verloren geht: Auch Väter wollen und müssen Vater werden. Auch sie betreten mit der Geburt ihres Babys Neuland und müssen mit all den neuen Fragen und Problemen zurechtkommen. Auch sie sollten nicht vergessen, dass sie Zeit und Ruhe brauchen, um mit ihrem Baby in Kontakt zu treten, es kennen und lieben zu lernen.

Deshalb sollten Väter wie Mütter nicht zögern, erfahrene Hilfsangebote von „außen" anzunehmen, eine wichtige Voraussetzung, dass Mutter und Vater Eltern werden können.

Wöchnerinnen früher (oder auch heute noch in anderen Kulturen, siehe Seite 39), die sich nach der Geburt ihres Kindes auf die unterschiedlichsten Hilfssysteme (Mütter, Großmütter, Tanten, Nachbarinnen, Wochenbettbetreuerinnen und „weisen Frauen") verlassen konnten. Selbst wenn immer mehr Väter sich voller Elan und Engagement bereit erklären, einen großen Teil der „Brutpflege" zu übernehmen, fehlt frischgebackenen Müttern die Unterstützung durch Frauen mit Erfahrung, die wissen, wie einem zumute ist, und die zuhören, verstehen, beruhigen und Sicherheit ausstrahlen.

Und junge Mütter brauchen auch und gerade heute die gute alte Kultur des Wochenbetts, so altmodisch dies klingen mag. Wie bereits zu Beginn erwähnt (siehe Seite 39): Auch die gesetzliche Mutterschutzfrist beruht ja auf der uralten Erfahrung, dass Mütter, die „in den Wochen liegen", einen Schonraum brauchen, der ihnen nicht nur die Gelegenheit gibt, sich körperlich zu erholen, sondern auch Zeit und Ruhe, um Mutter zu werden.

Also: Lassen Sie sich umsorgen und sorgen Sie für sich, für liebevolle Unterstützung, Fürsorge und eine sichere Umgebung. Denn nur Mütter, die sich in den ersten Tagen und Wochen auf Unterstützung durch andere verlassen dürfen, können sich ganz auf ihr Baby einlassen. Wie geht es ihm wohl gerade? Was will es mir mit seinem Verhalten mitteilen? Was braucht es von mir? Das sind die Fragen, die jetzt beantwortet werden wollen.

Dafür müssen Sie Ihre bisherigen so erfolgreichen Lebensstrategien – zum Beispiel: Machen, Planen, Denken, Organisieren, und das alles möglichst schnell – erst einmal hintanstellen. Ihre intuitiven Kompetenzen (siehe Seite 38) sehen anders aus. Lassen Sie sich von Ihrem Baby leiten. Das ist die beste Voraussetzung dafür, Ihre mütterlichen Fähigkeiten zu entdecken und Intuition zu üben. Gönnen Sie sich und Ihrem Baby die Schonzeit des Wochenbetts, ein Bett, das so auch zum behaglichen Kindbett wird.

Kindbettzeit ist Kennenlernzeit

Alle, die mit verschiedenen Babys zu tun haben – auch Eltern, die mehr als ein Kind haben, wissen es: Babys unterscheiden sich von Anfang an. Sie unterscheiden sich im Ausmaß ihrer Energie, in der Zeit und in der Ausdauer ihres Schreiens. Babys sind unterschiedlich in ihrer Sensibilität gegenüber Außenreizen: Manche Babys scheint von Geburt an nichts aus der Ruhe zu bringen, während andere sich bei der kleinsten Veränderung „aufregen", schlechter trinken und unruhiger schlafen. Diese „Sensibelchen" sind oft auch besonders lärm- oder lichtempfindlich, zeigen sich ausgesprochen wählerisch bei unterschiedlichen Geschmacksrichtungen oder reagieren auffallend empfindlich auf bestimmte Gerüche. Babys haben zudem von Anfang an ihre ganz persönlichen Vorlieben und Abneigungen gegenüber bestimmten Sinneseindrücken. Eltern merken dies zum Beispiel daran, auf welche Art und Weise sie ihr Baby am besten beruhigen können. Manche mögen es, gestreichelt zu werden, andere genießen eher sanften Druck. Die einen reagieren positiv, wenn sie geschaukelt oder hochgenommen werden. Andere dagegen wer-den dadurch unruhig oder gar quengelig.

Ferner können manche Babys ihren Eltern ziemlich deutlich zeigen, wenn ihnen etwas nicht passt und sind dann auch leicht zufriedenzustellen. Andere dagegen bleiben ihren Eltern lange ein Buch mit sieben Siegeln und verlangen ihnen ein großes Maß an Einfühlungsvermögen ab.

Eine ganze Reihe von Faktoren spielt hierbei eine Rolle. Der Geburtsverlauf, die Atmosphäre, in die es hineingeboren wurde, Lärm, Unruhe und die emotionale Einstellung seiner Eltern haben ihre Spuren hinterlassen. Auch die verschiedensten Einflüsse während der Schwangerschaft, die „Erfahrungen", die ein Baby in seiner vorgeburtlichen Zeit gemacht hat (siehe Seite 10), haben es geprägt. In den ersten Tagen und Wochen hängt das Verhalten eines Neugeborenen außerdem stark von seinem Reifezustand ab, das heißt, ob es zu früh oder zu spät geboren wurde, aber auch wie ausgereift sein Nervensystem schon ist. Vor allem: Jedes Baby bringt Veranlagungen mit, die es in seinen Genen ererbt hat und die nicht nur sein Aussehen, sondern auch sein Verhalten, seine Stimmungen und Reaktionsmöglichkeiten von Geburt an – genau genommen schon im Mutterleib – mitbestimmen. Diese weitgefächerte Veranlagung als genetisches Erbe ist Thema vieler Forschungsdisziplinen, die immer tiefere Einblicke in die Mikrobiologie unserer Gene gewinnen.

Mein Baby und sein Temperament

Veranlagung im Sinne von „angeboren" kann aber auch ganz ohne die Frage nach der Vererbung zum Gegenstand der Forschung werden – so zum Beispiel in dem Zweig der Psychologie, der sich mit dem, was Menschen in ihrem Wesen von Geburt an unterscheidet, beschäftigt. Tatsächlich ist diese Frage natürlich sehr viel älter als unsere moderne Psychologie.

TIPP **Der Intuition Raum lassen**

- Lassen Sie sich von Ihrem Baby leiten!
- Lassen Sie sich auf Ihr Baby ein!
- Lassen Sie Ihr Baby das Tempo vorgeben!

- Lassen Sie sich auf Ihre Gefühle ein!
- Lassen Sie neue Erfahrungen zu!

So gewinnen Sie am besten die für Sie nötige Gelassenheit, um als Mutter und Vater intuitiv „kompetent" zu sein.

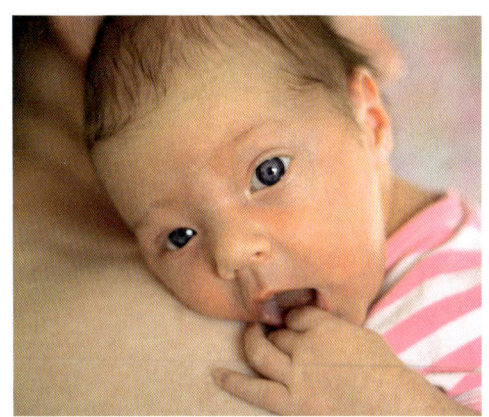

Schon „die alten Griechen" beschäftigten sich intensiv damit und erkannten bestimmte von einander abgrenzbare unterschiedliche „Temperamente". Diese sind uns Menschen eigen und begleiten uns über das ganze Leben hinweg. Seit der Antike hat man versucht, auch eine Typisierung dieser möglichen Temperamente vorzunehmen: Jeder kennt heute noch den Begriff des Melancholikers oder hat einen ungefähren Begriff davon, was man sich unter einem Choleriker oder einem Phlegmatiker vorstellen kann. Auch in der modernen Psychologie spricht man noch weiterhin von unterschiedlichen „Temperamenten". Gemeint sind damit immer noch relativ stabile und für einen Menschen typische Eigenschaften. Sie zeigen sich in seiner Ausdauer, seiner Schwelle gegenüber Außenreizen, der Art, wie er auf Neues reagiert, seiner vorherrschenden Stimmungslage und dem Grundrhythmus, wie er das Leben angeht. Und genau diese Unterschiede können Sie auch bei Babys finden – vielleicht nicht in den ersten Tagen, aber sicher innerhalb der nächsten Wochen, Monate und Jahre. Dieses Temperament gilt heute als genetische Eigenschaft. Auch wenn es sich weiterentwickelt und verändert, bleibt es doch in seinen Grundzügen bei den meisten Menschen stabil. Es gibt nun einmal

schüchterne Menschen und gesellige, anpassungsfähigere und solche, die sich gegenüber Veränderungen und Neuem erst einmal schwer tun, aktivere und ruhigere. Ist das ein Problem?

Problemlos oder schwierig?
Die immer noch bekanntesten und einflussreichsten Untersuchungen zu den unterschiedlichen Temperamenten schon im Babyalter sind die von Alexander Thomas und Stella Chess. Das US-amerikanische Psychiaterehepaar begann mit seinen Studien schon in den 1950er Jahren, für die sie viele Babys beobachteten und vor allem auch deren Eltern interviewten. Sie fragten nach dem Trinkverhalten, dem Schlaf-/Wachrhythmus und der motorischen Aktivität ihres Babys. Wie Eltern die vorherrschende Stimmungslage ihres Kindes beschreiben, war für sie ebenso von Bedeutung wie seine beobachtbare Sensibilität gegenüber Außenreizen oder wie leicht – oder schwer – es einem Baby fiel, sich auf Neues, also zum Beispiel neue Nahrung, andere Menschen und Veränderungen im Tagesablauf einzustellen oder einen eigenen Rhythmus zu finden. Das Interesse der Forscher galt also ganz unterschiedlichen Eigenschaften und Verhaltensweisen. Sie berücksichtigten vor allem die Beobachtungen, die für die Eltern

der Kinder besonders aussagekräftig waren, um ihr Baby zu charakterisieren. Bei allen Unterschieden fanden sie Zusammenhänge zwischen den einzelnen Verhaltens- und Reaktionsstilen von Kindern, so dass ihnen eine Einteilung in drei bis vier Gruppen – sprich Temperamente – plausibel schien. Für diese unterschiedlichen Temperamente wählten sie, da sie ja von Anfang an immer die Beziehung zwischen Eltern und Baby im Blick hatten, Bezeichnungen, die Eltern möglicherweise selbst gewählt hätten, um ihr Baby ganz allgemein zu beschreiben. So bezeichneten sie die drei Haupttemperamente als a) unproblematisch, b) schwierig und c) schwer zu motivieren. Die vierte Gruppe nannten sie d) unspezifisch, weil diese Babys keine spezifischen Merkmale zeigten. „Unproblematische" Babys waren zufriedene, anpassungsfähige Babys, die bald zu einer eigenen Regelmäßigkeit fanden. Die „schwierigen" Babys dagegen konnten schlecht selbst zu einem eigenen regelmäßigen Rhythmus finden. Sie schrien viel und zeigten sich bei den leichtesten Veränderungen, der leichtesten Unruhe sehr irritierbar. Sie tranken schlecht und waren unruhig. Die „schwer zu motivierenden" Babys waren sehr ruhig, ja inaktiv und neigten eher zum Rückzug. Auch sie reagierten empfindlich auf jede

Neuerung. Sie zeigten sich zwar weniger aufreibend als die „schwierigen" Babys; ihre Schwierigkeit lag jedoch darin, dass sie Anregung (Stimulation) brauchten.

Und mein Baby?

Sein Baby so zu sehen, wie es ist, ist manchmal gar nicht so einfach. Vielen Eltern fällt es schwer, Abschied zu nehmen von ihrem Bilderbuchbaby, wie auch immer sie sich das vorgestellt haben. Sie sind erstaunt, unsicher oder gar enttäuscht, weil alles so anders ist, als sie erwartet haben.

So ist es kein Wunder, dass zum Beispiel Eltern, die von einem ruhigen, selbstzufriedenen Baby geträumt haben, einige Zeit brauchen, um ihr lebhaftes Baby, das ausdauernd schreien kann und nur auf dem Arm von Mutter und Vater zur Ruhe zu kommen scheint, richtig zu verstehen. Und auch Eltern, die vielleicht ein lebhafteres Baby erwartet haben, können erst einmal Schwierigkeiten haben, wenn ihr Baby eher still und ruhebedürftig ist, viel schläft und sich selten wach und aufnahmebereit genug zeigt, um ihre Kontakt- und Gesprächsangebote annehmen zu können.

Versuchen Sie einmal innezuhalten. Was können Sie sehen, hören, fühlen, spüren und empfinden?

- Ist mein Kind eher zappelig oder liegt es – wach oder schlafend – meist ganz ruhig in seinem Bettchen?
- Kann ich ziemlich genau vorhersagen, wann mein Baby aufwachen und Hunger haben wird, oder konnte ich bisher noch überhaupt keinen Rhythmus in seinen Trink- und Schlafbedürfnissen entdecken?
- Trinkt es problemlos, wenn ich ihm die Brust (Flasche) reiche, oder braucht es dafür besonders viel Ruhe, meine volle Zuwendung und eine ganz bestimmte Haltung?
- Weint mein Baby viel oder eigentlich nur, wenn es hungrig und müde ist?
- Ist es, wenn es einmal begonnen hat zu schreien, leicht zu beruhigen oder „steigert" es sich trotz aller Beruhigungsversuche immer weiter „hinein"?
- Wie schnell kann sich mein Baby an neue Situationen und Veränderungen anpassen?
- Hat es eher ein dickes Fell oder reagiert es auf den kleinsten Reiz (Berührung, lautere Geräusche, helleres Licht, Kälte)? Wie stark reagiert es?
- Kann ich es mit meiner Zuwendung leicht erreichen oder wirkt es eher unnahbar?
- Kann ich es überall hin mitnehmen oder verträgt es das gar nicht, weil es dort weder trinkt noch schläft?
- Wirkt es auf mich im Allgemeinen eher entspannt und zufrieden oder vermittelt es mir irgendwie das Gefühl, alles falsch zu machen? Wann passiert das?

Was braucht mein Baby?
- Fällt Ihnen zum Beispiel auf, dass Ihr Baby auffallend schreckhaft auf Geräusche reagiert?
- Wird es unruhig, weil es vom Licht der Deckenlampe geblendet wird?
- Beginnt es auf Ihrem Arm zu quengeln oder gar zu schreien an, wenn Sie sich vergnügt – und eben nicht nur flüsternd – mit Ihrer Freundin unterhalten?
- Mag es Ihr Baby überhaupt nicht, wenn es gewickelt wird?
- Ist jedes Bad für Ihr Baby eine kleine oder gar große Katastrophe?
- Kann Ihr Baby kaum trinken, wenn andere im Raum sind, weil es durch jedes Wort, auf das Sie reagieren, aus dem Takt kommt?
- Neigt es in leichten Schlafphasen zu unwillkürlichen Bewegungen – rudert es also beispielsweise plötzlich mit seinen Ärmchen in der Luft, wodurch es manchmal sogar wach wird? Schläft es insgesamt sehr unruhig? Selten länger als 30 Minuten am Stück? Haben Sie das Gefühl, auf Zehenspitzen gehen zu müssen, damit es ja nicht aufwacht?

Dann ist das wohl ein Hinweis darauf, dass gerade Ihr Baby nicht zu den „pflegeleichten" Babys gehört, dass es besonders darauf angewiesen ist, dass seine Eltern verstehen, was sie ihrem Baby zumuten können und wodurch sie es überfordern.

Jetzt können Sie sich auf seine Bedürfnisse einstellen. Sie wissen jetzt, dass Sie Ihrem Baby vielleicht nicht zumuten kön-

nen, gleich in den ersten Wochen über-
schwänglich allen Freunden und Verwandten vorgeführt zu werden, da es so
viel Aufregung einfach noch nicht verträgt. Sie wissen damit auch, dass es ganz
besonders auf einen verlässlichen Tagesablauf angewiesen ist, und dass es Eltern
braucht, die „für Ruhe und Ordnung sorgen".

Sie können sich aber zugleich ohne
schlechtes Gewissen zugestehen, erschöpfter und erholungsbedürftiger als
andere Eltern zu sein, und sich Hilfe organisieren, bevor Sie verzweifeln – das beste
Mittel, um sich danach umso ruhiger und
gelassener um Ihr Baby kümmern zu können. Und dies ist genau das, was Ihr Baby
braucht, um sich gesund zu entwickeln.

Wenn Sie zu den Eltern gehören, deren
Sprössling trotz – oder wegen?! – aller Anstrengung und sowie vielfältigster Versuche und Bemühungen einfach immer den
Kopf abwendet, immer quengelt oder
schläft. Vielleicht geht ihm alles zu
schnell. Möglicherweise gehört es zu den
übersensiblen Babys, die einfach nicht in
der Lage sind, so viel liebevolle Zuwendung auf einmal zu verkraften. Mit dieser
Einsicht im Hinterkopf können Sie jetzt
versuchen, die Form Ihrer Annäherung –
Sprechen oder Anschauen oder Wiegen
oder Streicheln – zu finden, die ihr Baby
am liebsten hat. Bewahren Sie sich Ihre
Aufmerksamkeit und vertrauen Sie auf Ihre Antennen! Und Sie werden sehen: Ihr
Baby zeigt Ihnen, wie Sie es erreichen
können.

Wir passen zusammen

Mütter und Väter erwartet mit der Geburt
ihres Sprösslings also eine aufregende
Aufgabe: Sie müssen ihr Verhalten, aber
auch ihre Vorstellungen, Erwartungen
und Hoffnungen den Bedürfnissen sowie
den Möglichkeiten ihres Babys „anpassen".

Diese „Anpassung" an ihr Baby ist
die beste Voraussetzung dafür, dass
Eltern und Baby miteinander gedeihen.
Denn das Temperament eines Babys entscheidet nicht allein über die weitere Entwicklung eines Kindes. Ausschlaggebend
ist vielmehr, ob Eltern den Bedürfnissen
und Eigenheiten ihres Babys entsprechen
können, ob Eltern sich ihrem Kleinen und
seinen Möglichkeiten, mit sich und der
Welt zurechtzukommen, anpassen können.

Dies war auch ein wichtiges oder vielleicht das wichtigste Ergebnis der Lang-
zeitstudie von Alexander Thomas und
Stella Chess, den „Erfindern" der pflegeleichten, schwierigen und schwer zu motivierenden Babys, die ja „ihre Babys" über
viele Jahre begleitet haben (siehe Seite
47). Sie haben dafür den technischen Begriff der „Anpassungsgüte" (Goodness of
fit) verwendet, womit sie beschreiben, ob
und wie gut das Temperament eines Babys und die Umwelt, in die es hineingeboren ist und in der es aufwachsen wird, zu-
sammenpassen. Diese Goodness of fit bestimmt, wie sich ein Kind entwickelt, und
nicht allein sein Temperament, mit dem es
geboren wurde.

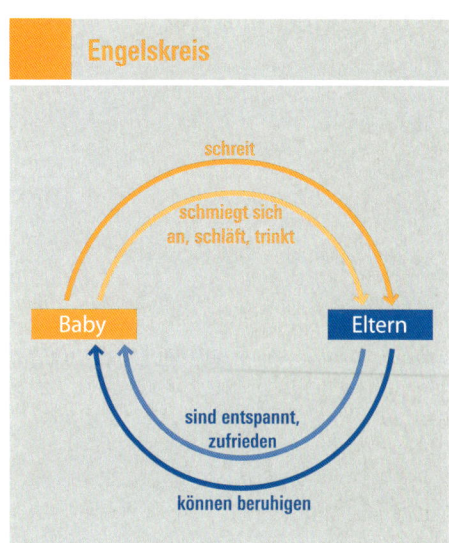

Engelskreis

schreit

schmiegt sich
an, schläft, trinkt

Baby

Eltern

sind entspannt,
zufrieden

können beruhigen

„Fit" – es passt!

In Anlehnung an den Begriff „Goodness
of fit" hat der Züricher Kinderarzt Remo H.
Largo den Begriff „Fit" eingeführt, um
noch einmal zu betonen, dass ein Baby
sich dann am besten entwickelt, wenn eine Übereinstimmung zwischen

- seinem Temperament,
- seinen Bedürfnissen,
- seinen Fähigkeiten und
- den Erwartungen, Anforderungen und
  Möglichkeiten seiner Eltern besteht.

Auch er konnte in vielen Untersuchungen
feststellen, dass der „Fit" (englisch: Passung) – also eben diese Passung – die gesamte weitere Entwicklung eines Kindes
bestimmt.

Das heißt zum Beispiel: Auch ein
„schwieriges Temperament" führt nicht
zwangsläufig zu späteren „Schwierigkeiten". Zu Problemen kommt es nur dann,
wenn das besondere Temperament des
Babys die Beziehung zwischen Eltern und
Baby dauerhaft „schwierig" macht, wenn
Eltern und ihr Baby nicht zu einem befrie-
digenden Zusammensein finden können.

Dieser „Fit" ist die eigentliche Heraus-
forderung ist, denen Eltern mit der Geburt

ihres Babys gegenüberstehen. Aber keine
Angst: Täglich, ja stündlich ergeben sich
neue Chancen, zu erleben: Ja – wir passen zueinander!

Engelskreise

Eltern können ein Lied davon singen: Immer wieder gibt es Situationen, in denen
sie nicht mehr weiter wissen, weil sie ihr
Baby einfach nicht verstehen, was besonders aufreibend ist, wenn das Baby
schreit. Was „fehlt" ihm bloß?! Ist es die
Brust oder Nähe oder Wärme? Ist es Unterhaltung und Ansprache oder Ruhe und
Abschirmung? Und: Was ist die richtige
Hilfe beim Einschlafen? Schreit es vor
Schmerzen oder weil es mit sich (seiner
Unruhe, seiner Erregtheit) und der Welt
(den vielen Reizen und Anregungen) nicht
klar kommt und dringend jemanden
braucht, der ihm aus dieser misslichen Situation heraushilft?

Oft genug – so haben Eltern den Eindruck – gleichen ihre Anstrengungen, den
Grund für sein Schreien herauszufinden,
einem Ratespiel, einem Unternehmen
nach dem Prinzip: Versuch und Irrtum,
wobei sich gut gemeinte Versuche sicher

mehr als einmal als Irrtum herausstellen. Aber trotzdem: Es klappt! Mutter und Vater – und alle, die sich liebevoll um das Baby kümmern – machen immer aufs Neue die wunderbare Erfahrung, dass sie intuitiv richtig handeln. Woher sie das wissen? Wer gibt ihnen die Sicherheit?

Ihr Baby zeigt es ihnen! Außer sich vor Schreien und völlig verstört „versteht" das Kleine doch ihre Beruhigungsversuche und nimmt sie an: Es kommt auf ihrem Arm langsam zur Ruhe, entspannt sich, schmiegt sich an, kuschelt sich in ihren Arm hinein und die Welt ist in Ordnung – für das Baby, aber auch für seine Eltern, die solche Momente wohl zu den glücklichsten in ihrem Leben zählen. Ein „Engelskreis positiver Gegenseitigkeit" ist entstanden.

Diesen Begriff wählte die Münchener Psychologin Mechthild Papoušek in Anlehnung an den Begriff „Teufelskreis", bei dem sich eine verfahrene Situation immer weiter aufschaukelt. Ein positiver Engelskreis bedeutet, dass die Interaktion von Eltern und Baby für beide Seiten beglückend ist – weil das intuitive Verhalten der Eltern zu den Bedürfnissen ihres Kindes passt. Babys brauchen diese Engelskreise für ihr Gedeihen. Aber nicht nur Babys sind auf Engelskreise angewiesen. Jedes Mal, wenn Eltern spüren, dass sie durch ihre Haltung, ihre Aktivität zu diesem Engelskreis beigetragen haben, bekommen sie das Gefühl vermittelt, gute Eltern zu sein. Das gibt ihnen Selbstvertrauen und motiviert sie, weiterhin alles – und zwar das Richtige – für ihr Baby zu tun.

JETZT GEHT'S LOS: VORWÄRTS IN DEN „BABY-ALLTAG"

Trinken, Schlafen, Verdauen und natürlich Schreien – das ist es, woraus das Leben eines Neugeborenen besteht. So scheint es – doch da ist weit mehr! Denn von Anfang an geht es Ihrem Baby nicht nur um die Stillung seiner körperlichen Bedürfnisse, sondern um Sie! Der Kontaktwunsch ist ihm in „die Wiege gelegt" worden – und es zeigt ihn auf seine Weise.

Und wie mag sich mit diesen Wünschen und Bedürfnissen der ganz alltägliche Ablauf gekonnt gestalten?

Essen & Trinken …

… hält Leib und Seele zusammen. Diese Volksweisheit ist wohl nie so wahr wie in den ersten Wochen und Monaten! Die richtige Ernährung ist die Grundlage dafür, dass Ihr Baby nicht nur körperlich wächst und gedeiht. Dabei steht während der ersten Monate, definitionsgemäß sogar das ganze erste Jahr, das Aufnehmen von Nahrung durch Saugen im Vordergrund. Ihr Baby ist ein Säugling. Nicht umsonst machen sich alle Mütter deshalb Gedanken: Werde ich mein Baby stillen können? Werde ich es am Leben erhalten können? Kann ich gewährleisten, dass es wachsen und gedeihen wird? Für viele Mütter wird diese Frage zur alles entscheidenden Frage: Werde ich eine gute Mutter sein? Und sie definieren sich und ihre mütterliche

Qualität über ihre Fähigkeit zu stillen, die sie so im Grunde zu einer zu erbringenden Leistung machen, die sie unter Druck setzt, die Stress bedeutet, und ihnen die Möglichkeit verbaut, einfach gelassen zu sein. Sicher: Vor der Geburt erhielt das Baby seine Nahrung ohne Planung und An-

INFO Vitamin D und Rachitis

Rachitis, eine krankhafte Knochenerweichung, war eine in den letzten Jahrhunderten gefürchtete Vitamin-D-Mangel-Erkrankung des Säuglings- und Kleinkindalters. Sie zeigte sich in Verformungen des Skeletts (X- oder O-Beine), einem aufgebogenen Brustkorb und in Verkrümmungen der Wirbelsäule. Zwar kann Vitamin D bei ausreichender Sonnenbestrahlung der Haut vom Körper selbst gebildet werden. In unseren Breiten ist jedoch vor allem in den Wintermonaten genau diese häufig für ein gesundes Wachstum der Knochen nicht möglich. Über die Ernährung mit Muttermilch kann deshalb eine ausreichende Versorgung nicht immer gewährleistet werden. Die Geschichte der Medizin zeigt dies.
Zur Rachitisvorbeugung wird deshalb heute allgemein empfohlen, Säuglingen ab dem fünften Lebenstag täglich für mindestens ein Jahr eine Tablette mit 500 I. E. (I. E. = Internationale Einheit = 0,0125 mg) Vitamin D (genauer

Vitamin D_3) zu geben. Diese Vorbeugung sollte im zweiten Lebensjahr vor allem in den Wintermonaten fortgesetzt werden. Sie muss es, wenn ein Kleinkind nicht die Gelegenheit hatte, im Frühjahr und im Sommer ausreichend Vitamin D durch die UV-Bestrahlung der Haut zu bilden.
Es gibt auch Gegner einer solchen flächendeckenden vorbeugenden Gabe von Vitamin D. Besonders manche homöopathisch und/oder naturheilkundlich arbeitenden Kinderärzte empfehlen entweder gar keine oder eine aus natürlichen Substanzen entwickelte Rachitisprophylaxe. Ihre Befürchtung: Eine allgemeine prophylaktische Vitamin-D-Zufuhr führe möglicherweise zur Überdosierung, die eine zu schnelle und starke Mineralstoffablagerung in den Knochen und damit einen vorgezogenen Alterungsprozess zur Folge habe. Diese Gefahr der Überdosierung besteht jedoch bei der heute allgemein verordneten Dosis nicht.

strengung. Nun müssen Baby und Mutter sich darum kümmern. Glücklicherweise besitzt das gesunde Baby einen aktiven Such- und Saugreflex. Aber auch Mütter sind hervorragend vorbereitet, um ihrem Baby das zu geben, was es braucht: ein effektives Team!

Als Team werden sie auch mit- und voneinander lernen – am besten gleich nach der Geburt: Babys Such- und Saugreflex ist dann am stärksten ausgeprägt und durch sein Saugen gibt es das entscheidende Signal: Bestimmte Nerven werden in der Brust gereizt, die dann ihre Impulse an die Hirnanhangdrüse weitergeben. Dort werden die für das Stillen spezifischen mütterlichen Hormone (Oxytozin und Prolaktin) freigesetzt, die über die Blutbahn in die Brust gelangen. Der „Milcheinschussreflex" wird ausgelöst, die Milchproduktion beginnt.

Stillen als Teamwork

Zur Milchproduktion der mütterlichen Brust gehören immer zwei. Auf der einen Seite sind es natürlich die Möglichkeiten der Mutter, die sowohl von ihrer körperli-

chen als auch von ihrer seelischen Verfassung und ihrer Einstellung zum Stillen abhängen.

Auf der anderen Seite ist es jedoch das Baby, das seiner Mutter das wichtige Signal gibt, das in ihrem Körper den Milcheinschussreflex auslöst. Sind Mutter und Baby ein eingespieltes Paar, können später schon das Weinen oder der Anblick des Babys das Fließen der Milch bewirken.

Das Baby und seine Anstrengung sind dann auch für die Menge der Milchproduktion mitentscheidend. Denn für eine ausreichende Milchproduktion ist es wichtig, dass das Baby intensiv zu saugen in der Lage ist und dass sein Saugen als Reaktion auf den Milchfluss ausgeprägt genug ist, um bei seiner Mutter als Antwort und Bestätigung anzukommen.

Auch die Qualität der Milch kann das Baby regeln – wenn man ihm die Entscheidung überlässt. Zu Beginn der Stillmahlzeit trinkt es eine große Menge kalorienarmer (Vorder-)Milch, die den Durst stillt. Gegen Ende seiner Mahlzeit wird die Milch, sie wird auch Hintermilch genannt,

---

INFO **Auch ein Frühchen erhält das, was es braucht**

Selbst nach einer Frühgeburt produziert die Brust genau das, was das Neugeborene tatsächlich benötigt. Denn dem Bedarf des Frühchens entsprechend kommt jetzt eine besonders kalorienrei-

che und eiweißhaltige Milch. Erst nach dem Zeitpunkt des eigentlichen Geburtstermins passt sich der Eiweißgehalt nach und nach der reifen Muttermilch an.

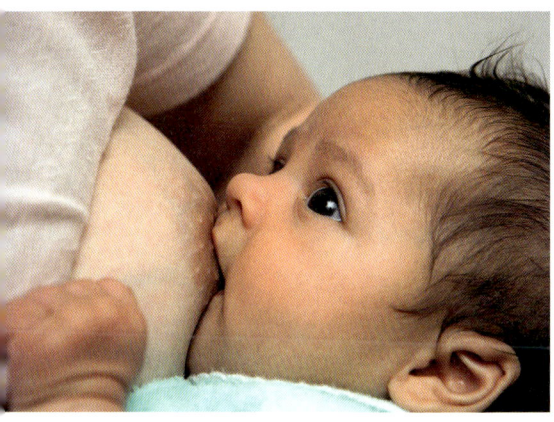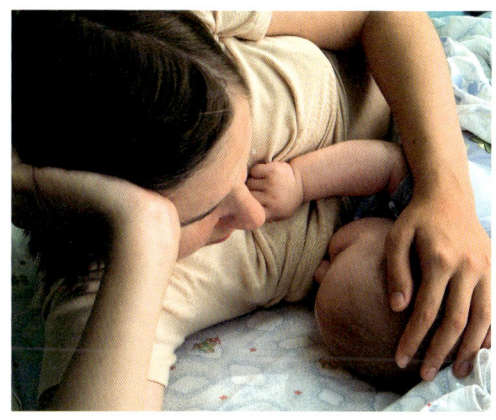

kalorienreicher. Ein langes Saugen an der einen Brust verschafft ihm also eine ganz besonders gehaltvolle Mahlzeit. Beim Wechsel an die andere Brust sind Vorder- und Hintermilch bereits vermischt. Ihr Baby erhält so ein ganz perfektes Mixgetränk.

Babys Speiseplan

Wenn Sie Ihr Baby gleich nach der Geburt anlegen, erhält es die sogenannte Vormilch oder das Kolostrum, eine gelbliche Flüssigkeit, welche bereits seit der 16. Schwangerschaftswoche bis zum eigentlichen Milcheinschuss in der Brust produziert wurde. Sie ist besonders eiweiß-, mineral- und vitaminreich, enthält wenig Fette und Zucker, ist also genau richtig für den noch unreifen Verdauungstrakt Ihres Babys.

Was die Vormilch für eine optimale Entwicklung des Babys fast unersetzlich macht, ist ihr großer Anteil an mütterlichen Antikörpern gegen Viren und Bakterien. Durch sie bekommt das Neugeborene eine hohe Dosis an Schutz gegen sehr viele – nicht alle! – Erreger der neuen Umgebung außerhalb des Mutterleibs. In den ersten Stunden nach der Geburt ist die Antikörperkonzentration am höchsten, das ist ein weiterer Grund, das Baby so bald wie möglich nach der Geburt anzulegen.

Je öfter Sie Ihr Baby anlegen, desto schneller bildet sich die Übergangsmilch, also die Milch, die Ihr Baby in den ersten zwei Wochen seines Lebens braucht. Der Gehalt an Eiweiß und Abwehrstoffen sinkt, während ihr Fett- und Milchzuckergehalt steigt.

Nach 10 bis 14 Tagen beginnen die Milchdrüsen mit der Produktion der sogenannten reifen Frauenmilch. Sie wird über eine lange Zeit die richtige Nahrung Ihres Babys sein. Denn sie ist seinen Bedürfnissen entsprechend noch energiereicher als die Übergangsmilch, da sie mehr Fett und Laktose enthält.

Wenn Sie Ihr Baby stillen und sich selbst ausgewogen ernähren, ist seine Versorgung mit allem Lebensnotwendigen, auch mit Mineralstoffen und Vitaminen, gewährleistet. Ausnahmen sind das Vitamin K, das für die Blutgerinnung wichtig ist (siehe Seite 17), und Vitamin D, das notwendig ist für die Aufnahme von Kalzium und Phosphat und für deren Einlagerung in die Knochensubstanz.

Auf gutes Gelingen!

Zumindest in den ersten Wochen ist das Stillen ein ganz intimer Vorgang zwischen Mutter und Baby. Suchen Sie sich deshalb ein ruhiges Eckchen. Das ist gerade am Anfang wichtig, damit Sie ganz ohne Ablenkung aufeinander eingehen können. Finden Sie die bequemste Haltung für sich und Ihr Baby. Aller Wahrscheinlichkeit nach wird Ihr Baby zwar nach den ersten 10 bis 15 Minuten seinen größten Hunger gestillt haben. Weiternuckeln stillt sein Nähe- und Saugbedürfnis. Jetzt wird es auch immer wieder Pausen einlegen, um sich blicken und – dies erst nach und nach – deutlich machen, dass es an Ihnen und seiner Umgebung interessiert ist. Diese Pausen sind übrigens keine unnötige oder gar unerwünschte Unterbrechung des Trinkvorgangs! Sie haben eine wichtige soziale Funktion. T. B. Brazelton, der schon mehrmals zitiert wurde, beschreibt eine Beobachtung, die gerade die Unterbrechungen in ihrer angeborenen beziehungsstiftenden Funktion interpretieren lassen: Gibt man einem neugeborenen Baby eine Milchzubereitung auf Kuhmilchbasis zu trinken, trinkt es kontinuierlich – nur hin und wieder in unregelmäßigen Intervallen durch Pausen unterbrochen. Erhält es dagegen seine Muttermilch aus der Flasche, so verändert sich sein Trinkverhalten, sobald es den neuen Geschmack registriert hat: Sein Trinken wird jetzt durch regelmäßige längere Pausen unterbrochen. Dieser (angeborene) Trinkphasen-Pausen-Rhythmus als Reaktion auf Muttermilch signalisiert, dass Ihr Baby offenbar beim Stillen mehr als nur Ernährung erwartet. Denn die Pausen verschaffen Ihnen die Möglichkeit, mit ihm eine besondere Verbindung einzugehen! Genießen Sie also diese Momente der Pausen als Kontaktangebot Ihres Babys. Sie erfüllen damit seine angeborene Erwartung.

Das Wichtigste in Kürze

Folgende Anregungen und Tipps lassen sich Stillenden mit auf den Weg geben:

- Nehmen Sie die vielen Angaben über die richtige Stilldauer zur Kenntnis. Ver-

---

TIPP   Und immer noch unsicher?

Bitten Sie die Hebamme oder eine Krankenpflegekraft um Hilfe und Unterstützung. Dies ist Ihr gutes Recht! Noch besser ist der Rat einer „stillerfahrenen" Mutter. Es gibt bundesweit viele Stillgruppen, in denen Mütter sich über ihre individuellen Erfahrungen und Schwierigkeiten mit dem Stillen austauschen können.

Eine solche Gruppe ist aber auch ganz unabhängig vom Stillen vor allem für Mütter sinnvoll, die befürchten, zu Hause mit ihrem Baby zu vereinsamen, da in ihrem Freundes- und Bekanntenkreis weit und breit keine jungen Eltern zu finden sind. Kontaktadressen finden Sie zum Beispiel unter www.stillgruppen.de.

suchen Sie aber dennoch zu erspüren, was davon zu Ihnen und Ihrem Baby passt.

- Vermeiden Sie jedes übereilte Zufüttern! Nichts dient der Milchproduktion besser als ein hungriges Baby, das kräftig saugt.
- Ernähren Sie sich ausreichend und ausgewogen (siehe Seite 55). Der Kalorienbedarf einer stillenden Mutter ist um etwa 600 Kilokalorien erhöht. Achten Sie ferner darauf, dass Ihre Ernährungs-, Trink- und Lebensgewohnheiten Ihr Kind nicht belasten. Dass Medikamente erst nach einer Absicherung durch den (Frauen-)Arzt eingenommen werden dürfen. Und dass Genussgifte (beispielsweise Alkohol, Nikotin, aber auch zu viel Koffein) tabu sind, muss nicht eigens betont werden. Was viele nicht wissen: Eine einseitige Ernährung kann zu gefährlichen Mangelerscheinungen bei Ihrem Baby führen. Ein besonders schwerwiegendes Negativbeispiel liefert die rein vegetarische (vegane) Ernährung der Mutter: Ihrem Säugling können wegen des Vitamin-B-Mangels unkorrigierbare neurologische Schäden drohen. Auch der Eisenbedarf wird bei Babys, deren Mütter sich ohne jegliche tierische Eiweiße ernähren, oft nicht ausreichend gedeckt.
- Auch Ihr Flüssigkeitsbedarf ist enorm. Eine stillende Frau sollte pro Tag etwa zwei bis drei Liter Flüssigkeit trinken. Aber: Trinken Sie nach Bedarf, also entsprechend Ihrem Durstgefühl. Denn ein

Zuviel steigert die Milchbildung nicht, sondern hemmt sie.

Belastete Muttermilch?

Glücklicherweise nimmt die Schadstoffbelastung der Umwelt mit giftigem PCB, DDT und Dioxinen, die sich als Gefahr für die Güte der Muttermilch herausstellte, aufgrund weitreichender Verbote in unseren Breiten seit Jahrzehnten stark ab. Rein genug für ein Baby ist Muttermilch leider manchmal dennoch nicht.

Manche Mütter sind beunruhigt über die mögliche Anreicherung von umweltbedingten Schadstoffen in der Muttermilch. Tatsächlich zeigten Untersuchungen, dass Muttermilch durch über 300 Schadstoffe belaste sein kann. Meist handelt es sich um neue Stoffgruppen wie Weichmacher, Flammschutzmittel, mit denen Kleidung imprägniert wird, und Duftstoffe. Mütter, die in häufigem direktem Kontakt mit Umweltschadstoffen (Landwirtschaft, chemische Industrie und Ähnlichem) stehen, sollten deshalb mit dem Kinderarzt das Risiko des Stillens für ihr Baby abwägen.

Glücklicherweise gibt es Warner, die dem Gift in der Muttermilch ständig auf der Spur sind. Dazu zählen zum Beispiel der Bund für Umwelt und Naturschutz Deutschland (BUND) sowie das Bundesinstitut für Risikoforschung (BfR). Sie betonen immer wieder, dass die Vorteile der Ernährung durch Muttermilch gegenüber den möglichen Risiken bei Weitem überwiegen.

Brust oder Flasche?

Bisher wurde immer vom Stillen gesprochen. Es gibt natürlich auch Gründe für die Flaschenernährung. Aus medizinischer Sicht sind dies gesundheitliche Probleme der Mutter oder in sehr seltenen Fällen anatomisch ungeeignete Brustwarzen. Schadstoffbelastung in der Muttermilch kann eine Flaschenernährung ebenfalls sinnvoll machen.

Wenn manche Frauen nicht stillen können oder wollen, hat dies aber meist andere als medizinische Gründe: Fehlinformationen, mangelnde Unterstützung und Beratung ebenso wie spezifische Ängste und Befürchtungen, die mit der Stillsituation zusammenhängen und verhindern, dass eine Mutter sich ganz entspannt dieser neuen Erfahrung hingeben kann.

Vor allem junge Mütter kann zum Beispiel diese Erwartung des ständigen „Angebundenseins" so sehr belasten, dass ihre Fähigkeit zu stillen beeinträchtigt wird. Denn eine Abwechslung bei der Betreuung ist in der ersten Zeit des Stillens, in der das Baby noch so häufig und unregelmäßig an die Brust will, schwer möglich.

Ferner ist für manche Mütter die Vorstellung, ganz allein für das Wohl und Wehe ihres Kindes verantwortlich zu sein, beängstigend. Es gibt auch Frauen, die sich durchs Stillen rasch „ausgesogen, ausgeleert" fühlen, insbesondere, wenn sie keinen Partner haben, bei dem sie selbst seelisch auftanken können.

Eine entspannte Stillsituation tritt für eine Mutter erst dann ein, wenn sie die Entscheidung zwischen Brust oder Flasche

---

TIPP   **Stillen: Viele Vorteile – auch für Mama**

Einige Gründe, die Müttern die Entscheidung für das Stillen erleichtern können sind zum Beispiel:

- Stillende Mütter gewinnen schneller ihre alte Figur zurück. Denn pro Milliliter produzierter Milch verbrauchen sie etwa eine Kilokalorie Energie. (Zusätzliche Anstrengungen, um abzunehmen, sind nicht nötig und aus medizinischer Sicht für Mutter und Baby nicht zu empfehlen!)
- Gerade in unseren Zeiten zählt Mobilität zur Lebensqualität. Muttermilch

bietet hier eine große Erleichterung, denn sie ist unterwegs unkompliziert und schnell „verfügbar".

- Frauen, die gestillt haben, erkranken langfristig seltener an Brustkrebs als Frauen, die nie gestillt haben.
- Und schließlich: Warum sollte eine Mutter ohne triftigen Grund Arbeit und Geld investieren (Fertignahrung einkaufen, schleppen, mehrmals am Tag anrühren, Flaschen wärmen, säubern und desinfizieren)? Das Alltagsleben kann doch bequemer sein!

frei treffen konnte. Dafür ist es hilfreich, wenn sie sich der psychischen und sozialen Hintergründe ihrer Entscheidung bewusst ist. Bei entsprechender Unterstützung und Ermutigung können jedoch die meisten Frauen ihre Kinder mit Erfolg und zur Befriedigung beider stillen, denn nur ungefähr 1 Prozent aller Mütter ist aus organischen Gründen nicht dazu fähig. Deshalb sollte von allen Zuständigen und Beteiligten, also von Hebammen, Ärzten, Krankenhauspersonal und vor allem vom Partner und von der Familie, das Stillen zumindest in den ersten Wochen – am besten während der ersten vier Monate – intensiv gefördert und unterstützt werden. Denn das Baby kann hier darauf vertrauen, dass die natürliche Milchquelle seiner Mutter die für den Augenblick richtige Nahrung, in optimaler Temperatur, Menge sowie Zusammensetzung, und garantiert keimfrei immer und überall bereithält. Aber: Ob Sie stillen oder nicht – denken Sie daran: Babys (und auch Mütter in ihrer Mutterrolle) gedeihen so oder so am besten in engem Haut- und Blickkontakt in einer ganz entspannten Atmosphäre.

„On demand" – Trinken auf Bestellung

Die alte Regel, dass ein Säugling strikt nach einem Zeitplan (meist alle vier Stunden) zu stillen ist, gehört inzwischen der Vergangenheit an.

Für Neugeborene, die bis vor Kurzem im Mutterleib ununterbrochen „gefüttert" wurden, ist ein fixer Fütterungszeitplan auch nicht geeignet – und schadet im Übrigen auch der Milchproduktion. Denn wenn Ihr Baby dann trinken kann, wenn es Hunger hat, regelt sich die Balance von Nachfrage (Babys Hunger) und Angebot (die Menge der Milch, die die Brust produziert) am besten. Deshalb wird heutzutage jeder Mutter empfohlen, ihr Kind „nach (seinem) Bedarf" – also „on demand", wie Fachleute dies nennen – zu stillen.

Viele Mütter sind jedoch unsicher. Wie erkenne ich den Bedarf? Ist jeder Schrei ein Hungerschrei? Drei erste Ratschläge:

- Geben Sie Ihrem neugeborenen Baby die Brust dann, wenn es schreit. Nach und nach werden Sie bemerken, dass Ihr Baby dann, wenn es hungrig ist, dies oft mit Schmatzen oder suchenden Kopfbewegungen signalisiert. Wenn Sie ihm dann Ihren Finger anbieten, wird es auch sofort zu saugen beginnen.
- Bald werden Sie auch seinen Hungerschrei vom Schreien aus anderen Gründen unterscheiden können (siehe Seite 76). So lange gilt: Wenn Ihr Baby hungrig ist, lässt es sich einfach durch nichts anderes als durch Stillen beruhigen.
- Seien Sie unbesorgt! Mit Muttermilch ist eine Überfütterung unmöglich. Insbesondere in den ersten Wochen ist eine hohe Kalorienaufnahme für Ihr Baby, für sein Wachstum und vor allem für seine Gehirnentwicklung absolut notwendig.

Nach und nach wird Ihr Baby aller Voraussicht nach zu seinem ganz eigenen Rhythmus finden, der längere Intervalle zwischen den einzelnen Mahlzeiten zulässt. Diese Entwicklung hängt nicht nur mit der Ernährungssituation zusammen – also der Menge und Zusammensetzung der Milch, die es trinkt, seinem bis dahin erreichten Gewicht, seinem Hunger und Ähnlichem. Zu einer Regelmäßigkeit des Hungergefühls zu finden, ist auch Teil einer allgemeinen reifungsbedingten Rhythmisierung, die seinen gesamten Organismus mit allen seinen Funktionen betrifft.

Diese Rhythmisierung ist etwa nach drei Wochen sowohl im Elektroenzephalogramm (EEG), das die Hirnströme misst, als auch im Elektrokardiogramm (EKG), das die Herzfrequenz aufzeichnet, erkennbar. Mehr dazu finden Sie auf Seite 71. (Und noch ein Gedanke: Auch Ihre Milchproduktion ist nun auf längere Intervalle eingestellt.)

Wenn Muttermilch ersetzt werden muss

Auf Seite 57 wurden einige Gründe genannt, warum ein Baby manchmal nicht gestillt werden kann. Für die Zubereitung von Flaschenmilch muss einiges beachtet erden.

Im ersten Lebensjahr ist Kuhvollmilch als Alternative zur Muttermilch absolut nicht geeignet, da sie sehr viel eiweißhaltiger als Muttermilch ist. Die Nieren eines Babys sind auch noch nicht in der Lage, deren hohen Gehalt an Mineralstoffen zu verarbeiten. Sie muss also den Bedürfnissen des menschlichen Babys angeglichen werden. In „artgerechter" Verarbeitung jedoch ist sie im Allgemeinen der Hauptbestandteil jedes Muttermilchersatzes.

Wenn Sie – wie früher üblich – für Ihr Baby die Flaschennahrung aus mit Stärke, Zucker und Keimöl angereicherter Halbmilch (halb Wasser, halb Kuhvollmilch) selbst zubereiten, laufen Sie immer Gefahr, in der Zusammensetzung dem Orga-

---

TIPP **Gutes Wasser für mein Baby**

- Informieren Sie sich bei den örtlichen Wasserwerken über „Ihr" Wasser
- Bei Bedenken über den Zustand Ihrer Wasserrohre und damit über die Qualität Ihres Wassers, können Sie dieses untersuchen lassen. Die Stiftung Warentest analysiert Ihr Wasser auf Blei, Zink, Kupfer und Kadmium für 28 Euro. Teilnahmekupons können Sie unter www.test.de/analyse-trinkwasser abrufen oder telefonisch bestellen unter 0 18 05/00 24 67.
- Empfohlen wird auch, für die Zubereitung von Babynahrung nicht das erste Wasser am Morgen zu verwenden, denn dieses stand die ganze Nacht in den Rohren und ist „abgestanden". Also: Erst duschen, dann trinken!

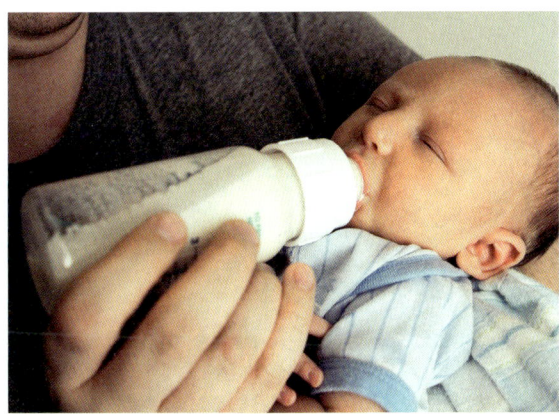

nismus des Babys nicht gerecht zu werden. Auch hygienische Bedenken sind bei einer „hauseigenen" Zubereitung meist nicht unangebracht.

Anders ist dies bei industriell gefertigter Säuglingsmilchnahrung. Aufgrund der strengen Bestimmungen der deutschen Diät-Verordnung und der EU-Richtlinien ist sie so die weitaus bessere und sicherere Alternative zur Muttermilch. Auch sie wird aus Kuhmilch hergestellt. Die notwendige Anpassung an den Organismus des Babys wird erreicht, indem der Eiweißgehalt der Kuhmilch vermindert wird. Auch der höhere Gehalt an Mineralstoffen wird reduziert. Milchzucker (Laktose) wird hinzugefügt. Das Butterfett der Kuhmilch wird durch andere Fette ausgetauscht. Vitamine werden den Diätverordnungen entsprechend zugesetzt (etwa Vitamin K).

Anfangs- und Folgenahrung

Industriell gefertigte Milchnahrung wird nach den Richtlinien der Europäischen Union in Anfangsnahrung (Pre-Nahrung, beziehungsweise „1"-Nahrung) und Folgenahrung (Kennzahl 2 oder C im Namen) unterschieden.

Pre-Nahrung ist der Muttermilch in Zusammensetzung und Sättigung sehr ähnlich. Auch sie enthält Laktose als einziges Kohlenhydrat. Produkte, die zusätzlich andere Kohlenhydrate (zum Beispiel Stärke) enthalten, werden als „1"-Nahrung bezeichnet. Ihnen wird eine stärkere Sättigung zugeschrieben. Inwieweit sie die Gefahr der Überfütterung mit sich bringen, ist bisher wissenschaftlich nicht untersucht. Achten Sie aber immer genau auf die Dosierungsanleitung der Hersteller.

Folgenahrung wird von den Herstellern als geeignet für die Ernährung von Säuglingen über sechs Monaten empfohlen. Davor ist sie wegen ihres hohen Eiweiß- und Mineralstoffgehalts nicht geeignet. Sie darf Gerste, Roggen und Hafer enthalten. Aus ernährungsphysiologischen Gründen ist eine Umstellung von Pre- auf Folgenahrung nach den Empfehlungen des Forschungsinstituts für Kinderernährung (FKE) in Dortmund aber nur in Einzelfällen (zum Beispiel wenn sich das Kind nicht auf Beikost umstellen lässt oder sehr schlecht isst) notwendig.

KURZ UND BÜNDIG

Für Babys, die nicht gestillt werden, ist industrielle Säuglingsmilchnahrung während des gesamten ersten Lebensjahres die erste Wahl. Selbst hergestellte Säuglingsmilch ist nicht zu empfehlen.
- Jede Art von Tiermilch (wie etwa Ziegen-, Schaf- oder Stutenmilch) ist er-

nährungsphysiologisch und hygienisch für Säuglinge bedenklich, wenn nicht gefährlich.

- Pflanzliche milchartige Produkte sind nicht geeignet.
- Eine Übergangsphase auf eine Folgenahrung ist nicht notwendig.

Welches Wasser?

In der Werbung wird häufig die Zubereitung von Babynahrung mit Mineralwasser angepriesen. Im Gegensatz dazu vertreten Experten die Ansicht, dass Säuglingsnahrung in der Regel mit (abgekochtem) Trinkwasser zubereitet werden sollte: Sie warnen vor möglichen Krankheitskeimen in gekauftem Wasser und weisen darauf hin, dass Trinkwasser das am besten kontrollierte Lebensmittel ist. Leider gilt dies jedoch nur bis zur Haustür. Denn Blei- oder Kupferrohre in älteren Häusern können die Schwermetallbelastung so stark erhöhen, dass das Wasser auf Dauer für Säuglinge schädlich ist. Vor allem in ländlichen Gegenden kann auch der Nitratgehalt des Wassers zu hoch sein (siehe Kasten). In diesen Ausnahmefällen wird empfohlen, auf Mineralwasser zurückzugreifen, das die Bezeichnung „für die Zubereitung von Säuglingsnahrung geeignet" trägt. Solches Wasser darf laut Verordnung einen Natriumgehalt von 20 mg/l, einen Nitratgehalt von 10 mg/l, einen Nitritgehalt von 0,02 mg/l und einen Fluoridgehalt von 0,7 mg/l nicht übersteigen.

Schon allergisch?

Eine Allergie, ist eine Überempfindlichkeitsreaktion des Körpers gegen fremde Stoffe (Allergene) aus der Umwelt. Dabei sind Babys, deren Eltern zu Allergien neigen, besonders gefährdet. Denn ein erhöhtes Allergierisiko ist in vielen Fällen genetisch festgelegt. Frauenärzte empfehlen Müttern daher oft, sich schon in der Schwangerschaft über die familiäre Belastung (das betrifft also alle Verwandte ersten Grades!) Klarheit zu verschaffen.

INFO   Und die Frage aller Fragen: Ist mein Baby jetzt hungrig? Oder pappsatt?

Ihr Baby „sagt" Ihnen, was Sache ist:
„Ich bin hungrig."

- Schreien,
- Kopf zur Brust drehen,
- Mundbewegungen,
- angewinkelte Ärmchen,
- später: Hand zum Mund, lautes Saugen.

Und das bedeutet:
„Ich bin satt."

- Nachlassen der Saugintensität,
- Nuckeln,
- entspanntes Gesicht,
- eine nachlassende Muskelspannung,
- Einschlafen.

Zusammenfassend betrifft das Allergierisiko folgende Aspekte:

- Wenn Sie von einem erhöhten genetischen Risiko in ihrer Familie wissen, sollten Sie wenn möglich unbedingt stillen. Umstritten ist der Nutzen einer sogenannten Nabelschnuruntersuchung, da unklar ist, ob die messbaren IgE-Antikörper der Mutter oder tatsächlich dem Neugeborenen zuzuordnen sind.
- Bei von Anfang an nicht gestillten Kindern kann im Säuglingsalter besonders häufig eine Kuhmilchallergie ausgelöst werden: Das Baby reagiert dabei allergisch auf bestimmte Eiweiße, die in der Kuhmilch (aber auch in der Ziegen- oder Stutenmilch) enthalten sind. Der beste Schutz gegen eine Kuhmilchallergie des neugeborenen Babys ist also das Stillen, da Muttermilch arteigenes Muttermilcheiweiß enthält.

Wenn Sie Ihr Baby nicht stillen können, besteht kein Grund zur Sorge. Auch ihr Kind kann alles was es braucht gleichwertig erhalten. Im Fall eines erhöhten Allergierisikos, empfiehlt sich eine allergenreduzierte Milchformula. Es gibt sie in zwei Varianten: schwach verändert (H.A.-Nahrung) und stark verändert (Extensivhydrolysat). H.A.-Nahrungen (hypoallergene Nahrungen) sind zwar auf Kuhmilchbasis hergestellt, ihre Möglichkeit, Allergien hervorzurufen, ist jedoch weitgehend eingeschränkt. Sie eignen sich zur Prävention (Vorbeugung), da die allergieauslösenden Eiweißstrukturen zum großen Teil durch Enzyme abgebaut sind. Es sind allerdings immer noch so große Eiweißbruchstücke vorhanden, dass ein bereits Kuhmilch-allergisches Kind darauf reagieren würde. Deshalb muss bei einer bestehenden Kuhmilchallergie ein Extensiv-/Vollhydrolysat eingesetzt werden. Die verbliebenen Eiweißbruchstücke in einer H.A.-Nahrung haben den Zweck, den Körper schonend an Milch zu gewöhnen und damit eine Toleranzentwicklung zu unterstützen.

Hin und wieder wird auch empfohlen, in der Säuglingsnahrung Kuhmilch durch Sojamilch zu ersetzen. Aber Vorsicht: etwa ein Viertel der Babys, die auf Kuhmilch allergisch reagieren und Soja im ersten Lebenshalbjahr bekommen, vertragen auch Sojamilch-Nahrungen nicht. Außerdem wird aufgrund des hohen Phytoöstrogengehalts davor gewarnt, Soja vor dem ersten Geburtstag zu verwenden.

Verdauen

Seit der 14. Schwangerschaftswoche arbeiten die Nieren und die Blase Ihres Babys: Die Harnausscheidung funktioniert also auch schon ab Geburt. Die Produktion von Stuhlgang hingegen ist ein Anpassungsprozess an die neue Ernährungsweise, der einige Tage braucht: In den ersten Lebenstagen scheidet das Neugeborene das Kindspech (Meconium) aus, eine dunkelgrüne, fast schwarze Substanz. Dieses Kindspech hat sich während der Schwangerschaft im Darm des Babys angesammelt. Danach produziert Ihr Baby den so-

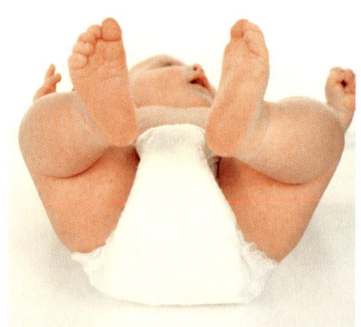

genannten Übergangsstuhl, der weniger zähflüssig und grünlich ist.

Am dritten Tag beginnt der Stuhl heller zu werden. Der normale Muttermilchstuhl, den Ihr Baby etwa nach dem fünften Tag ausscheidet, ist dann cremig bis wässrig, senffarben und riecht im Allgemeinen wenig. Babys Stuhl kann jedoch sehr von dieser Beschreibung abweichen, ohne deshalb auf Verdauungsstörungen hinzuweisen. Er kann grün oder orange sein, kann Krümel oder Schleim enthalten oder sein Aussehen kann an Rasierschaum erinnern. Die Farbvarianten bedeuten nicht, dass etwas in Unordnung ist. Ein voll gestilltes Baby, das Stuhlgang hat, welcher vom dritten Tag an heller wird, ist gesund. Ein Baby, das am fünften Tag noch Kindspech ausscheidet, sollte sofort ärztlich überprüft werden.

Blähungen, Verstopfung, Durchfall?

Viele Babys haben in den ersten Lebenswochen und -monaten vermehrt Blähun-

---

INFO Windeln und die Ökobilanz

Mehr als 6 000-mal werden Sie Ihr Baby wickeln müssen, bevor es „sauber und trocken" ist. Was früher eine Kunst war, geht seit der Erfindung der Höschenwindel ruck, zuck. Die Windeldermatitis (siehe Seite 313) ist mit der Einführung der hochsaugfähigen Windeln zurückgegangen. Flüssigkeitsabsorber (Quellstoffe aus Polyacrylaten), die den Urin beim Einnässen zu Gel verwandeln, sorgen dafür, dass der Po trocken bleibt.

Wie aber sieht die Ökobilanz aus? Gleichgültig ob Plastikwindel oder wiederverwendbare Stoffwindel – beide belasten die Umwelt. Plastik verrottet nur langsam. Stoffwindeln benötigen Energie, Wasser und Chemikalien bei der Reinigung. Die ökologisch vernünftige Alternative zu beiden scheint daher die biologisch abbaubare Einwegwindel zu sein.

Wer dennoch nach alter Sitte mit Baumwollwindeln wickeln möchte, kann auf professionelle Windeldienste zurückgreifen (Adressen findet man im Branchen-Telefonbuch), um die Umweltbelastung durch das individuelle Waschen gering zu halten und um sich selbst Zeit und Mühe zu sparen.

gen und leichte Verdauungsprobleme. Ursachen können die Unreife des Verdauungssystems nach der Geburt oder das Schlucken von zu viel Luft beim Trinken sein (zu den sogenannten Dreimonatskoliken siehe auch Seite 77). Verstopfung kommt bei gestillten Kindern eigentlich nicht vor. Auch wenn sie nur alle ein bis zwei Tage die „Windel voll machen", ist dies durchaus normal.

Von Verstopfung spricht man auch bei nicht gestillten Kindern erst, wenn sie weniger als einmal alle drei Tage Stuhlgang haben. Meist ist dies die Folge von Flüssigkeitsmangel. Etwas Tee oder stärker verdünnte Milchfläschchen sind dann hilfreich. Übrigens: Verstopfungen bei Fla-schenernährung sind oft bedingt durch den gut gemeinten Löffel Milchpulver extra. Deshalb: Halten Sie die Zubereitungshinweise auf der Packung auf jeden Fall genau ein!

Gegen begleitende Bauchschmerzen helfen sanfte Bauchmassagen und auch ein warmes, entspannendes Bad. Abführmittel sollten Eltern ihrem Säugling nur nach Absprache mit dem Kinderarzt geben!

Unter Durchfall versteht man bei nicht gestillten Kindern mehr als drei flüssig-wässrige Stühle an einem Tag. Gestillte Kinder können bis zu vier Stühle pro Tag haben, ohne dass es sich um Durchfall handelt. Entscheidend ist die Konsistenz.

INFO   **Ein roter Po**

Viele Babys haben irgendwann einmal am Po eine gerötete Haut, Pustelchen oder nässende entzündete Stellen. Ursache sind oft scheuernde, schlecht sitzende, Windeln und zu langer Kontakt mit Urin. Frische Luft ist in den meisten Fällen die beste Medizin.
Frische Luft wirkt auch vorbeugend. Je öfter Ihr Baby nackt ist, desto weniger neigt seine Haut zu Irritationen. Wichtig ist, dass der Po des Babys nach dem Waschen ganz trocken ist. Föhnluft tut hier gute Dienste.
Zur Pflege eignen sich die üblichen Babycremes (nicht zu dick aufgetragen!).

Puder ist nicht empfehlenswert. Er klumpt. Das reizt die Haut noch mehr. Und: Schon kleine Pudermengen können Babys Atemwege verstopfen.
In hartnäckigen Fällen sind Zinkpasten oder -salben aus der Apotheke angezeigt. In schweren Fällen sollte das Baby dem Kinderarzt vorgestellt werden, denn entzündete Kinderpopos in Verbindung mit dem feucht-warmen Klima, das sich innerhalb einer Windel herstellt, sind ein idealer Nährboden für Hefepilze (Candida), genauer gesagt eine Windeldermatitis (siehe auch Seite 313).

Wenn Sie bei Ihrem Baby häufige wässrige Stühle beobachten, sprechen Sie mit Ihrem Kinderarzt. Denn Durchfall ist gerade bei Neugeborenen gefährlich, da sie proportional zu ihrem Körpergewicht dabei häufig sehr viel Flüssigkeit verlieren. Ganz besonders wichtig ist deshalb als Ausgleich eine genügende Flüssigkeitszufuhr. Aber auch Elektrolyte (Mineralstoffe) gehen durch zu häufigen Stuhlgang bei Durchfall verloren. Eine Mineralstofflösung kann den Verlust ausgleichen. Gestillte Kinder sollten dabei weitergestillt und möglichst häufig angelegt werden. Nichtgestillte Kinder sollten ihre Fläschchennahrung weiter bekommen, aber in kleinen Portionen und eventuell verdünnt mit einer Elektrolytmischung. Mehr zu diesem Thema finden Sie auf Seite 288.

Schlafen

In den ersten Tagen scheint es, als schlafe das Baby ununterbrochen. Die Gesamtschlafenszeit kann bei manchen Neugeborenen in den ersten Tagen auch bis zu 23 Stunden, in den nächsten Wochen dann 16 bis 18 Stunden betragen. (Ein „durchschnittliches" Neugeborenes schläft etwa 16 Stunden am Tag.) Und doch ist der Tag Ihres Babys alles andere als ein Dauerschlaf, der nur von kurzen durch Hunger ausgelösten Perioden des Wachseins, die es fürs Trinken oder Schreien verwendet, unterbrochen wird. Tatsächlich ist das Baby noch gar nicht in der Lage, länger als drei bis vier Stunden durchgehend zu schlafen. Und auch dieser Schlaf ist nur zu einem geringen Teil ein richtiger Tiefschlaf. Vielmehr erlebt Ihr Baby ganz un-

---

TIPP **Einschlafhilfe**

Von einem Zustand in den anderen zu finden, ist manchmal nicht leicht. Und vielen Babys fällt es schwer, obwohl sie müde sind, einfach einzuschlafen. Das war schon immer so. Und schon immer haben Mütter herausfinden müssen, wie ihr Baby am besten zur Ruhe kommt. Folgendes fanden sie hilfreich:
- **Wiegen**
schaukeln in der Wiege, auf dem Arm, im Kinderwagen
- **Tragen**
auf dem Arm, im Tragetuch

- **Nuckeln lassen**
an der Brust, am Nuckel, am Daumen oder Finger
- **Fühlen lassen**
im Arm, auf dem Schoß, mit Kuscheltuch, Kuscheltier, von einer Hand gestreichelt
- **Hören lassen**
Lieder (singen oder summen), Spieluhr, monotone (beruhigende) Geräusche
- **Sehen lassen**
mobile, bewegte Blätter eines Baumes, einer Pflanze

 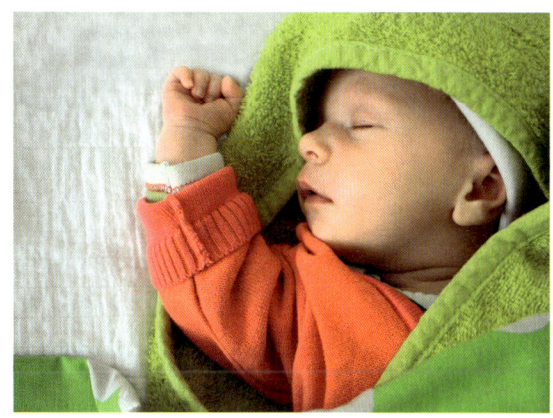

terschiedliche Schlafphasen, die im Übrigen schon vor seiner Geburt zu beobachten sind.

In den Tiefschlaf fällt es etwa alle vier Stunden für 45 bis 50 Minuten. Sie erkennen diesen Tiefschlaf am ruhigen und regelmäßigen Atmen. Ihr Baby liegt dann ganz ruhig, nur hin wieder unterbrochen durch ein Zucken der Arme oder Beine. Und fast gar nichts kann es in dieser Tiefschlafphase aufwecken. Dieser Tiefschlaf beruhigt und organisiert sein schnell überlastetes Nervensystem. Je reifer ein Baby wird, desto länger kann das Bedürfnis nach Tiefschlaf hinausgeschoben werden.

Sehr viel häufiger als in diesem Tiefschlaf werden Sie Ihr Baby im sogenannten Aktivschlaf oder REM-Schlaf finden. Dieser Rapid-Eye-Movements-Schlaf, in dem sich seine Augen – wie der englische Begriff sagt – unter dem Augenlid schnell bewegen, unterscheidet sich auch im EEG (Elektroenzephalogramm), das die Hirnströme misst, deutlich von anderen Schlafphasen. In diesem leichten oder aktiven Schlaf sind Babys für die Außenwelt empfänglicher. Ihre Augen sind geschlossen. Die motorische Aktivität reicht von kleinen Zuckungen bis hin zu Drehungen des Körpers und zum Ausstrecken der Arme und Beine. Die Atmung ist unregelmäßig und schneller als im Tiefschlaf.

Manchmal können Sie auch beobachten, wie Ihr Baby im Schlaf zu saugen beginnt. Es runzelt vielleicht die Stirn, macht Grimassen oder lächelt. Der REM-Schlaf ist der Traumschlaf des Erwachsenen. Ob wohl auch das Neugeborene jetzt träumt?

Daneben gibt es noch die Halbschlafphase. Ihr Baby öffnet und schließt abwechselnd die Augen. Es vollführt sanfte Bewegungen mit Armen und Beinen und atmet regelmäßiger. Der Halbschlaf ist ein Übergangszustand: Vielleicht fällt es noch einmal in einen tieferen Schlaf. Aber es kann auch wach werden, zumal wenn es sich durch äußere Reize wie grelles Licht, Lärm oder innere Reize wie zum Beispiel Hunger gestört fühlt. Jetzt wird es aufmerksamer und reaktionsfähiger. Vielleicht wird es aber auch quengelig und sagt Ihnen damit: Ich will noch schlafen! Lass mich bitte in Ruhe!

Gut gebettet?

Natürlich kann sich Ihr Neugeborenes noch nicht „betten". Also betten Sie Ihr Baby gut – möglichst in Ihrer Nähe (solange Ihr Baby noch so tief schlafen kann, braucht es die Abschirmung von den normalen Alltagsgeräuschen noch nicht) und nachts in Reichweite, vielleicht sogar in Ihrem Bett, wenn Sie das mögen (siehe Seite 41 und 68).

INFO **Sudden Infant Death (SID) – der plötzliche Kindstod**

Keiner weiß bisher so recht über die Ursachen des plötzlichen Kindstods, der häufigsten Todesursache jenseits des Neugeborenenalters, Bescheid. Aber man kennt einige Risikofaktoren: Das Schlafen auf dem Bauch (!) ist gefährlich. Weitere Faktoren sind eine zu warme Bettdecke sowie Kissen. Beide können über den Kopf rutschen.

Ein erhöhtes Risiko haben ferner Babys, die in einem überheizten Raum schlafen und/oder die zum Schlafen ein Mützchen tragen (so wird die Wärmeabgabe über den Kopf verhindert).

Ein weiterer Risikofaktor ist das Schlafen im eigenen Zimmer – weit weg von Mama und Papa. Vermutet wird, dass Eltern damit die Möglichkeit verbaut wird, intuitiv auf beunruhigende Veränderungen zu reagieren.

Oft wird auch das Schlafen im Bett der Mutter als Risikofaktor genannt und ein eigenes Babybett als wichtige vorbeugende Maßnahme empfohlen. Studien haben das Schlafen im Familienbett vor allem dann als Risikofaktor identifizieren können, wenn die Eltern Raucher oder durch Alkohol/Medikamente in ihrer Reaktionsfähigkeit eingeschränkt waren. Zur Gefahr im Elternbett könnten – so wird vermutet – auch die großen Decken und Kissen, sehr weiche Matratzen (Wasserbett etwa) und Spalten zwischen den Matratzen oder zwischen Bett und Wand werden. Hinzu kommt: Besonders risikoreich schlafen Babys im Familienbett dann, wenn ihre Mütter während der Schwangerschaft rauchten und wenn die Eltern danach weiterhin rauchen.

Es gibt aber auch Hinweise, dass das gemeinsame Schlafen von Mutter und Baby eher einen Schutzfaktor bietet: Atmung und Bewegung der Mutter – so die Begründung – wirken möglicherweise wie ein Takt- und Rhythmusgeber für das Schlaf- und Atemregulationszentrum in Babys Gehirn, sodass es nicht zu sehr „absackt". Auch das häufigere Stillen wurde als Schutzfaktor erkannt.

Kurz und bündig: Nach der derzeitigen Studienlage ergeben sich folgende Empfehlungen:

- Legen Sie Ihr Baby zum Schlafen immer auf den Rücken.
- Empfohlen werden harte Matratzen und Schlafsäcke für Babys.
- Vermeiden Sie eine Überwärmung durch zu viel Kleidung und eine zu hohe Zimmertemperatur. 16 bis 18 Grad reichen hier völlig aus.
- Lassen Sie Ihr Baby in Ihrem Zimmer schlafen.
- Schläft Ihr Baby im Familienbett, muss dieses den Sicherheitsanforderungen eines Babybetts genügen.
- Rauchfreies Aufwachsen: ein Muss!

„BASISLAGER"

Sobald Ihr Baby in seinem richtigen Kinderbettchen liegt, kommt es dann auf die richtige Matratze an. Worauf Sie achten sollten und Testergebnisse finden Sie (kostenfrei) unter www.test.de; Rubrik Familie + Kinder, Tests.

Außerdem ist es Ihre Aufgabe, Ihrem Baby die richtige Lage zu ermöglichen. Denn bis es sich selbst in die ihm gemütliche Lage drehen kann, wird es auch noch einige Monate dauern.

Und wie soll man es betten? Vor etwa 25 Jahren war es modern, Babys auf dem Bauch liegend schlafen zu legen. Allerlei Argumente wurden genannt: Beim Erbrechen bestehe keine Erstickungsgefahr oder das Köpfchen erhalte eine schönere Form, als wenn es am Hinterkopf plattgedrückt werde. Auch die Seitenlage wurde lange propagiert im Sinne: Das Baby solle möglichst mehrmals gewendet werden, um eine einseitige Stellung zu vermeiden. Inzwischen weiß man, dass die Bauchlage während der Schlafenszeit ein signifikanter Risikofaktor in Bezug auf den so sehr gefürchteten plötzlichen Kindstod ist (SID = Sudden Infant Death, Kasten links).

Wenn Ihr Baby wach ist, sollte es jedoch ruhig auch einmal auf dem Bauch liegen. Denn die Rückenlage hindert es sonst daran, seine Arm-, Rücken- und Halsmuskulatur zu trainieren.

Wenn ihr Baby auf dem Bauch liegt, wird es in wenigen Wochen versuchen, sein Köpfchen zu heben, um die Welt erkunden zu können, und stärkt damit die Muskulatur, die es dann wieder einige Zeit später zum Krabbeln, Sitzen, Stehen und Gehen braucht.

Schlafen lernen

Zwar bestimmt die Gehirnentwicklung Ihres Babys den Zeitpunkt, wann es endlich durchschläft. Ihre Tag-und-Nacht-Einteilung ist aber auch ein Lernprozess. So reagiert Ihr Baby nach und nach mit einem veränderten Schlafverhalten auf die äußeren Reize, die ihm zunehmend einen Tag-Nacht-Wechsel signalisieren. Licht und Dunkelheit, Geräusche und Stille, bestimmte Regelmäßigkeiten in seinem Tagesablauf, Temperaturschwankungen und auch Ihr unterschiedliches Verhalten helfen ihm, sich auf den Rhythmus außerhalb des Uterus umzustellen. Unter dem Einfluss der Umwelt wird nach und nach das Wachsein in der Nacht unterdrückt, und der Schlaf am Tag reduziert. Dabei hängt die Fähigkeit, nachts schlafen zu können, eng mit dem Tagesrhythmus als Ganzem zusammen. Bald wird ihrem Baby Ihre Regelmäßigkeit im Tagesablauf helfen, seinen Rhythmus dem Ihren anzupassen und selbst zu mehr Regelmäßigkeit zu finden.

Und wenn nicht ...?

Jede Nacht aus dem Schlaf gerissen zu werden, erschöpft sehr und kann wütend machen, sei es nun auf das Baby, das schon wieder schreit, oder auf den Part-

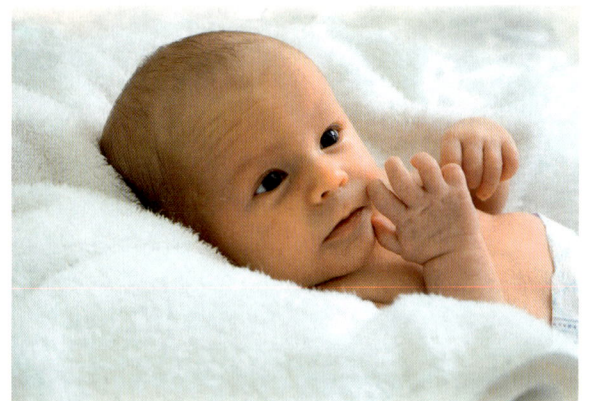
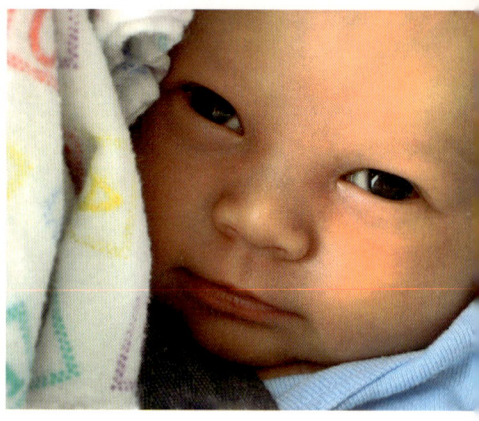

ner – meist den Vater des Kindes –, der mal wieder nichts gehört hat, der morgens aus dem Haus gehen kann, und der einem dies alles eingebrockt hat …! Viele Mütter – vor allem, wenn das Baby gestillt wird, sind es die Mütter, die wirklich jede Nacht für ihr schreiendes und hungriges Baby zuständig sind – kennen diese oder ähnliche Gefühle und Gedanken, die sie sich auch zugestehen dürfen. Denn sie sind völlig normal und signalisieren, dass spätestens jetzt Gegenstrategien entwickelt werden müssen. Das heißt zum Beispiel für stillende Mütter: Erleichtern Sie sich die nächtliche Unterbrechung dadurch, dass Sie das Bettchen Ihres Babys in Ihre Reichweite stellen, und stillen Sie in Ihrem Bett – vielleicht gelingt Ihnen dies bald „im Schlaf". Ein Wickeln ist nachts meist nicht nötig. Das bedeutet aber auch: Eltern müssen sich absprechen und gegebenenfalls einen regelmäßigen Nachtdienstplan erstellen. Wenn der Vater berufstätig ist und ausgeschlafen zur Arbeit kommen muss, so kann er durchaus der Mutter seines Kindes zumindest am späten Nachmittag oder frühen Abend ein bis zwei Ruhestunden und an den Wochenenden zwei ruhige Nächte (mit abgepumpter Milch – lassen Sie sich schon von der Hebamme zeigen, wie dies am besten geht) ermöglichen!

Und bevor der dauernde Schlafmangel einer Mutter oder eines Elternpaares an den gesundheitlichen Reserven zehrt, ist es auch für das Baby das Beste, wenn jemand aus der Verwandtschaft oder aus dem Freundeskreis sich einmal eine Nacht um die Ohren schlägt. Nach einem gesunden, ungestörten Nachtschlaf sieht alles wieder ganz anders aus!

Wach sein

Viel wurde über das Schlafen geschrieben. Es nimmt ja auch den Hauptteil des Babyalltags ein. Die einzelnen Schlafphasen haben Sie kennengelernt und werden sie im Laufe der nächsten Tage und Wochen immer besser unterscheiden können.

Auch wenn Ihr Baby wach ist, ist es nicht immer auf gleiche Weise wach. Wer Babys genau beobachtet, unterscheidet ganz verschiedene Stadien, die sich im Grad der Aktivität und Ansprechbarkeit unterscheiden. Man spricht von den unterschiedlichen (Verhaltens-)Zuständen eines Neugeborenen. Sie reichen vom Tiefschlaf, von dem Sie schon gelesen haben, bis zu anfangs noch recht kurzen Phasen der wachen Aufmerksamkeit. Der bekannte Kinderarzt T. Berry Brazelton (siehe Seite 39) unterscheidet dabei sechs, andere

Säuglingsforscher sieben verschiedene Phasen, die sich im Lauf des Tages abwechseln. Bei allen jedoch bezieht sich die Einteilung auf den unterschiedlichen Ansprechbarkeits- oder Wachheitsgrad eines Neugeborenen und damit auch auf die unterschiedlichen Verhaltensmöglichkeiten, die es in den einzelnen Phasen zeigt.

Aber Sie brauchen keine Theorie! Wenn Sie Ihr Baby im Tagesverlauf beobachten, wird Ihnen selbst auch aufgefallen sein: Es gibt Momente, da ist es einfach wach. Sie werden zwar kaum Bewegungen feststellen können. Auch sein Gesichtchen ist fast bewegungslos. Aber seine Augen sind weit geöffnet und strahlen. Sie können nicht anders. Sie sprechen mit ihm, versuchen erste kleine Spielchen, knuddeln es und merken: Mein Baby hört mir zu, schaut mich an, ist interessiert und nimmt auf, was um es herum geschieht. Und Sie sind glücklich!

T. B. Brazelton nennt diesen Zustand den der wachen Aufmerksamkeit. Er ist die Voraussetzung dafür, dass Sie ins Gespräch kommen und dass Ihr Baby lernt. Sicher: Diese für alle Beteiligten ganz besonderen Momente sind in den ersten Tagen noch recht kurz. Im Alter von zwei bis drei Wochen jedoch kann Ihr Baby schon zwanzig bis dreißig Minuten aufmerksam sein. Spätestens dann aber werden Sie erste Zeichen der Überlastung sowie Überreizung feststellen und der Zustand beginnt zu kippen. Denn Aufmerksamkeit ist anstrengend. Sie beobachten und spü-

ren intuitiv, dass Ihr Baby unruhig wird. Seine Bewegungen sind ruckartig, fahrig. Es rudert richtig mit seinen Ärmchen und Beinchen, überstreckt sich, streckt vielleicht die Zunge heraus – ein häufiges Belastungszeichen bei Babys – und macht Grimassen.

Mit diesen Grimassen beginnt ein neuer Verhaltenszustand: Brazelton spricht vom übererregten unruhigen Wachen, andere nennen ihn den noch aufmerksamen, aber quengeligen Zustand. Wie der Halbschlaf ist auch dieser Zustand ein Übergangszustand. Sie versuchen noch einmal mit ihrem Baby zu schäkern und möglicherweise schaffen Sie es auch, noch einmal seine Aufmerksamkeit zu gewinnen. Meist zeigt Ihnen Ihr Baby aber durch sein „quengeliges" Verhaltensrepertoire, dass es ihm einfach zu viel wird.

Da es noch aufmerksam genug ist, kann es jetzt Ihre beruhigenden Bewegungen, Ihre leise Stimme, vielleicht Ihre Brust „nutzen", um ruhiger zu werden. Jetzt ist es Zeit für ein Nickerchen angesagt. Vielleicht wird Ihr Baby bald tief schlafen. Möglicherweise reicht ihm auch eine kurze Zeit der Ruhe, um wieder auftanken zu können.

Die Alternative ist der nächste „Zustand": das Schreien. Jetzt ist Ihr Baby kaum mehr zu erreichen. Die Augen sind fest zusammengekniffen, das kleine Gesichtchen scheint nur noch aus dem großen Mund zu bestehen. Es ist ein Alarmsignal – das alle Eltern verstehen! Jetzt braucht mein Baby Hilfe!

Die erste große Aufgabe: Rhythmisierung und Regulation

Menschliche Babys – so heißt es – werden eigentlich viel zu früh geboren. Tatsächlich haben sie nach der Geburt noch eine wesentliche Entwicklungsaufgabe vor sich, bei der es im Grunde genommen um eine Anpassung an das Leben „draußen", also außerhalb des mütterlichen Schutzraumes geht. Was ist denn diese neue Aufgabe? Neugeborene Babys müssen zu einer eigenen Regelmäßigkeit sowie Stabilität ihrer Körperfunktionen, -empfindungen und -zustände finden und sie betrifft ganz banale Fähigkeiten wie Atmung und Kreislauf, Nahrungsaufnahme und Verdauung, aber auch die Erfahrung der Schwerkraft und die Regulierung der Körpertemperatur. Vor seiner Geburt war die Nahrungsaufnahme des Babys zum Beispiel ständig gesichert. Hunger und Sättigung als verschiedene Empfindungen gab es nicht. Jetzt muss sich das Baby damit auseinandersetzen. Es muss sich auch an verschiedene Außentemperaturen gewöhnen und zunehmend in der Lage sein, seine eigene Körpertemperatur stabil zu halten, auch wenn es beim Wickeln ausgezogen wird oder das Zimmer, in dem es schlafen soll, viel zu warm ist.

Es muss auch einen neuen Schlafrhythmus entwickeln, der mehr und mehr unserem zirkadianen – also vierundzwanzig Stunden – Rhythmus entsprechen wird.

In den ersten Tagen nach der Geburt verhält sich Ihr Baby noch so wie schon im Bauch. Sein Tag teilt sich ein in die verschiedenen Schlaf- und Wachzyklen, deren zyklischer Wechsel noch kaum beeinflusst ist von dem, was um ihn herum geschieht. Und: Er ist ein spontanes Geschehen, auf das Ihr Baby kaum Einfluss nehmen kann, das es kaum aktiv steuern kann. Doch mit der Geburt muss sich dies verändern. Ein Beispiel ist der Wechsel von Hunger und Sättigung, den es so vor der Geburt noch nicht gab. Babys Verhaltenszustände werden nun sehr eng mit dieser Erfahrung zu tun haben. Aber auch die „Umwelt" beginnt immer mehr, diese Zyklen, ihre Dauer und Intensität zu beeinflussen. Ein wichtiges Beispiel haben wir im Kapitel vom Schlafen genannt. Ihr Baby muss – und wird! – sich mit seinen Schlafzyklen an unseren Tag-und-Nacht-Rhythmus anpassen. Diese Regulation – unter diesem Begriff werden heute die Reifungs-, Anpassungs- und Lernprozesse der ersten Lebensmonate zusammen gefasst – gelingt im Allgemeinen innerhalb der ersten drei Monate. Sie ist die Fortsetzung einer Reifung und Entwicklung, die schon im Mutterleib begonnen hat, sich jetzt aber den speziellen Außenbedingungen anpassen muss. Außerdem wird Ihr Baby nach und nach lernen, seinen Aufmerksamkeits- und Verhaltenszustand aktiv zu steuern. Dies ist natürlich ein langer Prozess. Aber er beginnt in den ersten Stunden und Tagen. Ein offensichtliches Etappenziel ist erreicht, wenn Ihr Baby dann trinken kann, wenn es hungrig ist, bevor es zu überreizt oder müde ist, und dass es danach im wahrsten Sinn gestillt

und entspannt sein kann. Ein anderes Etappenziel ist geschafft, wenn es wach und aber auch ruhig und aufmerksam sein kann, um mit Ihnen „ins Gespräch zu kommen", aber auch, wenn ihm alles zu viel wird, es abschalten und schließlich einschlafen kann – und zwar so tief, dass nicht jeder kleinste Laut den Schlaf unterbricht, und so lange, dass es gestärkt und – für neue Abenteuer bereit – wieder aufwacht.

Regulationshilfen gesucht!

Für diese Anpassung braucht ein Baby Hilfe. Deshalb sind gerade in den ersten Wochen und Monaten Mütter als Ko-Regulatorinnen" lebensnotwendig. Sie bestätigen und unterstützen, beruhigen und regen an (stimulieren). Und es ist eine ihrer wichtigsten Aufgaben, die Verhaltenszustände ihres Babys zu erspüren, damit sie wissen, ob ihr Baby wach und ansprechbar ist, um gefüttert, gewickelt oder gebadet zu werden oder ob jede Kontaktaufnahme schon zu viel ist und möglicherweise nur noch ein Schreien auslöst. Sie begleiten die großen Aktivitäten des Babys – Aufwachen, Trinken, Wachsein, Unruhigwerden, Entspannen, Einschlafen – mit den verschiedensten Techniken der „Ansprache": Sie streicheln, schaukeln, singen, reden zu, bli-

cken, und dies immer in Reaktion auf Ihr Baby und dessen jeweiligen „Zustand".

Dabei müssen Eltern immer im Auge behalten: Zu einem eigenen Rhythmus zu finden, ist nicht allen Babys gleich leicht und schnell möglich.

Hat Ihr Baby damit mehr Schwierigkeiten, sind Sie als Zeit- und Rhythmusgeber besonders gefordert. Nehmen wir zum Beispiel die Regulation von Hunger und Sättigung. Wenn Ihr Baby auch im zweiten Monat weiterhin stündlich an die Brust (oder Flasche) will, versuchen Sie, jeden Stillvorgang etwas hinauszuzögern. Spielen Sie mit Ihrem Baby, sprechen Sie mit ihm – es wird diese Zeit mit Ihnen genießen. Wenn Ihr Baby tagsüber einmal länger als vier Stunden schläft, versuchen Sie, es zu wecken, um es zu stillen. So helfen Sie ihm, nach und nach seinen eigenen Rhythmus zu finden, und unterstützen es gleichzeitig darin, einen Tag-Nacht-Rhythmus zu finden, der auch Ihnen besser tut, als wenn Ihr Baby über Monate hinaus die Nacht zum Tage macht.

Selbstberuhigung

Es ist eine große Kunst: Sich selbst beruhigen zu können, also bei Anspannung und Stress „wieder runterzukommen" – jeder weiß, wie wichtig dies ist, um den Alltag zu überstehen. Schon Ihr Baby braucht diese Fähigkeit und hat tatsächlich erste Möglichkeiten dafür mitbekommen. Eine zeigt es schon im Mutterleib. Schon in der Gebärmutter nuckelt Ihr Baby am Daumen. Eine weitere angeborene Hilfe zur Selbstberuhigung ist der „Hand-zu-Mund"-Reflex: Ihr Baby wird, wenn Sie seine Wange leicht berühren, reflexartig versuchen, seine Faust zum Mund zu führen. Es ist also hervorragend ausgestattet. Denn sobald es diese Möglichkeiten für sich entdeckt hat – helfen Sie ihm ruhig dabei –, ist es in der Lage, sich durch dieses Beruhigungssaugen selbst zu ent-

INFO Daumen oder Nuckel?

Als Ersatz für den Daumen oder wie bei vielen Kindern andere Finger oder die ganze Hand bietet sich der Nuckel (Schnuller) an, der in vieler Hinsicht denselben Zweck erfüllt.

Mit der Entscheidung über Nuckel oder Daumen haben viele Eltern ein Problem. Als Argumente für den Nuckel werden hygienische (einen Nuckel kann man auskochen), kieferorthopädische (im Gegensatz zum Daumen sind Nuckel kieferorthopädisch unbedenklicher geformt) und erzieherische Gründe angeführt (einen Nuckel kann es irgendwann einmal später – bitte nur in Absprache und mit Einwilligung des Nuckelkindes – wegwerfen, wenn dem Kind das Abgewöhnen erleichtert werden soll). Sicher gute Argumente, die für den Ersatz sprechen. Viele Kinderärzte raten denn auch, Babys in den ersten Wochen einen Nuckel anzubieten.

Aber oft macht das Baby den Eltern einen Strich durch die Rechnung. Es will nicht! Schon in den ersten Wochen können Kinder sich gegen den Schnuller entscheiden.

Zur Beruhigung besorgter Eltern: Ihr Kind ist im Allgemeinen mit genügend Abwehrkräften ausgestattet, um die Keime eines schmutzigen Daumens abzuwehren. Und es wird in den nächsten Monaten noch einiges Unhygienische in den Mund nehmen. Ihr Baby wird jetzt auch durch das Daumenlutschen nicht so viel Zug und Druck auf den Kiefer ausüben, dass sich durch den Unterdruck im Mund eine Verformung des Kiefers entwickeln könnte.

Für den Daumen spricht: Im Gegensatz zum Schnullerkind ist der „Daumenlutscher" von seiner Umgebung unabhängig. Er braucht nicht jedes Mal die Mutter, die ihm Ersatz bereitstellt. Und: Ein Schnuller birgt auch die Gefahr, dass er von den Eltern eingesetzt wird, wenn das Baby ihn gar nicht braucht. Denn viele Babys werden so regelrecht zugestöpselt.

spannen, zu beruhigen und zu trösten. (Für dieses Beruhigungssaugen verwendet Ihr Baby im Gegensatz zum Trinksaugen die Spitze der Zunge – es „zieht" dabei auch nicht.) Babys, die diese Kunst beherrschen, werden weniger schreien und scheinen insgesamt zufriedener.

Weitere Möglichkeiten sich selbst zu beruhigen sind Saugbewegungen, ohne etwas im Mund zu haben. Innere Spannungen können auch durch Herumwühlen im Bettchen abgebaut werden. Sie werden erstaunt sein, in welcher Ecke seines Bettchens Sie Ihr neugeborenes Baby manchmal finden werden – wobei es weit entfernt davon ist, im eigentlichen Sinn robben oder gar krabbeln zu können. Eine weitere effektive Methode der Selbstberuhigung ist der Tiefschlaf. Vor allem in den ersten Wochen gelingt dies Ihrem Baby, wenn es von all den Anregungen um es herum überreizt ist. Sicher: In den ersten Wochen sind diese Selbstberuhigungsmaßnahmen meist nur über ganz kurze Zeit wirksam. Ihrem Baby kann es vielleicht gelingen, selbst vom Halbschlaf wieder in einen richtigen Schlaf zu finden. Ein Quengeln, das möglicherweise bald in ein Schreien übergehen wird, zeigt Ihnen jedoch, dass es mit dem Umschalten auf Schlaf so ganz ohne Hilfe doch nicht klappen wird. Dann ist Ihr Baby auf Ihre beruhigende Ein- und Weiterschlafhilfe angewiesen. Freuen Sie sich jedoch über jede Möglichkeit, die Ihr Baby findet, sich erst einmal selbst zu beruhigen, unterstützen Sie es bei seinen eigenen Versuchen, be-

vor Sie selbst richtig aktiv werden. Sie helfen ihm dabei, eine wichtige Aufgabe der ersten Wochen zu meistern: Selbst mit den unterschiedlichen Schlafphasen zurechtzukommen und vom leichten Schlaf wieder in den Tiefschlaf zu fallen.

Lernen

Schon vor der Geburt hat Ihr Baby die Fähigkeit des Wiedererkennens, das haben Sie schon im ersten Kapitel gelesen. Es bringt Erinnerungen mit. Sicher: diese „Erinnerungen" können nie bewusst abgerufen werden. Dafür gibt es noch keine Hirnstruktur. Dennoch kann man sagen: Lernen begann bereits vor der Geburt. Ihr Baby zeigt dies, indem es nach der Geburt wiedererkennt, was es vor seiner Geburt gehört, geschmeckt und gerochen hat. Dieses Lernen geschah durch zwei wichtige „Lerntechniken", die es auch nach der Geburt noch anwenden wird. Die eine ist Gewöhnung oder Habituation, die ihm hilft, sich an immer wiederkehrende Reize zu gewöhnen, eine Voraussetzung, um im Chaos der Reize nicht unterzugehen. Schon in der 23. Schwangerschaftswoche kann sich ein werdendes Baby an Geräusche gewöhnen. Hört es den Lärm zum ersten Mal, erschrickt es, beim zweiten Mal weniger, beim dritten Mal gar nicht mehr. Wenn die Mutter sich stets bei einer bestimmten Musik entspannt, „merkt" sich das Kind die Melodie und fängt schon an, im Bauch zu hüpfen, wenn die ersten Töne erklingen.

Die andere ist die klassische Konditionierung, bei der das Baby schon im Mutterleib zwei Reize, die zeitlich zusammenhängen, miteinander verknüpft.

Beide „Lerntechniken" helfen ihm nun auch nach der Geburt, mit der Vielzahl der Reize und Eindrücke zurechtzukommen. Licht und Dunkel, Muster, immer wieder neue Geräusche, Bewegungen, (Haut-) Kontakte, Gerüche und vor allem der unverwechselbare Geschmack der Muttermilch. Diese Eindrücke wiederholen sich – täglich, stündlich. Ihr Baby speichert sie und verknüpft sie.

Wenn ein Säugling den Kopf dreht wie um nach der Brust zu suchen, weil es die Schritte seiner Mutter hört, ist das kein Reflex mehr. Es hat – das zeigt diese Bewegung – verschiedene Ereignisse verknüpft: den Schritt seiner Mutter und ihre Stimme mit der kommenden Berührung und dem Angebot der Brust und dann endlich mit dem Gefühl eines lustvollen Saugens, eines wohlig-vollen Magens und den vielen Blickkontakten, die zwischen ihm und Mutter hin- und hergehen.

Eine weitere wichtige Lerntechnik ist die Automatisierung, nämlich die von Bewegungen und Fertigkeiten. Schon in Ihrem Bauch hat Ihr Baby einfache Bewegungsmuster „einstudiert". Und jetzt nach der Geburt übt es weiter und speichert diese Bewegungsabläufe im Gedächtnis, dem „prozeduralen Gedächtnis", auf das auch wir unser Leben lang tagtäglich zurückgreifen. Hätten wir es nicht, wir könnten keinen Schritt vor den anderen setzen.

Kommunizieren

Eltern begreifen das richtige Füttern ihres Babys oft als ihre verantwortungsvollste Aufgabe. Aber: Die Ernährung des Babys ist nur ein Baustein für die weitere gesunde Entwicklung. Ein ebenso wichtiger Faktor ist die Kommunikation. Sie haben richtig gelesen! Von Anfang an spricht Ihr Baby mit Ihnen – nicht nur Sie mit ihm. Zu seiner Startausrüstung gehören eine ganze Reihe von sogenannten sozialen Signalen. Sozial deshalb, weil sie andere zu Reaktionen auffordern. Sein „Wortschatz" ist zwar noch recht eingeschränkt, aber durchaus erfolgreich. Denn Sie – die Eltern und alle, die sich liebevoll um Ihr Baby kümmern – reagieren darauf richtig und zeigen ihm, dass sie es verstanden haben. Und Ihr Baby antwortet Ihnen: Es hört auf zu schreien, lässt sich beruhigen, schmiegt sich an und bald wird es Ihnen mit einem Lächeln sagen: Wir verstehen uns!

Schreien

Nicht zu überhören ist das Schreien des Babys. Es ist die effektivste Form seiner kommunikativen Fähigkeiten.

Das angeborene Lautmuster mit seinen typischen Frequenzen und einer besonderen zeitlichen Strukturiertheit wirkt als Alarmsignal und wird bei Ihnen – und (fast) allen anderen, die sich in der Nähe Ihres Babys aufhalten – körperliche Reaktionen auslösen.

Der Blutdruck steigt, das Herz klopft schneller, Sie werden richtig ins Schwitzen kommen, wenn es Ihnen nicht gelingt, das Schreien durch Ihr passendes Fürsorgeverhalten „abzustellen". Das Schreien Ihres Babys ist also ein sehr effektiver Trick der Natur, Sie zum Handeln zu veranlassen. Denn Ihr Baby schreit nicht ohne Grund.

Sein Schreien heißt erst einmal recht unspezifisch: Mir geht es nicht gut. Es signalisiert gleichzeitig: Ich brauche Hilfe! Es ist also auch ein Appell an Sie! Und Ihre Aufgabe ist es, herauszufinden, worunter Ihr Baby leidet: Ist es Hunger, Durst, Müdigkeit, Langeweile oder vielleicht das Gegenteil – Überreiztheit? Tut ihm etwas weh? Oder braucht es einfach Ihre Nähe, um sich wieder geborgen und wohl zu fühlen?

Jetzt am Anfang wird die „Übersetzung" des Schreiens nicht immer einfach sein. Doch nach und nach werden Sie als Mutter und als Vater bald etwa fünf Arten unterscheiden können: Schmerz, Hunger, Langeweile, Unbehagen sowie Spannung. Das bedeutet nun nicht, dass sich das

Schreien tatsächlich für jeden hörbar je nach Anlass und Grund unterscheidet. Aber Sie, die rund um die Uhr mit ihm zusammen sind, haben genügend Übersetzungshilfe und Hinweise. Sie können sich fragen:

- Was war denn eben los?
- Kann es Hunger haben? Wann hat es getrunken?
- Wie lange hat es geschlafen? Ist es noch müde?
- Wie lange ist es denn schon wach? Ist es schon wieder müde?
- Ist ihm zu warm, zu kalt? Hat es eine nasse Windel, die unangenehm kalt ist?
- Habe ich ihm einfach zu viel zugemutet an Reizen (Licht, Geräusche, Bewegung, Aufmunterung, Ansprache)?
- Bin ich vielleicht „gestresst", angespannt, unruhig, überdreht?

Sie haben seinen Tagesablauf im Kopf und wissen bald, zu welcher Tageszeit es besonders überreizt oder vielleicht auch gelangweilt ist. Sie kennen seine Vorlieben

---

INFO   „Cryprint"

Übrigens: Beobachtungen haben gezeigt, dass Mütter durchschnittlich nach drei Tagen in der Lage sind, ihr Neugeborenes am Schreien zu erkennen. Was andere erst einmal nicht hören, lässt sich aber tatsächlich durch technische Entschlüsselung nachweisen. Jedes Baby hat genau wie seinen Fingerabdruck (engl. fingerprint) auch seinen eigenen „cryprint": Sein Schreien trägt unverwechselbare Kennzeichen in der Rhythmizität und der Grundfrequenz, der Dauer der einzelnen Frequenzen, Höhe und Variabilität.

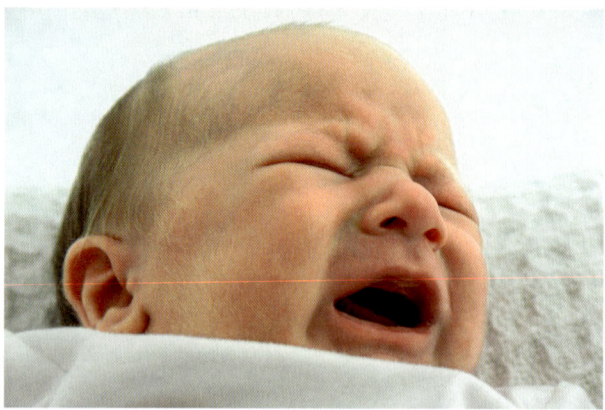

und Abneigungen, kurz: Ihre Erfahrung mit Ihrem Baby macht Sie zum Experten in Sachen Babyschreien – und damit erreicht Ihr Baby, das was es braucht: sachverständige Hilfe.

 ## MEIN BABY SCHREIT, WEIL ...

- es Hunger oder Durst hat,
- ihm etwas weh tut,
- es müde ist,
- es sich nicht wohl fühlt,
- ihm langweilig ist,
- es überfordert, überreizt ist,
- weil es sich allein gelassen fühlt.

Und es schreit immer noch!

Manchmal verzweifeln Eltern: Ihr Baby kann keinen Hunger haben, ist frisch gewickelt, scheint gesund und munter, wird liebevoll auf dem Arm gewiegt – und es schreit! Bis zu einem Fünftel aller Babys scheinen – davon gehen Kinderärzte aus – zu solchen Schreikindern zu gehören. Es sind Babys, die eigentlich ohne ersichtlichen Grund schreien und dies mit einer wahren Ausdauer. Oft werden Bauchkoliken – die Dreimonatskoliken – als Ursache dieses Schreiens vermutet. Kinderärzte sind heute jedoch immer mehr der Auffassung, dass diese Bauchkoliken wohl eher die Folge als die Ursache des Schreiens sind: Das Baby schluckt beim Schreien zu viel Luft, die seinen Magen-Darm-Trakt aufbläht.

Eine andere organische Ursache im Bereich des Darms – zum Beispiel ein noch nicht ausgereiftes Verdauungsenzym oder eine allergische Reaktion auf die Ernäh-

---

INFO **Die ersten drei Monate: Zeit der Anpassung**

Der Begriff der Dreimonatskolik weist schon darauf hin: Wie bei allen anderen Babys liegt auch bei vielen der besonders viel schreienden Babys der Beginn des vermehrten Schreiens und Quengelns in der zweiten Lebenswoche, gipfelt um die sechste Woche und klingt allmählich bis zum Ende des dritten Monats ab. Dies weist darauf hin, dass sie noch Schwierigkeiten haben, ohne den mütterlichen Körper als Takt- und Rhythmusgeber, in dem alles für sie geregelt war, zurecht zu kommen (siehe Seite 71).

TIPP **Tipps für gestresste Eltern**

Nachdem man aufgrund dieser Beobachtungen davon abgekommen ist, noch mehr und aufwendigere Maßnahmen (Tees, Massagen, Medikamente und, und, und) zur Beseitigung der Koliken zu empfehlen, raten Kinderärzte:

■ Wenn Ihr Kind zu diesen Schreikindern gehört, versuchen Sie, gelassen zu bleiben. Aller Wahrscheinlichkeit nach liegen keine organische Ursache und kein Ernährungsfehler vor.

■ Manchmal braucht Ihr Kind auch eine kurze Schreiperiode, um „Dampf" abzulassen. Gestehen Sie ihm dieses Ventil ohne hektische Aktionen zu seiner Beruhigung zu. In wenigen Wochen wird es andere Wege der Spannungsabfuhr – wie Psychologen dies nennen – für sich entdecken.

■ Halten Sie es fest oder nehmen Sie es auf den Arm und wiegen Sie es leicht. Oft wirken Herumtragen und Wiegen beruhigend, nicht nur wegen des Körperkontakts, sondern auch weil das Gleichgewichtsorgan angeregt wird. Diese Erkenntnis liegt den in vielen Kulturen gebräuchlichen Wiegen, Hängematten, Schaukeln zugrunde. Viele Eltern haben auch entdeckt, dass ihr Baby, das eben noch außer sich schien vor Schreien und Anspannung, durch das leichte Schaukeln im fahrenden Auto sofort in den Schlaf fiel! Manche Babys beruhigen sich jedoch leichter in ihrem Bettchen.

■ Blicken Sie es an, sprechen Sie leise mit ihm, legen Sie Ihre Hand auf seinen Bauch. Ihre Ruhe wird es nach und nach beruhigen.

■ Helfen Sie Ihrem Baby, eigene Beruhigungsmaßnahmen zu finden. Führen Sie seine Hand zu seinem Mund, damit es saugen kann, und helfen Sie ihm, seine Körperlage zu verändern.

rung – wird bei solchen Schreikindern meist nicht gefunden.

Dieses „Schreien ohne Grund", das besonders zwischen der dritten und zwölften Woche meist abends auftritt, wenn also die Eltern selbst schon müde und vielleicht überreizt sind, löst bei besorgten Eltern oft angestrengte Versuche aus, ihr Kind zu beruhigen. Sie verändern die Still- oder Fütterungsgewohnheiten, verabreichen Tees, massieren ihr Kind, tragen es vielleicht mit einem schlechten Gewissen herum – und werden dabei selbst immer nervöser. Diese Versuche können geradezu in einen Teufelskreis führen. Denn je mehr die Spannung bei den Eltern steigt – manchmal kommen auch noch Großeltern und Freundinnen mit guten Ratschlägen hinzu –, desto angespannter, nervöser wird auch das Baby, was sich vielleicht auf seinen Darm, sicher aber auf seine allgemeine Verfassung und sein Schreien negativ auswirkt. Seine abendliche Schreiperiode kann sich auf mehrere Stunden steigern, und die ganze Familie ist „fix und fertig".

Für alle Eltern ist es gut, wenn sie sich immer wieder Folgendes vor Augen halten:

- Babys schreien manchmal. Besonders in den ersten sechs Wochen nimmt die Dauer sogar zu und erreicht etwa um die sechste Woche ihr Maximum. Aber dann nimmt das Schreien ab! Babys, die die ersten drei Monate hinter sich haben, schreien weniger, da sie andere Möglichkeiten der Spannungsabfuhr und der Selbstberuhigung aufgrund ihrer Entwicklung gefunden haben.
- Die Dauer des Schreiens variiert stark von Baby zu Baby. Dabei hängt sie nicht nur von der Geschicklichkeit und Qualität der Eltern, sondern auch vom Temperament des Babys ab.
- Ruhige, „brave" Babys, die nie schreien, brauchen ebenso Aufmerksamkeit!

Allgemein berichten Experten – seien dies nun erfahrene Mütter und Väter oder Kinderärzte, die in vielen Gesprächen mit Eltern sich deren Erfahrung zunutze machen konnten: Babys schreien weniger, wenn sie regelmäßig und nicht erst dann, wenn sie schreien, auf dem Arm umhergetragen werden und ihre Eltern sich mit ihnen spielerisch und liebevoll beschäftigen.

Verschnaufpausen

Wenn Ihr Baby zu denen gehört, die viel schreien und nur sehr schwer zu beruhigen sind, können Sie sich ohne schlechtes Gewissen zugestehen, erschöpfter und erholungsbedürftiger als andere Eltern zu sein, und sich hin und wieder eine Pause von Ihrem Baby gönnen. Nur so können Sie den Teufelskreis aufbrechen, in den Eltern und schreiende Babys im Umgang miteinander allzu leicht geraten: Die verständliche Anspannung sowie die nicht ausbleibende Erschöpfung der Eltern verstärken das aufgeregte und aufregende Verhalten ihres Kindes weiter, was

---

INFO   Schreien – ein Distanzruf

Nicht alle Babys dieser Erde schreien so viel wie hierzulande.
In Kulturen, in denen Mütter ihre Babys auf Bauch oder Rücken gebunden immer bei sich haben – dies gilt für mehr als die Hälfte aller Babys dieser Welt –, hört man Babys weit weniger schreien und weinen als bei uns. Die ständige Anwesenheit einer Trösterin macht den Distanzruf – so nennen Tierverhaltensforscher diese Art des Schreiens – offenbar unnötig.

INFO   **Wir können nicht mehr!**

Nicht selten überfordern sich Eltern von Schreibabys, um den vermeintlichen Bedürfnissen ihres Kindes gerecht zu werden und es endlich zu beruhigen. Über kurz oder lang sind sie völlig am Ende ihrer Kräfte, sind hilflos und verzweifelt. Dass Eltern und Babys in einer solchen Situation Hilfe brauchen, wurde glücklicherweise inzwischen erkannt. Kinderärzte, Beratungsstellen und Psychotherapieeinrichtungen bieten spezielle Sprechstunden, Beratung und Therapie. Wir werden im nächsten Kapitel ausführlicher darauf eingehen.

wiederum Väter und Mütter aufregt, ihnen die innere Ruhe und Gelassenheit raubt, die ihr Baby so dringend braucht.

Was in vielen Fällen also wichtiger ist als gute Ratschläge, ist hin und wieder das Angebot, die erschöpften Eltern zeitlich zu entlasten. Kurze Pausen, in denen das Baby von einem anderen versorgt wird, sollten allen Eltern und vor allem Müttern, die in den Wochen nach der Geburt oft selbst unter einem Defizit an körperlicher und psychischer Kraft leiden, zugestanden werden, um mit dem Schreien ihres Babys wieder besser umgehen zu können! Denn einer erschöpften Mutter fällt es ganz besonders schwer, das Schreien Ihres Babys richtig zu deuten und zu verstehen.

Der beste Tipp!

Junge Eltern – vor allem Eltern mit einem laut und ausdauernd schreienden Baby – werden nie um gute Ratschläge Außenstehender verlegen sein. In einer Gesellschaft, in der Expertenwissen – und sei es

noch so widersprüchlich – über alles zählt, fällt es Eltern oft schwer, sich auf ihre eigene Intuition und ihre eigene Beobachtungsgabe zu verlassen. Und gerade junge Eltern machen ja auch ständig die Erfahrung: Jeder weiß es besser – oder glaubt es zumindest! Vielleicht.

Aber: Kennen „die anderen" denn gerade Ihr Baby – das Baby, mit dem Sie, seine Mutter, sein Vater Tag und Nacht zusammen sind? Nicht selten sind es die guten Ratschläge und Tipps wohlmeinender anderer (und sei dies auch die beste Ratgeberliteratur), die – so richtig sie im Allgemeinen sind – gerade für Ihr Baby überhaupt nicht passen. Wenn Ihre Mutter zu wissen meint, dass es Babys gut tut, bei jedem Schrei gestillt zu werden, weil es Ihnen damals gut getan hat, wenn die beste Freundin Ihnen zu immer neuen Tees und Massagetechniken rät, die aus ihrem Baby einen wahren Wonneproppen gemacht haben, wenn der Buchhandel immer wieder die neueste Literatur zum Thema für sie bereithält – sagen Sie hin und wieder einfach: Stopp! – und konzentrieren Sie sich auf Ihr Baby und das, was es Ihnen zu sagen hat. Sie wissen ja: Jedes Kind ist anders. Und Sie müssen selbst herausfinden – und Sie werden dies auch! –, was Ihrem Baby am besten tut. Das gelingt Ihnen aber nur, wenn sie wieder zurückfinden zu Ruhe und Gelassenheit. Wie das geht? Gestehen Sie sich ohne schlechtes Gewissen zu, dass Sie hin und wieder eine Pause brauchen. Bitten Sie andere um Unterstützung! Gönnen Sie sich kurze Pausen von Ihrem Baby, in denen Sie die Erholung finden, die Sie so dringend brauchen! Denn erschöpfte Eltern haben kein Gespür, keine guten Ohren und Augen für die Signale ihres Babys!

Nach dem für Sie so dringend notwendigen Mittagsschlaf oder dem seit Wochen wieder ersten gemeinsamen gemütlichen Abendessen im Restaurant sieht die Welt meist schon wieder ganz anders aus. Sie werden entdecken können, dass Ihr Baby eben nicht nur schreit. Denn: Auch Ihr „Schreibaby" hat – wenn auch viel seltener und kürzer – die Möglichkeit, mit Ihnen zu „sprechen". Genießen Sie diese Momente! Führen Sie vielleicht sogar ein kleines Tagebuch darüber, damit Ihnen diese Erfahrung nicht verloren geht, wenn Sie einmal wieder das Gefühl bekommen: Mein Baby schreit ununterbrochen. Das alles ist wichtiger, als auf immer neue gute Ratschläge zu hoffen, die Sie dann kopf- oder besser „intuitionslos" befolgen.

Mienenspiel

Ihr Baby kann aber nicht nur Schreien! Schon in den ersten Stunden und Tagen können Sie sein vielseitiges Mienenspiel bewundern. Und Sie können nicht anders als diesem Mienenspiel Bedeutung und damit auch passende Gefühle zuzuschreiben. Aber: Verfügt Ihr Baby nun tatsächlich schon über ein so reichhaltiges und vielseitiges Gefühlsleben? Diese Frage ist ein großes Thema der Säuglingsforschung. Genauer: Gibt es angeborene Gefühle, die alle Menschen mit auf die Welt bringen? Emotionsforscher sprechen in dem Zusammenhang von Basisemotionen, zu denen sie je nach Theorie etwa sechs bis sieben – zum Beispiel Angst, Freude, Ärger, Trauer, Ekel, Wut – rechnen. Oder erlernen Babys ihre Gefühle erst im Austausch mit Ihrer Mutter sowie mit Ihrem Vater?

Worüber sich Emotions- und Säuglingsforscher jedoch einig sind:

Babys bringen ein Repertoire an Gefühlsausdrücken mit, das heißt ein angeborenes mimisches Ausdrucksverhalten mit ziemlich eindeutiger Funktion. Warum? Betrachten Sie einfach die folgenden Fotos? Natürlich wissen Sie, wie es diesem Baby geht – und wie Sie reagieren würden, wenn Ihr Baby so ein „Gesicht machen" würde.

Dieses mimische Ausdrucksverhalten wird überall auf der Welt schnell verstanden und veranlasst Eltern und Betreuungspersonen, sich genau passend zu verhalten.

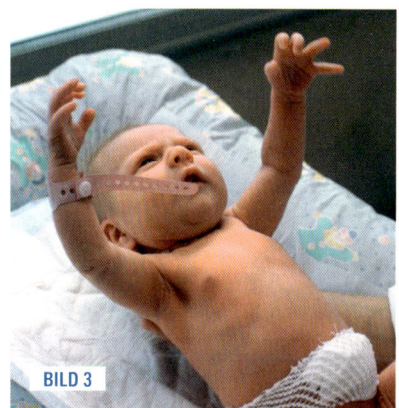

BILD 1: Baby im Stress: Alarm, ich fühle mich ganz schlecht
BILD 2: Gesicht, das Ekel ausdrückt: Igittigitt, das ist ja widerlich!
BILD 3: Erschrecken: Hilfe, ich hab keinen Halt mehr!

Das angeborene Repertoire an Gefühlsausdrücken sorgt also wie alle Babysignale dafür, dass Sie – seine Eltern – Ihr Baby verstehen und richtig antworten.

„Feinzeichen"

Und der Wortschatz Ihres Babys ist noch viel größer, auch wenn manche Wörter eher einem Flüstern gleichen. Man spricht oft von Feinzeichen, mit denen Ihr Baby Ihnen zeigt, ob es ihm gut geht oder ob es „gestresst" ist.

Und welche Zeichen sind das? Ihr Baby spricht mit dem Körper und seinem Verhalten und zeigt Ihnen auf diese Weise, ob es gerade offen und ansprechbar ist oder eher überfordert, hungrig oder todmüde.

INFO Gefahr im Verzug

Dass das Schreien eines Baby entsetzlich „nerven" kann, hat ja seinen Sinn. Seine Eltern können fast nicht anders als alles zu versuchen, dieses Schreien „abzustellen". Es hat aber auch Nachteile. Denn wenn es nicht abzustellen ist, kann es so auf die Nerven gehen, dass überforderte, übermüdete, verzweifelte Eltern ausrasten, ihr Baby packen und es – weil „die Sirene" einfach nicht auszuschalten ist – schütteln und schütteln, damit endlich Ruhe ist. Wer sich aus Verzweiflung so vergisst, vergisst leider auch, dass dieses Schütteln lebensgefährlich ist. Immer wieder sterben Babys oder erleiden schwere Hirnverletzungen, weil bei einem solchen Schütteln das empfindliche Babygehirn gegen den harten Schädelknochen prallt oder das schwere Köpfchen nicht von den Nackenmuskeln gehalten werden kann und deshalb wichtige Nervenfasern zwischen Rückenmark und Gehirn überdehnt werden und reißen. Deshalb: Wenn Sie spüren, dass Sie wirklich nicht mehr können, wenn Ihre verständliche Verzweiflung in unkontrollierbare Wut umzuschlagen droht, brauchen Sie und Ihr Baby dringend Hilfe.

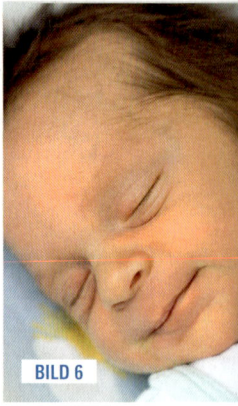

BILD 4

BILD 5

BILD 6

BILD 4: Neugier: Das interessiert mich!
BILD 5: Wohlbehagen: Mir geht es gut!
BILD 6: Entspannung: Ich schlaf wonnig!

Wenn Sie gut „zuhören", werden Sie verstehen, was es von Ihnen will und braucht. Im Abschnitt über die verschiedenen Aktivitätsphasen haben Sie schon einige „Wörter" gelernt.

Säuglings„beobachter" haben inzwischen ein ganzes „Lexikon" erstellt – und zwar für die großen Bereiche

- Zuwendung: Mein Baby ist offen, ansprechbar, will Kontakt!
- Abwendung: Mein Baby hat genug, schaltet ab!
- Selbstberuhigung: Mein Baby braucht eine Pause!

Sicher haben Sie es auch bemerkt!
Wenn Ihr Baby kontaktbereit ist, dann

- wendet es sich Ihnen zu,
- ist weich und anschmiegsam,
- bewegt sich ruhig, weich und ausgeglichen,
- hat offene, „interessierte" Augen,
- atmet ruhig und gleichmäßig,
- ist seine Haut ganz rosig.

Wenn dann die Stimmung auf einmal kippt und Ihr Baby sich selbst zu beruhigen sucht,

- reibt es sich die Augen,
- blinzelt und schließt kurz die Augen,
- macht Grimassen,

- führt das Fäustchen zum Mund,
- beginnt zu saugen,
- führt Händchen und Füßchen zusammen,
- hält sich selbst fest,
- führt das Fäustchen zum Kopf,
- bewegt sich unruhig hin und her
- oder wird ganz schlaff und bewegungslos.

Wenn Ihr Baby sich „zurückzieht", weil es Ruhe braucht,

- bekommt es einen leeren Blick,
- schaut zur Seite,
- dreht es den Kopf zur Seite,
- beginnt es unkoordiniert mit den Armen zu rudern,
- spuckt es Milch aus, ohne zu würgen,
- macht es sich ganz steif und überstreckt sich,
- bekommt es ein Weingesichtchen,
- beginnt es zu schreien oder
- seine Haut wirkt marmoriert oder blass.

Und nun Vokabeln lernen?

Im vorderen Abschnitt dieses Kapitels konnten Sie etwas über Ihre Startausrüstung und Ihre Fähigkeit, sich in Ihr Baby einfühlen zu können (siehe Seite 35) lesen. Man spricht seit Mary Ainsworth, ei-

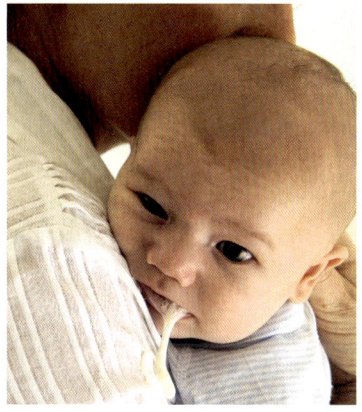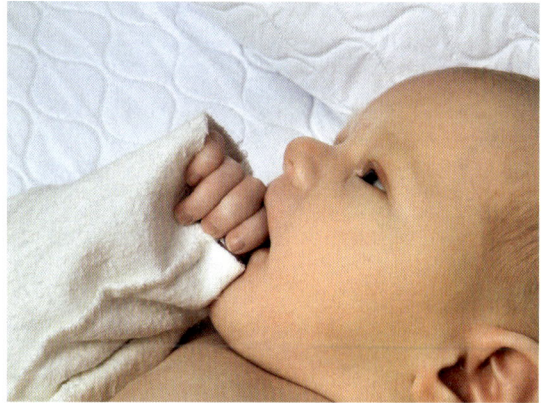

Spucken ist nicht schlimm – ein gesundes Bäuerchen räumt nach dem Stillen den Magen auf. Das Fäustchen im Mund schmeckt auch nicht schlecht.

ner Psychologin, die – wie viele andere Forscher nach ihr – die Beziehung zwischen Babys und ihren Eltern in den unterschiedlichsten Ländern untersucht hat (siehe Seite 151), von Feinfühligkeit, wenn man die Fähigkeit der Eltern richtig zu benennen will.

Diese Fähigkeit geht nicht über Kopf und Verstand. Nein, mit allen Sinnen erspüren und – wie der Begriff sagt – fühlen Sie, was Ihr Baby Ihnen sagen will.

Feinfühligkeit öffnet Ihnen die Augen und Ohren. Sie macht Ihren Tastsinn sensibel für Schwingen, Spannungen, Bewegungen, Wärme und Kälte. Wenn Sie Ihr Baby tragen, halten, wiegen, stillen, spüren Sie jede Unruhe, jede Anspannung und Entspannung. Alle Kanäle sind empfangsbereit.

Und Ihre Feinfühligkeit ermöglicht Ihnen, immer besser zu erspüren, ob Ihr Baby ansprechbar ist, gefüttert werden kann und will, schlafen gelegt werden muss oder gerne Kontakt aufnehmen möchte.

Und wenn Sie wahrgenommen, erfühlt, erspürt haben? Dann reagieren Sie! Und zwar nicht irgendwann, sondern sofort, damit Ihr Baby spürt: Ich wurde verstanden.

Und wie geschieht das? Sie stillen Ihr Baby, wenn Sie beispielsweise seine Signale
- Schreien,
- Kopf zur Brust drehen,
- Mundbewegungen,
- angewinkelte Ärmchen,
- später: Hand zum Mund, lautes Saugen (siehe Seite 62)

als Hungersignale erkannt haben.

Sie bringen Ihr Baby in eine aufrechte, zugewandte Position, schauen es an, lächeln, spiegeln und übertreiben seine Mimik, singen Ihren „Ammengesang" (siehe Seite 37) – kurz: unterhalten sich mit ihm, wenn Sie ihm ansehen, dass es wach und aufmerksam ist und –, und wenn Sie bemerken, dass es unruhig und quengelig wird, halten Sie inne. Sie unterstützen es bei seinen Selbstberuhigungsversuchen, lassen ihm Raum und Ruhe, um sich Ihnen nach einigen Minuten entweder neu gestärkt zuwenden zu können oder einzuschlafen.

Im Grunde umfasst diese Feinfühligkeit vier Fähigkeiten. Sie erlaubt Ihnen,
- die Signale ihres Babys wahrzunehmen
- richtig zu interpretieren und
- prompt
- sowie angemessen darauf zu reagieren.

Das heißt: Feinfühlige Eltern nehmen sich Zeit für Ihr Baby und lassen ihm Zeit, seine Zeit, seinen Rhythmus. Sie sind aufmerksam und offen ihrem Baby gegenüber. Sie vertrauen auf Ihre Intuition, die ihnen hilft, seine „Sprache" zu verstehen, und reagieren– wenn sie es verstanden haben – sofort. Nur so kann das Baby die Reaktion, die sein Verhalten und seine Signale ausgelöst haben, als Antwort erkennen, ein Dialog kann entstehen.

Im Zwiegespräch

Was macht ein gutes Gespräch aus? Ein Gespräch ist kein Monolog, die Sprecher wechseln einander ab, ein Gesprächspartner bezieht sich auf den anderen. Es findet ein sogenanntes Turn-Taking statt, das im Übrigen auch unter Erwachsenen nicht nur den sprachlichen Austausch auszeichnet. Jede Art des Kontakts kann erst dann als geglückt bezeichnet werden, wenn ein

solches Abwechseln gelingt. Besonders deutlich wird der Sprecherwechsel-Mechanismus, wie Sprachwissenschaftler es nennen, jedoch in einem Dialog. Und genau so einen Dialog führen Sie mit Ihrem Baby! Natürlich weiß keiner so genau, ob Sie es sind, die sprechen, dann die Antwort Ihres Babys abwarten, bevor Sie wieder „dran sind" (engl.: Now it's my turn = ich bin jetzt dran!) und Ihr Baby diese Art des Dialogs auf diese Weise lernt oder ob es ihn von Anfang an beherrscht. Auf jeden Fall ist diese Art des Austauschs schon von den ersten Tagen an zu beobachten.

Manche Säuglingsforscher sehen im Trinkrhythmus eines Neugeborenen (Trinken, Pause machen, Schauen, Trinken, Pause, Schauen, Trinken ... siehe Seite 56) schon einen Vorläufer dieses Turn-Taking. Und dieser Dialog erweitert sich ständig. Vieles geschieht gleichzeitig und doch

---

INFO **Aber ...**

...werden Sie vielleicht einwenden – mein Baby reagiert nicht so, wie hier beschrieben. Es schaut mich nicht an, von Kommunikation ganz zu schweigen. Das bedeutet: Wer mit einem Baby in Kontakt treten möchte, muss wissen, ob es überhaupt „angesprochen werden möchte". Wenn es gerade „nicht auf Empfang ist", haben Sie, wenn Sie Glück haben, einfach keinen

Erfolg bei Ihren Annäherungsversuchen, weil es abgeschaltet hat. Wenn Sie – und Ihr Baby! – Pech haben, dann führt Ihr Versuch zu einer Überreizung, Überstimulation, dem es vielleicht bald durch Quengeln und Schreien Ausdruck verschaffen wird. Je nach der augenblicklichen Verfassung ist also eine Unterhaltung angemessen, störend oder völlig unmöglich.

ständig im Wechsel: Laute, Berührungen, Blicke, Lächeln,

Der bekannte US-amerikanische Säuglingsforscher Daniel N. Stern hat ein anderes Bild gewählt, um dieses wechselseitige „Timing", die zeitliche Feinabstimmung, zwischen Ihrem Baby und Ihnen anschaulich zu machen. Er spricht von einem Tanz. Wie bei einem Tanz geht es nicht einfach darum, das Gleiche zur gleichen Zeit zu tun, damit man sich nicht auf die Füße tritt. Ein Tanz ist vielmehr dadurch gekennzeichnet, dass sich die Tanzpartner ständig aufeinander beziehen. Und wer führt in diesem Tanz, der in den ersten Wochen aus einem Wechselschritt von Ab- und Zuwendung, Aufmerksamkeit und Abschalten besteht? Vielleicht fordern Sie es auf – um im Bild des gemeinsamen Tanzes zu bleiben – doch Sie werden bald merken, dass Ihr Baby „führen" kann – wenn Sie es denn lassen. Und das müssen Sie, damit sie ihm nicht auf die Füße treten. Das wäre das Ende des Tanzes. Also: Lassen Sie sich führen! Genießen Sie diese Augenblicke! Sie sind die „Belohnung" für Ihre Anstrengungen und ermöglichen Ihnen die so notwendige Erholung von dem Stress, den ein „Baby-Alltag" auch bedeutet.

Jetzt können Sie sich aufs Neue entspannt und liebevoll um Ihr Baby kümmern. Dies wiederum ist die Voraussetzung dafür, dass Sie seine Signale überhaupt wahrnehmen, sie richtig verstehen und angemessen darauf antworten, was Ihnen Ihr Baby durch Wohlbefinden und Gedeihen dankt.

AUS **BEZIEHUNG** WIRD **BINDUNG**

Die ersten zwölf Monate sind wohl die aufregendsten im Leben eines Kindes. Sie – als Vater und Mutter – erleben in dieser Zeit das Entstehen einer Bindung, in der Sie für Ihr Baby zu der Person werden, die Schutz und Geborgenheit, Trost und Zuflucht bietet, deren Anwesenheit Sicherheit und deren Abwesenheit Angst für Ihr Kind bedeutet.

WACHSTUM – REIFUNG – ENTWICKLUNG

In diesem ersten Lebensjahr wird aus Ihrem Säugling in rasendem Tempo ein Kind, das sitzt, krabbelt, läuft, und schon wenn Sie den ersten Geburtstag Ihres Babys feiern, wird es Ihnen wahrscheinlich schwerfallen, sich das Geburtstagskind noch einmal als neugeborenes Baby ins Gedächtnis zu rufen. Nie wieder in seinem Leben wird es sich so schnell verändern.

Tatsächlich scheint es zwischen dem Kleinkind und dem Neugeborenen keine Gemeinsamkeiten mehr zu geben. Dieser Prozess der Veränderung wird allgemein als Wachstum, Reifung und Entwicklung beschrieben. Alle drei Begriffe stammen aus der Biologie und betonen die Abhängigkeit der Entwicklung von einem genetischen Plan. Aber es gibt Unterschiede: Wo „Reifung" stattfindet, ist tatsächlich

die Biologie – also die Veranlagung oder die Gene – der Taktgeber. Dies gilt zum Beispiel für die Anlage und Ausgestaltung der Organe. Biologische Grundlagen sind auch deutlich beim Wachstum und bei sexuellen Reifungsprozessen wie zum Beispiel der pubertären Entwicklung.

Wenn jedoch Entwicklungsprozesse beschrieben werden, geht man von einem Wechselspiel zwischen dem zugrunde liegenden genetischen Programm und den Einflüssen und Anforderungen der Umwelt aus, wobei manche Bereiche mehr, manche weniger stark biologisch festgelegt sind. Ein Beispiel: Wie schnell und wie stark Ihr Baby zunimmt, hat sicher auch mit seiner Veranlagung zu tun. Jeder weiß aber, dass die Ernährung und die Situation, in der sie sich entfaltet, seine Gewichtszunahme und damit auch sein körperliches Gedeihen und seine Entwicklung entscheidend beeinflusst. Anders ist dies beim Größenwachstum: Hier ist das genetische Programm sehr viel weniger zu korrigieren oder zu verändern, obwohl auch die Größe eines Kindes durch äußere Einflüsse beeinflussbar ist. Denken Sie nur an die immer größer werdenden Menschen in den Industrienationen – oder leider auch an die Babys, die nicht richtig wachsen, weil sie nicht die Bedingungen vorfinden, die sie brauchen (mehr dazu auf Seite 158).

Während man früher im Allgemeinen dazu neigte, den äußeren Entwicklungseinflüssen zu wenig Bedeutung und Wirkung beizumessen, besteht heute die Tendenz, die biologischen Grundlagen von Wachstum, Reifung und Entwicklung zu vernachlässigen. Die Gefahr dieser Betrachtungsweise ist, dass Eltern damit letztlich die Einsicht und das Verständnis für entwicklungs- und altersspezifische Besonderheiten ihres Kindes verlieren und Erwartungen haben, die einfach nicht „dran" sind. Denn auch der Ablauf bestimmter Entwicklungsschritte eines Kindes ist verankert in seiner Veranlagung. Die biologisch notwendige Voraussetzung für den freien, aufrechten Gang des Menschen zum Beispiel oder für sein Sozialverhalten oder für seine Denk- und Sprachfähigkeit ist ein genetischer Plan, der mit der Geburt nicht aufhört.

Nehmen wir die motorische Entwicklung: Kinder, die das erste Lebensjahr auf den Rücken der Mutter gebunden verbringen, werden sicher eine andere motorische Entwicklung erleben als Kinder bei

INFO Frühförderung oder frühe Förderung?

Viele Eltern sind heute bereit, mit ihrem Baby verschiedenste Angebote zur Förderung der motorischen Entwicklung ihres Babys wahrzunehmen. Ob diese diversen Aktivitäten zur frühen Förderung tatsächlich das Baby „fördern", oder nicht eher die Kassen der Anbieter, die derartige frühe Förderung als Aufgabe pflichtbewusster Eltern beschreiben, darf zumindest kritisch gefragt werden. Auch der Buch- und Zeitschriftenmarkt zum Thema Babykurse profitiert von diesem Pflichtbewusstsein der Eltern, die durch möglichst frühe Förderung das Beste für Ihr Kind erreichen wollen – und dabei nicht selten „früh" Fähigkeiten fördern wollen, die – ob sie jetzt „dran sind" oder nicht – ihr Baby von selbst, spontan, „trainieren" wird, wenn es so weit ist und Gelegenheit dazu hat. Anders ist dies bei Frühförderung, die dazu dient, Entwicklungsdefizite und -verzögerungen zu behandeln (siehe Seite 161).

INFO Elternentwicklung

Was Sie spätestens jetzt bemerken: Nicht nur Ihr Baby entwickelt sich. Als Eltern, die sich auf die Reifung und Entwicklung ihres Babys einlassen, die den sich verändernden Bedürfnissen ihres Babys gerecht werden, die mitziehen und sich mitziehen lassen, die mit ihm „wachsen", werden Sie sich auch verändern.

Sie werden erstaunt sein, wie viele neue Fähigkeiten und Fertigkeiten Sie entwickeln werden, welche Entwicklungsaufgaben Sie meistern werden. Sie können stolz darauf sein!

uns, deren Eltern durch Babyturnen, -schwimmen und -massagen ihre Kinder möglichst früh „fördern" wollen. Aber: Gleichgültig in welcher Kultur Kinder aufwachsen, irgendwann mit ein, eineinhalb Jahren stehen sie aufrecht auf ihren Beinchen und sind durch nichts mehr zu bremsen.

Bei allen Entwicklungsprozessen also ist das genetische Programm nur die Grundlage. Kinder entwickeln sich in und für ihre Umwelt. Sie reagieren auf das, was ihnen geboten und was ihnen abverlangt wird. Alle Entwicklungsprozesse sind in ihrer endgültigen Ausformung und in ihrem Tempo von Umweltfaktoren abhängig – mit allen Vor- und Nachteilen.

Es ist die Chance des menschlichen Babys, sich der Welt, in die es hineingeboren ist, anpassen zu können (Seite 108). Es lebt aber auch mit dem Risiko, nie die Fähigkeiten und Eigenschaften, die ihm in die Wiege gelegt wurden, entwickeln zu können, weil ihm die Entwicklungsanreize, die es braucht, vorenthalten wurden.

Das heißt: Sie als Eltern sind nicht nur Beobachter. Sie sind „Entwicklungshelfer" mit großer Verantwortung.

Wir werden immer größer – jeden Tag ein Stück

Im ersten Jahr und dabei vor allem im ersten Halbjahr wachsen Kinder schneller als jemals wieder in ihrem Leben. Die grafische Entwicklungskurve (siehe Seite 249f.) im Untersuchungsheft zeigt dies ganz deutlich. In den ersten sechs Monaten legt das Baby 15 bis 20 Zentimeter zu. Im zweiten Halbjahr sind es immerhin noch durchschnittlich 12,5 Zentimeter. Auffällig sind die Verschiebungen der Proportionen von Kopf, Rumpf und Extremitäten. Vor allem Arme und Beine, die beim Neugeborenen nur acht bis zehn Prozent der gesamten Körpergröße ausmachen, schießen in die Länge.

Übrigens: Die Größe des Menschen ist zu einem erheblichen Teil durch seine vererbte Veranlagung bestimmt. Das heißt:

Sind Sie und Ihre Eltern groß, wird Ihr Baby sicher auch einmal nicht zu den Kleinen gehören. Und Babys, deren Eltern und Großeltern klein sind, werden wohl kaum Riesen werden.

Sollte die Wachstumskurve Ihres Babys, die normalerweise im ersten Jahr steil und stetig ansteigt, einmal einen Knick aufweisen oder in ihrer Steigung nachlassen, wird Ihr Kinderarzt dem nachgehen. Meist kann er Sie jedoch beruhigen und sagen: Ist Ihr Baby gesund und munter, so ist Ihre Sorge um das Größenwachstum unnötig.

Auch die Gewichtskurve steigt, wenn Ihr Baby nach den zehn ersten Tagen den ganz normalen Gewichtsverlust nach der Geburt wieder aufgeholt hat, erst einmal rapide an. Ihr Baby nimmt im ersten Vierteljahr 800 bis 900 Gramm, im zweiten Vierteljahr 600 bis 700 Gramm zu. Im zweiten halben Jahr verlangsamt sich die Gewichtszunahme dann auf etwa 450 Gramm im dritten und etwa 300 Gramm im vierten Vierteljahr. Ihr Baby wiegt also mit vier Monaten etwa sieben Kilogramm (und damit doppelt so viel wie bei der Geburt!), mit einem Jahr ungefähr zehn Kilogramm. Kinderärzte empfehlen, Kinder in den ersten drei, vier Monaten wöchentlich, dann mindestens einmal im Monat zu wiegen. Die stetig ansteigende Gewichtskurve wird Ihnen bestätigen, dass Sie Ihr Kind richtig und gut ernähren. Denn das Gewicht Ihres Babys hängt natürlich sehr viel mehr als seine Größe von der Qualität und Quantität der Ernährung ab. Auch andere Faktoren spielen eine Rolle. Das heißt: Die Gewichtszunahme ist ein guter Indikator dafür, ob es Ihrem Baby rundherum gutgeht. Das heißt jedoch nicht, dass jede Abweichung von den Durchschnittswerten schon ein Grund zur Sorge ist.

Zu viel – zu wenig?

Wenn Sie Ihr Baby wöchentlich wiegen, werden Sie fast immer auch eine Woche erleben, in der Ihr Kind kaum zunimmt oder gar etwas an Gewicht verliert. Meistens liegen die Ursachen auf der Hand: Ihr Baby hatte vielleicht einen besonders ergiebigen Stuhlgang. Vielleicht hat es vor dem letzten Wiegen einfach mehr getrunken oder gegessen, oder Sie haben nicht zur gleichen Tageszeit wie beim letzten Mal gewogen. Bei Säuglingen genügt auch ein leichter Schnupfen, um einen Einbruch der Gewichtskurve zu erzeugen.

Vor allem stillende Mütter machen sich dann oft unnötig Sorgen über ihre Stillfähigkeit. Haben Sie als Mutter einmal den Eindruck, dass Ihre Milch spärlicher als früher fließt und Ihr Baby nicht ausreichend zu trinken bekommt – ein hungriges Brustkind erkennt man an seiner Unruhe oder Apathie und sehr bald am Gewichtsstillstand –, so hilft meist häufigeres Anlegen. Wenn Sie dennoch feststellen müssen, dass Ihre Milchproduktion hinter dem Bedarf des Babys zurückbleibt, heißt dies bis zum vierten, fünften Monat nicht, dass Sie nun endgültig abstillen müssen. Oft ist – nach einer Kontrolle der Milchmenge, die das Baby bei einer Stillmahlzeit zu sich nimmt (Wiegen direkt vor und direkt nach dem Stillen!) – ein Zufüttern adaptierter Milch sinnvoll. Die Gefahr dieser Zwiemilchernährung liegt im Überfüttern des Babys und im völligen Versiegen der mütterlichen Milchproduktion. Deshalb sollten Sie erst dann zufüttern, wenn Ihr Baby tatsächlich bei jedem Stillen nicht genügend zu sich nimmt.

Sollte Ihr Baby jedoch über einige Wochen zu wenig zunehmen, müssen Sie den Kinderarzt aufsuchen. Er wird Ihr Kind eingehend untersuchen.

In unseren Breitengraden, in denen an Nahrung kein Mangel herrscht, ist eine Unterernährung des Babys jedoch selten. Es sind meist (über)besorgte Eltern, die den Eindruck haben, dass ihre Kinder nicht genug essen. Weit häufiger kommt es vor, dass ein Baby schon nach wenigen Monaten zu viel Gewicht auf die Waage bringt.

Sicher werden viele Babys, die im ersten Lebensjahr zu mollig erscheinen, spätestens, wenn sie laufen lernen und insgesamt aktiver werden, dünner, da sie dann ihren Babyspeck regelrecht abarbeiten. Doch manche Babys erhalten diese Chance nicht. Sie werden weiterhin überfüttert, was in einen regelrechten „Teufelskreis" führen kann. Denn ein zu dickes Kind ist oft in seiner Beweglichkeit eingeschränkt, was eine Reduzierung des angesammelten Fettgewebes durch verstärkte Aktivität wiederum unmöglich macht. Und: Fettsucht (Adipositas) im Säuglings- und Kleinkindalter kann sich als regelrechtes Entwicklungshemmnis auswirken. Denn wenn ein Baby sich nicht richtig bewegen kann, wird es weniger Dinge ertasten, entdecken, „begreifen" können.

Trinken – ganz selbstbestimmt!

Babys sind in der Lage, ihre Nahrungsaufnahme ihrem Bedarf entsprechend zu regulieren, wenn man sie nur lässt. So bestimmt ein Baby an der Brust selbst, wie viel und wie stark es saugt, und hört auf, wenn es genug hat. Abhängig von seinem

---

TIPP Zufüttern

Übrigens: Manchmal kann dieses Zufüttern auch nur für kurze Zeit notwendig sein, nämlich dann, wenn die Störung der Balance zwischen Milchbedarf und Milchproduktion, aus welchen Gründen auch immer, nur vorübergehend ist.

Wenn die zugefütterte Flaschennahrung versuchsweise im Verlauf der nächsten zwei, drei Tage langsam reduziert wird, Ihr Baby also wieder kräftig zu saugen beginnt, steigert sich Ihre Milchproduktion oft auf die Menge, die es braucht.

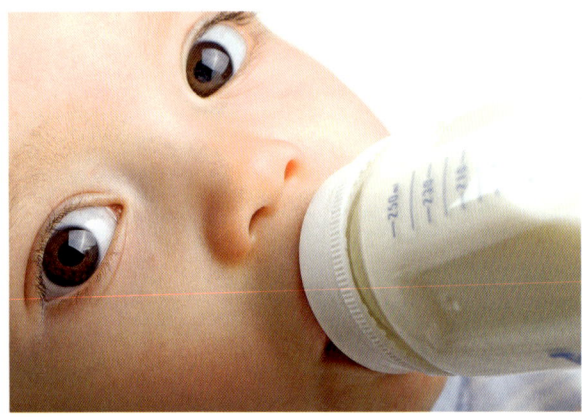

Hungergefühl kann das Baby selbst entscheiden, wie viel es von der reichhaltigeren Milch, die am Ende des Stillvorgangs fließt, noch braucht und möchte.

In den ersten drei Monaten sind ausschließlich gestillte Babys meist schwerer als ihre Altersgenossen, die mit der Flasche ernährt werden. Später sind sie dagegen schlanker. Möglicherweise gelingt ihnen dann die eigene Steuerung besser als den Babys, deren Mütter darauf Wert legen, dass ihr Baby „gut" trinkt, was so viel heißt, dass auch wirklich jedes Mal die Flasche leer getrunken werden muss. Zudem scheinen es manche Mütter be-

sonders gut zu meinen und variieren die Dosierung bei der Zubereitung industriell hergestellter Milch. Diese Dosierungen entsprechen jedoch wissenschaftlich abgesicherten Empfehlungen. Eine Abänderung – und dies heißt bei vielen Müttern Überdosierung – kann jedoch nicht besser sein als die von Wissenschaftlern errechnete Vorschrift zur Zubereitung. Manche eilige Mütter unterliegen der Versuchung, das Loch im Sauger zu vergrößern, um die Fütterungszeiten abzukürzen. Als Folge davon trinkt das Baby sehr rasch, zu rasch, um rechtzeitig sein Sättigungsgefühl zu registrieren. Es gibt auch Mütter,

INFO   **Heute dick – immer dick?**

Leider kann Überfütterung schon im ersten Lebensjahr die Grundlage für ein lebenslanges Problem im Umgang mit der richtigen Menge an Nahrung bilden. Nachdem in den vergangenen Jahren für Übergewicht bei Kindern vor allem wieder erbliche Veranlagungen verantwortlich gemacht wurden, neigen Ernährungswissenschaftler heute doch dazu, früh erworbene falsche Essgewohnheiten und Bewegungsmangel als wichtige Faktoren zu betonen.

Einige Studien weisen darauf hin, dass gestillte Säuglinge ein geringeres Risiko haben, Übergewicht und Adipositas im späteren Leben zu entwickeln, als nicht oder nur kurzzeitig gestillte, dafür lässt sich vor allem ein zu hoher Eiweißverzehr im ersten Lebensjahr verantwortlich machen. Die Flaschennahrungen liegen im Eiweißgehalt oftmals deutlich höher als Muttermilch und werden überdies noch häufig überdosiert.

die glauben, (Mutter-)Liebe gehe durch den Magen. Deshalb überfüttern sie ihr Baby, das diese Liebeserklärung annimmt, weil seine Mutter vielleicht bisher zu keinem anderen Ausdruck ihrer Liebe gefunden hat. Neben häufigem Weinen und Erbrechen nach dem Füttern ist ein überdurchschnittlicher Anstieg der Gewichtskurve ein Zeichen für ein Zuviel (kontrollieren Sie die Eintragungen in der Gewichtstabelle des gelben Untersuchungsheftes!).

Zufüttern und Abstillen

In den ersten vier bis sechs Monaten seines Lebens braucht Ihr Baby nur Milch. Sie enthält alles, was für sein Gedeihen notwendig ist. Danach ist Babys Energie- und Nährstoffbedarf immer weniger nur durch Muttermilch beziehungsweise die Pre- oder 1er-Nahrung zu decken. Auch sein Verdauungstrakt und seine Nieren, sein Immunsystem und seine Mundmotorik sind nun so weit. Sein Schluck- und Saugreflex verschwindet. Das Ende der reinen Säuglingszeit ist gekommen. Ihr Baby kann schlucken, was ihm mit dem Löffel gefüttert wird. Auch seine geistigen und motorischen Fähigkeiten sind jetzt weit genug entwickelt, um einen Löffel zu erkennen, breiige oder feste Nahrung zu kauen und vom Geschmack her zu unterscheiden. Dies ist ein wichtiger Lernprozess. Vor allem die Zunge hat nun eine ganz neue Aufgabe zu bewältigen, die sie erst nach und nach und durch eifriges Üben meistert. Ihr Baby kann jetzt auch seinen Appetit durch Öffnen des Mundes und Vorstrecken des Kopfes willentlich äußern und ebenso aktiv durch Kopfabwenden signalisieren, dass es satt ist.

Nach den ersten vier Monaten, in denen das Baby vor allem schläft und trinkt, wird es jetzt neugierig auf seine Umwelt. Es möchte sie erkunden, selbst etwas in der Hand halten und darauf herumkauen. Dieses erste Kauen wird sicher noch nicht sehr effektiv sein, aber das Baby hat sichtlich Spaß daran, sich selbst zu füttern.

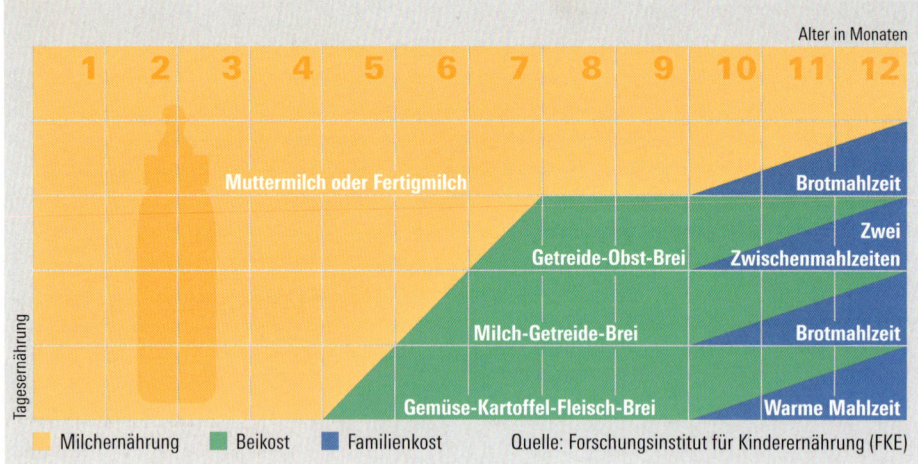

Alter in Monaten

| 1 | 2 | 3 | 4 | 5 | 6 | 7 | 8 | 9 | 10 | 11 | 12 |

Tagesernährung

Muttermilch oder Fertigmilch

Brotmahlzeit

Zwei Zwischenmahlzeiten

Getreide-Obst-Brei

Milch-Getreide-Brei

Brotmahlzeit

Gemüse-Kartoffel-Fleisch-Brei

Warme Mahlzeit

■ Milchernährung   ■ Beikost   ■ Familienkost   Quelle: Forschungsinstitut für Kinderernährung (FKE)

Im Verlauf des zweiten Halbjahrs wird es dann immer entbehrlicher, die Nahrung schluckfertig zu pürieren. Ihr Kind lernt allmählich, mit Zunge und den ersten Zähnchen auch Stückchen in der leicht zerdrückten Nahrung zu sortieren und zu kauen.

Gegen Ende des ersten Jahres ist es zunehmend in der Lage, am und vom Erwachsenentisch mitzuessen. Babys lieben es jedoch schon viel früher, am Familientisch dabei zu sein, auch wenn sie anfangs noch wenig Nahrung zu sich nehmen und vorher besser in aller Ruhe gefüttert werden sollten. So wird das gemeinsame Essen mit den Großen schon früh zu einer wichtigen sozialen Erfahrung, zumal Babys durch Imitieren schneller richtig essen lernen.

Beikost: Wenn Milch nicht mehr genügt

Ab dem fünften Monat steigt der Energie- und Nährstoffbedarf eines Babys und ist spätestens ab dem sechsten Monat nicht mehr allein durch Milch zu decken. Auch seine in der Schwangerschaft angelegten Reserven, zum Beispiel an Eisen, sind auf-

gebraucht. Es benötigt zusätzlich eine Beikost.

Als Grundlage des Zufütterns hat sich der „Ernährungsplan für das erste Lebensjahr", den das Forschungsinstitut für Kinderernährung (FKE) entwickelt hat, praktisch bewährt. Er berücksichtigt sowohl den ernährungsphysiologischen Bedarf, als auch die (neuro)motorischen Fähigkeiten des Säuglings.

Die Milchmahlzeiten werden schrittweise durch Breimahlzeiten ersetzt. Nach dem vierten Monat wird als erster Brei ein Gemüse-Kartoffel-Fleisch-Brei eingeführt. Einen Monat später wird eine weitere Milchmahlzeit durch einen Vollmilch-Getreide-Brei ersetzt. Ihm folgt als dritter Brei ein milchfreier Getreide-Obst-Brei. Die verbleibenden Mahlzeiten werden weiterhin als Mutter- oder Säuglingsmilch gegeben. Ab dem zehnten Monat gehen die Breimahlzeiten langsam in die Familienkost über.

Fleisch – ja oder nein?

Der Beginn der Beikost mit einem fleischhaltigen Gemüse-Kartoffel-Brei dient in erster Linie der Eisenversorgung des

Säuglings. Denn Eisen, das bei dem schnellen Wachstum von Babys und Kindern besonders wichtig ist, ist vom Körper dann am besten zu verwerten, wenn es aus Fleisch kommt. Fleisch verbessert auch die Ausnutzung des Eisens aus pflanzlichen Lebensmitteln. Sollten Ihr Baby Fleisch in jeder Form ablehnen, verwenden Sie als Ersatz eisenreiche Vollkorngetreide. Besonders reich an Eisen sind Haferflocken und Hirse. Achten Sie auf Vitamin-C-reiches Gemüse und Vitamin-C-Zusätze im Vollmilch-Getreide-Brei (Obstsäfte, Obstpüree). Denn Vitamin C verbessert die Bioverfügbarkeit von Eisen erheblich. Rein vegetarische Kost (vegane Ernährung), die auch keine Eier und keine Milchprodukte enthält, führt bei Babys und Kleinkindern zu gefährlichen Mangelerscheinungen (vor allem Vitamin-B12- und Kalzium-Mangel) und zur Unterernährung.

Selbst kochen oder Gläschen?

Beginnen wir mit den Nachteilen des Selbstkochens: Da ist sicher einmal der Aufwand und die besondere Sorgfalt, die notwendig sind, um den (hygienischen und ernährungsphysiologischen) Bedürfnissen Ihres Babys gerecht zu werden. Vor allem in der ersten Zeit muss sich Ihr Baby erst an die Breinahrung gewöhnen und wird pro Mahlzeit vielleicht nur zwei bis drei Löffelchen zu sich nehmen. Und dafür die ganze Mühe? Mehrmaliges Aufwärmen keine Lösung. Es ist hygienisch bedenklich und zerstört wesentliche Nährstoffe. (Ein Tipp: Sie können die Mahlzeiten in kleinen Portionen einfrieren und je nach Bedarf auftauen.) Weitere Einwände betreffen oft auch die Zusammensetzung der Nahrung. Bei unüberlegter Selbstzubereitung bleiben – so die Kritik – sowohl die Eisen- als auch die Jodzufuhr häufig unter den Empfehlungen der Ernährungswissenschaftler. Die Zutaten industriell hergestellter Babynahrung unterliegen zudem höheren Sicherheitsstandards in Bezug auf Nitrat- und andere Schadstoffrückstände als Lebensmittel des sogenannten allgemeinen Verzehrs.

Das heißt: Wenn Sie Ihr Baby selbst „bekochen" möchten, folgen Sie den Empfehlungen der FKE (siehe Kasten Seite 98). Dann sind Sie auch bei Selbstzubereitung sicher, dass Ihr Menü in qualitativer Zusammensetzung und Kalorienzahl am besten dem Bedarf Ihres Babys entspricht. Sie kommen dann auch auf gute Werte an Eisen, Vitamin C und Fett, was gerade bei den ganz Kleinen erwünscht ist und – so Kritiker der industriell gefertigten Babynahrung – in vielen Gläschen nicht gewährleistet ist. Schadstoffe können Sie, wenn Sie vernünftig (zum Beispiel Bio-Ware und keine nitrathaltigen Gemüsesorten) einkaufen, weitgehend vernachlässigen. Denn im Allgemeinen gelten selbst zubereitete Mahlzeiten auch für Babys als ausreichend sicher.

Die Vorteile des Selbstkochens sind offensichtlich: Es ist immer sehr viel billiger. Sie haben als Koch/Köchin die Auswahl der Lebensmittel in der Hand. Sie können

1, 2, 3 – REZEPTE FÜR DEN BREI

Erster Brei: Gemüse-Kartoffel-Fleisch-Brei

Ab 5.–7. Monat	Zutaten und Zubereitung
20–30 g	Mageres Fleisch (Schwein, Rind, Geflügel, Lamm) in kleine Würfel schneiden und in wenig Wasser ungefähr 15 Minuten gar kochen
40–50 g	Kartoffeln schälen und klein schneiden
90–100 g	Gemüse (nährstoffreiche, gut verträgliche Sorten wie: Karotten, Zucchini, Blumenkohl, Broccoli) waschen, klein schneiden und mit den Kartoffeln in wenig Wasser dünsten bis es weich ist. Das Fleisch zugeben, aufkochen lassen und alles zusammen pürieren.
30–35 g	Obstsaft (Vitamin-C-reich) zugeben und nochmals pürieren
8 g	Pflanzenöl (Rapsöl) unterrühren

Zweiter Brei: Vollmilch-Getreide-Brei

Ab 6.–8. Monat	Zutaten und Zubereitung
200 g	Milch (Vollmilch oder Säuglingsmilch) erhitzen
20 g	Vollkorn-Getreideflocken (z. B. Haferflocken, Grieß) nach Packungsanweisung einrühren
	Für die Zubereitung des Breis mit Säuglingsmilch wird das Getreide in heißes Wasser eingerührt bzw. mit dem Wasser aufgekocht. Nach dem Abkühlen wird die Menge des Pulvers, die der Dosierung für die Säuglingsmilch entspricht, eingerührt.
20 g	Vitamin-C-reiches Obst (frisch gerieben oder Obstpüree, -saft)

Dritter Brei: Getreide-Obst-Brei

Ab 6.–8. Monat	Zutaten und Zubereitung
20 g	Vollkorn-Getreideflocken (z. B. Haferflocken, Grieß) mit
90 g	Wasser anrühren
100 g	Vitamin-C-reiches Obst (frisch gerieben oder Obstpüree, -saft)
5 g	Pflanzenöl (Rapsöl)

Alles nachzulesen unter www.fke-do.de

Quelle: Forschungsinstitut für Kinderernährung (FKE)

auf Salz, Zucker, Honig und andere Gewürze verzichten, die leider in industriell hergestellter Beikost immer noch verwendet werden. Und: Selbst zubereitete Mahlzeiten bieten meist eine größere Geschmacksvielfalt.

Keine Angst vor Allergien

Besteht in der Familie ein Allergierisiko, beeinträchtigt das die Einführung von Beikost – entgegen älteren Empfehlungen – nicht mehr. Nach heutigem Wissensstand ist es sogar wichtig, dass sich das Baby ganz normal mit seiner Umwelt und damit auch mit Nahrungsmitteln auseinander-

setzen kann. Selbst Fisch kann und soll heute im Rahmen der Beikost gegeben werden, da er sich in mehreren Untersuchungen als schützend vor allergischen Erkrankungen gezeigt hat. Auch der oft erteilte Ratschlag, möglichst lange auf Gluten zu verzichten, ist überholt. Es spricht also nichts dagegen, Ihrem Baby einen Zwieback zum Lutschen in die Hand zu drücken.

Für alle Kinder gilt: Führen Sie nur langsam und nach und nach neue Lebensmittel (zum Beispiel Obstsorten, Gemüsesorten und so weiter) ein. So können Sie schnell nicht verträgliche Lebensmittel

---

INFO **Honig für Babys – nein danke!**

Bienenhonig galt lange als besonders gesunder Zucker. Da Honig jedoch die lebensgefährlichen Botulismuskeime enthalten kann, sollte er im ersten Lebensjahr nicht in der Nahrungszubereitung verwendet werden.

Zudem kann Honig – ein naturbelassenes tierisches Lebensmittel, das eben auch tierisches Eiweiß (0,4 g/100 g) enthält im Gegensatz zu raffiniertem Zucker – auch Allergien auslösen. Das kommt aber sehr selten vor.

Die schleimlösende Wirkung, die Honig zum beliebten Hausmittel bei Erkältungskrankheiten gemacht hat, kann bei Babys zu Durchfall führen. Auch Zahnmediziner warnen vor Honig, da er zähflüssig an den Zähnen kleben bleibt. Ab dem ersten Lebensjahr kann Honig dann wie Zucker in die Reihe der geduldeten Lebensmittel aufgenommen und in kleinen Mengen als Süßungsmittel (siehe Seite 169) verwendet werden.

dingfest machen und umgehend darauf verzichten.

„Alternative" Ernährung

Ein Hinweis für Mütter und Väter, die viel Wert auf bewusste Ernährung legen, selbst einen speziellen Ernährungsplan verfolgen und sich auf dessen Grundlagen besonders um die Ernährung ihres Kindes bemühen: Erkundigen Sie sich genau, ob Ihre Ernährungsvorstellungen auch mit den Bedürfnissen eines Säuglings und Kleinkinds übereinstimmen! Oft füttern ernährungsbewusste Eltern ihr Baby zwar nach bestem Wissen und Gewissen, ernähren es aber gerade dadurch möglicherweise falsch. Makrobiotische Kost zum Beispiel bedeutet für Säuglinge und Kleinkinder eine Unterversorgung, die sich in allen Bereichen entwicklungshemmend auswirkt. Schon bei der Geburt zeigen Kinder von makrobiotisch lebenden Frauen deutliche Zeichen mangelhafter Versorgung. Auch deren Muttermilch genügt nicht dem Bedarf eines Säuglings! (Siehe Seite 55.)

Das Baby hat Durst

Neben der Beikost und den verbleibenden Milchmahlzeiten benötigt der Säugling zur Deckung des Wasserbedarfs zusätzlich Getränke, sobald er nicht mehr voll gestillt wird. Die Menge bestimmt Ihr Baby selbst mit Ihrem Angebot. Ein paar Schlucke am Tag können schon ausreichend sein, denn auch die gefütterten Breie sind wasser-

---

CHECKLISTE GLÄSCHENKOST: Was Sie beachten sollten

Tests der Stiftung Warentest haben ergeben, dass die meisten Gläschen zu wenig Fett, zu wenig Fleisch und zu wenig Vitamin C enthalten. Gleichen Sie dies aus mit einem Teelöffel Fett (am besten Rapsöl), einer fast täglichen Gabe eines fleischhaltigen Gläschens und etwas Saft oder Obstbrei.

Und:

- Wählen Sie Produkte mit wenigen Zutaten. Vor allem sollten sie wenig zusätzliche Gewürze und keine Aromen enthalten.
- Zusätzlicher Zucker ist in der Babynahrung überflüssig.
- Fertigmilchbrei und Getreide-Obst-Breie sollten mit Jod (deklariert als Kaliumjodid oder Kaliumjodat) angereichert sein.

- Außer dem Vollmilch-Getreide-Brei sollten möglichst keine Milch oder Milchprodukte in der Beikost enthalten sein.
- Verwenden Sie Obstgläschen nur, um damit den Obst-Getreide-Brei (nach Rezeptur des FKE, siehe Seite 98) selbst zuzubereiten. Ein Gläschen reicht damit für zwei Tage.
- Verwenden Sie reines Vollkorngetreide (Instant-Getreideflocken eignen sich anfangs sehr gut).

INFO **Das Etikett – ein Buch mit sieben Siegeln**

Diese Angaben erleichtern das Lesen des Etiketts, auf dem der Hersteller alle für Sie relevanten Daten veröffentlichen muss:

- **Zutaten**: Hier sind alle Zutaten von der größten bis zur geringsten Menge vermerkt. Auch Gewürze sind anzugeben. Sie stehen meist am Ende.
- **Haltbarkeitsdatum**: Säuglingsnahrung wird durch Erhitzen oder Trocknen haltbar gemacht. Diese Haltbarkeit ist natürlich nicht unbegrenzt.
- **Zeitangaben**: „nach dem 4. Monat" = ab dem 5. Monat; „ab dem 8. Monat" = Juniorgläschen, 220 Gramm, gröber püriert.
- **„Glutenfrei"**: Gluten, das Klebereiweiß von Getreide (Roggen, Gerste, Weizen), führt in seltenen Fällen im Rahmen einer Zöliakie zu Verdauungsproblemen.
- **„ohne Salzzusatz"; „geringer Natriumgehalt"**: Im ersten Lebensjahr soll die Nahrung möglichst salzfrei sein. Kochsalz = Natriumchlorid (NaCl).

- **Zucker** erscheint in verschiedensten Zuckerarten. Saccharose (Haushaltszucker) sollte im ersten Lebensjahr ganz vermieden werden. Aber auch eine zusätzliche Anreicherung mit Glukose (Traubenzucker), Fruktose (Fruchtzucker), Maltose (nur in Malz enthalten) und Laktose (Milchzucker) ist nicht empfehlenswert.
- **Süßstoffe**: Sie sind im Säuglings- und Kleinkindalter nicht geeignet.

reich. Empfehlenswert sind Leitungswasser (siehe Seite 61), Mineralwasser und ungesüßter Kräuter- und Früchtetee. An heißen Tagen oder bei fieberhaften Erkrankungen erhöht sich dieser Bedarf natürlich. Kohlensäurehaltige Mineralwässer können zu Blähungen führen.

Achtung: Fertigtee-Produkten ist oft Zucker (auf der Packung deklariert als Glukose, Maltose, Dextrose, Trauben- oder Malzzucker) zugesetzt. Sie sind (besonders in Nuckelflaschen) für Babys und Kleinkinder absolut ungeeignet (siehe Seite 105).

Erste Schritte in die Unabhängigkeit

Je mehr feste Nahrung Ihr Baby zu sich nimmt, desto weniger ist es auf Muttermilch angewiesen. Aber es ist natürlich nicht nur dieser Aspekt, der im zweiten halben Jahr die Phase des Abstillens einläutet.

Für beide, für Sie und Ihr Baby, beginnt damit ein ganz wichtiger Prozess, an dessen Ende ein ungeheurer Zuwachs an Unabhängigkeit für beide, aber auch das endgültige Aufgeben der ersten ganz intimen körperlichen Nähe und Bindung stehen. Deshalb brauchen auch beide eine gewisse Zeit, meist nicht nur Tage oder Wochen, um diesen Anpassungsprozess auf ihre ganz individuelle Art und Weise zu leisten.

Wie und wann er beginnt? Eine Mutter merkt meist, wann ihr Baby so weit ist, und nach und nach zuerst tagsüber, dann auch abends und nachts sein Interesse an Brust (und Flasche, falls es nie gestillt wurde) zu verlieren beginnt. Für manche Mütter ist dies eine schmerzliche Erkenntnis, während andere froh sind, wieder ein Stück Freiheit zurückzugewinnen. In den Fällen, in denen die Mutter früher auf das Abstillen drängt, hilft die Unterstützung durch den Vater. Von ihm wird das Baby eher die Flasche akzeptieren als von seiner Mutter, die zu eng mit dem Stillen und

---

TIPP **Die Broschüren des FKE**

Folgende Titel bietet das Forschungsinstitut für Kinderernährung (FKE) an:
- Empfehlungen für die Ernährung von Mutter und Kind,
- Empfehlungen für die Ernährung von Säuglingen,
- Empfehlungen für die Ernährung von Säuglingen und Kindern mit einer Lebensmittelallergie
- Optimix: Empfehlungen für die Ernährung von Kindern und Jugendlichen

(eine Darstellung der optimierten Mischkost).

Gegen eine Schutzgebühr von jeweils 4 Euro können Sie im Internet unter www.fke-do.de oder per Telefon unter 01 80/5 79 81 83 (20 ct/Gespräch aus dem deutschen Festnetz) bestellt werden.

Weitere Ernährungsempfehlungen finden Sie ebenfalls auf der oben genannten FKE-Website.

der Brust verknüpft ist. Auch der Geruch der Mutterbrust kann dann schon die Mahlzeit aus der Flasche einfach „ungenießbar" erscheinen lassen.

Mit den Großen am Tisch

Spätestens wenn Ihr Baby sitzen kann, leistet der Hochstuhl gute Dienste, um dem kleinen Familienmitglied die Teilnahme am Familientisch zu ermöglichen. Jetzt kann es auf Augenhöhe gefüttert werden und bald schon selbstständig essen. Die Wahl des Hochstuhls setzt jetzt einiges an Vorüberlegungen voraus. Am längsten Freude machen mitwachsende Stühle. Denn so ein Hochstuhl muss es schaffen, dass Kleinere wie Größere sich anlehnen, die Beine gut auflegen und die Füße abstellen können. Das klappt am besten, wenn sich der Stuhl mit wenigen Handgriffen verstellen lässt. Noch wichtiger als diese Überlegungen ist jedoch die Frage der Sicherheit!

HOCHSTÜHLE: DAS WAREN DIE „GUTEN"

Testsieger war der „gute" mitwachsende Stokke Tripp Trapp, danach Geuther Family, Herlag Tipp Topp und Hauck Alpha. Keine Holz-, sondern Stahlrohr-/Kunststoff-Konstruktion war der „gute" Brevi Slex. Schalensitze taugen meist schon ab fünf Monaten. Der einzige „Gute": Peg Pérego. Das einzige „gute" Tisch-Stuhl-Modell war das Herlag-Kombi-Set. (Erstveröffentlichung: test 8/07, Aktualisierung: 7/08). Mehr dazu unter www.test.de.

DIE ENTWICKLUNG VON KNOCHENBAU, MUSKELN UND ZÄHNEN

Im ersten Jahr nehmen die Knochen des Babys an Anzahl, Größe und Gewicht zu. Auch ihre Zusammensetzung verändert sich. Das Neugeborene hat ganz weiche Knochen. Sie werden härter, sodass das Baby gegen Ende des ersten Jahres darauf stehen kann.

Die bei der Geburt noch gut tastbaren Fontanellen schließen sich im Laufe der ersten zwei Jahre. Auch drei der Handwurzelknochen, die bei der Geburt nur knorpelig angelegt waren, beginnen ab dem sechsten Monat zu verknöchern. (Sechs weitere kommen bis zum Erwachsenenalter hinzu.)

Noch schneller als die Knochen wachsen die Muskeln. Bei Neugeborenen sind vor allem die Muskeln, die für das Atmen, Essen und Verdauen notwendig sind, gut ausgebildet. Das erste Zeichen kontrollierter Muskelbewegung ist das Heben des Kopfes. Es wird acht Monate dauern, bis Schulter- und Rückenmuskulatur es Ihrem Baby erlauben, mit geradem Rücken frei zu sitzen. Nach und nach sind dann auch die Muskeln der Beine weit genug entwickelt, um zuerst ein Stehen und dann ein Gehen möglich zu machen.

Zahnen

Der Terminplan für die Zähne variiert stark von Kind zu Kind. Der in den Genen programmierte Zeitpunkt des Zahnens sagt dabei nichts über den allgemeinen Entwicklungsstand des Babys aus: Weder bedeutet frühes Zahnen, dass das Baby besonders weit ist, noch ist ein Kind, das die ersten Zähnchen spät bekommt, ein „Spätentwickler". Bei der Reihenfolge der einzelnen Zähne gibt es allerdings fast keinen individuellen Spielraum. Sie ist von ganz wenigen Ausnahmen abgesehen bei allen Kindern gleich:

Das Zahnen ist ein langwieriger Prozess, der bei Kindern Beschwerden wie vermehrten Speichelfluss (Sabbern), gerötetes, vielleicht juckendes, brennendes

Zahnfleisch, rote Backen, leichtes Fieber, Durchfall, Quengeligkeit sowie unruhigen Schlaf verursachen kann. Diese Beschwerden können wiederum von Baby zu Baby und von Zahn zu Zahn variieren.

Aber: Zu einfach und gefährlich ist es, in der Zeit des Zahnens – und das bedeutet ja eigentlich den größten Teil des Säuglings- und Kleinkindalters – jede Missstimmung und jede Auffälligkeit auf das Zahnen zu schieben. Erkältungen, Durchfallerkrankungen und Fieber werden durch Bakterien und Viren hervorgerufen. Das Zahnen hat vielleicht die Abwehrkraft herabgesetzt. Jetzt muss die Krankheit, unter der das Baby offenbar leidet, erkannt und spezifisch behandelt

 UND WANN WACHSEN WELCHE MILCHZÄHNE?

Der Zeitplan lautet in etwa so:
- Untere mittlere Schneidezähne:
  6.–8. Monat
- Obere mittlere Schneidezähne:
  8.–10. Monat
- Seitliche Schneidezähne oben und unten:
  10.–14. Monat
- Erste Backenzähne (Milchmahlzähne) oben und unten:
  14.–18. Monat
- Eckzähne oben und unten:
  18.–24. Monat
- Zweite Backenzähne (Milchmahlzähne) oben und unten:
  24.–30. Monat

Karies!

Dass süße Tees Gift für die Babyzähne sind, hat sich inzwischen herumgesprochen. Besonders gefährlich ist es, wenn Babys und Kleinkinder stundenlang, auch in der Nacht, gezuckerte Getränke aus ihrem Fläschchen nuckeln können. Der Hinweis „ohne Zuckerzusatz" kann jedoch kein Freibrief für Dauernuckler sein. Denn auch Fruchtsäfte, die doch so gesund sind, schaden den Zähnen sowohl durch den Fruchtzucker als auch durch die Fruchtsäure, die den Zahnschmelz angreift. Dasselbe gilt für die Zitronensäure in „Kinderlimonaden". Dass auch über ein Jahr hinaus und sehr häufig gestillte Kinder gefährdet sind, ist bisher zu wenig bedacht worden. Zwar verbessert die Mut-

---

TIPP **Was beim Zahnen Erleichterung verschafft – und was nicht!**

Manche Mütter schwören auf die positive Wirkung von Hausmittelchen, die mehr oder weniger geeignet sind. Beispiele hierzu sind Veilchenwurzeln (eigentlich die Wurzel einer Schwarzlilienart, die nach Veilchen duftet) oder Fenchelstängel, auf denen ihr Baby herumkauen kann. Wichtig: Beides sollten Sie in der Apotheke besorgen, um die Gefahr der bakteriellen Verunreinigung so gering wie möglich zu halten.

Und noch wichtiger: Bitte nie an einer Kette oder Schnur um den Hals hängen. Ihr Baby könnte sich damit strangulieren!

Im Kühlschrank (nicht im Eisfach) gekühlte Beißringe aus reinem Gummi oder Polyethylen helfen bei gerötetem, geschwollenem Zahnfleisch. Zusätzlich kann eine Kühlung der Wange durch feuchte Umschläge Linderung verschaffen. (PVC-Ringe, die inzwischen glücklicherweise verboten sind, enthielten Weichmacher, die schädlich für Ihr Baby sind.)

Auch homöopathische Präparate werden immer wieder von vielen Seiten empfohlen. Ob bei starken Schmerzen eine schmerzlindernde Salbe oder eventuell sogar Zäpfchen gegen Schmerzen (zum Beispiel Parazetamol, siehe Seite 295) notwendig sind, muss Ihr Kinderarzt entscheiden. Worauf Ihr Baby am besten reagiert, hängt dann aber immer auch von so vielen individuellen Faktoren ab, dass Sie von Fall zu Fall selbst herausfinden müssen, was ihm am besten hilft.

Und Bernstein? Manche Eltern glauben, dass man mit einer Bernstein-Kette Zahnungsbeschwerden lindern kann. Diese Meinung ist wissenschaftlich nicht belegt. Belegt ist aber eindeutig die Gefahr der Strangulation und des Verschluckens der Bernsteinglieder. Also: Finger weg!

termilch die Immunabwehr. Werden Babys jedoch, wenn erst einmal die ersten Zähnchen da sind, weiterhin häufig vor allem in der Nacht gestillt, bedeutet dies ebenfalls ein „gefundenes Fressen" für Kariesbakterien.

Also: Sobald Zähne da sind, geht es um Mundhygiene! Zu Anfang leisten Wattestäbchen gute Dienste. Ab dem zweiten Lebensjahr können Sie dann schon die erste weiche Kinderzahnbürste verwenden. Beim regelmäßigen Zähneputzen mit der Bürste, die Ihr Kind sicher bald selbst in die Hand nehmen will, kommt es dann weniger auf die gründliche Reinigung als auf das Einführen eines Rituals an.

DIE ENTWICKLUNG DES GEHIRNS

Das Gehirn ist wie jedes andere Organ einem Wachstums-, Reifungs- und Entwicklungsprozess unterworfen. Das erwachsene menschliche Gehirn ist etwa dreimal größer als das eines Neugeborenen und wiegt sogar viermal mehr. Aber schon nach einem Jahr hat das Gehirn eines Kindes mehr als die Hälfte, bis zum dritten Geburtstag sogar schon 80 Prozent des Gehirngewichts eines Erwachsenen erreicht. Für das letzte Fünftel braucht es dann noch etwa 20 Jahre.

Dabei hat das Baby bei seiner Geburt schon die meisten Nervenzellen (Neuronen) – etwa 100 Milliarden – parat. Im Unterschied zum Gehirn eines Erwachsenen funktioniert die Kommunikation zwischen den Neuronen eines Neugeborenen jedoch noch ausgesprochen schlecht. Der Grund: die mangelhaft ausgebildete Vernetzung zwischen den einzelnen Nervenzellen. Diese Vernetzung geschieht über lange „Kabel" (Axone), die den einzelnen Nervenzellen erlauben, über relativ lange Distanzen miteinander zu sprechen. Wesentlich hierfür sind zudem die Verknüpfungen zwischen diesen einzelnen Kabeln, die Synapsen, die es ermöglichen, dass sich viele Zellen gleichzeitig miteinander verständigen. Die volle Funktionsfähigkeit des Gehirns hängt also auch und vor allem von den Verknüpfungen (Synapsen) zwischen den einzelnen Nervenzellen ab. Sie sind für die Übermittlung von Botschaften zuständig. Die Anzahl dieser Synapsen nimmt zwischen dem letzten Schwangerschaftsdrittel und dem zweiten Lebensjahr explosionsartig zu – eine Gehirnzelle kann bis zu 10.000 ausbilden –, und je mehr Verbindungen aufgebaut werden, desto leichter und besser kann das Gehirn genutzt werden.

Ebenfalls auf dem Programm steht jetzt nach der Geburt die vollständige Entwicklung des Myelins, der Markscheidensubstanz zwischen den einzelnen Gehirnzellen. Sie isoliert gewissermaßen die Zellen im Gehirn, wodurch eine schnelle und effiziente Übermittlung von Botschaften im Gehirn überhaupt erst möglich wird. Diese Myelinisierung geschieht vor allem im Laufe der nächsten zwei Jahre, um sich bis nach der Pubertät fortzusetzen und zwar für bestimmte Bereiche des Gehirns zu einer ganz bestimmten Zeit.

Babys Gehirn ist kein kleines Erwachsenengehirn

Vom Zeitpunkt der Empfängnis bis zur Geburt – und weit darüber hinaus! – wächst und reift das menschliche Gehirn in den einzelnen Hirnregionen ganz unterschiedlich schnell. Zum Zeitpunkt der Geburt sind erst die sogenannten niedrigeren und stammesgeschichtlich älteren Hirnfunktionen, die sämtliche lebenswichtigen Körperfunktionen steuern, (fast) vollständig einsatzfähig. Dieses „primitive" Gehirn sorgt im Wesentlichen dafür, dass der Organismus arbeitet. Das Gehirn des neugeborenen Babys garantiert auf diese Weise sein Überleben und ermöglicht ihm das, was Sie im vorigen Kapitel als die Startausrüstung für Beziehung kennengelernt haben. Es stellt ihm aber auch eine grundlegende Emotionalität zur Verfügung, die seine ersten Reaktionen auf die Umwelt bestimmt – es erlaubt ihm, über Zu- und Abwendung zu „entscheiden". Zum Beispiel kann es je nach Gefühlslage (siehe Seite 84) aktiv Interaktionen suchen, sich abwenden, wenn es zu viel wird, und erstarren, wenn es sich bedroht fühlt.

Die sogenannten höheren Gehirnregionen reifen erst nach und nach, und zwar in einem ganz bestimmten genetisch festgelegten Ablauf.

Das Gehirn wartet auf Erfahrung

Die Abfolge der Entwicklung des Gehirns verläuft von der Empfängnis an nach einem strengen biologischen Gesetz. Dennoch: Die Art und Weise, wie das Gehirn

---

INFO **Das Gehirn – ein Computer?**

Das menschliche Gehirn wird oft mit einem Computer verglichen. In diesem Bild geht es also in der Auseinandersetzung mit der Umwelt um die Formatierung der Festplatte.

In vielen Bereichen mag dieser Vergleich sinnvoll sein. In einem wesentlichen Aspekt hinkt er. Denn das Gehirn baut sich selbst auf, und zwar in Auseinandersetzung mit und in Anpassung an seine Umwelt. Und diese Anpassung betrifft nicht nur die Funktionsfähigkeit und die Verknüpfung des Gehirns, sondern auch seine Ausgestaltung als Organ, seine anatomische Struktur.

sich entwickelt, ist vor allem abhängig davon, wie es „ernährt" wird, welchen Schutz es erfährt und welche und wie viel Anregung durch Reize (Stimulation) es empfängt. Das bedeutet, dass es sich in Auseinandersetzung mit der Umwelt, in die das Baby hineinwächst, aufbaut. Das gilt natürlich schon für seine vorgeburtliche Entwicklung. Aber mit der Geburt ist die Entwicklung unseres Gehirns noch lange nicht abgeschlossen. Und weil das Gehirn mit der Geburt noch nicht „fertig" ist, setzt sich die Anpassung fort.

Und wie? Ihr Baby nimmt mit allen Sinnessystemen seine Umwelt wahr. Auf jeden von außen kommenden Reiz reagieren zunächst Tausende von Gehirnzellen. Jede neue Erfahrung schafft neue Verbindungen, neue Synapsen. Ein unermessliches Netz von Möglichkeiten entsteht. Gleichzeitig intensivieren sich wiederholende Erfahrungen schon bestehende Verbindungen. Allmählich beginnen sich Muster herauszubilden. Ähnliche Signale folgen zunehmend demselben Weg. Im Gegenzug dazu werden andere, wenig benutzte Verbindungen vernachlässigt und nach und nach abgebaut. Das Gehirn behält also das, was es in dieser speziellen Umwelt, die ihm immer wieder ähnliche Erfahrungen bereithält, braucht.

Wir haben oben schon von der besonderen Chance des menschlichen Babys gesprochen. Diese Chance ist die Voraussetzung für das, was den sogenannten Homo sapiens von seinen Artgenossen unterscheidet.

Das „emotionale" und „soziale" Gehirn

Mit der Geburt ist Ihr Baby in der Lage, emotionale Empfindungen zu erleben: auf Schmerz, Überraschendes und Angenehmes reagiert sein Körper mit den Veränderungen, die später die dazu passenden Gefühle begleiten. Dazu gehört auch, dass Babys ab dem ersten Tag Gefühle ausdrücken können. Aber sie können sie nicht (bewusst) fühlen (siehe Seite 81) oder regulieren. Der Grund dafür ist, dass die äußeren Zeichen unserer Gefühle von den tieferen Strukturen unseres emotionalen Gehirns gesteuert werden, die bei der Geburt schon recht gut entwickelt sind. Die nötigen Verbindungen zu den Stirnhirnregionen, und damit zu den Schaltzentralen, die die höheren kognitiven Leistungen vollziehen, müssen erst entstehen, damit diese Gefühle bewusst wahrgenommen, „gedacht" und gesteuert werden können.

Das passiert erst etwa ab dem sechsten Monat nach der Geburt: Im zweiten halben Jahr kommt es zu einer starken Vermehrung der synaptischen Verbindungen in dem Teil an der Stirnseite des Gehirns, der verantwortlich ist für die Entwicklung von Empathie und die Verarbeitung von Emotionen und die Fähigkeit, „vernünftig" mit anderen umzugehen. Dieser Wachstumsspurt geschieht gerade dann, wenn auch Sie, die Eltern, eine völlig neue Qualität der Beziehung zu Ihrem Kind erleben.

Um die Gefühle dann auch steuern zu können, braucht es wiederum andere Verbindungen. Die werden erst ab dem zwei-

ten Lebensjahr geknüpft. Das heißt: Wachstum, Reifung und Entwicklung betreffen vor allem jene Bereiche, die man für den sozialen und denkenden Teil des Gehirns hält. Das heißt auch: Wenn die starke Vermehrung der synaptischen Verbindungen gerade im denkenden Teil des emotionalen Gehirns erst nach der Geburt geschieht, so wirken hier soziale und emotionale „Umweltreize" natürlich besonders nachhaltig. Sie als der Umweltreiz schlechthin haben damit eine riesige Verantwortung.

Babys Gehirn im Stress

Stress gehört zum Leben. Erst unter Stress läuft unser Körper zur Hochform auf. Dann schießen in Sekundenbruchteilen Hormone wie Kortisol, Noradrenalin und Adrenalin ins Blut. Sie sorgen dafür, dass sich Herzschlag und Atmung beschleunigen, mehr Sauerstoff durch den Körper strömt, und Gehirn und Muskeln ausreichend Zucker zur Verfügung steht. Gleichzeitig dämpfen die körpereigenen Botenstoffe andere, momentan weniger wichtige Systeme wie die Verdauung und die Immunabwehr. Die gebündelte Kraft hilft den Stressauslöser zu überwinden – es geht weiter!

Zu viel Stress jedoch ist ungesund. Dann wird aus den an sich förderlichen und hilfreichen Stresshormonen „Gift". Und zu viel ungesunder Stress heißt, dass die eigenen Möglichkeiten und Fähigkeiten nicht ausreichen, um mit den Anforderungen, die das Leben an einen stellt, fertig zu werden und dass der Stress lange anhält, chronisch wird. Das gilt für Sie als Erwachsene ebenso wie für Ihr Baby. Der Unterschied: Sie sind hoffentlich mit genügend Ressourcen ausgestattet, um Ihren tagtäglichen „Stress", was auch immer dies für Sie bedeutet, zu bewältigen, und Ihr Gehirn ist ausgereift, während sich bei Ihrem Baby gerade in den ersten Monaten die neurologischen Grundlagen für die Möglichkeiten der Stressbewältigung bilden. Das heißt: Ihr Baby kommt auf die Welt mit der Notwendigkeit, dass ihm lang anhaltender Stress erspart wird und dass ihm die Regulation von Stress abgenommen wird.

Und wenn nicht? Lang anhaltender Stress führt in seinem unreifen Gehirn zu einer bleibend erhöhten Empfindlichkeit der sogenannten Stress-Achse. Der ständig erhöhte Kortisolspiegel beeinträchtigt die Entwicklung und Differenzierung einzelner Gehirnregionen. In anderen, die vor allem mit Stressverarbeitung zu tun haben, dagegen wird die Synapsenbildung verstärkt, ihre Sensibilität gegenüber Stress und Angst wird erhöht.

Trennung – der größte Stress für Ihr Baby

Und was ist Stress für ein Baby? Für ein Baby gibt es wahrscheinlich keinen größeren Stress als die Trennung von der Person, die ihm Nahrung, Wärme, Geborgenheit und Hilfe bei der Regulation von „Gefühlen" (siehe Seite 72) bietet. Schon kurze Trennungen können zu einem Anstieg des Kortisolspiegels führen. Lange Trennungen oder das Fehlen der schützenden und haltenden „Instanz" führen zu den oben beschriebenen Folgen im Gehirn.

Neben Beispielen aus dem Tierreich haben dies auch menschliche Gehirne am Beispiel von rumänischen Waisenkindern gezeigt: Als Wissenschaftler nach dem Zusammenbruch der Ceaușescu-Diktatur die Gehirne dieser Kinder „gescannt" hatten, fanden sie ein „schwarzes Loch" in dem Bereich, der als das Kontrollzentrum für eine situationsangemessene Handlungssteuerung, aber auch als Sitz der Regulation emotionaler Prozesse angesehen wird (siehe Seite 108). Der Satz: „Emotionaler Stress in der frühen Kindheit hinterlässt dauerhafte Narben" darf also leider, leider nicht nur bildlich verstanden werden.

DIE ENTWICKLUNG DER MOTORIK

Bis vor wenigen Jahren waren auch Fachleute davon überzeugt, dass die motorische Entwicklung einem einheitlichen – hierarchisch geordneten – Plan folgt: Ganz oben zum Beispiel steht das freie Gehen. Die darunterliegenden Entwicklungsschritte vom Kriechen, Robben, Krabbeln, Stehen folgen aufeinander in strenger zeitlicher Ordnung.

Viele Eltern waren angesichts solcher Entwicklungsskalen verunsichert. Denn es gibt und gab schon immer Kinder, bei denen dieses Schema nicht passt. Manche Kinder können mit Festhalten stehen, ohne dass sie bereits die Fähigkeit erworben haben, sicher und frei zu sitzen. Andere laufen plötzlich, ohne je richtig im Vierfüß-lerstand gekrabbelt zu haben, andere rutschen monatelang auf dem Hosenboden herum und sind mit dieser Fortbewegungsart äußerst zufrieden.

Während früher besorgte Kinderärzte bei Abweichungen sehr schnell neurologische Störungen befürchteten und daher zu krankengymnastischer Therapie rieten, sind die Fachleute heutzutage wesentlich gelassener gegenüber Varianten. Kinder können eine andere, abweichende Entwicklungskurve aufzeigen, ohne deshalb an einer Störung zu leiden (siehe Seite 112).

Entwicklung ist ein völlig individueller Prozess – das kann nicht oft genug betont werden!

Entwicklungskurven

Versuchen wir die Entwicklung dreier „normaler" Kinder in Entwicklungskurven darzustellen.

Die drei Kurven auf der folgenden Seite stellen die motorische Entwicklung von drei „normalen" Kindern dar. Links sind die einzelnen Fähigkeiten angegeben, die jeweils zu einer bestimmten Zeit erworben wurden: Einzelne Fähigkeiten im Vergleich: a = selbstständige Drehung vom Rücken auf den Bauch, b = Drehung vom Bauch auf den Rücken, c = freies, sicheres Sitzen, d = selbstständiges Hochkommen vom Liegen zum Sitzen, e = Robben, Kriechen, f = Krabbeln, g = Hochziehen zum Stehen, h = Stehen mit Festhalten, i = Gehen mit Festhalten, j = freies Gehen.

Was auf den nächsten Seiten als die normale Entwicklung beschrieben wird, entspricht der Entwicklung der Mehrheit, also im Großen und Ganzen der Kurve von Kind 1. Verhält sich Ihr Kind jedoch anders, so seien Sie erst einmal unbesorgt. Denn die Grenzen sind sehr weit gesteckt. Innerhalb dieser Grenzen hat jedes Kind seinen eigenen Stundenplan, nach dem es sich normal entwickelt.

INFO Meilensteine

Dem Bild des Entwicklungsweges entsprechend, auf dem ein Kind seine Schritte zurücklegt, wird heute vielfach der Begriff des Meilensteins gebraucht: Er bezeichnet bestimmte Etappenziele auf dem Weg der Entwicklung, die für das Erlernen motorischer Fertigkeiten und schließlich des freien Gehens wesentlich sind.

Denn bestimmte Entwicklungsschritte müssen trotz individueller Unterschiede bei allen Kindern aufeinander folgen. Ein Baby kann nun einmal nicht sitzen, bevor es nicht den Kopf halten kann. Es wird nicht frei gehen, bevor es stehen kann, und es wird nicht rennen und hüpfen, bevor es sicher geht. Diese Meilensteine muss Ihr Kind also passieren, um zum jeweiligen Ziel zu kommen.

Solche Meilensteine gibt es nicht nur bei der motorischen Entwicklung. Auf allen Entwicklungswegen (also auch in der körperlichen, emotionalen, sozialen, kognitiven, sprachlichen und intellektuellen Entwicklung) gibt es Knotenpunkte und Meilensteine, die für eine gesunde Entwicklung wesentlich sind (siehe Seite 256). Ein Kind, das sprechen will, muss vorher geplappert haben, und Schüler, die eine Mathearbeit lösen können, haben schon als Kleinkind einen Begriff von „mehr" und „weniger" erworben. Ausführlicheres dazu finden Sie im Kapitel „Beim Kinderarzt" (siehe Seite 243).

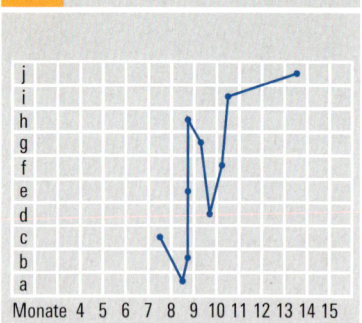

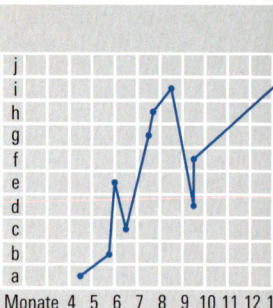

Die linke Kurve zeigt in etwa die durchschnittliche Entwicklung eines Kindes. So lernt es zum Beispiel sich vom Bauch auf den Rücken zu drehen (b) zirka im 7. Lebensmonat. Kind 2 kann dies erst fast zwei Monate später und Kind 3 schon im 6. Monat. Das braucht erst einmal keine Besorgnis erregen – jedes Kind hat seinen eigenen Terminplan.

Die Kurve, die für einen bestimmten Bereich der kindlichen Entwicklung gezeichnet wird, kann – wie Sie sehen – durchaus eine Zickzacklinie bilden. Kinder machen auch Umwege, wenn ihnen zur Lösung eines Problems (etwa: Wie komme ich am besten an den Ball?) gerade eine andere Möglichkeit der Fortbewegung als die normale erfolgversprechender erscheint. Sie können auch zeitweilige Rückschritte machen, ohne dabei unnormal" zu sein. Eltern beobachten dies zum Beispiel, wenn ihr Kind Schnupfen und Fieber hat oder gerade ein Entwicklungsschritt in einem anderen Bereich die ganze Aufmerksamkeit und Energie fordert. Das Aufstellen von Altersnormen muss also eine große Variationsbreite berücksichtigen.

Kriechen, Rutschen, Krabbeln ...

Bis ein Baby sich allein fortbewegen kann, sind eine ganze Menge von Reifungs- und Lernschritten notwendig. Kriechen, Robben, Rutschen, Krabbeln setzen nicht nur die Entwicklung der Muskulatur und des Skeletts voraus. Sie sind vielmehr das Ergebnis komplizierter neurophysiologischer Entwicklungsvorgänge.

Zuerst muss Ihr Kind die Kontrolle des Kopfes beherrschen. In den ersten Wochen kann das Baby, wenn es auf dem Bauch liegt, den Kopf zur Seite gewendet für etwa drei Sekunden anheben. Es kann ihn wackelnd von einer Seite zur anderen drehen, wobei es ihn immer wieder zum Ausruhen auf die Unterlage legen muss. Wenn es auf dem Arm gehalten wird, beherrscht es die Kopfkontrolle etwa nach drei Wochen.

Als Nächstes lernt es, seinen Kopf längere Zeit aus der Bauchlage zu heben. Im zweiten Monat erst kann es den Kopf mindestens 45 Grad aus der Mittelstellung anheben und ihn mehr als zehn Sekunden oben halten.

Mit drei Monaten kann das Baby Kopf und Brust hochheben – ein erster Schritt zum Krabbeln. Jetzt kann es sich mit erhobenem Kopf aufstützen und bald darauf erfährt es, zu Anfang vielleicht unfreiwillig, dass es das Gewicht seines Kopfes zum Umkippen, das heißt zum Rollen auf den Rücken, verwenden kann.

Schwieriger ist die umgekehrte Richtung: Das Baby ist ungefähr fünf Monate, wenn es sich aktiv vom Rücken auf den Bauch drehen kann und damit eine weitere Voraussetzung fürs Krabbeln geschaffen hat. Und endlich: Wenn Ihr Baby das Gewicht seines Oberkörpers zuerst auf den Armen, dann auf den Händen tragen kann, wenn es die Knie unter seinen Körper ziehen und sich hochstemmen kann, dann kann es losgehen.

Die meisten Babys in unserem Kulturkreis (87 Prozent) krabbeln. Wenn Babys andere Fortbewegungsarten vorziehen, liegt dies oft schon in ihren Genen begründet. (Fragen Sie einmal Ihre Mutter, wie Sie sich im ersten Lebensjahr vorzugsweise fortbewegt haben!) Ausnahmen gibt es aber auch, wenn das Baby eine andere effektive Art des Vorwärtskommens schon vorher für sich entdeckt hat und keinerlei Notwendigkeit verspürt, „umzulernen". Es hat das Problem, wie komme ich vorwärts, auf seine eigene – effektive – Art gelöst.

Denn Entwicklung ist, wie wir sahen, ein „adaptiver" Prozess. Es ist die Tatsache der selbstständigen und aktiven Fortbewegung, die für die gesamte – nicht nur motorische – Entwicklung des Kindes von Bedeutung ist, und nicht die Methode.

Auf jeden Fall: Plötzlich kommt Ihr Baby überall dorthin, wohin es will, und läutet damit eine neue Epoche ein, aktiv ins Weltgeschehen einzugreifen.

INFO **Ein Laufstall – nur in Ausnahmefällen!**

Den Laufstall, der früher in vielen Familien das Umräumen der Wohnung unnötig machte, sollten Sie wirklich nur in Ausnahmefällen einsetzen. Wenn Sie einen Laufstall verwenden, bedenken Sie, dass Ihr Baby nicht gern allein ist. Es lernt zwar zunehmend, sich allein zu beschäftigen und vielleicht auch einmal im Laufstall ganz in Ruhe mit den Topfdeckeln und Kochlöffeln aus Ihrer Küche zu spielen. Es braucht aber immer Ihre Nähe. Der Laufstall kann zum Beispiel in der Küche gute Dienste leisten, während Sie am Herd hantieren, oder in der Nähe des Telefons, wenn Sie ein dringendes Gespräch erledigen müssen und unmöglich nebenher die Aktivität Ihres Babys im Auge behalten können.

Der Laufstall kann manchmal auch im Kinderzimmer nötig werden, wenn größere Geschwister gerade dabei sind, eine Lego®-Burg aus vielen kleinen Teilchen fertigzustellen. (Hier empfiehlt sich aber meist, den großen Bruder oder die große Schwester samt Lego®-Baukasten zu deren „Sicherheit" in den Laufstall zu setzen.) Doch zur längeren Ruhigstellung eines Krabbelkindes darf er auf keinen Fall dienen! Er enthebt Sie auch nicht der Aufgabe, Ihre Wohnung kindersicher zu machen.

Vorsicht ist die Mutter der Porzellankiste

Die Fähigkeit, sich selbstständig fortzube-
wegen, verändert die Welt. Gefüllte Kaf-
feekannen, kostbare Vasen auf kippligen
Tischchen, wertvolle Stereoanlagen, hohe
Bücherregale, heiße Herdplatten, volle Ba-
dewannen, liebgewordene, aber vielleicht
giftige Zimmerpflanzen: Alles reizt die
Neugier Ihres Babys und muss vor ihm in
Sicherheit gebracht werden – oder das
Baby vor ihnen.

Die Sicherheit des Kindes ist natürlich
vorrangig, und manche Eltern neigen dazu, ihre gesamte Wohnung krabbelsicher
zu machen, um mögliche Risiken zu vermeiden. Andere wiederum lassen ihr Baby
nicht mehr aus den Augen und verfolgen
es gewissermaßen mit ihrem „Nein", sowohl zur Sicherheit des Babys als auch
zum Schutz von Hab und Gut.

Die Nachteile der zweiten Lösung liegen auf der Hand. Ein Baby, das als Reaktion auf seinen Bewegungsdrang und seine Neugier immer nur ein Nein erfährt,
wird auf Dauer wohl die Lust am Entdecken und Erkunden, an Bewegung und
Aktivität verlieren und entweder träge und
lustlos werden oder sich auf lange Sicht
andere Wege der Energie- und Spannungsabfuhr suchen müssen.

TIPP **Nein Sagen will gelernt sein!**

- Reagieren Sie unmittelbar auf das
unerwünschte Verhalten (Ihr Baby weiß
sonst nicht, wofür das Nein steht).
- Dosieren Sie Ihr Nein! Ein ständiges
Nein wird leicht zum „Hintergrundsge-
räusch". Also: Räumen Sie gefährdete
und gefährliche Gegenstände aus der
Reichweite Ihres Babys. Es bleiben vie-
le Gefahren und damit notwendige
Neins übrig!
- Vermeiden Sie unnötige Konflikte.
Ein „Nein" muss sich lohnen.

- Je älter Ihr Kind wird, desto wichtiger sind Erklärungen für Ihr Nein.
Schon Ein- bis Eineinhalbjährige verstehen sie.
- Ein kleiner Ausblick in die nahe Zukunft: Konflikte werden nicht ausbleiben. Spätestens in ein, zwei Jahren
werden sie aller Wahrscheinlichkeit
zum Alltag gehören. Es lohnt sich jetzt
schon, Fantasie zu entwickeln, wie sich
überflüssige Streitereien gut vermeiden
lassen.

Auf die Plätze, fertig, los!
Achtung Forscherdrang! Zum Glück ist die Steckdose kindersicher.

INFO Projekt: Sichere Wohnung

Dass Putzmittel, Blumenerde, Steckdosen, Bügeleisen, kipplige Hochstühle (siehe Seite 103), Aschenbecher (!), Reste in Weingläsern, unbefestigte Regale, leicht zu erreichende geöffnete Fenster, brennende Kerzen ... eine Gefahr für Ihr neugieriges und mobiles Krabbel-, Kletter- und Laufkind bedeuten, muss nicht eigens betont werden.

Dass es noch viel mehr Gefahren gibt, werden Sie am besten feststellen, wenn Sie einmal selbst durch die Wohnung krabbeln und Ihre Umgebung mit den Augen Ihres kleinen Entdeckers ansehen! Sie werden erstaunt – und erschrocken – sein, welche Möglichkeiten der Gefährdung (oder Zerstörung) Sie noch finden werden.

Denn Babys wollen und müssen sich bewegen. Sie wollen und müssen die Welt erkunden. Die Sorge um ihre Sicherheit ist also nur eine, ohne Zweifel lebensnotwendige, der vielen elterlichen Aufgaben. Eltern müssen sich auch bemühen, den Bewegungsspielraum ihres Kindes groß zu halten, und anpassungsfähig sein, wenn es darum geht, die Wohnung krabbelsicher zu machen.

„Nein, lass das!"

Wahrscheinlich müssen auch Sie sich umstellen. Plötzlich sind Sie nicht mehr einfach liebende, sorgende und gewährende Eltern, wie sich am liebsten sehen. Plötzlich ist die Situation entstanden, in der Sie laut und deutlich „Nein" sagen müssen. Ein Baby versteht sehr früh (etwa mit neun Monaten) ein solches Nein und reagiert darauf mit Unterbrechung seiner Tätigkeit. Es braucht dieses Nein auch, um gewissermaßen die Sicherheit zu haben,

dass die Eltern die komplette Verantwortung übernommen haben und es nicht selbst auf sich aufpassen muss. Dieses erste Nein ist also nicht nur aus Sicherheitsgründen ein wichtiger Bestandteil elterlicher Sorgepflicht. Es zeigt dem Baby, dass seine Eltern ihm helfen, sich selbst, seine Aktivität und seine Impulse zu kontrollieren. Es ist ein erster Anfang der so wichtigen Erziehungsaufgabe, Kindern Grenzen zu setzen.

Nicht wenige Babys machen ihr Bedürfnis nach elterlicher Grenzsetzung dadurch deutlich, dass sie immer wieder in die Nähe des verbotenen Gegenstandes krabbeln, sich nach den Eltern umsehen und ganz offensichtlich auf ihr Nein warten. In wenigen Monaten dann werden Sie Ihr Kind beobachten können, wie es vor dem heißen Backofen steht, den Kopf schüttelt, laut und vernehmlich „Nein, nein" sagt – und damit einen ersten Schritt in Richtung Selbstkontrolle und

TIPP Treppen und Leitern

Beides übt auf die meisten Kinder eine unwiderstehliche Anziehungskraft aus. Hinauf geht es – aber nicht mehr hinunter. Zum Glück sind meist Mutter oder Vater in Reichweite und am besten immer direkt hinter dem eifrigen Kletterer. Um möglichen Unfällen vorzubeugen, ist in manchen Haushalten ein Gitter vor der Treppe sinnvoll. Wichtig ist hier jedoch auch das Training, und zwar nicht im Gehen, sondern im Krabbeln. Abwärts geht es am besten rückwärts, mit dem Po zuerst oder im Sitzen. Erst mit etwa anderthalb bis zwei Jahren wird das Kind in der Lage sein, die Treppe auf- und abwärts mit Festhalten auch im Gehen zu meistern. Doch auch jetzt noch sollten Eltern so dicht dabei sein, dass sie notfalls eingreifen können. Ein Sturz von der Treppe ist nicht ungefährlich, und selbst wenn nichts passiert ist, kann das Kind ein Gutteil des Vertrauens in seine Fähigkeiten verlieren.

Selbstverantwortung als Vorstufe eines Gewissens geleistet hat.

Stehen und Gehen

Schon ein Neugeborenes „steht und geht" – mit baumelndem Kopf. Dieser Schreitreflex, der ihm von Geburt an mitgegeben ist, verliert sich jedoch ungefähr nach seinem zweiten Lebensmonat. Mit vier Monaten kann es den Kopf halten, jetzt baumeln aber die Beine.

Eine effektive selbst gewählte Vorbereitung für das Stehen und Gehen ist das Hüpfen. Sie bemerken es selbst: Wenn Ihr Baby um die fünf Monate alt ist, wird es, wenn Sie es mit den Füßen auf Ihren Oberschenkeln balancieren lassen, auf und ab hüpfen. Das trainiert die Beinmuskeln!

Erst mit etwa zehn Monaten, wenn das Baby Hüften und Knie ausstrecken kann, genug Muskelkraft hat, um sein Gewicht zu tragen, und vor allem, wenn es sein Gleichgewicht halten kann, wird es sich allein an allem Möglichen und Unmöglichen hochzuziehen versuchen und oftmals stehen und stehen bleiben, weil es sich noch nicht allein hinsetzen kann.

INFO Heiß, fettig und scharf!

Vorsicht mit heißen Kaffeekannen, Suppentellern, Kerzen, scharfen Messern, Weingläsern und Zigarettenschachteln auf dem Esstisch. Sie ahnen nicht, wie groß die Reichweite eines sitzenden Babys ist!

Hilft man ihm herunterzukommen, wird es gleich wieder aufstehen, und dies immer wieder. Die Eltern brauchen viel Geduld – und einen gesunden Rücken –, um diesen unbändigen Drang zum aufrechten Stehen zu begleiten.

Aber mit etwa einem Jahr hat sich die Mühe des Babys – und die der Eltern – gelohnt.

Ihr Baby kommt hoch und runter und bald wird es auch stehen können, ohne sich festzuhalten.

Die ersten Schritte

Die ersten freien Schritte sind für alle Eltern ein großes Ereignis und werden oft mit Ungeduld erwartet. Und leider manchmal nicht nur erwartet: Viele Eltern drehen mit ihrem Kind, das sie vielleicht mehr ziehen als halten, Runde um Runde um den Tisch und erreichen nichts – außer Enttäuschung und Rückenschmerzen auf ihrer Seite und beim Kind entweder ein unbestimmtes Gefühl, nicht das leisten zu können, was seine Eltern von ihm wollen, oder einen Hang zur Bequemlichkeit als

INFO   Gefährlicher Unsinn: Lauflerngeräte

Im Handel werden sie ab dem achten Monat empfohlen – spezielle Geräte, die Ihrem Baby in halb sitzender, halb stehender Position erlauben, durch die Wohnung zu rollen. Was vielleicht gut gemeint ist, hat jedoch gravierende Nachteile:

Erstens: Diese Lauflerngeräte fördern eine falsche Körperhaltung. Der normale Fußsohlenstand wird hinausgezögert, weil die Fußsohle den Boden kaum erreicht. Das heißt, der sogenannte Zehenspitzengang, den Ihr Baby jetzt normalerweise nach und nach zugunsten der Belastung der Fußsohlen aufgibt, bleibt länger erhalten. Gleichzeitig werden aufgrund der halb stehenden Haltung die Beine und vor allem die Hüftgelenke zu früh und zu stark belastet, was unter Umständen eine bleibende Fehlstellung zur Folge haben kann. Auch die Ausbildung des Gleichgewichtsgefühls wird eher behindert als befördert.

Zweitens: Der größere Spielraum, den das Baby durch die Lauflernhilfe erhält, bedeutet auch einen enormen Zuwachs an Gefahren. Auf Platz 1 der Unfallstatistik stehen Treppenstürze, die fast immer fatale Folgen haben. Vor allem Gehirnerschütterungen, Schädelbrüche und Hirnblutungen müssen Unfallchirurgen feststellen, da das Baby hilflos gefangen im Gerät meist kopfüber über mehrere Stufen hinunterstürzt. Also: Hände weg von solchen Geräten, deren Verbot inzwischen von vielen Experten auch gefordert wird!

Folge davon, dass ihm spontane Entwicklung und Aktivität versagt werden.

Zu Ihrer Beruhigung: Die meisten Babys lernen aus eigenem Antrieb, allein zu gehen, bevor sie 15 Monate alt sind. Manche Kinder versuchen schon mit acht, neun Monaten die ersten freien Schritte. Aber auch die anderen, die vielleicht erst mit 18 Monaten so weit sind, dass sie sicher allein gehen können, schaffen es!

Auch diese Unterschiede liegen zum großen Teil in der genetischen Ausstattung eines gesunden Babys, das genügend Spielraum für seinen Bewegungsdrang hat. Übungsprogramme ehrgeiziger Eltern oder spezielle Lauflerngeräte sind überflüssig und mitunter sogar schädlich!

Sitzen

Die Kopfkontrolle ist auch die Voraussetzung für das Sitzen. Kann das Baby den Kopf erst einmal beim Hochziehen aktiv mitführen, erfährt es, welche Erweiterung des Blickfeldes es sich durch eine solche Position selbst schaffen kann. Mit sechs Monaten ist es dann in der Lage, kurzzeitig aufrecht zu sitzen, ohne festgehalten zu werden.

Erst mit acht Monaten wird es stabil und sicher allein auf dem Fußboden sitzen können und so eine grundlegende Veränderung seiner Welt erleben: Es kann nun alles beobachten, was passiert und was die anderen treiben. Dabei entwickelt es ein ausgeprägtes Interesse für das, was die Großen tun, und beobachtet sie mit großer Aufmerksamkeit und Faszination. Es kann sich jetzt sitzend mit dem Oberkörper seitlich drehen und so seine Raumerfahrung erweitern, und vor allem: Es gelingt ihm auch, nach Dingen zu greifen, die es interessieren, und seine Hände ganz frei zu gebrauchen. Mit dieser Fähigkeit kann sich das Baby intensiv und viel länger als früher allein beschäftigen.

DIE FEINMOTORISCHE ENTWICKLUNG

Es ist vor allem die grobmotorische Entwicklung, die Gesprächsthema Nummer eins unter Eltern ist. Die feinmotorische Entwicklung läuft eher unbemerkt ab und ist doch so wichtig für das „Begreifen" der Welt. Schon das Neugeborene kann fest zugreifen. Dieser Greifreflex verliert sich allerdings nach etwa drei Monaten und wird nun durch ein willentliches Festhalten ersetzt, das das Baby selbst kontrolliert. Doch bis es nach Gegenständen greifen kann, sind noch viele wesentliche Voraussetzungen zu erfüllen: Das Baby muss einen Gegenstand mit den Augen richtig und lange Zeit betrachten können. Es muss den Kopf und seine Bewegung kontrollieren können. Seine Hals-, Nacken- und Armmuskeln müssen stark genug sein, genauso stark wie fürs Umdrehen. Beide Fertigkeiten – Umdrehen und Greifen – lernt es zur selben Zeit.

Ebenso wichtig wie die Entwicklung der Muskeln ist die Reifung des Nervensystems. Ein Neugeborenes liegt meist gekrümmt auf dem Rücken, die Händchen zur Faust geballt, den Daumen nach innen gedreht. Erst nach und nach ist das Baby in der Lage, die Händchen entspannt zu öffnen. Mit acht bis zehn Wochen beginnt das Baby, mit wachsendem Interesse die Bewegung seiner Hände und Fingerchen zu beobachten, eine wichtige Übung für die Koordination von Hand und Auge. Im dritten Monat bewegt es eine Rassel, die man ihm in die Hand gelegt hat und die es jetzt aktiv und willentlich festhält. Bald beginnt es, mit den Händchen zu spielen, Gegenstände, die es in der Hand hält, in den Mund zu führen, und macht sich auf seine Weise, nämlich durch Betasten mit Mund und Hand, eine Vorstellung von der Welt der Dinge.

Schon im fünften Monat versucht das Baby, nach Gegenständen zu greifen. Aber erst etwa einen Monat später ist die Koordination von Auge und Hand so weit entwickelt, dass ihm das Zugreifen ohne zappelige Umwege gelingt.

Im siebten Monat kann es mit beiden Händen greifen und verwendet die neue Fähigkeit, um Dinge durch Hin- und Herwenden und zwischen den Händen Auswechseln genauer zu erforschen.

Im neunten Monat erreicht das Baby einen neuen wichtigen Meilenstein! Während ihm vorher Gegenstände mehr oder weniger zufällig aus der Hand fielen, vielleicht, weil es nach etwas Neuem greifen wollte, kann es nun aktiv loslassen und wird dies immer und immer wieder tun und damit ungewollt die Geduld seiner Eltern auf die Probe stellen. Vielleicht hilft es Ihnen, wenn Sie sich vorstellen, dass Ihr Kind jetzt zwar nicht die Theorie der Schwerkraft lernt, jedoch viel über Ursache und Wirkung, oben und unten und – die Geduld der Eltern.

Im zehnten und elften Monat gewinnen die Finger des Babys einen enormen Zuwachs an kontrollierter Beweglichkeit: Mit dem „Pinzettengriff" (es kann kleine Gegenstände mit dem Daumen und dem Zeigefinger fassen) und dann mit dem „Zangengriff" (Daumen und Zeigefinger sind beim Greifen gebeugt) wird es zum Staubsauger und pickt jeden Krümel, den es findet, mühelos auf.

In den folgenden Monaten wird das Kind immer geschickter: Es hat großen Spaß am „Reinstecken und Rausholen", kann nun bald Türme bauen (mit 12 Monaten besteht dieser aus zwei, mit etwa 18 Monaten schon aus drei bis vier Klötzen), beginnt mit einem Stift zu kritzeln und die ersten Baby-Puzzles zu legen.

Allein essen

Allein zu essen setzt eine hoch entwickelte feinmotorische Fertigkeit und eine sehr

gute Hand-Augen-Koordination voraus. Beides braucht viel Zeit und intensive (spontane!) Übung. Schon mit etwa vier Monaten lernt das Baby, Gegenstände und damit auch Kekse, Brotkanten und Ähnliches mit der Hand zum Mund zu führen.

Mit sieben Monaten wird es immer wieder versuchen, den Löffel, mit dem es gefüttert wird, zu fassen. Es wird in den folgenden Monaten diese Fertigkeit zunehmend zum Einsatz bringen wollen. Mit zehn, elf Monaten will es selbstständig essen, obwohl es natürlich noch Hilfe braucht, Speisen in den Mund zu transportieren. Mit einem Jahr etwa kann Ihr Kind sich dann einige Minuten selbst füttern – ohne damit eine ausreichende Nahrungsmenge zu sich zu nehmen. Aber ab jetzt sind viele Babys oft schwer zu motivieren, sich noch füttern zu lassen – außer sie haben großen Hunger!

Rechts- und Linkshänder

Menschen sind, gleich welcher Kultur sie entstammen, meist rechtshändig. Überall auf der Welt gibt es natürlich auch Linkshänder.

Diese Präferenz einer Seite zeigt sich schon ganz früh. Zum Beispiel nuckeln spätere Linkshänder schon im Mutterleib lieber am linken Daumen und umgekehrt. Auch Sie werden schon bald beobachten: Die Vorliebe für die linke oder rechte Hand zeigt sich bei Ihrem Baby auch beim Liegen, bald darauf beim Greifen, später bei der Sprechgestik (mit welcher Hand Ihr Baby zum Beispiel „winke, winke" macht) und sie wird sich nach den ersten zwei Jahren meist als konstant erweisen.

Früher war es eine „Gepflogenheit", Kindern spätestens in der Schule den Gebrauch der rechten („richtigen") Hand anzuerziehen. Aber: Was vielleicht gut gemeint war – die Konstruktion der meisten

---

TIPP   **Aller Anfang ist leicht!**

Was Sie nur brauchen, sind
- Fantasie beim Erfinden von fingerfertigen Gerichten,
- eine Lage Zeitungen unter dem Hochstuhl des Babys und

- Geduld und Gelassenheit. Denn manche Babys gehen in ihrem Selbstständigkeitsdrang so weit, dass sie, wenn sie nicht selbst löffeln dürfen, das Essen gänzlich verweigern!

Ob hier zukünftige Rechts- und Linkshänder am Werk sind? Eines lässt sich mit Sicherheit vorhersehen: Die feinmotorischen Bewegungen werden bei beiden Monat für Monat immer geschickter.

Gebrauchsgegenstände geht einfach von Rechtshändigkeit aus –, kann fatale Folgen haben. Die Umstellung der angeborenen Fähigkeit betrifft nicht nur die Hand. Sie ist vielmehr ein massiver Eingriff in das menschliche Gehirn, ohne dass dadurch die angeborene dominante Gehirnhälfte tatsächlich umgestellt wird. Denn bei der Umschulung verlagern sich zwar die Areale, die direkt an der Bewegungssteuerung beteiligt sind, in die linke Hirnhälfte, die bei Rechtshändern dominant ist.

Die übergeordneten Regionen, die an der Planung und Kontrolle von Bewegungen teilnehmen, bleiben jedoch zeitlebens am selben Ort in der dominanten Hirnhälfte. Im Kernspintomograph ließ sich bei einem Experiment mit umerzogenen Linkshändern zeigen, dass hier die Aktivität sogar verstärkt war.

Neuropädiater warnen deshalb vor jeder Umerziehung, da sie möglicherweise zu Gedächtnisstörungen, Konzentrationsproblemen (Gedankengänge werden vergessen, weil das Gehirn alle Kapazitäten für etwas Neues braucht) und Schwierigkeiten mit dem Rechnen, Lesen und Schreiben führen kann.

Auch emotionale „Störungen" sind möglich, denn der Versuch, das Kind umzutrainieren, hinterlässt bei ihm zudem Verwirrung sowie das unangenehme Gefühl, nicht „richtig" zu sein, was durch eine gedrillte Rechtshändigkeit nicht aufgewogen wird.

SURFTIPP
Weitere Informationen, Anregungen sowie Tipps finden Sie beispielsweise unter www.linkshaenderseite.de.

DIE WELT WAHRNEHMEN UND VERSTEHEN – DIE ENTWICKLUNG DER PERZEPTION

Der Begriff Perzeption, der in der Psychologie verwendet wird, meint sowohl die Wahrnehmung als solche, also die Sinneswahrnehmung, als auch das Vorstellungs- und Auffassungsvermögen, das die Wahrnehmung strukturiert und verstehbar macht. Ein Beispiel: Wenn Ihr Baby etwa ab dem dritten Monat den Kopf dreht, wenn es neben sich ein Geräusch hört,

hat es gezeigt, dass es hören kann. Es hat aber auch „bewiesen", dass es schon in der Lage ist, Geräusche zu orten, das heißt einen „Raumbegriff" hat und sich und den „Ort" des Geräusches im Raum lokalisieren kann.

Die Entwicklung dieses Vermögens ist ein Prozess, der von vielen Eltern unbemerkt abläuft. Dennoch gelingt es den meisten Eltern, jeweils passend mit ihrem Baby umzugehen, sich seinen veränderten Wahrnehmungs- und Verständnismöglichkeiten anzupassen.

Zum Glück! Ein Baby mag immer besser sehen, hören, riechen, schmecken, tasten und kann doch diese Sinneswahrnehmungen nicht für sich verwenden, wenn ihm nicht ununterbrochen Hilfestellung dabei gegeben wird, sie zu organisieren und zu verstehen. Denn es weiß noch nicht, was es mit seinen Sinnen empfindet, was ihm behagt oder Unbehagen bereitet und wo die entsprechenden Gefühle „sitzen". Erst wenn Sie ihm die Gefühle, Wünsche und Motive deuten, die alle seine Sinneseindrücke begleiten, kann es sie zunehmend klären, strukturieren und begreifen, die Voraussetzung seiner Entwicklung. Mehr dazu erfahren Sie im Abschnitt über die Entwicklung der Gefühle.

Die emotionale Grundlage für die Neugier und den Antrieb, die Welt überhaupt wahrnehmen und entdecken zu wollen, ist dabei immer die liebevolle Beziehung, in der Ihr Baby aufwächst. Sie ist die Voraussetzung dafür, dass die Welt ihren Aufforderungscharakter, den sie von Geburt an für das Baby besitzt, behält und nicht blass oder gefährlich wird.

Hören ...

Die Neugeborenen-Basis-Untersuchung (siehe Seite 16) hat geklärt, dass Ihr Baby hören kann. Damit wissen wir aber noch lange nicht, was es hört. Allein durch gezielte Verhaltensbeobachtungen kann

rückgeschlossen werden, welche Geräusche es hört und ob es zum Beispiel verschiedene Geräusche unterscheiden und orten kann. Die einfache Beobachtung zeigt, dass die Reaktion auf Geräusche von Geburt an zunehmend differenzierter wird. Doch wie genau diese Differenzierung abläuft, darüber sind sich die Wissenschaftler noch nicht ganz einig. Früher nahm man an, dass Babys erst etwa ab dem vierten Monat doppelseitig (stereophon) hören können – dies ist die Voraussetzung dafür, ein Geräusch zu lokalisieren. Als „Beweis" galt das Kopfdrehen in die richtige Richtung. Inzwischen weiß man, dass Babys schon viel früher hören, woher ein Geräusch kommt. Ob es und wie es auf es reagiert, hängt nämlich von weit mehr ab, als von dem reinen Hörvermögen. Auf Ihre Stimme reagierte Ihr Baby ja von Anfang an und man kann vermuten, dass es auch die Richtung wahrnahm, aus der sie kam.

Das heißt: Menschliche Stimmen zu orten, gelingt ihm schon viel früher. Und: Was Babys hören, bedeutet nicht einfach, welche akustischen Reize das Sinnesorgan Ohr aufnimmt. Es bedeutet auch, wie diese Reize interpretiert werden, welche Bedeutung sie für das Baby haben.

... und Sehen

Neugeborene haben eine recht eingeschränkte Sehschärfe. Sie beträgt etwa ein Zwanzigstel derjenigen eines Erwachsenen – mit acht Monaten ist sie jedoch schon vergleichbar ausgedehnt. Sie sehen, die Entwicklung „rast" auch hier. Auf der organischen Ebene kann das rapide Wachstum der Sehrinde des Gehirns in den ersten Monaten festgestellt werden. Beispielsweise wird in den Hinterhauptslappen, die für die visuelle Wahrnehmung zuständig sind, die höchste Dichte von Synapsen schon in den ersten Lebensmonaten erreicht. Elektrophysiologische Tests zeigen, wie sich die Datenübermittlung zwischen Auge und Hirn verändert.

Aber was schon fürs Hören galt: Sehen ist ja nicht nur einfach eine Sinneswahrnehmung. Es hängt mit der Entwicklung der unterschiedlichsten Vermögen zusammen. Sie können das beobachten – zum Beispiel am Blickverhalten Ihres Babys. Während es als Neugeborenes Gegenstände, die es im Blick hat, mit den Augen von und bis zur Mittellinie seines Gesichtsfeldes folgte, ist es im dritten Monat schon in der Lage, etwa einer Rassel von

einem Augenwinkel bis zum anderen – also 180 Grad – nachzusehen. Aber was ein Baby sehend „aufnimmt", ist damit immer noch nicht beschrieben. Auch hier können wir nur aus seinem Verhalten schließen. Es verändert sich zum Beispiel sein Interesse an Gesichtern und Gegenständen. Mit etwa zwei Monaten sieht man den Blick des Babys wandern, wenn es Gesichter und Gegenstände betrachtet. Als Beobachter erkennt man deutlich, wie das Baby Interesse an Details gewinnt. Dieses Interesse und die Fähigkeit der Unterscheidung führen im vierten Monat dazu, dass es seine Mutter, die es ja schon viel früher mit Augen, Ohren, Nase und Haut von anderen Menschen unterscheiden konnte, nun sogar auf einem Foto „entdecken" kann. Dabei kann es aber noch nicht ihr Gesicht im Profil – von der Seite – wiedererkennen. Diese Fähigkeit zeigt es erst mit fünf oder sechs Monaten.

INFO Neugierig

Wie bei allen Babyexperimenten ist auch bei den „Sehtests" die Neugier des Babys die Grundlage der Versuchsanordnungen:
Babys reagieren auf neue Reize mit vermehrter Aufmerksamkeit. Mit dieser Kenntnis kann man nachvollziehen, welche Farben und Formen sie als neu und damit von den vorher gezeigten verschieden sehen. Eine Versuchsan-

ordnung gestaltete man zum Beispiel so, dass das Baby durch Saugen an einem Schnuller die Sehschärfe eines an die Wand projizierten Bildes regeln konnte. Schon drei Monate alte Babys zeigten so viel Neugier und Interesse – und bewiesen damit ihr neues visuelles Unterscheidungsvermögen –, dass sie eifriger saugten, um das Bild in den Mittelpunkt zu ziehen.

Innen/außen, oben/unten: Entfernung, Größe und Form

Die Fähigkeit, Entfernungen abzuschätzen, ist eine Voraussetzung für das Zugreifen.

So muss ein Baby die Entfernung zwischen seiner Hand und dem Gegenstand, den es haben möchte, schätzen können, um ihn zu erwischen. Neugeborene haben noch keinen Begriff von Größe und Form, obwohl sie Unterschiede schon sehr früh erkennen können.

Mit etwa sechs Monaten berücksichtigen Babys die Größe eines Gegenstands beim Zugreifen. Aber genauen Beobachtern fällt auf, dass ein Baby, das nach einem Gegenstand greift, schon mit vier Monaten die Fingerstellung und den Öffnungsgrad der Hand der Größe des Gegenstands anzupassen versucht. Mit acht Monaten beweisen Kinder diese Fähigkeit, indem sie die Arme entsprechend der Größe des Balles, der auf sie zurollt, ausbreiten.

Dieser Fortschritt zeigt, dass eine Fähigkeit wie die visuelle Perzeption nicht isoliert von anderen Entwicklungsschritten betrachtet werden kann. Mit der Erfahrung des Greifens lernt Ihr Baby, nah und fern, oben und unten, innen und außen zu „begreifen". Die Erfahrung mit dem ganzen Körper und allen Sinnen ist es, die ein Baby braucht, um zu lernen.

Besonders bedeutsam für seine Raumerfahrung sind dann selbst erzeugte Bewegungen seines Körpers wie Kriechen, Krabbeln und Laufen. Sie verhelfen Ihrem Baby zu einer Vielzahl neuer optischer Erfahrungen sowie ständigen Veränderungen seiner Perspektive.

Erstaunlich ist auch, welche scheinbar selbstverständlichen Fähigkeiten einen langen geistigen Entwicklungs- und Reifungsprozess voraussetzen. So ist ein Kind zum Beispiel erst im neunten Monat in der Lage, in einen Behälter hineinzugreifen, um etwa einen kleinen Gegenstand herauszuholen. Davor hat es, wenn es diesen Gegenstand haben wollte, immer nach dem Rand des Gefäßes gegriffen, da es – so nehmen Entwicklungspsychologen an – nicht zwei Gegenstände am selben Ort (Keks in der Dose) „denken" konnte.

Acht Monate dauert es auch, bis ein Baby die Tatsache, dass Menschen sowie Gegenstände auch dann noch existieren, wenn man sie nicht mehr sieht, als Erfahrung für sich verwenden kann, bis es also – so nennen es Psychologen – das Stadium der Objektpermanenz erworben hat. So schaut es jetzt erst beispielsweise einem Spielzeug nach, das beim Hinunterfallen kurz seinem Blickfeld „entschwindet".

Und es dauert etwa elf Monate, bis das Baby entdeckt, dass man begehrte Dinge nicht nur dann erreichen kann, wenn sie unmittelbar mit der Hand zu greifen sind. Es kann sie nun auch mithilfe eines anderen Gegenstands heranholen – beispielsweise an der Tischdecke ziehen, um an den gewünschten Teller mit den Obststückchen zu gelangen.

WIEDERERKENNEN UND -ERINNERN – DAS GEDÄCHTNIS

Zum Gedächtnis gehören zwei besondere Fähigkeiten: das Wiedererkennen und das Erinnern. Beide sind die Grundlage jeder geistigen Weiterentwicklung.

Schon das Neugeborene kann wiedererkennen (es erkennt „seine" Milch wieder), das heißt, es kann sich in Gegenwart eines Reizes an ihn als etwas Bekanntes erinnern. (Siehe Seite 74) Dieses Wiedererkennen, das beim Neugeborenen in Ansätzen vorhanden ist, wird sich in den nächsten Monaten vor allem in zwei Beziehungen weiterentwickeln: Ihr Baby wird über immer längere Zeit hinweg einen Eindruck wiedererkennen und immer mehr und immer kürzere und schwächere Eindrücke im Gehirn speichern können. Es wird jedoch lange dauern, bis es sich an etwas erinnert, das es nicht sieht, hört oder fühlt. Säuglingsforscher haben Experimente gemacht, die die Zeitdauer der Merkfähigkeit und die Abhängigkeit von der Intensität des Eindrucks zum Gegenstand haben. Einmalige und kurze Ereignisse können Babys unter drei Monaten wohl nicht länger als 10 bis 20 Sekunden speichern und wiedererkennen. Ereignisse, die mit motorischer Aktivität zusammenhängen, scheinen länger im Gedächtnis zu haften, wobei diese Zeitdauer auch wieder vom Alter des Kindes abhängt. Zwei Monate alte Babys konnten bis zu drei Tage ein gelerntes Verhalten (zum Beispiel mit dem Bein ein Mobile bewegen) wieder „abrufen", drei Monate alte

Babys behielten dies schon über eine Woche. Immer ist jedoch hier die Anwesenheit des ursprünglichen Reizes notwendig, um das Erinnern im Sinne von Wiedererkennen möglich zu machen. Und: Wiederholungen haben natürlich den sichersten „Speicherplatz".

Übrigens: Im Alltag Ihres Babys geht es natürlich erst einmal um ganz andere „Inhalte", die gespeichert und wiedererkannt werden. Es sind auch nicht einzelne Reize, wie sie vielleicht der Forscher für ein Babyexperiment isoliert betrachtet. Ihr Baby speichert Vorgänge, Erfahrungen, Episoden in allen Sinnesqualitäten (siehe Seite 33). Man spricht hier von Schemata. Das gilt vor allem für Beziehungserfahrungen. Nehmen wir die Situation: Aufwachen, Hunger verspüren, Spannungsanstieg, Schreien = Stress und die folgende: näher kommende Geräusche hören, hochgenommen werden, Stimme hören, Brust, Milch und Mutter riechen, saugen dürfen, trinken, satt werden = Entspannung. Beide Episoden werden in ihrer Abfolge gespeichert. Wiederholen sich diese Episoden, wird Ihr Baby schon bald daraus eine Gesamt-Episode abspeichern, in der auf Anspannung und Stress Entspannung folgt in Verbindung mit Ihrer beruhigenden und sättigenden Anwesenheit.

Wiedererkennen und Erwartung

Die Fähigkeit Ihres Babys, zu speichern und wiederzuerkennen und allgemeine

Episoden im Gedächtnis abzubilden, hat eine weitere Fähigkeit zur Folge – die Fähigkeit, Erwartungen zu bilden. Ihr Baby wird erwarten, dass auf den Stress von Hunger und Anspannung die Episode „gestillt werden" mit allen Komponenten und im wahrsten Sinn des Wortes folgen wird. Diese Erwartung wird es in Zukunft verwenden können, um besser mit Hunger und Anspannung umzugehen und Stress auszuhalten – wenn es denn immer wieder erfährt: Mutter kommt schon und „erlöst" mich, wie sie bisher getan!

Erinnern

Das Wiedererkennen ist weit weniger kompliziert als das Abrufen alter Gedächtnisinhalte. Dieses Abrufen, das richtige Er-innern, bei dem man sich aktiv etwas ins Gedächtnis ruft, ohne dass äußere Reize erinnern, setzt erst später ein. Diese Fähigkeit wächst anscheinend nach dem siebten, achten Monat. Jetzt sucht ein Baby etwa nach einem Spielzeug an dem Platz, an dem es sonst immer ist; es erinnert sich an die Routine seines Tagesablaufs und bald zeigt es mit aller Deutlichkeit, dass es sich beispielsweise daran erinnert, dass das Erscheinen des Babysitters mit dem Weggehen der Eltern zusammenhängt. Erinnern wie Wiedererkennen stellen ein Wechselspiel dar zwischen dem, was passiert ist, was das Baby verstanden hat, und was in positiver oder negativer Hinsicht Bedeutung erlangt hat.

DIE ENTWICKLUNG DER GEFÜHLE

Im Abschnitt über die Entwicklung des Gehirns haben Sie gelesen, dass Ihr Baby wohl nicht in unserem Sinne fühlen kann, da die dafür zuständigen Hirnstrukturen sich erst noch entwickeln müssen. Deshalb spricht der deutsche Emotionsforscher Manfred Holodynski auch von „Vorläuferemotionen", wenn er das, was sich im Mienenspiel eines Neugeborenen ausdrückt (siehe Seite 81), benennen will. Vorläuferemotionen sind nach ihm erst einmal noch recht unspezifische Körperempfindungen und Befindlichkeiten.

Dennoch lassen sich nach ihm schon fünf Vorläuferemotionen unterscheiden, die als Reaktion auf

- einen Mangelzustand, zum Beispiel an Nahrung oder auch körperlichen Wohlbefindens (Hunger, Kälte, Schmerz, Müdigkeit),
- bitteren oder saueren Geschmack oder entsprechende Gerüche,
- den Verlust des Körpergleichgewichts oder ein lautes Geräusch,
- Neues und Interessantes, das die Aufmerksamkeit erregt,
- Entspannung und Wohlbehagen

verstanden werden können.

Aus diesen „Vorläufergefühlen" wird Ihr Baby nach und nach ein differenziertes Gefühlsleben entwickeln.

Was fühlt mein Baby?

Jede Mutter möchte zu gern wissen, was ihr Baby fühlt und empfindet. Kann sie das, was ihr Kind gerade bewegt, nicht entschlüsseln, versucht sie in seine Haut zu schlüpfen und stellt Vermutungen an, die dann ihr Verhalten gegenüber dem Baby bestimmen. Worauf gründet sie diese Vermutungen?

Im ersten Kapitel (siehe Seite 35) haben Sie die ersten Signale des Babys kennengelernt. Aber auch ohne dieses „Wörterbuch" verstehen Mütter ihre Babys. Schon immer deuten Sie das Aussehen und Verhalten des Babys. Bei unerwarteten Ereignissen zum Beispiel verringert sich beim Säugling die motorische Aktivität (selbst die Herzfrequenz sinkt), was zumindest auf das Gefühl der Überraschung schließen lässt. Zunehmende Bewegung, Schließen der Augen und Schreien bilden zusammen die Reaktion auf Schmerz, Hunger, Kälte: Doch welche Gefühle das Baby mit dem Empfinden etwa von Schmerz, Hunger verbindet, ist damit noch nicht geklärt. Ist es angstvoll, panisch, wütend, leidvoll, traurig, ärgerlich? Auch die Mimik des Babys (siehe Kasten) dient den Eltern als Hinweis auf sein Innenleben. Aber kann es trotz der Bandbreite seines mimischen Ausdrucks (siehe Seite 82) schon in den ersten Monaten Ärger, Freude, Wut oder Traurigkeit erleben?

INFO **Aus Schreck wird Angst**

Ein Beispiel: Der „Vorläufer" der Emotion Angst zeigt sich im Moro-Reflex, dem Erschrecken und Zusammenzucken, wenn es plötzlich zu fallen droht, aber auch bei lautem Krach oder anderen plötzlich auftretenden Sinnesreizen. Diese Vorläufer-Angst kann man deutlich erkennen an den weit aufgerissenen Augen, dem aufgerissenen Mund und den zur Faust geballten Händchen des Babys. Jeder erkennt Angst in diesem Ausdruck – und wird wohl selbst ähnlich aussehen, wenn er ganz schreckliche Angst fühlt.

Die Wissenschaft verneint dies. Sie aber sehen das natürlich ganz anders! Und das ist gut so! Sie deuten – wie alle Eltern auf der Welt – die Mimik Ihres Babys und geben ihr eine Bedeutung.

Auch wenn Ihr Baby tatsächlich erst nach und nach aus den recht unspezifischen „Vorläufergefühlen" wie: Ich fühle mich wohl, ich fühle mich nicht wohl, ich bin ganz „schlecht drauf", Gefühle im eigentlichen Sinn entwickeln kann, sprechen Eltern schon viel früher von ihrem „gerade ganz wütenden Baby". Sie hören auch aus dem Weinen ihres Kindes Angst, Traurigkeit, Wut, Enttäuschung und behandeln ihr weinendes Baby je nach der Deutung, die sie diesem Weinen geben.

Normalerweise sind solche Interpretationen für eine hilfreiche Antwort und Reaktion der Eltern nicht nur notwendig, sondern sie sind auch die Voraussetzung für das „Selbstverständnis" des Babys und sie helfen ihm, mit seinen eigenen Erfahrungen umzugehen. Wie sollten Babys ihre eigenen Gefühle verstehen können, wenn sie die emotionale Bedeutung ihres Verhaltens und ihrer Mimik nicht in den Augen der Eltern ablesen könnten? Erst durch Ihre Deutung seiner Gefühle wird Ihr Kind diese nach und nach ordnen, klären und mitteilen können.

Spiegeln

Auf Seite 34 haben wir vom Spiegeln gesprochen. Man benennt damit Ihre intuitive Tendenz, den Ausdruck Ihres Babys nachzumachen. Das bekannteste Beispiel: Sie öffnen den Mund ganz unwillkürlich, wenn Ihr Baby beim Füttern den Mund öffnet oder Sie gähnen, wenn es gähnt und haben damit vielleicht einen Beweis für das Vorhandensein von Spiegelneuronen geliefert. Weit wichtiger ist dieses Spiegeln jedoch, wenn es um den Ausdruck von Gefühlen geht. Auf das unzufriedenes Gesicht Ihres Babys, dem Sie den Pullover über den Kopf ziehen, reagieren Sie ebenfalls mit einer unzufriedenen Miene und ärgern sich auf diese Weise mit ihm über den engen Halsausschnitt. Und wenn Ihr Baby mit weit aufgerissenen Augen, hochgezogenen Augenbrauen und offenem Mund den Kopf in Richtung der laut zuschlagenden Tür wendet, reißen auch Sie die Augen auf, Ihr Mund wird zu einem O, und Sie sagen: „Huch, das war aber jetzt ein Krach. Da sind wir ganz schön erschrocken!" Sie interpretieren damit das, was sich im Gesicht Ihres Babys ausdrückt und geben ihm einen Namen. Und wenn ihr Baby ständig begeistert mit dem Löffel auf den Tisch klopft? Dann werden Sie hoffentlich auch seine Begeisterung darüber teilen können, dass es ihm gelingt, so schönen Lärm zu machen, und Sie werden sagen: „Ja, du kannst Krach machen, so laut! Das macht Spaß, nicht wahr?"

... Ist doch gar nicht schlimm! Oder: gibt es richtige und falsche Gefühle?

Stellen Sie sich folgende Szene vor: Ihr Baby sitzt in seiner kleinen Badewanne ganz versunken in sein Spiel mit dem Waschlappen, den Sie ihm überlassen haben. Und nun heißt es aber Schluss machen, es ist wirklich schon spät, Sie haben keine Zeit mehr, das Wasser wird zu kalt – allesamt vernünftige Gründe, um dem Badevergnügen ein Ende zu bereiten. Nun – Ihr Sohn will nicht, und als sie ihn trotzdem aus dem Wasser heben, um ihn abzutrocknen, beginnt er seinem Ärger durchaus lautstark Luft zu machen. Sagen Sie: „Sei ruhig, du hast keinen Grund, dich hier so aufzuführen?" Oder erkennen Sie sein Gefühl des Ärgers durchaus als berechtigt an und teilen ihm das auch mit: „Ja, das ist wirklich schade, dass wir schon aufhören müssen, da verstehe ich, dass du jetzt sauer bist"? Oder: Ihre Tochter – gerade noch stolz auf ihre ersten Stehversuche – verliert das Gleichgewicht und plumpst auf ihren Popo. Jetzt, nach einer kurzen Schrecksekunde, schreit sie los – wohl weniger, weil sie sich wehgetan hat, als vielmehr, weil der Schreck und die Enttäuschung, dass es mit dem Stehen gerade nicht so gut geklappt hat, so groß war. Versuchen Sie ihren Schreck und den Ärger „wegzutrösten" mit einem: „Ach, das war doch nicht schlimm! Wer wird denn da so ein Geschrei machen?" Oder verstehen Sie, warum Sie jetzt weint, und sagen: „Oh, das war ja ein Schreck und gerade hast du noch so toll gestanden!"

In beiden Episoden zeichnet sich die zweite Variante dadurch aus, dass das Gefühl, das hier zum Ausdruck kommt, anerkannt – validiert, wie Psychologen sagen – wird und Ihr Kind dadurch erfährt, dass seine Gefühle nicht falsch sind, sondern verstanden werden – und das ist der beste Trost. Außerdem erfährt Ihr Kind – und das ist auf lange Sicht noch sehr viel wichtiger –, was Empathie (siehe Seite 33) bedeutet.

Stolpersteine und Missinterpretionen

Überall und immer bringen Eltern sich selbst ein, wenn sie versuchen, herauszufinden, was ihr Baby ihnen sagen will, wenn sie sein Verhalten, seine Mimik, seine Gestik und seine Töne, die es von sich gibt, sein Quengeln, Weinen, Schreien interpretieren. Und alle Eltern haben

- eine eigene Geschichte, eigene Erfahrungen als Kind (damals und heute!),
- eigene Vorstellungen darüber, wie gute/schlechte Eltern und gute/schlechte Erziehung zu sein haben,
- eigene Hoffnungen, die sie mit ihrem Kind verbinden und natürlich,
- ihr eigenes Temperament und ihre eigene Persönlichkeit, die ihre Beziehung zur „Welt" prägen. Auch, welche Gefühle sie ihrem Baby zuschreiben, bleibt natürlich nicht unbeeinflusst davon.

Wie sehr das Baby in seinen Gefühlen damit von seiner Familie, von ihren Erwartungen, Idealen, Vorlieben und Abneigungen geprägt wird, liegt auf der Hand.

Das ist auch gut so: Es ist sogar die Voraussetzung, ein Baby zu verstehen. Aber: Zum Problem werden die elterlichen Inter-

pretationen und Bedeutungszuschreibungen, wenn sie gar nichts mit dem Baby selbst zu tun haben – wenn Eltern in ihr Baby so viel hineinlesen, dass sie es dabei ganz aus dem Blick verlieren.

Wenn eine Mutter zum Beispiel ihrem schreienden Baby, das vor Hunger außer sich geraten ist, Wut auf die ausbleibende Milch und damit auf sie, die Mutter, zuschreibt und entsprechend mit Worten, Mimik und Gesten reagiert. Oder wenn ein Vater, dessen kleine Tochter genug vom Spielen hat, den Kopf abwendet, beleidigt reagiert und sie recht unsanft zurück ins Bettchen legt – dann sind das Missinterpretationen, die sicher nicht ausbleiben, aber als Dauerzustand die Beziehung belasten und im Kind Verwirrung stiften. Seelische Probleme können dann entstehen, wenn die elterlichen Vorstellungen von der Persönlichkeit ihres Kindes mit dem, was das Kind mitbringt und in der Lage ist zu entwickeln, grundsätzlich nicht zusammenstimmen, wenn sich ungelöste Konflikte und Probleme der Eltern wie eine Trennwand zwischen die Eltern und ihr Baby schieben.

Aus dem Gesicht lesen lernen

Die Mimik ihres Babys ist für Eltern ein ganz wichtiger Schlüssel für das Verständnis dessen, was ihnen ihr Baby sagen will. Aber nicht nur für die Eltern! Auch ihr Baby lernt, aus dem Gesicht zu lesen – Botschaften zu entschlüsseln –, und beginnt damit in seinen ersten Minuten. „Ist das, was ich da sehe, ein Gesicht, das mich ansieht? Dann bin ich gut aufgehoben!" So könnte man vielleicht formulieren, was es als Erstes „liest". Und es kann verschiedene Gesichtsausdrücke – hier vielleicht eher Grimassen – unterscheiden und imitieren, natürlich noch ohne Verständnis dessen, was es da sieht und nachmacht.

Aber auch ohne Verständnis bleibt Ihr Gesichtsausdruck, Ihre Mimik, nicht ohne Bedeutung für Ihr Baby. Das hat ein Versuch gezeigt, bei dem Mütter Ihren zweieinhalb Monate alten Babys gegenüber mit ihrem Gesichtsausdruck und ihrer Stimme Freude, Ärger und Trauer ausdrücken sollten. Wie zu erwarten konnten ihre Babys den ihnen gezeigten, Gesichtsausdruck imitieren. Sie reagierten auf den Freudeausdruck ihrer Mutter überzufällig häufiger selbst mit einem Freudeausdruck und auf den Ärgerausdruck runzelten sie selbst die Stirn und sahen ganz ärgerlich aus. Aber dass diese Reaktionen nicht nur ein einfaches Nachmachen war, zeigte ihre Reaktion auf den Trauerausdruck. Hier sahen sie nämlich nicht plötzlich ganz

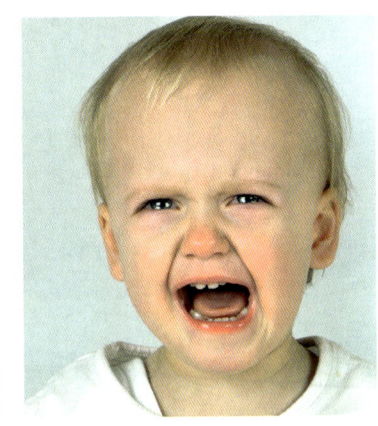

traurig aus, was als Imitation gedeutet werden könnte, sondern sie begannen zu saugen und die Lippen zu bewegen, was als typisches Signal für Verunsicherung und den Versuch der Selbstberuhigung verstanden werden muss. Offenbar hatten die Mütter mit ihrer „Trauer" die Babys „angesteckt".

Ihr Baby wird nun immer mehr aus Ihrem Gesicht herauslesen können, zum Beispiel, ob Sie sich zugewandt auf es beziehen oder gefühlsmäßig abwesend sind – und sie reagieren ganz typisch – begeistert oder enttäuscht, beunruhigt – darauf. Wenn Ihr Baby etwa zehn Monate alt ist,

gewinnt Ihr Gesichtsausdruck dann noch einmal eine ganz neue Bedeutung. Ihr Baby möchte aus Ihrem Gesicht, Ihrer Mimik erkennen können, wie Sie diese oder jene Situation, die für Ihr Baby gerade undurchschaubar ist, die es einschätzen möchte, bewerten. Das heißt: Es verwendet Ihren Gesichtsausdruck zur Rückversicherung, wie es selbst gefühlsmäßig auf eine ihm unbekannte Situation, einen ihm unbekannten Menschen reagieren soll.

Stellen Sie sich folgende Situation vor: Ein freundlicher, aber unbekannter Zeitgenosse bietet Ihrem Baby einen Keks an. Wie reagiert Ihr Baby? Es wird Sie erst

---

INFO   ### Still-Face – das „versteinerte Gesicht"

Kennen Sie diesen Versuch, den sich Säuglingsforscher ausgedacht haben? Wenn eine Mutter, die eben noch ausdrucksstark mit ihrem Baby geschäkert hat, plötzlich ihr Gesicht „einfriert" („Still-Face"), also auf jeden Gefühlsausdruck verzichtet, reagiert ihr Baby darauf meist mit großer Irritation oder Besorgnis und versucht – zumindest anfangs – durch vermehrte Bewegung und Mimik das Gesicht seiner Mütter wieder „zum Leben zu erwecken" und

mit ihr in Kontakt zu kommen. Denn es weiß, dass ein „versteinertes" Gesicht nichts Gutes, zumindest keinen freundlichen, freudigen Kontakt bedeutet. Erreicht nun das Baby seine Mutter auch durch diese verstärkten „Annäherungsversuche" nicht, so gibt es auf und wendet sich ab. Dass Babys, die immer nur in solche versteinerten Gesichter blicken müssen, in ihrer gesunden emotionalen Entwicklung gestört werden, ist leider auch bekannt.

einmal fragend anschauen, um Ihre Aufmerksamkeit zu gewinnen und um Ihnen zu signalisieren: Ich fühle mich gerade unsicher, hilf mir! Aber nicht nur das! Ihr Baby erwartet eine Antwort in Ihrem Gesichtsausdruck und zeigt damit, dass es nun weiß, dass Ihre Mimik Auskunft über Gefühle gibt. Dabei weiß es inzwischen auch, dass Ihr Gesichtsausdruck nicht unbedingt Ihre Gefühlslage widerspiegelt, sondern in diesem Fall eine Antwort auf seine Frage ist. Wenn Sie ihm lächelnd zunicken, wird es dies als „Ja, in Ordnung, keine Gefahr" verstehen. Runzeln Sie die Stirn, versteht es: „Vorsicht, lieber doch nicht." Dieser Blick auf Ihr Gesicht, um darin zu lesen, wie Sie eine Situation einschätzen und wie Sie darüber denken, fühlen, zeigt, dass Ihr Baby einen entscheidenden Schritt voran gemacht hat. Es zeigt deutlich, dass es nun „weiß", dass andere Menschen Absichten, Überzeugungen und Gefühle haben, und diese sich in ihrem Gesicht ausdrücken können.

Ahnen, was ein anderer denkt und fühlt

Keiner wird bezweifeln, dass es im Leben mit anderen darauf ankommt, sich Gedanken darüber machen zu können, was wohl im anderen vorgeht, was er im Sinn hat, fühlt und beabsichtigt, das heißt: einen Begriff davon zu haben, dass andere Menschen wissen, wünschen, fühlen oder an Dinge glauben, die auch ihr Handeln bestimmen. Ein funktionierendes Miteinander wäre ohne dieses Wissen nicht möglich.

In der Psychologie spricht man von der theory of mind, wenn man diese Fähigkeit benennen will, beim anderen ein „Innenleben" anzunehmen und sich in ihn hineinzuversetzen, um seine Wahrnehmungen, Wünsche und Absichten zu verstehen.

Wie entwickelt sich diese Fähigkeit der Mentalisierung, wie die Fähigkeit, in den Köpfen anderer zu lesen, auch genannt wird? Die erste Voraussetzung hat Ihr Baby mitbekommen. Es sind wieder die Spiegelneuronen (siehe Seite 34), die gewissermaßen den Resonanzboden zwischen eigenem Erfahren und der Vorstellung von dem, was andere gerade erleben, darstellen. Aber diese Spiegelneuronen sind nur die Grundlage. Ihr Baby muss auch die Erfahrung machen, dass es ein für andere verstehbares Innenleben gibt und die beste Erfahrung ist, dass seine emotionale Befindlichkeit verstanden, „mitgefühlt" wird. Sie als feinfühlige Eltern (siehe Seite 35) wissen das und Sie reagieren entsprechend. Und nicht nur das. Sie „informieren" Ihr Baby auch ständig darüber, was es wohl eben fühlt: „Du Armes, hast du solchen Hunger?", sagen Sie zum Beispiel und nehmen Ihr schreiendes Baby hoch. Oder: „Da lachst du! Das macht Spaß! Wollen wir noch einmal die Ente quietschen lassen?"

Auf diese Weise erfährt Ihr Baby nicht nur etwas über seinen Zustand (siehe Seite 33), sondern auch darüber, dass es möglich ist, sich in andere einzufühlen, und wie sich das anfühlt, wenn man verstanden wird.

Ebenso wichtig sind auch Erfahrungen, die es als Subjekt/Akteur/Urheber/„Ich" – dies alles sind Vorläufer seines Selbstgefühls – macht. Schon in den ersten Wochen und Monaten hat es erfahren, dass es etwas bewirken kann: Mit Strampeln kann es etwas bewegen, mit Schreien die Mutter herbei „zitieren", die es aus einer wie auch immer gearteten „Notlage" befreien wird, und mit Lächeln bringt es alle zum Strahlen und veranlasst sie zu intensivem, liebevollem „sozialen Austausch".

Nach und nach versteht Ihr Sprössling, dass sich innere Zustände, Gefühle, am Gesicht seines Gegenübers erkennen lassen (siehe Seite 131) und ab dem zehnten Monat blickt es zum Beispiel absichtlich ins Gesicht seiner Mutter, um ihr Gefühl darin abzulesen.

Bis Ihr Baby aber wirklich den seelischen Zustand anderer erkennen und beurteilen kann, wird es aber noch einige Jahre dauern. Der Grundstein jedoch wird im ersten Jahr gelegt.

SPRECHEN UND VERSTEHEN

Sprechen lernen beginnt mit der Geburt (siehe Seite 134). Denn jedes Baby schreit, um sein Unbehagen zu äußern. Gleichzeitig ist es „ganz Ohr" und reagiert etwa mit Zurücknahme seiner Bewegungen und mit Verstummen, wenn es angesprochen wird. Tatsächlich drückt es auch sein Wohlbefinden mit Vokal- oder Kehllauten aus, die jetzt aber noch eher zufällig beim Ausatmen entstehen.

Im dritten und vierten Monat aber werden diese Lautäußerungen immer häufiger, und zwar sind es meist lange rrr-Ketten, die im Zusammenhang mit Wohlbehagen auftreten. In diese Zeit fällt auch das Formen erster Silben, die dann in den nächsten Monaten in lange Ketten aneinandergereiht und in Verbindung mit einem Wechsel der Tonhöhe und Lautstärke

zu einem „Plaudern" und „Erzählen" werden. Alle Babys, aus welchem Elternhaus und aus welcher Kultur auch immer – selbst taube Kinder tun dies –, plappern und plaudern in dieser Zeit, und sie produzieren dabei in allen Sprachen zunächst dieselben Laute und Töne. Aus der Häufigkeit, mit der Babys plappern, lässt sich bei gesunden Kindern weder der Zeitpunkt, zu dem sie anfangen Wörter zu sprechen, noch der Umfang ihres Wortschatzes beim Schuleintritt vorhersagen. Das Plappern ist allerdings das Rohmaterial für die Sprachentwicklung. Es ist außerdem ein Zeichen ihres Temperaments und der Neigung, ihre Zufriedenheit in stimmliche Laute umzusetzen. Denn das Plappern und Lallen ist ausgesprochen lustbetont und vor allem Ausdruck für behagliche Zustände und immer mehr auch lustvolles Spiel, in dem das Baby andere und sich selbst nachahmt.

Mit etwa neun Monaten beginnen sich die Laute auf die Lautarten der Sprache, in der die Kinder aufwachsen, zu reduzieren. Zur selben Zeit beginnt das Baby auch, Silben, die es schon vorher in seinem Repertoire hatte, sehr klar artikuliert zu verdoppeln. Ein „Da-Da", „Ma-Ma", „Ba-Ba" entsteht. Dabei tritt das Baby jetzt in ein Rede- und Antwortspiel mit Mutter oder Vater ein, indem es einzelne

Doppelsilben, die sie ihm vorsprechen, nachspricht. In diesen Dialogen, in denen Konzentration und Anstrengung des Babys ganz deutlich zu erkennen sind, gewinnen die einzelnen „Wörter" nach und nach einen festen Sinn.

Mama – Papa

Gegen Ende des ersten Jahres beginnt das Baby, für bekannte Situationen, Gegenstände und Personen immer wieder dieselbe Silbe oder Doppelsilbe wie ein Erkennungssignal zu verwenden.

INFO **Chronologie des Sprechens**

1. Vorsilbenstadium
Von Geburt an
Außer seinem Schreien machen Neugeborene viele kleine Laute, die wie ein Stöhnen, ein Schmatzen, Quengeln klingen oder an Zufriedenheit denken lassen.

Ab der 6. – 8. Woche
Das Baby macht vokalartige Laute auf „a" oder „o", die immer stärker variiert werden. Es bringt neue Laute hervor, die dadurch entstehen, dass es mit der Zunge, den Lippen oder dem Speichel spielt („Gurrphase").

2. Silbenstadium
Nach dem 4. Monat
Vokalartige Laute und Verschluss-,

Blas- und Reibelaute verbinden sich zu Silben, sodass Kombinationen wie „ba" oder „ga" entstehen. Die Silben werden bald auch wiederholt und variiert. Daraus ergeben sich Lautketten wie „baba" oder „gürü-grü" oder „mehmeh", denen Babys selbst gerne zuhören und die sie manchmal wirklich mit Anstrengung zu erzeugen versuchen: Sie „plappern".

3. Einwortstadium
Ab dem 10. Monat
Es entstehen einfach Wörter wie „mama" oder „ham ham" (essen), die zunehmend gezielt mit Bedeutung eingesetzt werden. „Ham ham" kann nun bedeuten: „Ich habe Hunger. Ich möchte etwas trinken, essen."

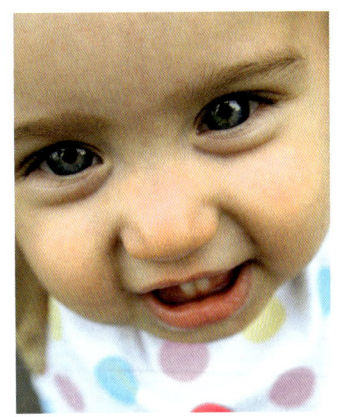

„Ba-Ba" wird dann Papa, weil es von den Erwachsenen regelmäßig mit dem auftauchenden Papa in Verbindung gebracht wurde. Und ebenso entsteht etwa ein „Mamam" für Essen, aber auch für die Mama, die dieses Essen zubereitet und bringt. Diese Laute sind jedoch immer eher Einwortsätze als einzelne Wörter. „Mamam" heißt also: Mama kommt/Mama komm/Mama bleib und so weiter.

Richtig verstanden wird das Baby erst einmal nur von den engsten Familienangehörigen, die gewissermaßen eingeweiht sind in die tägliche Routine des Babys, und für diese haben die ersten Wörter genau die globale Bedeutung, die ihnen das Baby gegeben hat. Erst nach und nach vereinheitlicht sich die Bedeutung der einzelnen Laute, da das Baby durch zahlloses Wiederholen bei verschiedenen Gelegenheiten entdeckt, dass durch ein bestimmtes Wort immer ein bestimmtes Ereignis eintritt. So bedeutet zum Beispiel Mama irgendwann wirklich nur Mama und nicht auch noch Essen und Ähnliches, weil die Mutter eben mal mit, mal ohne Essen auf sein „Mamam" erscheint.

Die meisten Babys verwenden etwa mit einem Jahr regelmäßig und absichtlich ein oder zwei Laute für eine bestimmte Sache oder Situation. Doch erst mit etwa 15 Monaten sagen 90 Prozent aller Kinder gezielt Papa und Mama. Durchschnittlich sprechen Kinder mit eineinhalb Jahren etwa 40 bis 50 Wörter. Gegen Ende des zweiten Lebensjahres beginnen die meisten Kinder, die ersten Zweiwortsätze zu bilden. Sprechenlernen ist also ein langer Weg.

Sprachverständnis

Das Sprachverstehen setzt schon sehr viel früher ein – eigentlich schon im Mutterleib, wenn das ungeborene Baby seine „Mutter"sprache im wahrsten Sinn des Wortes hört und nach der Geburt wiedererkennt. Mit der Muttermilch nimmt es die typischen Lauteinheiten seiner Umgebung auf und erfährt Sprache als Teil seines Lebens. Von Anfang an ist Sprache nicht nur Geräusch oder Hintergrundmusik, sondern bedeutungsvolle Ansprache, die es zu verstehen gilt. Ab dem fünften Monat unterscheidet das Baby freundliches von strengem Ansprechen und reagiert auf seinen Namen. Etwa ab dem siebten Monat beginnt das Baby, den Inhalt bestimmter Ausdrücke – wie etwa „tschüss", „winke, winke", „bald kommt das Essen" – zu verstehen. Es beginnt nach und nach auf die Frage „Wo ist der Ball, die Mama ...?" nach dem Gefragten zu suchen und kann mit zehn Monaten auch darauf zeigen. Jetzt versteht es auch deutlich ein „Nein" und reagiert (wenn es will!) entsprechend.

Gegen Ende des ersten Jahres versteht das Baby kleine Sätze und kann einfache Aufforderungen wie „Bring mir den Ball!" richtig ausführen, also lange bevor es selbst solche Aufforderungen formulieren kann.

Die Datierung einzelner Schritte beim Spracherwerb zeigt, wie stark die Entwicklung des Sprechens und des Sprachverständnisses von Reifung und Entwicklung in allen psychomotorischen Berei-

---

INFO „Wauwau" und „Winke, winke"

Die meisten Eltern der Welt sprechen mit ihrem Baby in der Ammensprache, die sich durch die hohe Stimmlage, der übertrieben deutlichen Betonung und den vielen Wiederholungen in kurzen, einfachen Sätzen in fast allen Sprachen der Welt gegenüber der Erwachsenensprache auszeichnet. Vor allem die Sprachmelodie der Ammensprache (siehe Seite 38) ist international. Diese Art des Sprechens gehört zur Startausrüstung und ist genau die Sprache, die Ihr Kind versteht. Wenn es nun etwas älter ist und konkrete Bezeichnungen für Gegenstände und Tätigkeiten ins Blickfeld rücken, sind sich Eltern manchmal unsicher. Denn sie stellen an sich fest, dass sie oft ohne sich Gedanken zu machen, anstatt der richtigen Wörter mit ihrem Kind in „Babysprache" sprechen. Manche der verwendeten Wörter sind allgemein verständlich, wie der Wauwau oder Heia machen. Andere gehören zum ganz persönlichen Familienwortschatz, der gerade in den folgenden Monaten fast täglich um neue Babywörter bereichert wird, weil die Familie nur zu gern die ersten Artikulations- und Sprechversuche ihres Babys nachahmen. Ob von den Eltern eingeführt oder vom Baby „erfunden": Diese babysprachlichen Ausdrücke haben in dieser Phase der Sprachentwicklung ihre Bedeutung. Denn jetzt geht es noch nicht um richtiges Sprechen. Ihr Baby hat die Macht der Wörter entdeckt: Es hat erfahren, was es mit Wörtern tun kann. Es erfährt, dass sein „ham-ham" ebenso wirksam ist wie das quengelnde Zeigen zu den ersehnten Keksen auf dem Küchentisch. Und in dieser Begeisterung wollen Sie es doch nicht bremsen, indem Sie korrigierend eingreifen: Das heißt essen! Wer sich Sorgen macht, sei beruhigt: Die wenigsten Eltern sprechen mit ihrem Schulkind noch in Babysprache und die meisten Kinder haben keinerlei Schwierigkeiten, „umzuschalten", wenn es dran ist.

chen abhängt. Säuglinge können zwar schon im ersten Monat Laute unterscheiden, aber sie können sie zum Beispiel noch nicht nachmachen, da weder die Sprachzentren im Gehirn, noch deren Verbindung zu den Stimmbändern für die Artikulation reif sind.

Auch für das Lallen, das ja von allen Kindern – auch von gehörlosen – etwa zur gleichen Zeit produziert wird, ist als Ursache die Reifung des Gehirns und des Sprechapparats anzunehmen.

Gleichzeitig ist eine normale Sprachentwicklung aber nur möglich, wenn das Baby von Anfang an mit seinem Schreien verstanden wird, wenn es mit und in Sprache aufwächst und wenn es erlebt, dass zu kommunizieren in jeder Form Spaß macht.

Konversation

Bereits im ersten Kapitel (siehe Seite 87) konnten Sie etwas über „Turn-Taking" lesen. Diese grundlegende Struktur jedes Gesprächs wird jetzt natürlich immer wichtiger. Sie und Ihr Baby beherrschen die Regeln. Und Sie wenden sie hoffentlich auch an! Was heißt das: Sie hören zu, Sie unterbrechen nicht, Sie sind interessiert an dem, was Ihr Baby Ihnen zu sagen hat, Sie „antworten" passend, geben das richtige Feedback. Und Sie teilen sich und Ihre Ansichten und Gefühle mit, genauso wie dies Ihr Gesprächspartner – Ihr Baby – tut. Zwei Beispiele: Sie beobachten Ihre kleine Tochter, wie sie vergeblich ver-

sucht, den Teddy, der fast in Reichweite vor ihr liegt, zu erreichen. Ganz rot ist ihr Gesichtchen schon, sie spüren richtig ihre Anstrengung in ihrem eigenen Körper. Ihnen entfährt ein gepresster Ton, der Ihre Anstrengung ausdrückt und mit derselben Anspannung, die Sie bei Ihrer Tochter spüren, helfen Sie Ihr, den Teddy zu erreichen. Puh – die Anspannung fällt von Ihnen und Ihrer Tochter ab und Sie sagen: „Da ist er ja, dein Teddy, war ganz schön schwierig, ihn zu erwischen! Aber jetzt haben wir ihn!"

Ein zweites Beispiel: Ihr kleiner Gesprächspartner freut sich, weil er mit seinen Händchen, mit denen er auf den Tisch patscht, ein so lustiges Geräusch geschafft hat, lacht, wobei er Sie erwartungsvoll ansieht. Sie erwidern sein Lachen, und Sie sagen: „Das klatscht ja ganz schön laut. Du bist ja ein richtiger Drummer!" Vielleicht klatschen Sie dann auch auf den Tisch, was Ihr Baby zu lautem Lachen veranlasst und zu einem neuen Versuch, noch lautere Geräusche zu produzieren. Sie stimmen mit ein und so entsteht das schönste Schlagzeug-Duo, das die Welt je gehört hat – die Konversation hat geklappt.

Sie werden beobachten: Schon in den Monaten, bevor Ihr Baby die ersten „richtigen" Wörter spricht, werden seine Gesprächsbeiträge immer bezogener und ausdrucksstärker. Es beginnt zu realisieren, dass Sie seine Gefühle verstehen, und nun will es „mit-teilen" im wahrsten Sinn des Wortes, was es sieht, hört, emp-

Babys brauchen keine Gebärdenkurse. Viele Kinder weltweit zeigen so: Mhh, das ist aber lecker! – Egal in welcher Sprache.

findet und fühlt. Eine Konversation ist nicht nur ein Austausch von Fakten: „Willst du die Flasche? – Ja!" Sie transportiert auch einen ganzen Hof von Zusatzinformationen über die Befindlichkeit der Gesprächspartner, und je besser man sich mitteilen kann, desto größer ist die Chance, dass die Konversation klappt, ein wirklicher Austausch stattfindet.

„Zwergensprache" oder „Baby-Signing"

Bevor Ihr Baby sich mit Worten verständlich machen kann, spricht es mit Ihnen mit dem ganzen Körper. Seine Signale haben Sie inzwischen längst kennengelernt. Und doch sind Sie manchmal überfordert. Ihr Kind will etwas, das kann es unmissverständlich zum Ausdruck bringen. Aber was denn nur? Ist es die Flasche, der Teddy oder will es einfach auf den Arm genommen werden. Wie schön wäre es, wenn es einfach sagen könnte, was es durch verschiedene Bewegungen, seine Mimik, seine Gestik und erste unverständliche Töne und Laute auszudrücken versucht.

Aus dieser Erfahrung heraus haben sich in den 1980er und den 1990er Jahren einige Psychologen in den USA mit der Frage beschäftigt, ob es Sinn macht, Kindern von etwa einem halben Jahr Gebärden beizubringen, die der amerikanischen Gehörlosensprache ASL entstammen und vor allem auf Handzeichen beruhen. Die Vorstellung war, dass die Kleinen so ihre jeweiligen Bedürfnisse früher mitteilen können, weil die Bewegungskontrolle der

Hand sich rascher entwickelt als die Steuerung der Sprechorgane.

Werbewirksam sind die Versprechungen der „Erfinder" des Baby-Signing (in Deutschland unter anderem auch als „Zwergensprache" registriert) allemal. Es sei viel einfacher, sein Kind mithilfe der 50 oder sogar 100 Gebärden, die es bis zum zweiten Geburtstag lernt und anwendet, zu verstehen. Vor allem seien Kinder, die sich so ausdrücken können, nicht so wütend oder trotzig, weil es zwischen Groß und Klein seltener zu Missverständnissen komme. Auch langfristige Erfolge zeige das Gebärdentraining. Der Wortschatz sei später größer als bei anderen Gleichaltrigen und das Interesse an Büchern ebenfalls.

In diesem Zusammenhang lässt sich aber die Frage stellen: Gibt es dafür wissenschaftliche Belege? Leider nein – ebenso wenig wie für andere Versprechen der Anhänger von „Babyzeichensprache". Diese soll nämlich die Kommunikationsfähigkeit und die intellektuelle Entwicklung fördern, inklusive des Intelligenzquotienten. Auch das Selbstbewusstsein und die Eltern-Kind-Bindung könne – so heißt es als Begründung – von einem Gebärdentraining profitieren.

Wissenschaftliche Experten dämpfen sogar die Erwartung, dass das Signing als solches die Sprachentwicklung beschleunige. Wenn Kinder, die die Gebärdensprache erlernt haben, mit drei Jahren möglicherweise schon einen Wortschatz von Vierjährigen haben, so sei dies nicht wei-

ter verwunderlich. Haben sie doch Eltern, die sehr viel Zeit sowie Engagement und Sprache in ihr Baby „investiert" haben. Und sie sind aller Wahrscheinlichkeit insgesamt stark an ihrem Kind und dessen Erziehung und Förderung interessiert, wodurch die Kommunikation und das Sprechen unterstützt werden.

Übrigens: Ihr Kind kann sich auch ohne einen Sprachkurs in der Zwergensprache inzwischen sicher nicht nur durch „Feinzeichen" (siehe Seite 82) ausdrücken. Zu seinem Wortschatz gehören doch längst bestimmte „grobe" Zeichen, wie beispielsweise „Winke, winke" oder „alle-alle" oder Ähnliche, die Sie entweder als „Familiengeheimsprache" entwickelt haben oder die sich in Jahrzehnten oder gar Jahrhunderten als traditionelle und allgemein verständliche Gebärden eingebürgert haben.

Und Sie werden auch längst bemerkt haben, dass Sie selbst – ohne das „Vokabular" der Zwergensprache erlernt zu haben – das, was Sie sagen, mit immer wiederkehrenden Gebärden untermalen.

INFO Wie die Handzeichen aussehen

Versuchen Sie einmal, einige der standardisierten Gebärden nachzumachen – zum Beispiel für Milch: „Rechte Hand auf Brusthöhe zur Faust, Daumen nach oben abgespreizt, Faust 3-mal öffnen, dabei schließen wie beim Melken." Oder für „Mehr": „Finger der linken Hand vor Körper gestreckt mit Handflächen nach innen und Daumen angelegt, alle Fingerspitzen der rechten Hand zusammenhalten und zweimal damit in die Handfläche der linken Hand tippen." Und nun „sprechen" Sie nach: Mehr Milch! Haben Sie's geschafft? Und wie fühlte sich diese Sprache an? Wahrscheinlich war einiges an Konzentration dafür notwendig und Sie haben einen Vorgeschmack davon bekommen, was es bedeutet, bis bei Ihnen „50 bis 100" Zeichen „in Fleisch und Blut" übergegangen sind. Das aber ist die Voraussetzung dafür, dass Sie spontan und direkt mit Ihrem Baby sprechen, kommunizieren. Und das macht Miteinander-Sprechen aus, nicht das Training von Zeichen!

SPIELEN

Wie wichtig das Spielen für die Entwicklung aller menschlichen Lebensbereiche ist, wird wohl keiner mehr bestreiten. Eltern liegen dennoch genau dann falsch, wenn sie diese Bedeutung im Spiel mit ihrem Kind im Kopf haben. Spielen bedeutet, Spaß zu haben, ohne einen anderen Zweck als nur diesen. Von Anfang an spielen Babys aus eben diesem Grund. Spielen Sie mit! Förderung und Entwicklungsanregung kommen dann von selbst!

Pädagogisch wertvoll

Viele Eltern legen Wert auf „pädagogisch wertvolles" Spielzeug. Tatsächlich gibt es viele Spielmaterialien, die – unter Förderungsaspekten – Erstaunliches leisten, was vor allem für Eltern, die sich selbst als Lehrer des Kindes erleben, von Bedeutung ist. Behalten Sie aber bitte im Kopf: Beim Spielen ist die Förderung immer eine erfreuliche Nebenwirkung. Wird sie zum Hauptzweck, hat ein Spiel oder Spielzeug seinen Zweck verfehlt. Zudem verleitet der Anspruch, ihr Kind ständig fördern zu wollen, leider viele Eltern zu übersteigerten Erwartungen, die ihr Kind – sollte es ihnen nicht genügen – vielleicht zum Versager in ihren und bald auch in seinen eigenen Augen werden lassen. Die Spielaktivitäten Ihres Kindes ändern sich auch ohne pädagogische Anstrengung mit seiner Entwicklung. Ihre Aufgabe bleibt es, Ihrem Kind die altersentsprechenden Möglichkeiten zum Spiel zu verschaffen und sich mit ihm zu freuen, ohne irgendeine Form von Leistung oder Erfolgserwartung Ihrerseits „ins Spiel" zu bringen. Ihr Kind ist von sich aus begierig, seine Spieltechnik von Tag zu Tag zu verfeinern.

Was Babys spielen

Manche Eltern glauben, die Fähigkeit mit ihrem Baby zu spielen sei angeboren. Tatsächlich gibt es Eltern, die intuitiv wissen, wie und was ihr Kind gerade an Spielmöglichkeiten und Anregungen braucht, und die immer begeisterte Spielpartner sind. Die meisten Eltern entdecken aber, dass sie zwar in manchen Phasen einfühlsam und selbst mit Spaß am Spiel teilhaben können, dass die Interessen und Vorlieben ihres Kindes zu einer anderen Zeit aber gerade gar nicht zu ihrem eigenen Spielnaturell passen. Eine Mutter etwa, die ausdauernd mit ihrem Baby gebrabbelt und gekuschelt hat, kann nun plötzlich gar nicht mit dessen neuer altersgemäßer Aufforderung zurechtkommen, mit Spielzeugautos einen Unfall nach dem anderen zu bauen. Und manche Väter haben – vielleicht traditionsgemäß – Schwierigkeiten, Spaß an Aktivitäten mit einem Säugling zu finden, während sie dann mit Eifer Türme aus Bauklötzen bauen können.

Sollten Sie zu den Eltern gehören, die mit den Spielmöglichkeiten eines Babys eher Schwierigkeiten haben und denen deshalb auch wenig einfällt, kann Ihnen

folgende Liste vielleicht einige Anregungen bieten. Sie werden merken: Allein die Beobachtung, wie Ihr Baby Spaß hat und wie sich seine Möglichkeiten verändern, ist alles andere als langweilig, und bald werden auch Sie die Hinweise Ihres Babys aufgreifen können und mitspielen.

Tipps für Spielangebote

Erstes Halbjahr: Ihr Baby liebt Farben, Formen, Klänge und Bewegung. Mobiles (anfangs 20 bis 30 Zentimetern entfernt) fesselt sein Interesse. Freude an Spieluhren, Ihrem Gesang, einer Rassel, mit der Sie klappern, ist altersgemäßes Spielen in den ersten Wochen. Nach und nach wird Ihr Baby selbst nach einer Rassel, Glocke, einem bunten Luftballon, einem Mobile in Reichweite mit Händen und Füßen stoßen können. Bald wird es auch nach einem weichen Ball, einem quietschenden Gummitier greifen können und mit Begeisterung registrieren, dass es selbst der Urheber von Bewegung und Geräusch ist. Unersetzlich als Spielzeug sind seine eigenen Finger und Hände, aber auch Ihre Hand, die es mit Händen und Mund erkundet.

Zweites Halbjahr: Jetzt sind Mund und Hand ständig auf Entdeckungsreise. Papier raschelt, ein Wollstoff und Stoffreste können kuschelig sein, einen Lappen kann man knautschen, ein Holzring ist glatt und

schwer, ein Plastikring glatt und leicht, und alles kann bunt oder einfarbig sein – und mit Mund und Zunge berührt sich noch einmal ganz anders anfühlen. Ihr Kind wird an allem Spaß finden, was es untersuchen und verändern kann. Es wird dabei immer geschickter. Also wird es zunehmend Freude an Gegenständen haben, die es in seinen Händen drehen und wenden kann, die zum Drücken, Drehen, Schieben, Rollen einladen und – dies im letzten Vierteljahr – Möglichkeiten zum Reinstecken und Rausholen bieten. An Musik, Liedern, Reimen findet es immer mehr Spaß, besonders wenn Sie im Takt dazu seine Arme und Beine bewegen. Auch selbst Musik machen kann Ihr Kind jetzt: Topfdeckel und Kochlöffel, (fest verschlossene) Dosen mit Erbsen oder Murmeln, ein Xylophon, Pappkartons, auf die man mit Fäusten trommeln kann – alles sind herrliche Instrumente. Erste Bilderbücher finden jetzt sein Interesse, wenn es auch manchmal eher mit dem Mund als mit den Augen „betrachtet". Und natürlich sind alle Spiele, die seine jeweils neuen motorischen Fähigkeiten einbeziehen, besonders faszinierend.

Und: Von Anfang an sind Gegenstände des alltäglichen Lebens hervorragendes Spielzeug. Sie müssen nur darauf achten, dass sie für Ihr Baby sicher sind.

SCHLAF UND SCHLAFVERHALTEN

Babys haben wie Erwachsene ganz unterschiedliche Schlafbedürfnisse. Schon in den ersten Wochen können manche Babys mit 14 Stunden Schlaf gut auskommen, während andere bis zu 20 Stunden am Tag schlafen. Ebenso wie der Schlafbedarf ist auch die Schlafenszeit individuell unterschiedlich. Nicht nur bei Erwachsenen gibt es „Morgenmuffel, Nachteulen und Lerchen". Die bevorzugte Schlafenszeit hängt vom persönlichen Rhythmus ab und dieser ist wie der Schlafbedarf Veranlagung. Das heißt: Alle guten Ratschläge, wie viel Schlaf Ihr Baby braucht und wann und wie es am besten schläft, werden vielleicht gerade für Ihr Baby nicht passen. Denn keiner kann den tatsächlichen Schlafbedarf besser feststellen als Ihr Baby und Sie.

Die Erkenntnis vom anlagebedingten persönlichen Schlafbedürfnis und Schlafverhalten des Babys hilft aber erst einmal den Eltern nicht weiter, deren Baby nun ganz und gar nicht zum Schlafbedürfnis und Schlafverhalten der Eltern passen will.

Übermüdete Eltern tröstet vielleicht die Aussicht auf Besserung: Denn natürlich ist das Schlafverhalten Ihres Babys auch abhängig von seinem Alter.

Wie schon im ersten Kapitel (siehe Seite 65) beschrieben, entwickelt es (reifungsabhängig) ein bestimmtes Schlafmuster: Im ersten Halbjahr passt sich Ihr Baby nach und nach einem Tag-Nacht-Rhythmus an, das heißt, der Tagschlaf tritt zugunsten des Nachtschlafs immer mehr zurück.

Schlafforscher haben zudem festgestellt, dass sich in diesem Zeitraum auch innerhalb des Nachtschlafs einzelne längere Zyklen entwickeln. Etwa mit vier Monaten zeigen sich zwei Perioden, die jeweils drei bis vier Stunden dauern. Zwischen diesen beiden Phasen schläft Ihr Baby weniger tief, wacht sogar auf, ohne dabei aber vielleicht wirklich richtig wach zu werden, und lernt nach und nach, auch selbst wieder in den Schlaf zu finden – wenn man es denn nur lässt.

Hier zeigt sich dann, dass nicht nur Reifung und Veranlagung für das Schlafverhalten eines Babys verantwortlich sind. Denn leider sind viele Eltern allzu schnell bereit, gerade an einer solchen Schnittstelle hektische Aktivitäten zur Beruhigung zu entfalten: Flasche geben, wickeln, in den Schlaf wiegen und singen, herumtragen und vieles mehr sind solche gut gemeinten Versuche. Erlebt das Baby jedoch eine Verstärkung seines halbwachen Zustands, indem es zum Beispiel gefüttert, gewickelt, herumgetragen wird, so wird es vielleicht erst richtig wach. Dabei wird ihm auch die Chance genommen, eigene Beruhigungsmaßnahmen (siehe Seite 73) zu entwickeln (etwa am Daumen nuckeln oder im Bett hin- und herrutschen) und selbst wieder in den Schlaf zu finden.

Mit Ablauf des ersten Jahres schlafen viele Babys meistens durch: zum einen wegen der eigenen reifungsbedingten Anpassung an einen Tag-Nacht-Rhythmus, zum anderen durch die Hilfe der Eltern, mit den unterschiedlichen Nachtzyklen nach und nach selbst zurechtzukommen. Sie haben so ein großes Lernziel des ersten Lebensjahres erreicht: sie können ohne elterliche Hilfe ein- und durchschlafen.

Probleme mit dem Schlafen

Genau genommen ist es in den ersten Wochen und Monaten unsinnig, von Schlafproblemen des Kindes zu sprechen. Es sind in dieser Zeit eher Probleme, die Eltern mit den Schlafgewohnheiten ihres Babys haben – und die können natürlich beträchtlich sein. Das Baby dagegen holt sich – zumindest im ersten halben Jahr – seinen Schlaf, wenn es ihn braucht. Im

---

TIPP **Erste Nachhilfe**

Um ihm diesen Lernprozess zu erleichtern, können Sie nach den ersten drei bis vier Wochen auf folgende Tipps zurückgreifen:

■ Gewöhnen Sie Ihr Kind nach und nach schon tagsüber an längere Intervalle zwischen den Mahlzeiten.

■ Achten Sie darauf, dass es seinen Trinkbedarf tagsüber deckt (was nicht gleichzusetzen ist mit einem strikten Fütterungsplan!).

■ Wecken Sie also Ihr Baby noch einmal, bevor Sie zu Bett gehen und geben Sie ihm jetzt zu trinken.

■ Besonders wichtig ist: Vermeiden Sie nachts jeden unnötigen Lärm, jedes Licht und jede unnötige Unruhe für Ihr Baby (also im Dunkeln stillen, nicht wickeln, kein anregendes Zureden).

■ Versuchen Sie einen festen Schlafrhythmus auch tagsüber zu installieren. Als Anhaltspunkt hat sich folgender Tagesplan für die ersten Wochen bewährt: nachts 20 bis 7 Uhr, tags 10 bis 11.30 Uhr und 14 bis 15.30 Uhr.

■ Zu diesen Tipps gehört nicht: Schreien lassen, bis es wieder einschläft! Ihr Baby wacht auf, weil es noch nicht schlafen kann oder weil es Hunger hat! Niemand konnte bisher beweisen, dass Schreien die Entwicklung des Gehirns und des Magen-Darm-Trakts beschleunigt.

■ Zu diesen Tipps gehört auch nicht: Abstillen. Zwar neigen gestillte Kinder dazu, bei einem Trinkvorgang weniger zu trinken und damit auch kürzere Intervalle zwischen den einzelnen Mahlzeiten zu benötigen. Dennoch gibt es trotz vieler Untersuchungen bisher keinen Hinweis darauf, dass eine abendliche Flasche mit besonders „dicker" Milchnahrung das Durchschlafen fördert.

zweiten Halbjahr dagegen zeigt es sich offener und anfälliger für An- und Aufregung aus der Umgebung: Licht und Lärm, ein neuer Tagesablauf, ein anderes Zimmer, fremde Personen können sein Schlafmuster, vor allem auch seine Fähigkeit einzuschlafen, stören.

Dass ein Baby die genannten äußeren Störungsfaktoren wahrnimmt, ist natürlich ein Entwicklungsfortschritt.

Zu der Fähigkeit, äußere Störungen zu registrieren, kommen innere Störungsmöglichkeiten hinzu: So gibt es im zweiten Halbjahr vorhersagbare Zeiten, in denen Babys wieder verstärkt dazu neigen, nachts aufzuwachen.

All dies sind jeweils die Phasen, in denen ein Baby einen gewaltigen Schritt – auf welchem Gebiet auch immer – vorwärts macht, und diese Schritte müssen verarbeitet werden. Das geschieht eben auch nachts und kann so den Schlaf stören.

Trennungsangst als Schlafhindernis

In unserem Kulturkreis ist es seit dem letzten Jahrhundert immer mehr üblich und aufgrund verbesserter Wohnverhältnisse auch möglich geworden, dem Baby ein eigenes Zimmer zur Verfügung zu stellen. Zudem gewann die Idee der Selbstständigkeit großen Einfluss in der Kindererziehung – und zu dieser gehört für viele Eltern die Fähigkeit, allein in einem Zimmer schlafen zu können. Ob es Sinn hat, dem Baby schon im ersten Lebensjahr, in dem Sicherheit und Geborgenheit an erster Stelle stehen, nachts eine strikte Trennung von den Eltern zu verordnen, ist fraglich. (Dass ein eigenes Zimmer auch als Risikofaktor für den „plötzlichen Kindstod" erkannt wurde, haben Sie gelesen.) Vor allem im ersten Lebensjahr brauchen Babys die Nähe ihrer Eltern und manche eben auch nachts.

Die Gestaltung dieser Nähe lässt aber nun vielerlei Variationen zu, und die sind

---

INFO Schlafhilfen

Wie leicht und wie schnell ein Baby zu einem regelmäßigen und „elternfreundlichen" Schlaf-Wach-Rhythmus findet, hängt stark von der Reife seines Nervensystems, aber auch von seinem Temperament ab. Eltern können ihrem Baby jedoch auch helfen. Als besonders wichtig hat sich dabei erwiesen, bald auch tagsüber Rhythmus und Regelmäßigkeit im Alltag des Babys walten zu lassen. Babys und vor allem Babys, die schwer zu einem eigenen Rhythmus finden (siehe Seite 143), profitieren auch für ihr Schlafverhalten davon, wenn ihre Eltern ihr Leben in Bezug auf Füttern, Schlafen, Spielen, Baden, Spazierengehen regelmäßig gestalten.

INFO   **Na dann, gute Nacht!**

Entspannter Schlaf ist nicht möglich,

- wenn Eltern ihr Baby eigentlich nicht in ihrem Bett haben wollen, aber voller Schuldgefühle sind, weil sie vielleicht tagsüber nicht genügend Zeit für ihr Kind aufbringen konnten,
- wenn Eltern eigentlich ganz gern ihr Baby im Bett haben, aber ihre Autoritäten (der Arzt, die Großmutter, ein kluges Buch) dies auf keinen Fall für richtig halten,
- wenn Eltern selbst Schwierigkeiten mit Trennung oder auch mit Nähe haben und nun die Selbstständigkeit oder die Trennungsangst ihres Babys immer nur durch die Brille der eigenen Proble-

me betrachten können und entsprechend handeln,

- wenn Eltern sich nicht einigen können, wie denn nun zu verfahren sei,
- wenn Eltern sich in ihren sexuellen Aktivitäten empfindlich gestört fühlen, da ihnen zeitlich und örtlich nichts anderes als „das Übliche" einfällt ...

Die Reihe der Störungsmöglichkeiten einer entspannten Schlafsituation ist wohl beliebig fortsetzbar. Deswegen müssen Eltern sich im Klaren sein, was sie wollen. Es gibt viele Möglichkeiten, wie Eltern die nötige Nähe und die nötige Distanz gestalten können. Die Hauptsache ist ein guter Schlaf.

abhängig von allen Beteiligten. Ebenso wie Babys tagsüber unterschiedlich mit Trennung umgehen können, scheinen auch nachts manche mehr, manche weniger Körperkontakt für ihr Wohlbefinden zu brauchen.

Aber selbst die Babys, die im Allgemeinen ohne Probleme allein in ihrem Zimmer schlafen können, machen manchmal Phasen verstärkter Angst und Aufgeregtheit durch und brauchen dann vielleicht für kurze Zeit wieder mehr Nähe der Eltern. Sie dann einfach zu sich ins Bett zu holen, um selbst, ohne viel Aktivitäten entfalten zu müssen, weiterschlafen zu können, ist oft eine einfache und hilfreiche

Lösung. Wichtig dabei ist, dass Eltern nicht selbst aktiv werden, um wieder zu beruhigen. Denn alle Babys sollen und können nach und nach lernen, selbst wieder in den Schlaf zu finden.

Aber: Gegen die Lösung des „Familienbetts" spricht in vielen Familien die Schlafgewohnheit der Eltern. Vielen ist es einfach zu eng, zu unruhig mit einem Säugling im Bett, von der Störung der Elternbeziehung als sexueller Paarbeziehung ganz zu schweigen. Viele brauchen aber auch nach einem langen Tag einmal Raum und Zeit für sich, um sich am nächsten Morgen wieder ganz dem Baby widmen zu können.

Was auch immer Experten und Ratgeber empfehlen oder verbieten: Es gibt kein allgemeingültiges richtiges oder falsches Schlafverhalten oder Schlafmuster. Eine Schlafsituation ist dann richtig, wenn sie Eltern und Baby entspricht und beide entspannt schlafen lässt.

Einmal – und für immer?

Eltern, die befürchten, ihr Baby, wenn es einmal im elterlichen Bett gelandet ist, nicht so schnell wieder hinausbefördern zu können, müssen wissen, dass ihre Befürchtung zu Recht besteht: Eine etablierte Gewohnheit zu ändern ohne die Einwilligung aller Beteiligten – also auch des Babys –, ist zwar nicht unmöglich, kostet aber Nerven und Zeit.

Aber: Wenn Eltern ihr Kind nicht für eigene Zwecke ausnutzen – also zum Beispiel nur das eigene Kuschelbedürfnis befriedigen, die eigenen sexuellen Schwierigkeiten überspielen, die eigene Trennungsangst behandeln –, wird ihr Kind irgendwann die Freiheit und das Bedürfnis haben, selbst groß zu sein und im eigenen Bett zu schlafen. Wenn es dies nicht schafft, liegen wohl andere Gründe vor: Selbstständigkeit sowie Sicherheit bei Nacht setzen Selbstständigkeit und Sicherheit bei Tag voraus und nicht umgekehrt.

Einschlafen können

In den ersten Monaten schlafen Babys dann, wenn sie müde sind. Spätestens im zweiten Halbjahr jedoch beginnt die Zeit, in der Eltern bewusste oder unbewusste Anstrengungen unternehmen, ihrem Kind den Übergang vom wachen Zustand zum Schlaf zu erleichtern. Sicher gibt es Kinder, die einschlafen, sobald sie hingelegt werden. Und Eltern, die ein solches Kind haben, können sich glücklich schätzen. Doch viele Kinder haben gerade mit dem Einschlafen, dem Übergang vom Wachzustand in den Schlaf, Schwierigkeiten, und es ist Aufgabe der Eltern, ihrem Kind dies zu erleichtern!

Eine große Hilfe sind Einschlafrituale. Zu ihnen gehören unabdingbar Ruhe, Geborgenheit und vor allem Regelmäßigkeit. Ein Ritual hilft dem Baby, eine Erwartungshaltung zu entwickeln, die ihm das Einschlafen erleichtert. Seinem wachsenden Erinnerungsvermögen entsprechend weiß es: Immer wenn Papa mich mit dem Teddy ins Bett legt, mir einen Gute-Nacht-Kuss gibt, mich streichelt und dann das Licht ausmacht, kommt der Schlaf. Manche Kinder entwickeln bald eigene Fähigkeiten, sich zu beruhigen, die ganz unterschiedlich sein können. Kinder, die immer an der Brust einschlafen, verwenden die körperliche Nähe der Mutter, ihre Brustwarze als Einschlafhilfe. Manche Babys saugen an den Fingern oder räkeln sich hin und her. Ältere Kinder plappern sich in den Schlaf. Hilfreich für viele sind Übergangsobjekte: Teddy, Schmusetuch, Puppe. Immer wenn das Kind müde, trostbedürftig oder kurzfristig überfordert ist, also auch besonders am Abend, wenn es ans Einschlafen geht, können sie Mutterersatz werden und so auch Einschlafhilfe. Wichtig ist dabei, dass Kinder sie selbst wählen. Die Eltern merken sehr bald, dass auch der schönste neue Teddy nichts ist gegen das alte, schmutzige Schmusetuch, und viele Kinder lassen sich durch nichts von ihrem auserwählten Liebling trennen.

Eltern spielen mit

Die Fähigkeit Ihres Babys, allein Schlaf zu finden, hängt außer von Ihrem Verhalten auch von Ihrer inneren Einstellung ab. Eine Mutter genießt vielleicht abends die ruhige gemeinsame Zeit mit dem Baby (während ihr Mann die Küche aufräumt?). Eine andere jedoch leidet unter dem Angebundensein, darunter, dass sie zum Beispiel nie pünktlich zum Sonntagabendkrimi wieder im Wohnzimmer ist oder, wenn Freunde zu Besuch sind, einen großen Teil der Unterhaltung verpasst. Manche Väter sind abends von der Arbeit noch zu gereizt und angespannt, um sich ins Einschlafritual ihres Babys einplanen zu las-

---

TIPP **So kommt der Schlaf**

- Führen Sie früh ein festes Einschlafritual mit intensivem Kontakt (Kuscheln, Singen, Beten, Vorlesen und so weiter) zwischen Eltern und Baby ein. Es hilft Ihrem Baby beim „Umschalten" auf Schlafen.
- Legen Sie Ihr Baby nach den ersten Wochen wach in sein Bettchen. Hat es erst einmal Brust (Flasche) oder Auf-dem-Arm-Wiegen und Getragenwerden gefühlsmäßig mit dem Einschlafen verknüpft, ist dies recht schwer wieder zu ändern. „Übergangsobjekte" wie Kuscheltier, Schmusetuch, Daumen sind bessere Einschlafassoziationen. Sie erleichtern Ihrem Kind auch das

Wiedereinschlafen beim nächtlichen Erwachen.
Aber: Bedenklich sind Programme von selbst ernannten Experten. Da wird in der Regel versucht, mit einer rigiden Trainingsmethode (wie der „Ferber-Methode"), das Durchschlafen zu fördern. Man kann das auch konsequentes Verhalten nennen, aber es geht an den Bedürfnissen und Möglichkeiten von Babys vorbei. Dass Kinder bereits im ersten Lebensjahr durchschlafen, ist die Ausnahme, auch im zweiten und dritten Jahr wird jedes zweite Kind manchmal nachts wach und eins von fünf Kindern jede Nacht.

sen. Andere brauchen gerade diese halbe Stunde für ihre Beziehung zu ihrem Kind, um „auch etwas von ihm zu haben". Je nach eigenen Bedürfnissen, Vorlieben und Möglichkeiten werden Eltern mehr oder weniger entschieden ihrem Baby die Fähigkeit vermitteln wollen, allein und selbstständig in den Schlaf zu finden.

Eltern müssen wissen, dass sie mit der Einführung des Einschlafzeremoniells ein Muster entwickeln, das lange – vielleicht Jahre – Abend für Abend so ablaufen wird und muss.

Da es auch bei der Gestaltung des Einschlafzeremoniells wie beim Nachtschlaf kein „richtig" oder „falsch" gibt, ist es wichtig, das komplette Ritual so zu gestalten, dass die Familie als Ganzes gut, und zwar auf sehr lange Zeit, damit zurechtkommt.

SICHER GEBUNDEN

Dass bereits das Neugeborene zur sozialen Interaktion fähig ist, haben Sie erfahren. Von dieser ersten Interaktion bis zu einer richtigen Beziehung ist es jedoch ein weiter Weg.

Ein erster wichtiger Schritt auf diesem Weg zeigt sich im sozialen Lächeln. Sozial deshalb, weil es im Gegensatz zum flüchtigen „Engelslächeln" der ersten Wochen durch das Auftauchen eines menschlichen Gesichts ausgelöst wird. Plötzlich blickt das Baby seinen Eltern (und jetzt noch jedem menschlichen Gesicht, ja sogar einer Attrappe) in die Augen und lächelt. Dies ist Folge einer Reifung des Nervensystems und tritt bei allen Babys, auch bei Frühgeborenen, ziemlich genau vier bis sechs Wochen nach dem eigentlichen Geburtstermin auf. Die Häufigkeit des Lächelns ist jedoch abhängig davon, wie oft es etwas zum Lächeln gibt, das

heißt also davon, wie oft sich Menschen in seinem Blickfeld zeigen und wie deren Reaktion auf dieses Lächeln ist. Denn schon nach dem vierten Lebensmonat führt nur noch ein lächelndes Gesicht zu einem Lächeln bei Ihrem Baby.

Für die gesunde Entwicklung eines Kindes ist es also notwendig, dass seine Eltern seine Beziehungsmöglichkeiten annehmen können und dass sie sich daran freuen, wie ihr Kind Schritt für Schritt seine Beziehung zu ihnen intensiviert. Denn genau das bedeuten die folgenden Entwicklungsschritte:

Mit sechs, sieben Monaten zeigt das Baby deutlich, dass es nun zu einer bestimmten Person, meist der Mutter, eine ganz besondere Beziehung herstellt und auf dieser Grundlage zunehmend auch zum Vater, zu den Geschwistern, dem Babysitter oder anderen Personen, die sich ihm liebevoll und zuverlässig als Bezugspersonen anbieten. Auch sein Lächeln reserviert es in nun für diese vertrauten Gesichter. Spätestens um den achten Monat herum (bei den meisten Kindern früher) wird die Besonderheit dieser ersten Beziehungen dann deutlich im Fremdeln, der ängstlich-abweisenden Reaktion gegenüber fremden Personen. Dieses Fremdeln – auch Achtmonatsangst genannt – tritt trotz individueller Unterschiede bei fast allen Kindern auf, ebenso die spezifischen Trennungs- und Vereinigungsreaktionen (das Baby weint, wenn die Mutter weggeht, und reagiert mit Entspannung und Erleichterung, wenn sie wiederkommt), mit denen das Baby ab dem letzten Viertel des ersten Jahres zeigt, dass es eine Beziehung und Bindung zu „seinen" Personen hergestellt hat.

Bindung – ein sicherer Hafen

Die Bedeutung dieser Bindung hat vor allem der britische Kinderarzt und -psychiater John Bowlby in den 1970er Jahren hervorgehoben und sie als altes evolutionäres Erbe beschrieben. Das heißt auch: Der Entwicklung der Bindung liegt ein biologischer und damit überindividueller Plan zugrunde. In allen Kulturen und Völkern entwickeln Babys ein spezifisches Bindungsverhalten zu einer Bezugsperson. Bei Unsicherheit suchen sie ihre Nähe und auf Trennung von ihr reagieren sie mit Angst. Dieses Verhalten hat in der Evolution des Menschen (und vieler Tierarten) seinen Sinn und dient dem Überleben des Babys. Da Babys gerade in dieser Zeit zu krabbeln beginnen, sich also von der Mutter entfernen können, ist ihr Bindungsverhalten ein Schutz und wirkt wie ein un-

---

INFO **Keine Beziehung ist so wie die andere**

Natürlich unterscheidet ein Baby zwischen verschiedenen vertrauten Personen. Denn sie sind von Anfang an nicht einfach „Neuauflagen" der ersten Bezugsperson. Schon ein wenige Wochen alter Säugling verhält sich auf dem Arm des Vaters ganz anders als auf dem der Mutter. Der Vater ist nie eine zweite Mutter, sondern hat für sein Kind immer schon eine eigene Bedeutung. Während die Mutter oft die Rolle der Trösterin innehat, ist der Vater der Spielpartner. Nicht selten sind Mütter enttäuscht, weil ihr Baby mit dem Vater viel mehr lacht. Kein Wunder, denn das Baby identifiziert mit Mutter eben eher die bedeutenden und ernsten Ereignisse des Tages: Sie stillt, füttert, wickelt, tröstet und so weiter. Wieder ganz anders gestaltet ein Baby seine Beziehung zu den Geschwistern, die in der Rangliste der Beziehungen ebenfalls immer ganz weit oben stehen.

sichtbares Band. Wird die Entfernung zu groß, droht Gefahr, zieht es sie sozusagen zurück zur Bindungsperson, an die sie sich anklammern, deren Schutz sie suchen. Oder sie weinen und rufen, was die Bindungsperson herbeieilen lässt.

„Bindungsmuster"

Individuelle Unterschiede gibt es jedoch in der Art des Bindungsverhaltens und der Trennungsangst, die einer seiner wesentlichen Bestandteile ist. Denn: Die soziale Entwicklung ist zwar biologisch bestimmt, sie ist aber nicht zu trennen von den Erfahrungen, die das Baby mit seinen reifenden Möglichkeiten der Kontaktaufnahme, der Beziehung und Bindung macht.

Wenn Kinder im zweiten Viertel des ersten Jahres beginnen, bekannte Gesichter von unbekannten zu unterscheiden, und zunehmend spezifisch auf das „bekannteste Gesicht" reagieren, so setzt dies voraus, dass es für sie vertraute, bekannte Gesichter gibt.

Ein Baby, das zum Beispiel von ständig wechselnden Personen betreut wird, wird also schon mit den ersten Schritten dieser Bindung Schwierigkeiten bekommen, da kein bekanntes Gesicht existiert, auf das es besonders reagieren kann. Es wird vielleicht unterschwellig in der Phase stecken bleiben, in der es auf alle Menschen(gesichter) gleich freudig reagiert, sich aber auch niemandem ganz besonders anvertrauen kann. Es wird sich immer anders verhalten als ein Kind, das in diesem ersten Jahr das berechtigte Vertrauen erwerben kann, dass seine Mutter (oder eine andere feste Bezugsperson) es nicht im Stich lässt, dass sie sich zuverlässig und ansprechbar zeigt, wenn es selbst unsicher, ängstlich und in Gefahr ist. Ein Baby mit solchen „guten" Erfahrungen wird sichere Bindungen aufbauen können.

„Arbeitsmodell"

Diese Bindungsmuster – so die Psychologen, die dieselben Kinder im Laufe ihrer Entwicklung weiter beobachtet haben – scheinen ein ziemlich stabiles Grundmuster darzustellen, wie Kinder weiterhin auf Neues und auf emotionale Belastungen reagieren. Zum Beispiel können Kinder mit sicherer Bindung leichter auf andere zugehen. Sie sind kooperativer im Umgang mit ihren Eltern und anderen Erwachsenen und beliebter bei Gleichaltrigen. Sie können Stresssituationen besser bewältigen und zeigen mehr Neugier als unsicher gebundene Kinder. Und sie werden auch später im Leben Beziehungen gestalten aufgrund der Erfahrungen, die sie mit ihren ersten Bindungspersonen gemacht haben.

Warum aber haben diese frühen Bindungserfahrungen so weitreichende Folgen? Ein Grund mag sein, dass auch die Eltern sich wenig ändern werden, dass ihre Kinder also auch weiterhin bei ihnen entweder Vertrauenswürdigkeit oder Unzuverlässigkeit erleben und ihr Verhalten darauf abstellen müssen. Ein anderer ist wohl der, dass offene, zugängliche und kooperative Kinder auch mit anderen bes-

INFO Bindungstest

Wie unterschiedlich sicher und geschützt sich Kinder fühlen, hat die kanadische Psychologin Mary Ainsworth, die die Bedeutung der Feinfühligkeit für die Bindung eines Babys an seine Eltern hervorgehoben hat (siehe Seite 84), über Jahrzehnte erforscht. Sie und ihre Kollegen – u.a. in Deutschland und Israel – haben viele Videofilme von einer immer gleich ablaufenden Trennungssituation ausgewertet, eine Art Trennungsdrama mit vorgeschriebenen Szenen, dem „Trennungstest":

Eine Mutter geht in fremder Umgebung kurz aus dem Raum und lässt dort ihr einjähriges, auf dem Boden spielendes Kind mit einer fremden, aber freundlichen Frau allein. Unter diesen Umständen hört das Kind normalerweise auf zu spielen, vermisst die Mutter, lässt sich ein wenig trösten, aber nicht wirklich und fängt wahrscheinlich an zu weinen. Dann kommt die Mutter zurück. Das ist die Schlüsselszene. Was passiert?

Im Wesentlichen konnten drei unterschiedliche Reaktionen der Kinder bei der Rückkehr ihrer Mutter beobachtet werden. Nach diesen unterscheiden Psychologen seitdem vor allem drei Bindungsstile: Sie sprechen von sicheren, unsicher-vermeidenden und ambivalent-unsicheren, also zwiespältig-unsicheren Bindungen.

Sicher gebundene Kinder zeigen bei diesem Test ziemlich intensiv ihren Kummer, wenn sie allein gelassen werden. Sobald die Mutter zurückkehrt, sind sie wie erlöst, suchen Kontakt zu ihr und spielen anschließend fröhlich weiter. **Unsicher-vermeidend** gebundene Kinder zeigen im Fremde-Situations-Test bei der Rückkehr der Mutter wenig Emotionen, suchen nicht deren Nähe, schmiegen sich nicht an, sondern beschäftigen sich weiter mit ihrem Spielzeug. **Ambivalent-unsicher** gebundene Kinder reagieren im Fremde-Situations-Test oft schon beunruhigt, sobald die Fremde sich ihnen annähert, und zeigen deutlich ihren Kummer, sobald die Mutter den Raum verlässt. Bei ihrer Rückkehr verhalten sie sich im Gegensatz zu den sicher gebundenen Kindern ambivalent: Einerseits suchen sie die Nähe der Mutter, andererseits lehnen sie die Kontaktversuche der Mutter ab. Auch dieses unsichere oder ambivalente Bindungsverhalten spielt nicht nur in den ersten Lebensjahren eine Rolle. Auch die Kinder, die sich nicht auf die Feinfühligkeit, Verlässlichkeit und Zuwendung ihrer Bindungspersonen verlassen konnten, bilden ein Arbeitsmodell, das sie möglicherweise ihr Leben lang begleiten wird – es sei denn, das Leben hält genügend korrigierende Erfahrungen für sie bereit.

sere Erfahrungen machen. Kinder mit gutem Start werden also weiterhin ganz andere „Antworten" erhalten und ihre Sicherheit ausbauen können, während unsicher gebundene Kinder wie in einem Teufelskreis auch weit häufiger anecken und abgelehnt werden.

Der wesentliche Grund dafür, dass die frühen Erfahrungen so prägend sind, sind aber die überdauernden Erwartungen, die sich aus den frühen Erfahrungen gebildet haben.

Wurde mein Schreien und Rufen gehört? Wurde es richtig entschlüsselt und auch prompt beantwortet, war meine Bindungsperson „feinfühlig genug", um mir eine sichere Bindung zu ermöglichen (siehe Seite 82)?

Hat ein Baby die Erfahrung gemacht, dass seine „Bindungsperson" verfügbar war, wenn sie gebraucht wurde, dass sein Weinen, Rufen, Anklammern und Schutzsuchen Erfolg hatte, so bildet es schon früh die Erwartung aus, dass es jemanden gibt, der Entspannung, Trost und Schutz garantieren kann und dass es selbst durch sein Weinen, Rufen, Anklammern und Schutzsuchen effektiv für sich sorgen kann.

Zu Anfang sind dies natürlich einfache Erwartungen. Aber bald entstehen daraus generelle Erwartungshaltungen und Vorstellungen von sich und nahestehenden anderen in sozialen Beziehungen. Auf diese Weise entwickelt jedes Kind ein „Arbeitsmodell", wie Bowlby das nennt. Dieses Arbeitsmodell oder Schema prägt die Erwartung jedes Menschen, seine Sicht von der Welt und von der Stellung, die er selbst in dieser hat, und von seiner eigenen Wirksamkeit.

Bindung – sicherer Hafen und Auslaufspunkt für Weltumseglungen

Bindung ist die Grundlage jeder gesunden sozialen Entwicklung. Sie wird in diesen ersten 12 bis 18 Monaten gelegt. Wichtig ist sie für ein Kind vor allem in Situationen, in denen es unsicher ist, Angst hat, Trost braucht und auftanken muss.

Eine sichere Bindung ist der Heimathafen, der dem Kind die Möglichkeit bietet, „auszulaufen" und zurückzukehren. Sie ist also auch die Grundlage dafür, dass ein Kind neugierig auf seine Umwelt zugehen kann, bereit zu Erkundungen und Entdeckungen aller Art. Wie beides zusammengehört, wird oft im Bild einer Wippe, bei der entweder die eine oder die andere Seite oben ist, veranschaulicht: Fühlt sich das Kind unsicher, einsam, verlassen oder überfordert, hat es Angst oder ist es krank, so ist das Bindungssystem aktiviert und das Erkundungssystem deaktiviert. In diesem Falle hat das Kind ein Bedürfnis nach Nähe, aber kein Interesse, „die Welt zu erkunden". Die Bindungsseite der Waage ist oben, und die Erkundungs- oder Explorationsseite der Wippe ist unten.

Im umgekehrten Fall, also wenn das Kind sich wohl und sicher fühlt, kann es neugierig sein. Es ist bereit, „auszulaufen". Sein Bindungssystem ist deaktiviert, das Explorationssystem aktiviert. Die Bindungsseite der Wippe ist unten, und die Explorationsseite oben.

Erste Schritte zum „Ich"

Sicher ist Bindung/Verbundenheit das große Thema des ersten Lebensjahres, während das zweite und dritte Lebensjahr im Allgemeinen als das Trotzalter, also das Alter der Selbstbehauptung bezeichnet wird. Aber auch schon im ersten Jahr werden wichtige Grundlagen des Selbstbewusstseins, der Selbstwirksamkeit und der Selbstbehauptung und damit auch des Selbstgefühls eines Menschen gelegt.

Im ersten Jahr erkennen einfühlsame Eltern erste Anzeichen eines beginnenden Selbstgefühls:

- Ihr Baby versucht sich abzugrenzen und seinen Kontakt und Austausch mit anderen selbst zu steuern. (Jeder, der ein Baby genau beobachtet, erkennt in seinem Blickabwenden, im blicklosen Starren ohne zu schauen, im Kopfabwenden diese ersten Zeichen der Selbstständigkeit.)

- Ihr Baby bringt verschiedene Sinneswahrnehmungen zusammen und legt damit den Grundstein, sich als „Zentrum" verschiedenster Wahrnehmungen und Empfindungen, seiner gelebten Erfahrung erleben zu können.

- Es hat Lust an der Erfahrung, etwas zu bewirken (zum Beispiel mit seinem Schreien, auf das die Mutter reagiert) und handeln zu können (dies vor allem ab dem fünften, sechsten Monat, wenn ihm die neuen motorischen Fähigkeiten ein grundsätzlich neues Gefühl vom eigenen Selbst vermitteln).

- Zwischen dem siebten und neunten Monat kommt ein weiterer wichtiger Baustein des Selbstgefühls hinzu: Das Baby beginnt sich auszudrücken – zuerst ohne Absicht, dann auf der Grundlage seiner Erfahrung zunehmend gezielter –, und erlebt damit sein eigenes Bedürfnis, sich mitzuteilen. Dies geschieht erst einmal ohne Worte – Babys können mit erstaunlicher Präzision darstellen, was sie wollen, nicht wollen, wissen und wissen wollen –, dann aber im Laufe des zweiten Jahres immer mehr auch sprachlich. Dies läutet eine neue Phase in der Entwicklung des Selbsterlebens ein.

WENN DER ANFANG BESONDERS SCHWIERIG IST

Es gibt wohl in jeder Familie Zeiten, in denen Eltern sich überfordert fühlen: Das Baby schreit und schreit und lässt sich durch nichts und niemanden beruhigen. Da will dann auch das Füttern oft nicht mehr klappen, die Nacht wird zum Tag – kurz: Mutter und Vater sind mit ihrem Latein und vor allem mit ihren Nerven am Ende.

„Schreibabys"

In den ersten Wochen und Monaten sind es vor allem die sogenannten Schreibabys, die ihre Eltern durch ihre Unruhe- und Schreiphasen bis an die Grenzen der Belastbarkeit fordern (siehe Seite 77).

Von einem Schreibaby sprechen viele dann, wenn ein Säugling mindestens drei Stunden täglich an mindestens drei Tagen pro Woche mindestens drei Wochen lang schreit. Aber ganz unabhängig von dieser „Dreier-Regel", die auf den US-amerikanischen Kinderarzt Morris A. Wessel zurückgeht, lässt sich sagen: Ein Baby gilt als „Schreibaby",

- wenn seine Eltern es nur noch als quengelnd und schreiend erleben und
- wenn sie an seinem Schreien verzweifeln, weil dieses Schreien durch die üblichen intuitiv angewendeten Strategien und Methoden so gut wie gar nicht beeinflussbar ist,
- wenn es also exzessiv und unstillbar schreit – wie Fachleute dies nennen.

„Alles durcheinander"

Diese Babys sind oft noch „ganz durcheinander". Wachen und Schlafen will nicht klappen. Sogar in ruhigen Phasen sind sie eher quengelig, oft unruhig ohne jetzt schon in der Lage zu sein, sich selbst zum Beispiel durch Nuckeln und Saugen selbst zu beruhigen. Sie können aber auch noch nicht zeigen, wann es ihnen „zuviel" wird. Sie sind deshalb oft überreizt, wirken aber andererseits auffallend „reizhungrig", weil sie durch immer neue Reize leicht ablenkbar sind. Deshalb gelingt es ihren Eltern zwar, durch die vielfältigsten Ablenkungsversuche ihr Quengeln zu unterbrechen und ihr Baby für einige Zeit scheinbar zufriedenzustellen. Diese „Zufriedenheit" ist aber von kurzer Dauer und schlägt sofort wieder um in Unruhe und bald auch Verstörung: Das Baby beginnt unruhig zu werden, zu jammern und quengeln, ist aber auch durch die Hilfe der Eltern, durch stundenlanges Stillen, durch Herumtragen, Schaukeln, Wippen, lange Fahrten mit dem Kinderwagen oder gar Auto nicht wirklich zu beruhigen. Vielleicht nickt es kurz ein, aber über kurz oder lang wird es wieder schreien, und zwar ausdauernd und neuen Einsatz seiner Eltern fordernd.

Während der Begriff der Dreimonatskolik (siehe Seite 77), der immer noch häufig vor allem unter medizinischen Laien als Erklärung für dieses exzessive Schreien herangezogen wird, eher die Probleme der Verdauung in den Vordergrund rückt, sprechen Mediziner und Psychologen heute meist von Regulationsstörungen im Säuglingsalter. Dieser Begriff macht deutlich, dass „Schreibabys" durch ihr Schreien eine allgemeinere Schwierigkeit zum Ausdruck bringen. Die meisten Babys, die in den ersten Monaten so exzessiv und unstillbar schreien, haben mit der so wichtigen Rhythmisierung und Selbstregulation (siehe Seite 71f.) Schwierigkeiten. Die Aufgaben, Hunger und Sättigung in regelmäßiger Abfolge zu empfinden, ist zum Beispiel für sie noch längere Zeit eine Überforderung. Ebenso schwierig ist es für sie, innerhalb der ersten Tage und Woche zu einer Stabilisierung und Regulierung der verschiedenen „Verhaltenszustände" zu finden, das heißt, wach und aktiv oder wach, ruhig und aufmerksam sein können, aber auch abschalten zu können, wenn es „dran" ist, und ruhig zu werden, um schließlich entspannt einzuschlafen.

Diagnose: Regulationsstörung

Es gibt inzwischen relativ genau formulierte Bedingungen, ab wann Ärzte von einer Regulationsstörung, also zum Beispiel einer Regulationsstörung mit exzessivem Schreien, einer Fütterstörung oder einer (Ein-)Schlafstörung sprechen. Von der sogenannten Dreier-Regel nach Wessel (siehe Seite 154) haben Sie schon gelesen.

Ähnliches hat man für die Fütterstörung formuliert: Von Störung kann man zum Beispiel sprechen, wenn das Stillen mehr als 45 Minuten dauert und in kürzeren Intervallen als 2 Stunden erfolgen muss.

In Bezug aufs Schlafen muss man natürlich immer das Alter des Babys berücksichtigen. Dennoch gibt es auch hier eine zeitliche Faustregel: Man spricht von Einschlafstörung, wenn Kinder auch nach Monaten noch nur mithilfe der Eltern einschlafen können und die Einschlafphase mehr als 30 Minuten dauert. Durchschlafstörung bedeutet, dass ein Baby an mindestens vier Tagen pro Woche nachts mehr als drei Mal aufwacht, dann nicht ohne elterliche Hilfe allein wieder einschlafen kann und die nächtlichen Aufwachperioden im Durchschnitt länger als 20 Minuten dauern.

Deshalb auch wird Eltern oft empfohlen, Buch über die Probleme ihres Babys zu führen, also zum Beispiel ein Schrei-, Fütter- oder Schlafprotokoll zu führen.

Aber bei einer Regulationsstörung geht es ja nicht allein darum, welche Probleme ein Baby wie lange hat, sondern vor allem darum, wie sehr seine Eltern dadurch belastet sind, ob und wie sie darunter leiden.

Deshalb sind scheinbar so genaue Kriterien, die für eine Störung sprechen, auch nur ein Anhaltspunkt und bei weitem nicht der wichtigste. Viel entscheidender ist – so muss immer betont werden – die Frage, ob, warum und wie sich Eltern „gestört" fühlen. Geklärt werden muss, wie sie selbst ihre Belastbarkeit einschätzen und welche Möglichkeiten sie haben, mit den Schwierigkeiten – oder vielleicht auch nur Eigenheiten – ihres Babys umzugehen.

Es geht um die Beziehung zwischen Eltern und ihrem Baby, und vor allem um den „Fit" oder eben „Mis-Fit" (siehe Seite 157) zwischen Eltern und Baby. Denn weder die „Schwierigkeit" des Babys, noch Probleme der Eltern sind ja für sich genommen die e i n e Ursache, dass es nicht „passt".

Regulationshilfe überfordert!

Feinfühligkeit, Gelassenheit und Vertrauen auf die eigene Intuition – nichts ist wichtiger für die Eltern eines „ewig" schreienden Babys, das ja ganz besonders auf die „Ko-Regulation" seiner Eltern angewiesen ist. Aber genau diese ko-regulativen Fähigkeiten gehen seinen Eltern in ihrer Anspannung verloren. Vor allem ihre Mütter – denn Väter stehlen sich gerade bei „Schreibabys" erfahrungsgemäß sehr viel schneller aus der Verantwortung – sind deshalb oft rund um die Uhr in Alarmbereitschaft und stehen unter dem Druck, immer wieder Neues auszuprobieren, um vielleicht endlich doch für ihr Baby – und für sich selbst! – die ersehnte und so dringend notwendige Ruhe herstellen zu können.

Aber genau daran mangelt es! Schreibabys schlafen sehr viel weniger als andere Babys – und damit natürlich auch ihre Eltern mit der Folge, dass diese unter ständiger Überforderung, Erschöpfung und chronischem Schlafmangel leiden.

Und wieder der Teufelskreis: Das Baby auf dem Arm ist ein kleiner Seismograph. Es spürt die angespannten Muskeln seiner Eltern, fühlt ihren schneller werdenden Herzschlag, registriert ihre Atmung, die in einem entspannten Zustand in ihrer Gleichmäßigkeit und Tiefe beruhigt, jetzt aber im wahrsten Sinn des Wortes beunruhigend ist. Natürlich bemerkt es auch ihre immer hektischer werdenden Bewegungen und ihre aufgeregte Art, auf es einzureden, und ihre möglicherweise lautere Stimme. Und ihm fehlen ihr Verständnis und ihre Einfühlung, die es so dringend braucht.

Dazu kommt: Eltern, die in ständiger Angst vor einer neuen „Schreiattacke" leben, übersehen leider oft die vielleicht noch undeutlichen Aufforderungen ihres Babys, mit ihm endlich einmal ganz entspannt in Kontakt zu treten. Der Blick für die „positiven" Signale ihres Babys geht ihnen verloren. Einfach nur erleichtert, wenn endlich einmal Ruhe ist, verstummen sie im Zwiegespräch mit ihrem Baby, das doch wie jedes andere Baby auf Kommunikation angewiesen ist.

Vielleicht löst sich der ganze Spuk nach drei Monaten auf: Das „Schreibaby" hat den Entwicklungssprung geschafft und die Welt ist in Ordnung – vielen Eltern hilft diese Aussicht. Sie schaffen mit der Unterstützung von Familienmitgliedern und Freunden ein Krisenmanagement (siehe Seite 88), das ihnen hilft, mit ihren Kräften hauszuhalten, um offen für die Signale ihres Babys bleiben zu können.

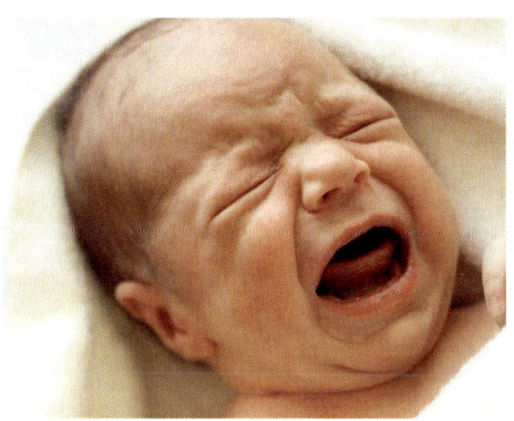

Aber manchmal liegen die Gründe nicht nur in den ersten Anpassungsproblemen. Manche Babys bleiben über die ersten Wochen und Monate hinaus „schwierig" (siehe Siehe 154) und stellen damit ganz besondere Anforderungen an die Kompetenzen und Belastbarkeit ihrer Eltern.

Für manche Eltern sind aber auch schon einige wenige Wochen Schreien zu viel. Es fehlt ihnen an Kraft, aber auch an Unterstützung, mit der schwierigen Situation fertig zu werden und trotz aller Anspannung feinfühlig zu bleiben.

Mis-Fit und seine Folgen

Eltern, deren Baby durch nichts und niemanden zu beruhigen zu sein scheint, wissen es: Feinfühliges Verstehen ist einfach schwer, wenn man übermüdet, angespannt, verzweifelt ist. Es ist noch schwerer, wenn andere Belastungen dazukommen, wenn die Beziehung in die Brüche zu gehen droht, wenn keine finanzielle Sicherheit besteht, wenn man selbst unter Depressionen und Angst leidet. Feinfühligkeit ist möglicherweise gar nicht mehr möglich, wenn man befürchten muss, von Gefühlen der Hilflosigkeit, Enttäuschung, Angst und leider oft auch von der Wut auf das „Schreibaby", das einfach nicht dem entspricht, das man sich erhofft und ausgemalt hat, überwältigt zu werden ...

Das in den ersten Monaten lebensnotwendige Zusammenspiel von Babys Bedürfnissen und elterlichen Antworten kann so nicht gelingen. Was sind die Folgen? Das Baby schreit! Oder es kann nicht schlafen. Oder es trinkt und gedeiht nicht richtig. Oder alles zusammen klappt nicht. Frühe Regulationsstörungen können viele Bereiche – gleichzeitig oder nacheinander – „stören": Sie zeigen sich im ersten Lebensjahr meist als Schrei-, Fütter-, Ein- und Durchschlafstörung. Und: Sie dauern häufig länger an, als der Begriff der Dreimonatskolik glauben lässt – und spätestens dann brauchen Eltern und Baby professionelle Unterstützung! Eltern in einer solchen Situation mit dem Hinweis, das Problem wachse sich aus, zu vertrösten, verkennt die verständliche Verzweiflung der Eltern und verharmlost das Problem der Regulationsstörungen im Säuglingsalter, die inzwischen jedes vierte bis fünfte Baby betreffen soll.

Wenn Eltern ohne Hilfe bleiben, dann kann aus einem „Schreibaby" ein „Schreikind" werden, das auch über Jahre Probleme mit dem Schlaf haben wird, weiterhin unruhig und schwierig ist, sich auffällig fest an seine Mutter klammern muss, häufig unzufrieden wirkt, nicht richtig spielen kann und möglicherweise besonders aufsässig und aggressiv ist.

WER HILFT?

Für Eltern, die am Schreien ihres Babys verzweifeln, deren Baby einfach nicht richtig trinken und gedeihen will oder auch nach Monaten schlecht schläft, ist die erste Anlaufstelle meist der Kinderarzt. Dies ist auch sinnvoll, obwohl in den wenigsten Fällen die Untersuchung ihres Babys eine organische Ursache ergeben wird. Ihr Kinderarzt kennt das Baby schon von den ersten Vorsorgeuntersuchungen und kann seine Entwicklung gut beurteilen. Er kennt seine Eltern und diese haben hoffentlich in den letzten Wochen und Monaten Vertrauen zu ihm fassen können.

Manche Kinderärzte bieten nach der organischen Abklärung inzwischen – meist außerhalb der normalen Sprechstunden – ein längeres Gespräch an, um mit den Eltern die Probleme, die Eltern und Baby miteinander haben, richtig einschätzen zu können. Denn die Diagnose einer frühen Regulationsstörung ist ja nicht so einfach.

Oft kann der Kinderarzt beruhigen. Ängstlichen Eltern, die jedes Schreien ihres Babys als Ausdruck höchsten Unwohlseins interpretieren, hilft zum Beispiel der Hinweis, dass alle Babys gerade in den ersten Wochen mehr schreien, dies aber normalerweise weniger wird. Mütter, die unsicher sind, ob ihr Baby genug trinkt oder isst, können beruhigt werden, so dass die bis dahin hektische und angespannte Still- und Füttersituation wieder für beide erfreulich werden kann. Auch Eltern, die sich bisher kaum Gedanken ge-

macht haben über die notwendige Anpassungszeit eines Babys an unsere zirkadianen Rhythmen (siehe Seite 72) oder einfach falsche Vorstellungen über den Schlafbedarf eines Babys haben, können in ihren Erwartungen korrigiert werden. Geplagten Eltern hilft es oftmals schon, wenn sie in ihren Sorgen ernst genommen werden und vielleicht Hinweise auf geeignete Literatur oder Veranstaltungen erhalten.

Schwieriger wird es, wenn
- die Probleme, unter denen Eltern und Baby leiden, über Monate andauern,
- im Lauf der Entwicklung des Babys immer neue Schwierigkeiten auftauchen,
- sich zwischen Eltern und Baby „Sprachbarrieren" aufgebaut haben, die die Kommunikation erschweren oder gar unmöglich machen,
- die Eltern durch soziale, finanzielle, familiäre, gesundheitliche Probleme so belastet sind, dass sie es nicht mehr schaffen, sich auf ihr Baby einzulassen und ihm ihre volle und ganze Aufmerksamkeit zukommen zu lassen.

Der Kinderarzt wird dann – hoffentlich – mit den Eltern gemeinsam das weitere Vorgehen besprechen und sie an spezielle Institutionen, Beratungsstellen und Hilfseinrichtungen weiterleiten. Bei sozialen und finanziellen Problemen sind die zuständigen Ämter der Gemeinde (Gesundheitsamt Jugendamt, Sozialamt) die richtige Anlaufstelle. Wenn eigene Krankheiten, seien sie nun organisch oder psychisch, die Eltern belasten, ist deren medizinische Behandlung absolut notwendig. Für Störungen in der Interaktion und Kommunikation zwischen Eltern und Baby gibt es heute immer mehr sogenannte Schreibabysprechstunden. Sie werden in Ambulanzen von Kinderkliniken, in Erziehungs- und Familienberatungsstellen, in Säuglings- oder Mütterberatungsstellen oder in Praxen niedergelassener Kinder- und Jugendlichenpsychotherapeuten angeboten.

„Schreibabysprechstunden"

Je früher und besser Eltern und Babys, die miteinander Schwierigkeiten haben, geholfen wird, desto geringer ist das Risiko, dass sich frühe Regulationsstörungen zu anhaltenden Problemen ausweiten. Deshalb gibt es inzwischen immer mehr spezielle Sprechstunden, Ambulanzen, Beratungseinrichtungen für Eltern, die nicht mehr weiter wissen, denen auch die wenige Zeit, die ihnen der Kinderarzt zur Verfügung stellen kann, nicht ausreicht.

Entwicklungsberatung und „Kommunikationsanleitung"

In diesen Schreibabysprechstunden, wie sie oft genannt werden, steht Beratung an erster Stelle. Ganz wichtig ist die Aufklärung über die entwicklungsabhängigen Bedürfnisse des Babys. Oft reichen einige wenige Gespräche aus, vor allem dann, wenn es zu einem Mis-Fit nur dadurch kommt, dass Eltern zu viel oder zu wenig

oder einfach nicht das Richtige von ihrem Kind erwarten.

In Schreibabysprechstunden kann Beratung ganz konkret stattfinden: Ein Baby auf dem Arm seiner Rat suchenden Mutter schreit, vielleicht weil es durch die neue Umgebung, die vielen neuen Reize überfordert ist, vielleicht weil sein Tages-, Trink- und Schlafrhythmus durch den Beratungstermin durcheinandergeraten ist, oder weil seine Mutter in dieser Situation aufgeregt ist, sich unter Druck setzt und jetzt gerade besonders „gut und schnell" ihr Baby beruhigen will, das natürlich diese Anspannung merkt, was – Sie haben es erkannt – genau jetzt zu einem der vielen Teufelskreise führt, die die Mutter in die Sprechstunde geführt haben.

Die direkte Beobachtung dieser „verfahrenen Situation" macht es möglich, gemeinsam effektivere Beruhigungsstrategien zu erproben, auf die die Eltern später zurückgreifen können. Eltern mit Rückenstärkung der Beraterin, des Beraters üben, mit dem Verhalten ihres Kindes neu umzugehen.

Neben den Gesprächen und Übungen werden heute häufig Videoaufnahmen verwendet. Videogestützte Beratung bietet Eltern die Möglichkeit, sich selbst „von außen" zu beobachten, und erlaubt ihnen, zu entdecken, was und zu welchem Zeitpunkt zwischen ihnen und ihrem Kind „passiert".

Eine solche Beratung wird häufig als Kommunikationsanleitung verstanden. Und tatsächlich: In den beobachteten Si-

INFO   „Gespenster aus der Vergangenheit"

Gespenster im Kinderzimmer hat sie die bekannte Kinderpsychotherapeutin S. Fraiberg genannt – diese alten Geschichten, die wir in uns tragen und die ohne dass wir es wollen plötzlich zwischen uns und unserem Kind stehen. Diese Gespenster aus der Vergangenheit sind Ursache mancherlei Missverständnisse zwischen Baby und Eltern. Denn Eltern sehen dann nicht das Baby, sondern vielleicht einen Menschen, der in ihrer Vergangenheit eine wichtige Rolle gespielt hat. Eine Mutter sieht zum Beispiel in ihrem Baby ihre eigene Mutter vor sich, die immer so ablehnend war, oder eine andere ihren starrköpfigen oder jähzornigen Vater. Sie interpretieren dann das Schreien als „Anschreien" oder das Ruhebedürfnis als Desinteresse. Wieder eine andere fühlt sich vielleicht in der Gegenwart ihres weinerlichen, hungrigen Babys wie damals, als sie das Kind einer immer fordernden, immer unzufriedenen Mutter war, oder erschrickt angesichts ihres laut „brüllenden" Kindes wie damals, als der jähzornige Großvater brüllend mit der Faust auf den Tisch schlug. Manchmal „erscheinen" auch Geschwister. Und das „pflegeleichte" Baby wird plötzlich zu dem „immer sonnigen kleinen Bruder", der damals vor langer, langer Zeit zum Liebling des Vaters geworden war und auf den sein großer Bruder – der heutige Vater – so furchtbar eifersüchtig werden musste. Nun „stört" diese Eifersucht von damals seine Beziehung zu seinem wirklich geliebten Baby und zu seiner Frau, weil er dem Baby – als Repräsentanten des beneideten Bruders von damals – ohne es zu wissen und zu wollen die Aufmerksamkeit und Liebe seiner Frau, der Mutter seines Babys, neidet. Manchmal entdecken Eltern Teile ihrer eigenen Persönlichkeit, die sie aus irgendwelchen Gründen sich selbst nicht zugestehen dürfen oder die sie selbst gern hätten. Das gut trinkende Baby erscheint ihnen dann als gierig (wo sie doch selbst so bescheiden sein wollen/ müssen) und muss endlich zu einem strikten Stillplan erzogen werden. Das motorisch unruhige Baby wird ihnen zum späteren Spitzensportler, weil es jetzt schon so schön strampeln kann, und sie sehen nicht, dass es eigentlich Ruhe und nicht noch mehr Aufmunterung braucht. Eltern unterhalten dann so die Beziehung zu einem „Gespenst", das sich wie eine Trennwand zwischen Eltern und Kind drängt.

tuationen geht es ja um Kommunikation, um den Austausch von Signalen, der möglicherweise nicht richtig funktioniert, mit der Folge, dass Eltern und Baby sich nicht verstehen. In der Beratung können die Kommunikationsstörungen besprochen werden. Dabei eignen sich keinesfalls nur gefilmte Probleme und „Missverständnisse". Denn nicht nur aus Fehlern lernt man! Mindestens eben so wichtig ist es, zu erfahren, wo die eigenen Stärken liegen.

Wenn Eltern mit eigenen Augen sehen können, welche ihrer Kontaktangebote ihr Baby mit Begeisterung aufnimmt, und wodurch ihr Baby diese ausdrückt, erfahren sie oft mehr über gegenseitige Verständnismöglichkeiten als durch Kritik misslingender Kommunikation.

Eltern-Säuglings-Psychotherapie

Manchmal verändert sich jedoch trotz eingehender Beratung nichts. Alle spüren dann, dass irgend etwas nicht „stimmt": Obwohl Mutter und Vater vielleicht sehen, was „schiefläuft", können sie einfach nicht anders, weil vielleicht Erwartungs- und Leistungsdruck, Angst, Enttäuschung, Wut, vielleicht auch zunehmendes Desinteresse oder alte Erinnerungen und eigene Probleme den Blick trüben und die Beziehung zu ihrem Baby stören.

Haben diese alten Erinnerungen als „Gespenster aus der Vergangenheit" die Oberhand gewonnen oder stören unverstandene Gefühle – über die Eltern oft selbst am meisten erschrecken – das unbeschwerte Zusammensein mit dem Baby, ist Psychotherapie notwendig. Viele Schreibabyambulanzen oder Kinder- und Jugendlichen-Psychotherapeuten, die sich auf frühe Regulationsstörungen spezialisiert haben, bieten deshalb heute eine Eltern-Säuglings-Psychotherapie an. Eine solche Eltern-Säuglings-Psychotherapie kann manchmal Wunder wirken, wenn es den Eltern gelingt, die „alten" Gefühle, die gar nichts mit ihrer jetzigen Situation zu tun haben, als unpassend zu erkennen. Sie können dann wieder im Hier und Jetzt das Leben als Eltern genießen. Und dann haben sie Kraft, auch Probleme zu meistern.

BEWEGUNGSSTÖRUNGEN UND MOTORISCHE ENTWICKLUNGSVERZÖGERUNGEN

Stellt Ihr Kinderarzt bei einer Vorsorgeuntersuchung fest (vor allem ab der U4 wird er besonders darauf achten), dass Ihr Baby bestimmte (zeitliche) Grenzsteine (siehe Seite 256) nicht erreicht hat, und diagnostiziert damit eine behandlungswürdige Entwicklungsverzögerung, ist eine Frühförderung (siehe Seite 247) nötig und auch möglich. Welche sinnvoll und ange-

messen ist, muss jedoch sorgfältig abgewogen werden. Die einfache Verordnung einer motorischen Übungsbehandlung kann manchmal zu wenig, manchmal aber auch zu viel sein. Sinnvoll ist es immer, einen Spezialisten (zum Beispiel einen Entwicklungsneurologen) aufzusuchen, der eventuell genauer feststellen kann, warum und nicht nur dass Ihr Kind bestimmte

Übung macht auch hier den Meister!

Entwicklungsschritte nicht oder nicht so macht wie andere Kinder.

Kinderarzt und Spezialist haben die wichtige Aufgabe, zu entscheiden, ob Ihr Kind tatsächlich eine krankhafte Entwicklungsstörung oder nur eine von vielen Normvarianten in der motorischen Entwicklung zeigt (siehe Seite 110ff.).

Dies heißt nicht, dass Ihr Kind durch eine krankengymnastische Übungsbehandlung nicht die Förderung erfahren kann, die es braucht. Aber mit einer ausschließlich auf die Beeinflussung der Motorik gerichteten Übungsbehandlung ist es nicht getan, zumal eine mögliche neurologische Schädigung alle Entwicklungsbereiche und nicht nur die Motorik betrifft.

Bewegungsgestörten Kindern muss von Anfang an geholfen werden, die jeweils trainierten motorischen Fähigkeiten im Spiel und in der Beziehung zu ihrer Umwelt nutzbar zu machen. Hier müssen sie erfahren dürfen, dass sie Akteure ihrer Bewegung und nicht Opfer bestimmter Übungsbehandlungen sind.

Ebenso wichtig wie Krankengymnastik des Kindes ist die Unterstützung seiner Eltern, die vielleicht Hilfe brauchen, ihr Kind und seine Reaktionen besser zu verstehen. Denn oft ist das Hauptrisiko, dem ein Kind mit Entwicklungsverzögerungen und -störungen ausgesetzt ist, nicht die spätere motorische Auffälligkeit, sondern dass die Eltern aus Unkenntnis seiner Besonderheit ihm entweder zu viel oder zu wenig zutrauen.

Eltern als Ko-Therapeuten

Eine krankengymnastische Behandlung bewegungsgestörter Säuglinge wird als Übungsbehandlung verstanden: Das bedeutet, dass nach einem aufgestellten Programm mit dem Kind bestimmte Bewegungsabläufe, Haltungen etc. geübt werden und dass die Eltern als Ko-Therapeuten den Auftrag erhalten, diese Übungen zu Hause täglich zu wiederholen.

Und hier beginnt meist das Problem. Entweder sind die Eltern zu nachlässig, damit bleibt letztlich die beste Behandlung wirkungslos. Oder sie verlieren durch ihre Arbeit mit ihrem Baby die Feinfühligkeit, die doch so wichtig für das Gedeihen eines Babys ist. Denn manche der physiotherapeutischen Methoden verlangen einfach ein striktes Vorgehen, bei dem die Situation des einzelnen Babys mit seinen ganz spezifischen und normalen Bedürfnissen und spontanen Initiativen zu kurz kommt. Auch die Eltern fühlen sich durch die Vorgabe der „Hausaufgaben" oft nicht genug in ihrer Kompetenz als Eltern ernst genommen, was ihre „elterlichen Kompetenzen" (siehe Seite 35), die Sie ja haben, gefährdet.

Deshalb muss vor einer unnötigen Behandlung auch gewarnt werden. Denn keine Therapie bleibt ohne möglicherweise unerwünschte Wirkungen. Im Fall der krankengymnastischen Übungsbehandlungen sind dies eventuell die Störung einer ganz normalen Eltern-Kind-Beziehung und die Einschränkung der Eigeninitiative Ihres Kindes.

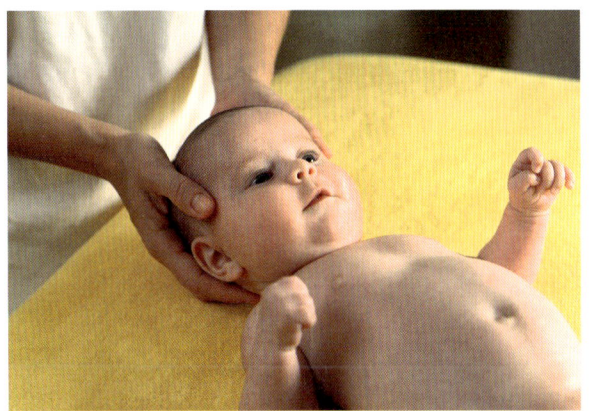
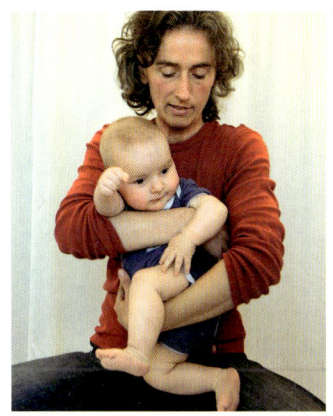

Bobath und Vojta

Diese Vorüberlegungen sind vor allem bei zwei physiotherapeutischen Methoden zur Behandlung motorischer Entwicklungsverzögerungen notwendig. Es handelt sich um das sogenannte Bobath-Konzept (genannt nach dem Ehepaar B. und K. Bobath) und der Methode nach V. Vojta. Beide beruhen auf einem bestimmten Entwicklungskonzept und beinhalten jeweils unterschiedlich streng bestimmte Übungsbehandlungen, um die Schädigungen des Zentralnervensystems, die als Ursache der Entwicklungsverzögerung erkannt wurden, so gering wie möglich zu halten oder gar zu revidieren. Beide gehen davon aus, dass das Gehirn in diesem Alter noch formbar ist.

Ihre Wirksamkeit wird nicht insgesamt bestritten. Dennoch gibt es kritische Stimmen. Kritiker bringen vor allem folgende Einwände vor:

- Die Plastizität (Formbarkeit) des Gehirns ist nicht so groß, wie Bobath und Vojta annahmen.

- Falsche – also zu hoch gesteckte – Erwartungen verhinderten in vielen Fällen, dass Eltern ihr Kind so annehmen, wie es ist.

- Vor allem die Methode nach Vojta legt zu strenge Maßstäbe in Bezug auf normal und krankhaft an. Es wird zu wenig auf die individuelle Entwicklung des einzelnen Kindes Rücksicht genommen.

- Die Rolle der Eltern als Ko-Therapeuten in Abhängigkeit vom Arzt oder Krankengymnasten verhindert eine normale Eltern-Kind-Beziehung.

Insgesamt – so die Kritiker – muss vorläufig dahingestellt bleiben, ob bei Auffälligkeiten im ersten Jahr tatsächlich spezielle Therapiemethoden von entscheidender Bedeutung sind oder ob es nicht eher und vorrangig auf die allgemeine Stimulation durch vielfältige Erfahrungen des ganz normalen Alltagslebens und auch auf eine intensive Wechselbeziehung zwischen Vater, Mutter und Kind ankommt.

ICH BIN ICH!

Das Kleinkindalter hat viele Bezeichnungen gefunden, sei es in der Umgangssprache oder in (Fach-)Zeitschriften und Büchern: Trotzalter, Spielalter, Fragealter, magisches Alter, „Stadium der motorischen Expansion" (Zeit des Bewegungsdrangs). Psychoanalytiker verwenden den Begriff „anale Phase" (Sauberwerden), aber auch die „psychische Geburt". Ganz spannend ist die geistige Entwicklung: Das Kind taucht in die „Welt der Symbole und Wörter" ein.

DIE KÖRPERLICHE ENTWICKLUNG

Im zweiten Lebensjahr wächst Ihr Baby – nein, halt: Ihr Kleinkind! – wesentlich langsamer als im ersten. Es legt an Größe durchschnittlich 12 bis 13 Zentimeter und an Gewicht etwa 2 bis 2,5 Kilogramm zu. Typisch für Kleinkinder ist das kleine Bäuchlein – zum einen verursacht durch das Hohlkreuz, was mit der noch schwachen Rückenmuskulatur und dem noch nicht voll entwickelten Rückgrat, zum anderen aber auch mit der überproportionalen Größe der inneren Organe zusammenhängt.

Jungen und Mädchen sind am Ende des zweiten Lebensjahres noch gleich groß und gleich schwer (10 bis 14 Kilogramm und 80 bis 92 Zentimeter). Gegen Ende des zweiten Lebensjahres verlangsamt sich das Wachstum. Der Babyspeck nimmt ab. Jungen sind dann im Alter von drei Jahren meist größer als Mädchen.

Guten Appetit

Ihr Kind ist mit einem Jahr jetzt kein Säugling mehr! Es sitzt mit am Familientisch, wird immer geschickter im Gebrauch seines Bestecks, lernt aus der Tasse zu trinken und will und kann sowohl unter (neuro-)motorischen als auch unter ernährungsphysiologischen Gesichtspunkten weitgehend das essen, was die Großen serviert bekommen, vorausgesetzt, diese ernähren sich weitgehend vernünftig!

Das mag ich nicht!

Kinder haben gewisse Vorlieben, an denen eine Zeit lang kaum zu rütteln ist. Kinder essen auch äußerst unregelmäßig, manchmal ganz wenig, an anderen Tagen sehr viel. Überlassen Sie Ihrem Kind für die Nahrungsmenge so viel Eigenverantwortung wie möglich. Nur wenn die Essgewohnheiten eines Kindes über sechs Wochen hinaus ungewöhnlich bleiben, – das heißt: es isst viel mehr als üblich oder sehr viel weniger –, ist ein Nachdenken über mögliche Fehlernährung und eventuell ein Gespräch mit dem Kinderarzt angebracht.

Eine einseitige Ernährung dagegen führt gerade bei Kindern in der Entwicklung leicht zu Fehl- und Mangelerscheinungen. Einseitig sind zum Beispiel Ernährungsweisen, die vorwiegend aus fetter Wurst, Fleisch und Käse oder hauptsächlich aus leeren Kohlenhydraten, wie sie Zucker liefert, bestehen und die auf Gemüse und Obst weitgehend verzichten. Nicht ausgewogen ist auch eine rein vegetarische Ernährung, in der nicht mal Milch, Milchprodukte und Eier verwendet werden (siehe Seite 97).

Eine vollwertige Mischkost beugt auch Übergewicht vor und als dessen Folge auf lange Sicht vielen Zivilisationskrankheiten wie beispielsweise Herz-Kreislauf-Erkrankungen und Diabetes mellitus Typ B vor.

Als Durstlöscher empfehlen Ernährungsexperten Leitungswasser (siehe Seite 61), Früchtetees ungezuckert sowie Mineralwasser. Reine Fruchtsäfte enthalten mindestens 10 Prozent natürlichen Zucker. Sollen sie den Durst löschen, empfiehlt sich stets eine Verdünnung mit Wasser.

INFO   Schmeckt mir nicht!

Das Wissen um die gesunde Ernährung und ihre Durchsetzung in der heimischen Küche sind oft nicht dasselbe. Viel Einfallsreichtum ist manchmal gefragt, um Gesundes „ans Kind zu bringen". Rohes Gemüse zum Knabbern anstelle der üblichen Gemüsebeilage, ein paar Löffel Haferflocken unter die Cornflakes gemischt, gekochte Kartoffeln aus der Hand, lustig belegte Vollkornbrote und selbst belegte Pizza mit viel buntem Gemüse anstatt der (Tiefkühl-)Pizza „Salami" mit viel fetter Blockwurst und dem dicken Belag an fettem Käse – Fantasie ist allemal erfolgversprechender als Ver- und Gebote, was gesunde Ernährung betrifft! Übrigens: Auch die viel verpönten, aber heiß geliebten Pommes (Kartoffel!), Fischstäbchen (Fisch!) mit viel Ketchup (Tomaten) oder ein Hamburger oder Döner von unterwegs, in den Sie zu Hause noch ganz viel Salat, Tomaten und Gurken packen können, sind gar nicht so übel! Man sollte dann nur woanders an Fett sparen.

Ernährungstipps

Sie müssen nicht mit Briefwaage und hochkomplizierten Tabellenwerten hantieren, wenn Sie Ihr Kind gesund ernähren möchten. Es reicht, wenn Sie ein paar Faustregeln beherzigen (siehe Kasten unten):

- reichlich: kalorienarme Getränke (Wasser, ungezuckerte Kräuter- und Früchtetees),
- reichlich: pflanzliche Lebensmittel (Obst, Gemüse, Kartoffeln),
- mäßig: tierische Lebensmittel,
- sparsam: fett- und zuckerreiche Lebensmittel.

Ein einjähriges Kind braucht im Durchschnitt bei mittlerer körperlicher Aktivität etwa 950 Kilokalorien pro Tag. Zwei- bis Dreijährige benötigen ungefähr 1100 Kilokalorien täglich. Stimmt dann noch bei Ihrem Sprössling das Körpergewicht, brauchen Sie sich keine weiteren Sorgen zu machen.

Wenn Sie also in Ihrem Speiseplan, von dem dann die ganze Familie profitieren wird, täglich neben den genannten Lebensmitteln auch Vollkornprodukte und natürlich Milchprodukte auf den Tisch bringen, können Sie beruhigt sein: Sie haben das Beste für Ihre Familie in puncto Ernährung getan.

Und wenn dann Ihr Kind auch noch mit Spaß am Familientisch mitisst, dann ist das – auch wenn es sich unter ernährungswissenschaftlichen Gesichtspunkten nicht immer konform verhält – genau das, was es für ein gesundes Aufwachsen braucht!

ANHALTSWERTE FÜR EIN- BIS DREIJÄHRIGE

	Menge		Menge
Getränke	600–700 ml/Tag	Fleisch, Wurst	30–35 g/Tag
Brot, Getreide (flocken)	80–120 g/Tag	Eier	1–2 Stück/Woche
Kartoffeln, Nudeln, Reis	120–140 g/Tag	Fisch	25–35 g/Woche
Gemüse	120–150 g/Tag	Margarine, Öl, Butter	15–20 g/Tag
Obst	120–150 g/Tag	Kuchen, Süßwaren, gesüßte Getränke [2]	100–110 kcal/Tag max.
Milch(produkte [1]	300–330 ml/g/Tag		

[1] 100 ml Milch entsprechen 15 g Schnittkäse oder 30 g Weichkäse; [2] z. B. 45 g Obstkuchen oder 30 g Fruchtgummi oder 200 ml Limonade   Quelle: Forschungsinstitut für Kinderernährung (FKE)

LESETIPP

Das Forschungsinstitut für Kinderernährung (FKE) hat eine sehr hilfreiche Broschüre zur vernünftigen Ernährung (opti-
mix®) von Kindern herausgebracht. Sie
können die Broschüre „Empfehlungen für
die Ernährung von Kindern und Jugendlichen" im Internet für 4 Euro bestellen.
Adresse: www.fke-do.de, oder telefonisch
unter: 0 180/5 79 81 83 (20 Cent/Anruf
aus dem deutschen Festnetz).

Wie Nährstoffe am besten erhalten bleiben
Manche Nährstoffe, vor allem Vitamine,
reagieren ausgesprochen sensibel auf falsche Behandlung. Sie werden durch zu
lange Lagerung, falsche Zubereitung, zu
langes Kochen, Wiederaufwärmen oder
durch Verwendung von zu viel Wasser
zerstört oder aus dem Gemüse einfach
ausgelaugt. Deshalb: Kochen Sie vor allem Gemüse so kurz wie möglich und
verwenden Sie Fett und Wasser äußerst
sparsam.

Und: Wenn Sie nicht jeden Tag zum
Einkaufen kommen: Tiefkühlgemüse (ohne fette Saucen und Butter) enthält oft
mehr Vitamine als das Gemüse, das seit
mehreren Tagen im Geschäft oder bei Ihnen zu Hause auf die Zubereitung warten
muss.

Kinder sind keine kleinen Erwachsenen
Obwohl Kinder ab dem zweiten Lebensjahr ganz normal am Familientisch mites-
sen, sind einige entwicklungsbedingte Besonderheiten zu beachten. Kinder können
zum Beispiel weniger auf Vorrat essen.
Das heißt: Ihre Energievorräte halten sehr
viel kürzer vor. Sie haben sehr viel früher
wieder Hunger. Dagegen helfen pro Tag
mehrere kleine Zwischenmahlzeiten, die
so auch leichter verdaulich sind und eine
bessere Verwertung der Nährstoffe möglich machen. Dabei sollten – dies eine
Empfehlung der Deutschen Gesellschaft
für Ernährung (DGE) – das erste und zweite Frühstück ein Drittel, das Mittagessen
ein Drittel und die Zwischenmahlzeit am
Nachmittag zusammen mit dem Abendessen wieder ein Drittel der Energie- und
Nährstoffzufuhr abdecken.

Auch der Flüssigkeitshaushalt eines
Kindes unterscheidet sich stark von dem
eines Erwachsenen. Kinder sollten über
den Tag häufiger trinken, da ihre Nieren-
funktion noch nicht ausgereift ist.

Ernährungserziehung
Ernährungserziehung heißt nicht einfach,
Kindern gute Tischmanieren beizubringen,
und sie beginnt nicht erst dann, wenn ein
Kind lernt, mit Messer und Gabel zu es-
sen. Der Grundstein dafür, dass Ihr Kind

sich später einmal selbstverantwortlich gesund ernähren kann, wird schon in den ersten Lebensmonaten gelegt. Ein Baby, dessen Mutter jede Unlustäußerung mit der Brust oder mit der Flasche beantwortet, wird sehr viel schwerer lernen, zwischen verschiedenen Unlustgefühlen zu unterscheiden, dafür aber sehr früh daran gewöhnt sein, Essen und Trost als zusammengehörig zu betrachten. Ein Kind, das den ganzen Tag über an Brust oder Flasche hängt, um seinen (vermeintlichen) Hunger zu stillen, wird kaum erfahren, was es heißt, hungrig oder satt zu sein. Ein Kind, das nicht über die Menge dessen, was es isst, entscheiden darf, wird auch kaum zu einer Selbstregulation von Hunger und Sättigung finden.

Und damit wäre ein großes Ziel einer vernünftigen Ernährungserziehung nicht erreicht, nämlich eine physiologische Reizsensibilität in Bezug auf Hunger und

INFO **Mein Kind isst nicht genug!**

Manche Mütter – ob nun Großmütter, eifrige Nachbarinnen oder ungemein besorgte Freundinnen – machen sich vor allem Gedanken, wenn ein Kind hin und wieder überhaupt keinen Appetit hat. Aber ein Grund zur Sorge ist in den wenigsten Fällen gegeben. Denn die Wahrscheinlichkeit einer Unterernährung gerade im Alter von zwei bis sechs Jahren ist in unseren Breitengraden äußerst gering.

Es ist vielmehr die Überernährung und damit das Übergewicht schon bei Kindern im Vorschulalter, was Gesundheitsexperten als großes Problem sehen. Im Zweifelsfalle oder wenn sich Ihre Befürchtungen (oder die von Großeltern und anderen wohlmeinenden Verwandten und Bekannten!) in Bezug auf Unter- oder Übergewicht sowie auf Essstörungen nicht zerstreuen lassen, fragen Sie Ihren Kinderarzt.

TIPP **Und Süßigkeiten?**

Süßigkeiten sind nicht absolut verboten, sie sollten jedoch nicht mehr als 10 Prozent des Gesamtenergiebedarfs decken. Ein striktes Ausklammern wirkt oft kontraproduktiv und macht Kindern Naschwerk ganz besonders attraktiv. Wichtig ist es auch, Kindern ein Genussgefühl zu vermitteln: „Mhh, jetzt lasse ich mal langsam ein Stückchen Schokolade auf der Zunge zergehen."

Durst, oder anders: die Fähigkeit, zwischen „Ich habe Hunger" und „Ich bin satt", unterscheiden zu können.

Das heißt nun nicht, dass Essen nur Hungerstillen bedeutet. Im Gegenteil: Kinder, die früh verschiedene Geschmacksrichtungen ausprobieren dürfen, lernen nicht nur, mit Abneigung und besonderen Vorlieben umzugehen, sondern schulen ganz allgemein ihre Sinne.

Nach und nach wird ein Kind dann auch seinem kognitiven Entwicklungsstand entsprechend lernen, welche Nahrung „gesund" ist, welche weniger. Beim Einkaufen mit Mutter oder Vater wird es zum Experten werden, der Früchte, Salate und Gemüsesorten kennt und unterscheiden kann, der nicht nur weiß, wo das Regal mit den Süßigkeiten steht, sondern mit entscheiden „muss", welches Brot, welches Müsli, welche Nudeln in den Einkaufswagen kommen, und der weiß, was besser und schlechter für den Körper und die Zähne ist. Seine Neugier und sein Tatendrang werden es zum eifrigen Helfer in der Küche werden lassen, der auf diese Weise genügend Anschauungsunterricht in Sachen gesunde Ernährung erhält.

Der Familientisch

Seit Menschengedenken ist das gemeinsame Mahl ein soziales Ereignis, das als solches auch genossen werden will. Glücklicherweise sehen das auch (immer noch) über 80 Prozent aller Deutschen so, auch wenn dann die Umsetzung in die tägliche Routine nur noch bei etwa der Hälfte der Familien klappt. Schade! Denn mindestens eine gemeinsame Mahlzeit am Tag verdient mehr organisatorisches Talent. Keine andere gemeinsame Aktivität hat die verbindende Kraft des Familientischs. Hier wird ja nicht nur gegessen, sondern geredet, gelacht, manchmal auch gestritten und auch einfach zugehört, beobachtet und nachgemacht, was dem Gefühl der Zugehörigkeit ein sicheres Fundament verleiht.

Schon Ihr Baby, das zum ersten Mal am Familientisch sitzt, hat das gespürt. Umso mehr tun dies Kinder, die sich mit wachsender Begeisterung an der Unterhaltung beteiligen wollen und auch können.

Tägliche gemeinsame Mahlzeiten mit der ganzen Familie, bei denen es viel zu erzählen gibt, werden ihm zeigen, dass Essen nicht nur Nahrungsaufnahme ist – und dass die Familie zusammengehört – vorausgesetzt, seine Eltern sind ihm ein Vorbild.

Anbei noch ein paar Tipps für den Familientisch:

- Finden Sie eine gemeinsame Zeit – es muss nicht immer der Mittagstisch sein! Oft lassen sich alle Familienmitglieder am Abendbrottisch einfacher versammeln.
- Berücksichtigen Sie bei der Speiseplangestaltung so gut es geht Vorlieben und Abneigungen aller Familienmitglieder – was nicht heißt, dass ein Kind nicht auch einmal essen muss, was nicht unbedingt sein Lieblingsgericht ist.

- Wählen Sie kleine Portionen für Ihr Kind! Den Teller leer zu essen gehört bei uns zwar zu den Gesetzen der Höflichkeit, ist aber nur dann nicht der erste Schritt zum Übergewicht, wenn die aufgegebene Menge dem Hunger entspricht. Zwingen Sie Ihr Kind nicht, aufzuessen, wenn Sie sich in der Menge vertan haben! Ihr Kind weiß besser, wann es satt ist, als Sie! Alle Familienmitglieder sollten sich selbst bedienen und so abschätzen lernen, wie „groß ihr Magen" im Vergleich „zu den Augen" ist.
- Essen Sie in Ruhe! Dazu gehört auch entspanntes Sitzen am Tisch ohne laufenden Fernsehapparat oder ständige Telefonate zwischendurch. Aber: Die meisten (Klein-)Kinder sind überfordert, wenn man von ihnen erwartet, still zu sitzen, bis der Letzte aufgegessen hat. Besser ist es deshalb, zappeligen Kindern, wenn sie mit dem Essen fertig sind (!), das Aufstehen zu erlauben. Dann können auch Sie, die Eltern, in Ruhe zu Ende essen!
- Nutzen Sie die gemeinsame Zeit zum Gespräch! Gemeinsames Gespräch bedeutet: Jeder darf zu Wort kommen. Wenn sich allabendlich am Tisch das Gespräch bloß um erwachsene Themen dreht, Ihr Kind, das vom Streit im Kindergarten, seinen Beobachtungen und Erlebnissen berichten will, kein Gehör findet, wird es aller Voraussicht nach für die gemeinsamen Mahlzeiten keine große Begeisterung entwickeln.

- Versuchen Sie während des Essens mit der ganzen Familie, die tiefen Probleme „außen vor" zu lassen. Es verdirbt nicht nur Ihnen den Appetit, wenn der Familientisch zum Austragungsort von Familienkonflikten wird.
- Ständiges Meckern über Tischmanieren sind nicht sehr appetitanregend! Ihr Kind lernt am besten durch Nachahmung, wie man „anständig" isst.

Großbaustelle Gehirn

Im Alter zwischen zwei und drei Jahren wächst das Gehirn nicht nur. Es „strukturiert" sich auch.

Das enorme Wachstum ist der immer weiter fortschreitenden neuronalen Verästelung zu verdanken. Allerdings werden auch viele der bereits bestehenden Verbindungen zwischen den Nervenzellen im Laufe der Entwicklung wieder abgebaut. Die Anzahl der Verknüpfungen ist anscheinend bei Zweijährigen am größten. Jetzt geht es darum, „aufzuräumen". Überflüssige, nicht benötigte Synapsen verschwinden, wichtige werden gestärkt und ausgebaut. Überproduktion und Vernichtung von Synapsen erfolgen in verschiedenen Regionen des Gehirns mit unterschiedlicher Geschwindigkeit und zu unterschiedlichen Zeiten.

Zum Beispiel wird in der Region, die für die visuelle Wahrnehmung zuständig ist, die höchste Dichte von Synapsen schon in den ersten Lebensmonaten erreicht, während die Bereiche, die für gezielte

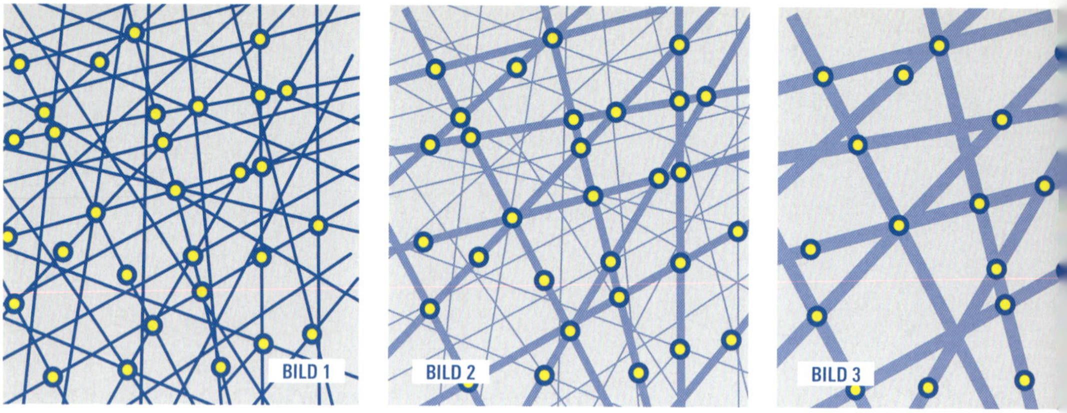

BILD 1 -3: Gut vernetzt: So werden aus Trampelpfaden Autobahnen.

Handlungsplanung, für die Sprache und Aufmerksamkeit und für die Kontrolle der Gefühle zwischen dem zweiten und sechsten Lebensjahr am größten. Deshalb gibt es bestimmte „kritische Phasen", sogenannte Entwicklungsfenster, in denen das Gehirn für bestimmte Lernerfahrungen besonders empfänglich ist, da dann die relevanten Synapsen ausgewählt und miteinander verknüpft, also die entsprechenden Regionen des Gehirns strukturiert werden.

Lateralisierung – die Spezialisierung der Hirnhälften

Die Großhirnrinde, in der dieser Wachstumsspurt stattfindet, hat in der Zeit bis zum zweiten Geburtstag an Größe und Anzahl der Verbindungen ziemlich „aufgeholt". In der Kleinkindphase kommt es zu einer Aufgabenverteilung der beiden Hirnhälften. Beide Hemisphären sind bei einem Neugeborenen in ihrer Funktion und Ausprägung zunächst gleich aufgebaut. Viele Regionen, die Sinneseindrücke ver-

arbeiten und Bewegungen steuern, sind von Geburt an symmetrisch in beiden Gehirnhälften vorhanden. Dabei ist die eine Seite jeweils für die andere Körperseite zuständig, also die rechte Gehirnhälfte für die linke Körperseite und umgekehrt. Im Kleinkindalter übernehmen die beiden Gehirnhälften mehr und mehr voneinander verschiedene Aufgaben, es entwickelt sich die Lateralität. Das bedeutet zum Beispiel: Eine Hälfte spezialisiert sich auf die Lösung komplexerer Aufgaben, die andere auf das Zerlegen und Analysieren von Informationen. Diese Gehirnhälfte ist es auch, die für die Sprache, die Motorik und die Ausbildung einer „geschickteren" Hand (siehe Seite 182) zuständig ist.

Dabei ist die Entwicklung der Lateralitätsbildung für die verschiedenen Fähigkeiten des Menschen unterschiedlich. Für die Sprache beginnt sie beispielsweise im zweiten Lebensjahr, für die Motorik im dritten und für das Sehen erst im vierten Lebensjahr. Abgeschlossen ist sie erst mit der Pubertät.

DIE SPRACHE

Und plötzlich geht es los! Aus dem eher zufälligen Mama, Papa entstehen immer mehr lautliche Verknüpfungen mit bestimmten Handlungen, Personen und Gegenständen. Dies geschieht anfangs noch häufig, indem Sie als Eltern den Lallmonologen Ihres Babys eine Bedeutung verleihen. Dennoch ist ein entscheidender Schritt getan: Laute sind zu Symbolen geworden. Etwa in der Mitte des zweiten Lebensjahres werden Sie dann den sogenannten Vokabelspurt beobachten können. Explosionsartig erweitert sich der Wortschatz Ihres Kindes. Ihm scheint klar geworden zu sein, dass alles einen Namen hat. Während sich sein Sprechen bislang auf einzelne Wörter beschränkte, deren Bedeutung sich nur Eingeweihten erschloss, kann es sich zu Ende des Klein-

kindalters, also mit drei vier Jahren, in seiner Muttersprache jedem mitteilen. Jetzt spricht es im Durchschnitt übrigens auch – zeitlich gesehen – genauso viel wie ein Erwachsener.

In den zwei Jahren des Kleinkindalters nimmt natürlich nicht nur der Wortschatz rapide zu. Viel wichtiger ist: Ihr Kind lernt, Sätze zu bilden. Der Einwortsatz der ersten anderthalb Jahre weicht gegen Ende des zweiten Jahres dem Zweiwortsatz. Mit diesem ist Ihr Kind in der Lage, zwei Bedeutungen zu kombinieren. Schon „winke, winke" enthält zwei Wörter, aber erst mit einem Satz wie „Mama weg" verbindet das Kind die Mutter mit einem bestimmten Sachverhalt und mit „Anna essen" bezeichnet das Kind sich selbst als Akteur. Auch jetzt noch muss die Situati-

---

INFO **Wie meine Eltern!**

Fast alle Eltern können es beobachten: Ihr Kind spricht angeregt in sein Spielhandy! Es erzählt und erzählt – nur, Sie verstehen es nicht, denn es ist reines Kauderwelsch. Aber es klingt gut, fast genauso wie bei Ihnen, wenn Sie telefonieren oder erzählen. Freuen Sie sich! Mit dieser Pseudosprache beweist Ihr Kind, dass es verstanden hat: Sprechen hat eine ganz wesentliche Bedeutung im Leben seiner Eltern, im menschli-

chen Leben überhaupt. Und weil es „groß" sein will und dazugehören möchte, spricht es mit einer wahren Begeisterung.
Dieses Sprechen ähnelt im Grunde auch anderen Aktivitäten, etwa wenn Ihr Kind seinen Teddy ins Bett legt und damit genau das tut, was Sie mit ihm machen, oder wenn es eifrig mit Besen und Kehrichtschaufel hantiert – genauso wie die Großen.

on, in der Ihr Kind spricht, eindeutig sein, wenn man genau verstehen will, was es sagen möchte. „Mehr Auto" zum Beispiel kann in diesem Alter die Bitte ausdrücken, noch einmal mit dem Auto fahren zu dürfen oder noch mehr (Spielzeug-)Autos haben zu wollen, aber auch die Feststellung, noch mehr Autos gesehen zu haben.

Nach und nach lernt Ihr Kind, auch Zusammenhänge sprachlich darzustellen, wobei schon ein Dreiwortsatz, in dem ein Subjekt, ein Objekt und ein Verb zueinander in Beziehung gesetzt werden, ein enormer Fortschritt ist. Jetzt kann es zum Beispiel sagen: „Anna Keks haben" oder „Teddy aua macht" und hat damit seine Möglichkeiten, sich mit Ihnen zu unterhalten, beträchtlich erweitert.

In den folgenden Jahren entwickelt sich dann die grammatisch richtige Satzbildung, der Wortschatz nimmt gewaltig zu und die Ausdrucksweise nähert sich immer mehr der Erwachsenensprache an. Spätestens bis zum Schuleintritt haben Kinder die Grundlagen der Grammatik von alleine entschlüsselt. Dabei folgt Ihr Kind zwei Prinzipien: Zum einen macht es Sie nach, was nicht heißt, dass es unbedingt versteht, was es damit sagt. Es kommt ihm eher bei seiner Imitation auf den Klang, die Sprechmelodie und die Art und Weise Ihres Sprechens an. Zum anderen folgt es beim Erlernen der Sprache dem Prinzip von Versuch und Irrtum. Dies gilt für die Grammatik ebenso wie für die richtige Aussprache. Zugleich spielt Ihr Kind auch schöpferisch mit der Sprache, erfin-

det Wörter und drückt seine Erlebnisse in oft origineller Weise aus, was Sie weder zu ständiger Korrektur noch zu einem Belächeln verleiten sollte.

Wie lernen Kinder sprechen?

Zwischen dem zweiten und dem vierten Geburtstag lernen Kinder die für ihre Sprache gültigen grammatischen Regeln, die sowohl dem Aufbau der Sätze (ich gehe ins Bett, weil ich müde bin) als auch der Form der einzelnen Wörter (der Hund, des Hundes, die Hunde – ich gehe, ich ging, ich drehe, du drehst, er drehte) zugrunde liegen. Schon die ersten Zweiwortsätze sind der Beginn einer spannenden Entwicklung: des Erlernens der Struktur einer Sprache. Wie Kinder dies tun, ist Gegenstand vieler Untersuchungen von Sprachwissenschaftlern und Psychologen, Biologen und Philosophen. Und alle tragen auf ihre Weise zum besseren Verständnis der Frage bei: „Wie lernt ein Kind sprechen?"

Geistige Entwicklung, Sprachverständnis und Sprachgebrauch

Kinder lernen die grammatischen Regeln ihrer Sprache, also die Wortformen und den Aufbau von Sätzen, in einer festen Entwicklungsfolge: Zuerst bilden sie Einwortsätze, dann mit etwa zwei Jahren Zweiwortsätze. Mit etwa drei Jahren können sie die Mehrzahl von Wörtern bilden. Präpositionen wie „in", „an",„auf" dagegen beherrschen 90 Prozent der Kinder erst mit dreieinhalb Jahren. Mit etwa fünf

Jahren meistern gesunde Kinder die All-
tagssprache sowohl im Satzaufbau als
auch in der Wortbildung einigermaßen
vollständig. Die sprachliche Entwicklung
ist eng verknüpft mit der geistigen Entwicklung insgesamt. Genauer: Diese ist
die Voraussetzung für die Sprachentwicklung.

Psychologisch orientierte Sprachforscher konnten sogar eine direkte zeitliche
Entwicklungsabfolge von Erkennen, Verstehen und sprachlichem Beschreiben
von Gegenständen, Ereignissen, räumlichen und zeitlichen Beziehungen feststellen. Sie beobachteten, dass Kinder in einem ersten Schritt (zwischen frühestens 6
und spätestens 15 Monaten) im Spiel
beispielsweise das Essen mit dem Löffel
nachahmen und sie zeigen damit, dass sie
einen Begriff von der Tätigkeit essen haben. Dieses Spiel tritt vor dem Gebrauch
des Verbs „essen" auf. Und erst danach
kann das Kind auch die Tätigkeit des Essens sprachlich ausdrücken. Ein zweites
Beispiel zeigt, wie sich bei Kindern die Fähigkeit entwickelt, räumliche Beziehungen
sprachlich auszudrücken. Zuerst (frühestens im zweiten Halbjahr) kommt das
Spiel als Zeichen der Erkenntnis: Kinder
legen Gegenstände in Behälter. Dann erst
verstehen sie zum Beispiel die Aufforderung: „Leg den Löffel in die Tasse" (mit etwa einem Jahr) und erst viel später können sie das Wort „in" auch selbst verwenden.

Sprache und Biologie – ist die Sprache angebo-
ren?

Ein Problem, das Sprachwissenschaftler
und Sprachtheoretiker beschäftigt, ist die
Frage: Kann man von einem angeborenen
Wissen um die Strukturen der menschlichen Sprache ausgehen, oder lernt ein
Kind durch die Erfahrung mit dem Sprechen, das in seiner Umgebung stattfindet?

Für eine biologische Grundlage spricht
zum Beispiel, dass schon Neugeborene
auf sprachliche Reize ganz anders als auf
andere akustische Signale reagieren. Inzwischen weiß man auch, dass Sprachsig-
nale im Gehirn bevorzugt in der linken, andere akustische Signale dagegen in der
rechten Hirnhälfte verarbeitet werden. Auf
die „Biologie des Sprechens" weist auch
das Phänomen hin, dass Kinder aus den
verschiedensten Kulturkreisen in den ersten fünf Monaten dieselben Laute produzieren. Aber nicht nur die Fähigkeit, Laute
zu unterscheiden und zu produzieren,
scheint biologisch bestimmt. Gleich wie
viel Sprache ein Kind hört, es muss von
sich aus einen Sinn in das Gehörte bringen und Regeln darin finden können, die
ihm ermöglichen, nicht nur zu wiederho-

len, was es einmal gehört hat, sondern auch spontan eigene Sätze zu bilden. Sprechenlernen ist also eine schöpferische Leistung und beinhaltet ein hohes Maß an eigener Aktivität. Dass Ihr Kind zu einem bestimmten Zeitpunkt beginnt, in Zweiwortsätzen zu sprechen, die es in dieser Form sicher noch nie gehört hat, spricht für die Annahme einer angeborenen Fähigkeit, Regeln zu bilden. Kindern muss also auch ein Wissen über die Struktur menschlicher Sprache angeboren sein.

Gleichzeitig ist es jedoch unbestreitbar, dass ein Kind zum Sprechenlernen sprachliche Anregungen braucht. Dies ist eine alte Erkenntnis und bedeutet nichts anderes, als dass Ihr Kind zum Sprechenlernen Sprache hören muss, und vor allem, dass mit ihm gesprochen wird. Denn ob ein Kind seine angeborenen Fähigkeiten ausschöpfen kann, hängt natürlich davon ab, mit welchen – sprachlichen und nichtsprachlichen – Erfahrungen es aufwächst. Und dass von Anfang an Erfahrungen eine wesentliche Rolle spielen, kann das Beispiel, das oben für die Biologie zitiert wurde, deutlich machen: Neugeborene bevorzugen sprachliche Reize vor anderen akustischen Reizen und hören am liebsten die Stimmer ihrer Mutter, da sie mit diesem „Sprachreiz" schon lange vertraut sind.

Sprechenlernen und soziales Umfeld

Andere Untersuchungen wiederum haben milieuspezifische Unterschiede in der Sprache von Kindern festgestellt. Kinder, deren Eltern eine gute Bildung haben (vor allem der Ausbildungsgrad der Mutter ist ausschlaggebend), verwenden wesentlich früher Zweiwortsätze, ihren Eigennamen oder die Mehrzahl von Wörtern. Aus dieser Feststellung entsprang eine lange wissenschaftliche Diskussion, ob und inwieweit die gehobene Sprache gebildeter Eltern insgesamt die Entwicklung fördere, in deren Gefolge sich viele Mütter und Väter ganz entgegen ihren sonstigen Sprechgewohnheiten in der Unterhaltung mit ihrem Kind um einen besonders ausgefeilte und dialektfreie Sprache bemühten. Experten gehen jedoch davon aus, dass es nicht diese „elaborierte Sprache" (elaboriert = ausgefeilt und ausgearbeitet) der Eltern ist, die auch das Sprechenlernen der Kinder beschleunigt.

Vielmehr beobachteten sie, dass Kinder, deren sprachliche Entwicklung aus sozialen Gründen im Verhältnis zu anderen Kindern gehemmt ist, meist auch in einem insgesamt anderen Familienklima aufwachsen.

Wenn Eltern ihrem Kind gegenüber ihre Wünsche und Absichten erklären und begründen, wenn sie ihre eigenen Gedanken und Gefühle ihrem Kind gegenüber ausdrücken, wenn sie ihm aufmerksam und interessiert zuhören und auch ihrem Kind die Gesprächsführung überlassen können, wenn sie ihm insgesamt eine Umgebung bieten, in der es viel gemeinsam zu unternehmen und über das Erlebte zu „diskutieren" gibt, so fördert dies die Sprachentwicklung mehr als eine ausgefeilte (elaborierte) gehobene Sprache der Eltern. Benachteiligt in ihrer sprachlichen Entwicklung sind Kinder, deren Eltern stolz darauf sind, dass ihre Kinder „aufs Wort gehorchen", bei denen „ein Blick genügt", und wo es „keine langen Debatten" gibt. Auch für Kinder, die in einer Familie aufwachsen, in dem ein Mitteilen von Gedanken, Gefühlen und Erleben nicht üblich oder, aus welchen Gründen auch immer, nicht möglich ist, ist es viel schwieriger, ihre sprachlichen Fähigkeiten zu entwickeln.

Und unser Kind?

Ihr Kind lernt sprechen, und zwar auch ohne ausgefeilte Sprachtrainingsprogramme, die manchmal zur Förderung empfohlen werden. Diese können zwar kurzzeitige und begrenzte Erfolge hervorrufen – ein Kind kann dann vielleicht schneller bestimmte grammatische Formen bilden, wie zum Beispiel die grammatische Form des Futurs (Zukunftsform) –, aber zu einem hohen Preis: Die Freude am Sprechen und am Miteinander droht dem Ehrgeiz der Eltern zum Opfer zu fallen. Auch Empfehlungen, mit dem Kind jetzt bewusst präzise, dialektfrei und wie mit einem Erwachsenen zu sprechen, also jegliche Kindersprache zu vermeiden, gehen am Ereignis des Sprechenlernens und Sprechens vorbei.

Sie werden feststellen: Sobald Sie im Umgang mit Ihrem Kind – in der Interaktion und Kommunikation – die Sprachförderung in den Vordergrund stellen, verlieren Sie Ihre Spontaneität. Damit zerstören Sie auch in Ihrem Kind das, was es eigentlich mit der Sprache will: etwas ausdrücken, sich Ihnen mitteilen und Sie an seinem Innenleben teilhaben lassen. Durch übertriebenes Korrigieren und Training wird genau das Gegenteil erreicht.

Wir unterhalten uns

Wenn Sie sich beobachten, werden Sie feststellen, dass Sie spontan und intuitiv das Richtige tun:

- Sie hören zu, was Ihr Kind sagen will, Sie stellen viele Fragen, kurz: Sie sind interessiert an dem, was Ihr Kind erlebt, macht und möchte.
- Haben Sie nicht ganz verstanden, was Ihr Kind meint, wiederholen Sie fragend – nicht korrigierend –, was es gesagt hat. Und Sie freuen sich mit Ihrem Kind, wenn es dann „funkt".
- Sie sprechen langsamer als mit Erwachsenen, auch höher und sehr ausdrucksstark, das heißt, Sie unterstreichen das Gesagte sprachlich durch besondere Betonung und außersprachlich durch Ihre Mimik und Gestik.
- Sie wiederholen im Sinne einer Bestätigung Wörter, Satzteile oder ganze Sätze, die Ihr Kind gesagt hat.

Ein Beispiel: Ihr Kind äußert beim Betrachten eines Bilderbuchs:

„Miez Mis ginkt." Natürlich antworten Sie nicht mit: „Das heißt, die Katze trinkt

Milch", sondern Sie freuen sich, weil Ihr Kind ganz unten auf der Seite die kleine Katze entdeckt hat, und sagen: „Du hast recht. Die Katze trinkt Milch. Guck mal. Da ist ein Hund. Ob der auch Durst hat?" (Sie werden, ohne lange zu überlegen, aus Ihrem Alltag eine Fülle ähnlicher Gespräche finden können.) Doch vergessen Sie auch bei diesem Entwicklungsschritt nicht: Tempo und Art und Weise, wie ein Kind sprechen lernt, unterliegen außer allgemein biologisch verankerten Gesetzmäßigkeiten und sozialen Einflüssen auch dem individuellen Entwicklungsplan, und der ist ebenso wie bei der motorischen Entwicklung von Kind zu Kind unterschiedlich! Dies dürfen vor allem Eltern, die dazu neigen, ihr Kind ehrgeizig oder ängstlich mit anderen Kindern zu vergleichen oder besserwissende Nachbarn und Verwandte, die immer ein anderes Kind kennen, das ja „schon so gut spricht", nicht aus den Augen verlieren!

Spricht unser Kind altersgemäß?

Eine gute Faustregel für eine Minimalerwartung ist, dass ein Kind bis zum Alter von vier, fünf Jahren Wortketten gebrauchen sollte, die mindestens der Zahl seines jeweiligen Alters entsprechen. Ein einjähriges Kind sollte einen Einwortsatz bilden können. Mit zwei Jahren ist sein Wortschatz auf mindestens 50 Wörter angewachsen und es müsste in der Lage sein, zweiwortige Ketten zu gebrauchen. Bei dreijährigen Kindern sollten Sie Sätze

oder Ketten von drei Wörtern erkennen können. Das heißt, mit drei, dreieinhalb Jahren müsste das Kind zu verstehen sein und in weitgehend vollständigen, wenn auch einfachen Sätzen sprechen können. Wenn nicht, sprechen Sie mit Ihrem Kinderarzt.

Zweisprachiges Aufwachsen

Immer mehr Eltern, sei es nun, weil sie selbst zwei verschiedene Sprachen sprechen, oder sei es, weil sie mit ihrem Kind in einem anderen Sprachraum leben, stehen vor der Frage, ob und wie ihr Kind ein zweisprachiges Aufwachsen verkraftet. Tatsächlich bedeutet zweisprachiges Aufwachsen eine besondere Anforderung an Kinder beim Spracherwerb.

Für Kinder, die möglicherweise generell Schwierigkeiten mit dem Sprechenlernen haben – zum Beispiel, weil sie zu Hause wenig sprachliche Anregung erfahren –, kann das gleichzeitige Erlernen von zwei Sprachen eine besondere Belastung sein.

Zweisprachigkeit kann die sprachliche Entwicklung des Kindes auch erst einmal verzögern. Aber im Allgemeinen wird ein Kind diese Periode der Verwirrung schnell überwinden. Die meisten Kinder verkraften ein zweisprachiges Aufwachsen sehr gut und entwickeln nebeneinander zwei regelrechte Sprachsysteme (Übrigens: Weltweit wachsen sehr viele Kinder in irgendeiner Form zwei- oder gar mehrsprachig auf – und sei es nur in Dialekt und Hochsprache.)

Was Sie als Eltern aber unbedingt beherzigen sollten:

Sprechen Sie mit Ihrem Kind nur in der Sprache, die Sie wirklich beherrschen. Denn erstens wollen Sie Ihrem Kind ja keine Fehler beibringen und zweitens – und das ist viel wichtiger – wollen Sie ja mit Ihrem Kind in der Sprache sprechen, die Ihnen „aus dem Herzen" kommt, die in Ihnen vielleicht auch ganz alte Saiten aus Ihrer Kindheit zum Klingen bringt, und mit der Sie genau den richtigen Ton treffen.

Also:

■ Entweder: Ihr Kind hört von Anfang an beide Sprachen, wobei sich die Situation vereinfacht, wenn es die verschiedenen Sprachen jeweils verschiedenen Personen zuordnen kann. Also: Papa ist Türke und spricht türkisch, Mama ist Deutsche und spricht deutsch. (Untereinander sprechen Sie natürlich in welcher Sprache auch immer – Sie müssen wegen des Kindes Ihre Beziehung nicht komplizieren!)

■ Oder: Beide Eltern sprechen in einer Sprache. Also: Beide –Vater und Mutter – sind beispielsweise Italiener und sprechen zu Hause italienisch, in der Krippe, dem Kindergarten, auf dem Spielplatz wird deutsch gesprochen. Suchen Sie möglichst früh Unterstützung, vielleicht durch einen Babysitter mit Sprachkenntnissen, eine Spielgruppe oder durch Bekannte, die mit Ihrem Kind in der Sprache des Landes, in dem Sie wohnen, sprechen. Ihr Kind lernt so im Alltag „spielend" dazu.

Je früher ein Kind die zweite Sprache lernt, desto leichter tut es sich. Denn – dies haben Hirnforscher festgestellt – wenn es die verschiedenen Sprachen vor dem dritten Lebensjahr erlernt, legt sein

---

INFO **Schwierig für Eltern**

Der schwierige Part liegt in Sachen zweisprachiges Aufwachsen wohl eher bei den Eltern. Dazu ein Beispiel: Sie – Mutter (Deutsche), Vater (Italiener) – sitzen mit anderen (deutschen) Familien am Esstisch. Wenn Sie nun – wie die Experten es für optimal halten – versuchen, mit Ihrem Kind als Vater italienisch zu sprechen, mit den anderen, die ja des Italienischen nicht mächtig sind, aber in Deutsch, so merken Sie bald, dass das „Sprachenspringen" (hören und sprechen jeweils) oftmals viel zu ermüdend ist, als dass es konsequent durchgehalten werden könnte. Dass es nicht anders geht, wenn der eine Partner nur seine – in unserem Fall italienische – Sprache beherrscht, also auf einen Dolmetscher angewiesen ist, ist klar – ein Grund, dass viele „gemischte" Familien bald erschöpft aus geselligen Runden aussteigen.

Gehirn sie im selben neuronalen Netzwerk ab. Experten sprechen dann von einem doppelten Erstspracherwerb. Dagegen wird jede später erlernte Sprache in ein eigenes Netzwerk integriert.

Dass Kinder durch das zweisprachige Aufwachsen insgesamt „intelligenter" werden, wie hin und wieder behauptet wird, ist wohl nicht der Fall. Psychologen fanden jedoch Anzeichen dafür, dass zweisprachig aufwachsende Kinder durch das ständige Wechseln zwischen zwei Sprachwelten früher als andere Kinder das „Umschalten zwischen einzelnen Aufgaben" schaffen und somit eine Entwicklung vorwegnehmen, die üblicherweise

erst später ansteht. Offenbar trainiert es, tagtäglich zwischen den beiden Sprachwelten hin- und herzuwechseln.

Und noch ein Gedanke für übereifrige Eltern: Wächst Ihr Kind in einer einsprachigen Familie auf, sollten Sie auf keinen Fall versuchen, mit ihm in welcher Sprache auch immer zu sprechen, um ihm damit möglicherweise einen späteren Wettbewerbsvorteil zu verschaffen. Wie gut Sie auch diese zweite Sprache, die nicht Ihre Muttersprache ist, beherrschen: Sie kommt aller Wahrscheinlichkeit nicht „von Herzen" – und das sollte die Grundlage der Kommunikation mit Ihrem Kind sein!

DIE MOTORISCHE ENTWICKLUNG

Grobmotorik

Wenig spektakulär erscheint die Entwicklung auf dem Gebiet der motorischen Fertigkeiten. Wenn ein Kind erst einmal allein läuft, halten viele die weitere Entwicklung für selbstverständlich oder bemerken sie nicht einmal. Und doch ist es ein umfangreicher „Leistungskatalog", den Ihr Kind in diesem Lebensabschnitt zu meistern hat. Es wird rennen lernen (im Gegensatz zum Gehen sind dabei für einen kurzen Moment beide Beine in der Luft), springen und klettern. Es muss sich jetzt bei Stürzen abfangen können und allein aufstehen. Es lernt, auf Zehenspitzen zu gehen

und auf einem Bein zu stehen, was ihm erlaubt, einen Ball zu kicken.

Bald wird es auch die ersten Fahrversuche auf dem Dreirad starten (mit zwei Jahren etwa, indem es sich mit beiden Beinen vom Boden abstößt, mit drei Jahren dann durch richtiges Treten). Mit drei Jahren etwa schafft es, eine Treppe mit beiden Beinen abwechselnd hinaufzusteigen.

Eine neue Errungenschaft des späten Kleinkindalters ist es auch, einen Ball richtig werfen zu können und ihn mit ausgestreckten Armen aufzufangen – viele Kinder lernen dies aber auch erst nach dem dritten Lebensjahr.

Alle diese Fertigkeiten setzen nicht nur die stetige Zunahme von Muskelkraft und vor allem der Koordinationsfähigkeit einzelner Bewegungsabläufe voraus. Von zentraler Bedeutung ist die Reifung des Gleichgewichtssinns, für den ein verlässliches Zusammenwirken des eigentlichen Gleichgewichtsorgans, das direkt neben dem Innenohr liegt, des Kleinhirns und anderer Strukturen des zentralen Nervensystems notwendig ist. Diese körperliche Reifung ist unabdingbar; davor hat es wenig Sinn, wenn Sie aus Ihrem Kind, etwa durch ein eifriges Training, einen großen Fußball- oder Eiskunstlaufstar machen wollen. Doch sie ist natürlich nicht allein ausschlaggebend.

Vielmehr braucht jedes Kind eine Vielzahl von Gelegenheiten, seine Bewegungsfreude sowie seine neuen Fertigkeiten zu erproben. Und Ihr Kind trainiert mit Ausdauer und Begeisterung, ohne dass Sie als Trainer nötig wären. Ihr Anteil ist, ihm ausreichend Zeit, Raum und Möglichkeiten für seinen Bewegungsdrang zur Verfügung zu stellen, ständig auf der Hut zu sein, dass nichts passiert, gute Nerven zu bewahren sowie Fantasie zu entwickeln, wenn Sie feststellen, dass sich der Radius Ihres Kindes dermaßen erweitert hat, dass fast nichts mehr vor ihm sicher ist.

„Bequeme" Kinder

Die meisten zwei- bis dreijährigen Kinder sind in ihrer Bewegungsfreude kaum zu bremsen. Aber nicht alle Kinder sind gleich. Es gibt nun einmal ruhige und quirlige, bedächtige und umtriebige Jungen und Mädchen. Wenn Kinder spüren, dass sie den Erwartungen ihrer Eltern, die mit Neid auf den motorisch ach so weiten Nachbarjungen blicken, nicht entsprechen, ist dies sicher nicht dazu angetan, ihre Bewegungsfreude zu fördern!

Aber es gibt auch bewegungsarme Kinder, die motiviert werden wollen und müssen. Stellen Sie fest, dass Ihr Kind kaum eigene motorische Aktivität entwickelt, ist Ihre Fantasie gefordert, Anregungen zu schaffen. Spielerische Turnstunden im Wohnzimmer und auf den verschiedenen Kletter- und Turngeräten des Spielplatzes können sinnvoll sein. Vorschläge für spezielle Übungen erhalten Sie bei Eltern-Kind-Turnnachmittagen, vielleicht auch von Ihrem Kinderarzt.

Wichtig sind aber vor allem vielfältige Anregungen beim gemeinsamen Bewegen und Spielen draußen und drinnen (Ball spielen, klettern, balancieren), auf dem Weg zum Einkauf (hopsen und balancieren auf den Mustern der Gehwegplatten, bis zur nächsten Ecke rennen), aber auch beim Helfen in der Küche: zum

Aus dem ersten Gekrakel wird später mal ein „Kopffüßler": Jede Phase birgt ein Meisterwerk!

Beispiel Becher aus dem Schrank holen (= sich bücken) und auf den Tisch stellen (= sich strecken und möglicherweise auf den Stuhl klettern) sowie Aufräumen und Putzen der Wohnung, also Staubsauger ziehen, Wäsche in die Waschmaschine stopfen, unters Bett kriechen, um den Baustein hervorzuholen, auf dem Bett hopsen, während Sie die Kleider in den Schrank räumen, ... Wichtig ist, dass Ihr Kind das Erlebnis eigener Spontaneität und Aktivität behält und nicht das Gefühl bekommt, „beturnt" zu werden (siehe Seite 90).

Feinmotorik

Auch die Feinmotorik macht gewaltige Fortschritte. Als Mutter oder Vater macht man sich oft gar nicht klar, was eigentlich dazugehört, wenn die zweieinhalbjährige Tochter stolz einen hohen Turm aus Bauklötzen vorführt. Denn das Turmbauen setzt fein abgestimmte Bewegungsabläufe und eine ausgefeilte Koordination von Händen und Augen voraus. Jeder Baustein mehr zeigt den feinmotorischen Fortschritt, den sie im letzten Jahr gemacht hat.

Die meisten Kleinkinder malen und kritzeln auch begeistert, ohne dass man ihnen „Unterricht" geben müsste. Viele Erwachsene sehen zwar keinen Unterschied zwischen dem Bild eines Zwei- und dem eines Dreijährigen. Und doch lassen sich im Umgang mit Stift und Papier Meilensteine der Entwicklung ausmachen: Mit

INFO **Wie halten Sie es denn mit der Bewegung?**

Übrigens: Die Bewegungsfreude, Koordinationsfähigkeit und Geschicklichkeit Ihres Kindes hängen auch ganz stark davon ab, wie Sie auf Ihr Kind und seine motorischen Fähigkeiten reagieren: Sind Sie ängstlich und warnen es ständig vor unbedachten Schritten und möglichen Gefahren? Oder sind Sie vielleicht zu ehrgeizig und entmutigen Sie es durch zu hohe – nicht altersgemäße oder „typgerechte" Anforderungen? Können Sie vielleicht nicht, ohne helfend einzugreifen, zusehen, wenn es sich abmüht. Haben Sie überhaupt einen Blick dafür, wenn Ihr Kind zum Beispiel gerade besondere Geschicklichkeit bewiesen hat? Und nicht zuletzt: Welchen Stellenwert nehmen denn bei Ihnen selbst Bewegung und Bewegungsfreude ein? Wenn Sie Sport nur als Couch-Potato aus dem Fernsehen kennen und ein Spaziergang an der frischen Luft oder gar ein Schwimmbadbesuch oder ein Ausflug in den nächsten Wald nicht in Ihr Freizeitrepertoire gehören, wird Ihr Kind sicher weniger Gelegenheit zum „Training" seiner Fertigkeiten haben.

einem Jahr hat das Baby – den Stift fest mit der Faust umklammert – schon gekritzelt, wenn ihm das vorgemacht wurde. Mit 15 Monaten etwa beginnt es, von sich aus zu malen, wo immer sich ihm die Gelegenheit dazu bietet. In den nächsten Monaten lernt es auch, einen Stift richtig zu halten.

Während zu Anfang das Nachahmen, das Spurenhinterlassen auf dem Papier und vor allem die Bewegung (ein Zweijähriges zum Beispiel liebt große rotierende Bewegungen mit dem Stift) im Vordergrund stehen, wird im Alter zwischen zwei und drei Jahren zunehmend auch das „Wie und Was" des Malens wichtig. Ihr Kind wählt Farben aus, kann große und kleine Flächen malen und auch einzelne Striche kombinieren. Mitunter benennt es nachträglich sein Werk oder fordert seine Eltern auf, es zu beschreiben. Begeistert verfolgt es jetzt auch deren Versuche, auf seinen Vorschlag hin einen Hund, ein Auto, einen Ball zu zeichnen. Wenn man es auffordert, malt es dann auch selbst den Papa, ein Haus, eine Katze, und zeigt damit, dass es sein Bild als „Zeichen für etwas" begreift.

Manche Kinder können mit drei Jahren ein „Gesicht" zeichnen und auf die Frage nach dem restlichen Körper hängen sie Arme und Beine als lange Striche an den Kopf. Wenn Ihr Kind jetzt auch noch nicht zum Künstler wird, so legt es doch die Grundlage für viele feinmotorische Fertigkeiten, die ihm später in Schule und Alltag hilfreich sind. Gerade das Malen wird zudem in den folgenden Jahren zu einem wichtigen Ausdrucksmittel. Dass die Fähigkeit des Zeichnens in diesem Alter wenig mit Übung, jedoch viel mit Reifung und Entwicklung zu tun hat, zeigen die Fortschritte beim Nachzeichnen: Mit etwa 15 Monaten kann ein Kind einzelne Striche, die ihm vorgemacht werden, nachzeichnen. Mit knapp zwei Jahren malt es senkrechte Striche und Kreisbewegungen nach, aber erst ein halbes Jahr später schafft es dies für waagerechte Striche, und noch später – es ist jetzt fast drei Jahre alt – kann es ein gerades Kreuz kopieren. (Ein schiefes Kreuz (X) oder die Dachform gelingt manchen Kindern im Einschulungsalter noch nicht, da die diagonale Strichführung eine ausgefeilte manuelle Feinkoordination voraussetzt.)

Sauber werden

Zur motorischen Entwicklung gehört natürlich auch die Fähigkeit, willentlich die Schließmuskeln von Darm und Blase betätigen zu können. Die Fähigkeit, sauber und trocken zu werden, bedeutet Funktionen unter Kontrolle zu bekommen, also willkürlich die entsprechenden Muskeln betätigen zu können, die bisher unwillkürlich über eine Art bedingten Reflex abliefen. (Wenn die Blase einen bestimmten Füllungsgrad erreicht hat, lässt sie den angesammelten Urin ab).

Diese Fähigkeit setzt jedoch mehr als die Reifung des Systems der willkürlichen Muskulatur und deren Verschaltung mit dem zentralen Nervensystem voraus. Der Prozess des Sauberwerdens beinhaltet außerordentlich komplizierte sensomotorische Funktionsabläufe und vor allem das Verständnis des Kindes für das, was da von ihm verlangt wird. In der Regel sind die Bedingungen für eine erfolgreiche Sauberkeitserziehung sicher nicht vor dem 18. Monat erfüllt, denn sie soll für das Kind kein „passiver Dressurakt" sein. Dieser kann zwar bei einem Baby mit regelmäßigem Stuhlgang, das man nach dem Frühstück auf dem Topf sitzen lässt, bis es sein „Geschäft" erledigt hat, zu einem – wenn auch zweifelhaften – Erfolg führen, ist aber meist verbunden mit vielen Rückschlägen und möglicherweise unerfreulichen Nebenwirkungen.

Richtiges Lernen hingegen setzt beim Kind eine ganze Menge an Verständnis und Einsicht voraus: Es muss lernen, dass das, was zu Anfang wohl eher recht zufällig im Topf oder in der Toilette landete, weil Mutter oder Vater den rechten Zeitpunkt erwischt hatten, in irgendeiner Beziehung zu ihm selbst steht. Es muss lernen, dass diese Produktion mit ganz be-

stimmten körperlichen Empfindungen zusammenhängt, dass man auch schon vorher – und dies ist ein besonders schwieriger Aspekt – an bestimmten Körperempfindungen bemerken kann, wenn man „muss", und nicht zuletzt, dass man zurückhalten kann und muss, bis man endlich auf dem Topf sitzt. (Bei fast allen Kindern sind diese Lernprozesse für den Stuhlgang leichter zu lernen, hingegen dauert es wesentlich länger, bis ein Kind auch trocken ist.) Bevor es also die Kontrolle übernehmen kann, muss es sozusagen in sich hineinfühlen können und ein Gespür für sich selbst und seinen Körper entwickeln.

Jedes Kind hat auch hier wie bei allen seinen Entwicklungsschritten seinen individuellen Zeitplan. Die meisten Kinder sind irgendwann zwischen 18 Monaten und 3 Jahren so weit, den neuen Entwicklungsanforderungen gerecht zu werden.

Vielfältige Motive erleichtern Ihrem Kind diesen Entwicklungsschritt:

- Ihr Kind imitiert Sie, weil es Sie liebt und bewundert, in allem, was es bei Ihnen beobachtet.
- Ihr Kind erlebt das Gefühl, etwas zu produzieren, hervorzubringen, als Leistung, Geschenk, Gefallen für Sie – da Ihnen offenbar etwas daran liegt.
- Und: Ihr Kind will groß und selbstständig werden und es wird spüren, wie viel Autonomie es gewinnt, wenn es nicht mehr auf das Wickeln und Saubermachen durch andere angewiesen ist. (Vorausgesetzt, die Prozedur des

Es gibt nicht den einen „richtigen" Weg zum Erfolg. Einige Tipps haben sich aber bewährt:

- Erst einmal müssen Eltern lernen: Sie müssen die Signale, die anzeigen, dass ihr Kind muss, richtig deuten, um dann möglichst schnell den Topf bereithalten zu können. Dazu gehört anfangs Glück. Manche Eltern brauchen einige Zeit, um zu lernen, wie man rasch reagiert, ohne Hektik und Aufregung zu verbreiten. Aber: Überlassen Sie Ihrem Kind die aktive Rolle. Wenn Sie die typischen Anzeichen erkennen, schlagen Sie ihm vor, auf den Topf zu gehen. Fordern Sie es nicht! Zeigt Ihr Kind dennoch eine starke Abneigung gegen einen solchen „Übergriff" oder hat gar Angst vor dem „Loch", so sollten Sie lieber noch ein paar Tage warten. Sie haben Zeit!

- Halten Sie am besten auch einen Topf in der Nähe – sichtbar – bereit! Der Weg zur Toilette kann, wenn es dringend ist, sehr lang sein!

- Eine Hose, die einfach herunterzuziehen ist, ist sinnvoll und erfolgversprechender als Kleidung, die lange aufgeknöpft werden muss. Aus diesem Grund bieten sich die Sommermonate, in denen Ihr Kind leicht oder gar nicht angezogen ist, als „Trainingszeit" an.

- Bei manchen Kindern wirkt auch die Routine einer „Sitzung", zum Beispiel nach dem Frühstück. Wichtig ist dabei, dass Ihr Kind einverstanden ist und dass der Versuch nach mehreren fehlgeschlagenen Anläufen auch ohne weiteres wieder abgeblasen werden kann, um in einigen Tagen oder Wochen erneut in Angriff genommen zu werden.

- Ihr Kind muss wissen, wovon Sie sprechen. Lange vor und unabhängig vom Tag X sollte Ihr Kind die Körperregionen und -funktionen kennenlernen, für die es nun ein ganz bestimmtes Gespür entwickeln muss. Sprechen Sie also zum Beispiel mit ihm beim Wickeln schon über den Windelinhalt und wie er in die Windel kommt oder beim Baden über Ausscheidungsorgane genauso wie über alle anderen Körperteile und ihre Funktionen!

- Unabhängig davon hat Ihr Kind sicher schon seit einigen Monaten Interesse daran gezeigt, wie Sie oder andere Kinder auf die Toilette oder auf den Topf gehen. Geben Sie ihm Gelegenheit, Sie und andere Kinder zu beobachten. Übrigens: Puppe und Teddy eignen sich hervorragend als Vorbilder und Beispiel – vor allem, weil Ihr Kind, wenn es etwa den Teddy auf den Topf setzt, eine aktive Rolle innehat.

- Oft weigern sich Kinder, deren Spielkameraden schon geübte Topfbenutzer sind, von einem Tag auf den anderen, eine Windel umgelegt zu bekommen. Bremsen Sie nicht! Sauber und trocken zu werden, gelingt am besten durch den eigenen Wunsch des Kindes. (Er wiegt den wachsenden Wäscheberg der nächsten Tage bei weitem auf.)

- Betrachten Sie die Entwicklung des Sauber- und Trockenwerdens mit derselben Gelassenheit, die Sie an den Tag legen, wenn es darum geht, wann Ihr Kind zum Beispiel Dreirad fahren lernt.

- Ihr Kind muss sich auch außerhalb seiner engsten Umgebung verständlich machen können, wenn es „muss". Verwenden Sie daher möglichst Begriffe, die in Ihrer Bekanntschaft, in der Kindergruppe, bei Verwandten üblich sind. Oder klären Sie die jeweiligen Betreuer auf, was etwa „muss A-A" bedeutet.

Saubermachens und das Interesse an „Erfolg oder Misserfolg" auf dem Topf waren nicht die einzige oder vorherrschende Form elterlicher Zuwendung!)

„Was? Ihr Kind ist noch nicht sauber?!"

Außer der verständlichen Erleichterung, dass Ihr Kind sauber und trocken geworden ist – denn nun ist es viel pflegeleichter –, bedeutet die Erziehung zur Sauberkeit für viele Eltern noch immer einen Prüfstein ihrer erzieherischen Fähigkeiten, der stark mit dem eigenen Selbstwertgefühl verknüpft ist (vielleicht auch angesichts der Erwartungen von Großeltern, Nachbarn und leider auch Erziehern und Erzieherinnen in Kindergärten, die das Sauber- und Trockensein zur Aufnahmebedingung machen). Dabei ist gerade dieser Druck eher hinderlich und belastet sowohl den Vorgang der Sauberkeitserziehung als auch die Beziehung zwischen Eltern und Kind. Außerdem: Auch unter Experten scheiden sich die Geister, von welchem Alter an man überhaupt von auffälligem Einnässen sprechen kann. Die meisten Kinder sind im Allgemeinen sauber und trocken, wenn sie das vierte Lebensjahr vollendet haben.

Aber auch dann können oder müssen Sie von Ihrem Kind nicht erwarten, dass es Blase und Darm immer und überall, Tag und Nacht, unter Kontrolle hat. Wenn Sie sich heute darüber schon Sorgen machen, tragen Sie eher dazu bei, dass es tatsächlich einmal Schwierigkeiten mit der Blasen- und Darmkontrolle haben wird,

als dass Sie ihm helfen, eine ganz normale Entwicklung „normal" zu erleben. Bei fast allen Kindern ist der Prozess des Sauber- und Trockenwerdens ein Trial-and-error-Unternehmen, bei dem sie – wie bei allen Lernprozessen – durch Erfolg weitaus besser als durch Misserfolg lernen.

Und nachts?

Die meisten Kinder benötigen, nachdem sie tagsüber trocken sind, nachts noch eine Windel. Auch hier gibt es viele Variationsmöglichkeiten. Einige werden nachts selbstständig trocken. Sie merken das daran, dass die Windel am nächsten Morgen nicht nass ist. Andere Kinder weigern sich strikt, sich abends eine Windel umlegen zu lassen, selbst auf die Gefahr eines nassen Bettes hin. Bremsen Sie Ihr Kind nicht in seinem Selbstständigkeitsdrang! Legen Sie eine Gummimatte unter. Klären Sie mit ihm im Vorfeld, wie und wo es weiterschlafen kann, wenn das Bett nass ist.

Vielen Kindern hilft es, abends vor dem Schlafengehen ans „Pipimachen" erinnert zu werden oder, bevor die Eltern ins Bett gehen, nach vorheriger Absprache geweckt und auf den Topf gesetzt zu werden. Ihr Kind sollte abends seine Einwilligung zur Weckaktion geben und nachts möglichst wach genug sein, um zu merken, worum es geht. Es kann so die Verantwortung dafür übernehmen – es ist seine Blasenkontrolle! Wenn Ihr Kind abends weniger trinkt, mindert das zwar den Urindrang, verbessert aber nicht die Blasenkontrolle.

DIE ENTWICKLUNG DER SEXUALITÄT: KEIN TABU-THEMA

Dass Säuglinge masturbieren, wurde lange „übersehen". Und für viele Eltern ist es immer noch schwer zu akzeptieren, dass der Mensch von Geburt an (und sogar schon vorher, wie Ultraschallaufnahmen gezeigt haben) sexuelle Lust verspürt und diese auch sucht. Das wird gerade im Kleinkindalter besonders deutlich – und für manche Eltern, deren Kinder offensichtlich masturbieren, ein Problem. Bleiben Sie gelassen! Denn sexuelle Lust ist einfach auch ein Thema für kleine Kinder. Außer der Stimulation der eigenen Genitalien durch Reiben, Streicheln und Kitzeln haben auch viele der Aktivitäten des Kleinkindes einen besonderen sexuellen Reiz wie Schaukeln, Hopsen, Raufen, Reiten. Wenn sie sich für ihre Geschlechtsorgane und die anderer Kinder und Erwachsener interessieren, ist dies nicht nur kindliche Neugier. Denn Kleinkinder empfinden sexuelles Vergnügen durch Zeigen der eigenen Genitalien und durch Betrachten der Genitalien anderer. Sie ziehen sich aus, posieren in sexuell provokativen Posen oder imitieren sexuelles Verhalten Erwachsener, wie sie es im Fernsehen oder in der Realität beobachtet haben.

Erziehung zur Sexualität

Sexuelle Erziehung bedeutet in diesem Alter, dem Kind seine Gefühle und Empfindungen als gut und schön zuzugestehen. Ein wesentliches Ziel ist es auch, ihm Zufriedenheit und Stolz zu ermöglichen, ein Mädchen oder ein Junge zu sein. Denn der körperliche Unterschied, den Kinder jetzt mit Interesse und Neugier feststellen werden (ohne damit übrigens die Unterschiede von Mann und Frau, die sie schon viel früher – etwa mit 18 Monaten – beschäftigen, unbedingt und ein für alle Mal in Verbindung zu bringen), kann sowohl

INFO Privatsache

Selbst „aufgeklärte" Eltern haben oft Schwierigkeiten, mit der konkreten Situation umzugehen, vor allem, wenn ihr Kleinkind sich in aller Öffentlichkeit sexuell stimuliert. Für die Eltern und das Kind ist es hilfreich, wenn die Eltern es nach und nach gelassen darauf hinweisen, dass es bei uns eben für ältere Kinder und Erwachsene nicht üblich ist, sich zum Beispiel in der Öffentlichkeit nackt zu zeigen, und dass auch bestimmte Körperregionen und Körperempfindungen Privatsache sind. (Im Übrigen: Viele Kinder entwickeln für die Sitzung auf der Toilette oft spontan diesen Wunsch nach Privatheit.)

Jungen als auch Mädchen beunruhigen. Mädchen bedürfen manchmal besonderer Versicherung, dass ihr Körper genauso schön, intakt und liebenswert ist wie der des Jungen, und der kleine Junge braucht die Sicherheit, dass auch Mädchen und Frauen, obwohl sie anders aussehen, nichts fehlt (was für ihn heißt: auch mir kann nichts weggenommen werden). Ihr Kind soll Freude am und im eigenen Körper empfinden können. Dies bedeutet auch, seine eigenen Körperempfindungen und körperlichen Gefühle ernst nehmen zu lernen! Denn befriedigende erwachsene Sexualität wird nur dann möglich, wenn Mann/Frau weiß, was ihm/ihr guttut und was nicht!

Als Junge/Mädchen geboren?

Es war ein berechtigtes, ja notwendiges Forschungsinteresse der letzten Jahrzehnte, zu untersuchen, wie früh und wie stark die Umwelt des Kindes „geschlechtsspezifisches" Verhalten fördert und hervorruft, Kinder also schon ganz früh auf bestimmte „typisch männliche" oder „typisch weibliche" Verhaltens- und Reaktionsweisen festgelegt werden. Als Forderung an die Eltern ergab sich daraus, dass sie bewusst jeder geschlechtsspezifischen Entwicklung gegensteuern sollten. Eltern, die in den 1970er und 1980er Jahren Kinder großgezogen haben, können sich erinnern, wie sie nur allzu oft vergeblich bemüht waren, dem Sohn die neue Puppe schmackhaft zu machen und oft auch wenig Erfolg hatten, das Interesse der Tochter an dem Bagger oder dem Kran für den Sandkasten über längere Zeit hinweg zu erhalten. Inzwischen weiß man: Geschlechtsneutrale Erziehung kann nicht der Sinn elterlicher Anstrengung sein. Denn sie behindert beide – Jungen wie

---

INFO   **Sexuellem Missbrauch vorbeugen!**

Erwachsene Sexualität ist in dieser Altersgruppe noch kein Thema für Ihr Kind – aber leider werden auch Kinder Opfer erwachsener Sexualität! Dies werden sie umso leichter, je weniger sie das Gefühl: „Mein Körper gehört mir" entwickeln dürfen. Erziehung zur Sexualität heißt also, Kinder zu befähigen, sich selbst und ihre Bedürfnisse zu erkennen und zu signalisieren, was ihnen gefällt und was nicht. Sie brauchen Zärtlichkeit, aber sie müssen entscheiden können, welche! Kinder brauchen Körperkontakt. Aber wie er aussieht, bestimmen sie. Ein Kind muss genügend Nähe erleben, um nicht anfällig zu sein für falsche Näheangebote, und es muss von Ihnen lernen, „Nein" sagen zu können, wenn ihm andere gegen seinen Willen zu nahe kommen!

Mädchen – bei der Suche nach ihrer Identität. Das Ziel ist ja nicht die Neutralität der Geschlechter, sondern ihre Gleichberechtigung, die sowohl Jungen wie Mädchen die Entwicklung ihres Selbst ermöglichen soll.

„Ich bin ein Mädchen", „ich bin ein Junge"

Die sogenannte Geschlechtsidentität, die Kinder etwa mit zwei Jahren erwerben (also das Wissen, selbst ein Junge oder ein Mädchen zu sein), ist ein wichtiger Schritt in diese Richtung. Zu ihr gehört auch die Kategorisierung der Welt in weiblich und männlich. Wundern Sie sich nicht, wenn Ihr Kind gerade in diesem Alter eine besonders rigide Vorstellung von „typisch männlichen" und „typisch weiblichen" Eigenschaften hat und sich auch zu keinen Kompromissen bewegen lässt. (Ein Staubsauger gehört, folgt man dem kindlichen Schema, eher zur Frau, während das Auto „männlich" ist, auch wenn es die Mutter ist, die immer damit zum Einkaufen fährt …) Ein Kind, das nach und nach seine geschlechtliche Identität entwickeln muss und will, braucht wohl eine solche rigide Welteinteilung (sie erreicht mit sechs Jahren ihren Höhepunkt und wird dann langsam flexibler). Dabei zeigen erfahrungsgemäß die Anstrengungen der Eltern, ihr Kind möglichst wenig geschlechtstypisch zu erziehen, wenig Erfolg. In ihrer (vorübergehenden) Starrheit in Bezug auf Geschlechtsrollen zeigen sich zwischen Kindern, die geschlechtstypisch erzogen wurden, und denen, deren Eltern jede Art von Geschlechtstypisierung in ihrem Erziehungsverhalten vermieden haben, keine Unterschiede. Ihre Aufgabe bleibt dennoch, Ihr Kind nicht noch in seinen „Vorurteilen" zu bestärken, sondern ihm andere Denkmöglichkeiten durch Ihr Vorleben zu erleichtern.

DENKEN UND VERSTEHEN

Es war vor allem der Schweizer Entwicklungspsychologe Jean Piaget, der unser Verständnis von der Entwicklung der Denkmöglichkeiten, der kognitiven Entwicklung, geprägt hat. Er war der Meinung, dass die Entwicklung des Denkens in vier Stufen verläuft, wobei Kinder auf jeder Stufe neue Möglichkeiten, die Welt zu begreifen, erwerben. Nach seiner Theorie durchlaufen alle Kinder diese Stufen in derselben Reihenfolge, auch wenn sie in der Geschwindigkeit recht große Unterschiede zeigen. In der ersten Phase (von 0 bis etwa 18 Monate) – Piaget nennt sie sensomotorisch, weil der Säugling sein „Wissen" durch seine sinnliche (sensus = Sinn) Erfahrung in Verbindung mit (motorischer) Handlung erwirbt – ist es vor allem der Erwerb der „Objektpermanenz", der einen wichtigen Meilenstein in der kognitiven Entwicklung des Babys darstellt. Es weiß jetzt auch, dass der Ball, den der Vater hinter einem Kissen versteckt hat, weiter existiert (siehe Seite 124).

Der Eintritt ins Kleinkindalter wird markiert von einer grundsätzlich neuen Fähigkeit: Das Kind kann sich zunehmend Ereignisse und Dinge vorstellen und mit diesen Vorstellungen umgehen (= Denken). Es gewinnt die Fähigkeit zur „geistigen Repräsentation" und zur Symbolbildung. Diese Fähigkeit zeigt sich vor allem in der Sprachentwicklung.

Piaget hat noch weitere Merkmale dieser neuen Phase, in die das Kleinkind mit etwa anderthalb bis zwei Jahren eintritt, beobachtet und systematisch beschrieben, zum Beispiel den „Egozentrismus": Ein Kleinkind hat als einzigen Ausgangspunkt seiner Weltbetrachtung sich selbst, seine eigenen Wünsche und Gefühle, sein eigenes Wollen und Bewirken. Der Begriff Egozentrismus darf nicht mit egoistisch verwechselt werden. Piaget hat damit die Unfähigkeit des kleinen Kindes beschrieben, sich in die Perspektive anderer hineinzuversetzen oder sich vorstellen zu können, dass andere Menschen die Welt anders sehen, als es sie selbst sieht. Das kleine Kind geht auch davon aus, dass die Welt so ist, wie es sie selbst erlebt und sieht. Noch einige Jahre lang wird ein Kind den Schritt „aus sich heraus" nicht tun können, der ihm erlaubt, die Welt von einer unabhängigen Warte aus objektiv zu sehen.

Damit hängt ein weiteres Merkmal des kleinkindhaften Denkens zusammen: der „Anthropomorphismus", das heißt die Tendenz, unbelebten Gegenständen Leben und Gefühle zuzuschreiben. Das kleine Kind kann noch nicht zwischen belebt und unbelebt unterscheiden. Es glaubt, dass alle Dinge mit den gleichen Fähigkeiten ausgestattet sind wie es selbst. Ein Tisch, an dem es sich gestoßen hat, ist böse, da er die Absicht hatte, weh zu tun. Regentropfen sind die Tränen der Wolken, und der Teddy muss schlafen, weil er müde ist.

Eine weitere Besonderheit des kleinkindlichen Denkens ist das sogenannte finalistische Denken. Ein kleines Kind versteht Zusammenhänge nicht kausal als Ursache und Wirkung. Es fragt nach dem Sinn. Also: Es regnet, damit die Blumen wachsen. Die Sonne scheint, damit wir sehen, wohin wir gehen. Und auch wenn es „warum" fragt, interessiert es sich eigentlich für das „wozu", also nicht für die Ursache, sondern für den Zweck.

Neuere Forschungen haben ergeben, dass die Wirklichkeit komplizierter ist, als Piagets Theorie in den Anfängen vermuten ließ. Während Piaget davon ausging, dass ein Kind in allen Lebensbereichen je nach Entwicklungsstadium eine gleichartige Denkfähigkeit besitzt, weiß man heute, dass Kinder – und Erwachsene auch! – je nach Bereich ganz unterschiedlich „befähigt" sein können. Jeder Bereich hat seine eigene Entwicklungsbesonderheit. Außerdem haben die Beobachtungen Piagets viele verleitet, das Denken und Erinnern von Kleinkindern zu unterschätzen. Seine Kritiker betonen denn auch, dass ein Kind sehr wohl andere Denkfähigkeiten zur Verfügung hat. Passt man Fragen und Sprache seinen Möglichkeiten an, bleibt man in einer Umgebung, die ihm vertraut ist, erfährt man, dass es zu Denkoperationen fähig ist, die man bisher für dieses Lebensalter für ausgeschlossen hielt. Natürlich weiß ein Kleinkind, dass ein Buch liegen bleibt, wenn man es auf den Tisch legt, weil es eben nicht lebendig ist und sich deshalb nicht von allein bewegen

kann. Es wundert sich, wenn ein Stuhl sich von selbst bewegt oder ein Plüschhund bellt. Auch die Empathie (siehe Seite 196), zu der Kleinkinder zunehmend fähig sind, sprechen gegen einen allumfassenden „Egozentrismus". Zum Beispiel sprechen schon ganz kleine Kinder mit einem Baby höher und in kürzeren Sätzen, was zeigt, dass sie eine andere Perspektive einnehmen können. Sie reagieren auf den Kummer von anderen und versuchen zu trösten, weil sie sich in dessen Lage versetzen können.

Ein Kleinkind denkt anders

Trotzdem dürfen Eltern nicht aus den Augen verlieren, dass ihr Kind von etwa zwei bis drei Jahren anders „denkt" als ein Erwachsener. Es wird möglicherweise – um beim obigen Beispiel zu bleiben – plötzlich mit dem Buch schimpfen können, wenn dieses „böswillig" eine schiefe Ebene hinunterrutscht, obwohl man ihm gesagt hat, dass es liegen bleiben soll. Erstaunlich ist dabei, dass seine verschiedenen Denkmöglichkeiten durchaus in Widerspruch geraten können, was ein Kind dieses Alters jedoch nicht stört. Diese Besonderheiten des kindlichen Denkens müssen Eltern berücksichtigen können, um ihr Kind wirklich zu verstehen.

Zum Beispiel: Ein Kind geht mit seinen Vorstellungen um, als seien sie Wirklichkeit. Träume sind tatsächlich passiert, und was es denkt, ist so. Außerdem ist es der festen Überzeugung, dass andere seine

Gedanken sehen, hören und kennen, und es schließt – wie von Piaget beschrieben – von seiner eigenen Perspektive und seinem eigenen Wissen und Erleben auf das anderer Personen und oft auch auf Tiere und Gegenstände.

Mit diesem „Egozentrismus" Ihres Kindes, also seiner Unfähigkeit, die Perspektiven anderer einzunehmen beziehungsweise überhaupt „denken" zu können, müssen Sie noch eine ganze Zeit rechnen. Zum Beispiel wird Ihr Kind noch lange mit Ihnen Verstecken spielen, indem es sich einfach die Augen zuhält. Niemand wird annehmen, dass es nun von sich selbst meint, nicht mehr da zu sein. Es ist aber einfach nicht in der Lage, sich vorzustellen, dass Sie sehen, wenn es selbst nicht sieht.

Was sind Zeit und Raum?

Ein Kind unter fünf Jahren kann sich zum Beispiel auch erst nach und nach einen Begriff von der Zeit machen. Ihr Kind erlebt Zeit bis ins Vorschulalter „anschaulich", das heißt vor allem in Raum und Größe. Ein Spielzeugauto, das, weil es schneller fährt als ein anderes, in derselben Zeit weiter kommt als das langsamere, muss in seinem Vorstellungsvermögen einfach zeitlich länger gefahren sein. Wer größer ist, ist auch älter.

Auch die typisch menschlichen Fähigkeiten, in Vergangenheit, Gegenwart und Zukunft zu denken und zu leben, entwickeln sich sehr spät. Ihr Kind lebt in der Gegenwart (was aber keinen Erwachsenen verleiten sollte, ein Kleinkind auf „morgen" zu vertrösten, wenn er nicht tatsächlich morgen meint!). Der Satz einer eiligen Mutter: „Mach schnell, wir kommen zu spät!", hat für das Kind keine wirkliche Bedeutung. Erst nach und nach lernt es, zu begreifen, was wir etwa mit „vor dem Essen" oder „heute Abend, wenn Papa kommt" meinen. Der Begriff „heute" erscheint bei Kindern etwa mit zwei Jahren. „Wenn ich noch einmal geschlafen habe" ist eine wichtige Zeiteinteilung für Ihr Kind. „Morgen" im Sinne von Zukunft im Allgemeinen wird eher erfasst als die Vergangenheit. Auch „gestern" bleibt, selbst wenn Ihr Kind einmal in der Lage ist, sich gedanklich mit Vergangenem zu beschäftigen, lange ein Begriff für irgendeinen vergangenen Zeitraum.

Eltern müssen auch mit einer ganz anderen räumlichen Vorstellung ihres Kindes rechnen. Zwar kann es vielleicht bald recht gut das passende Puzzleteil für die entsprechende leere Stelle finden, gleichzeitig aber auch panische Angst entwickeln, eine freitragende Treppe hinaufzugehen, weil es nicht erkennen kann, dass es selbst viel zu groß ist, um zwischen den Stufen hindurchzufallen.

Lange halten Kleinkinder ein (zufälliges) zeitliches Aufeinanderfolgen oder ein räumliches Nebeneinander auch für einen ursächlichen Zusammenhang. Sie können noch nicht logische Zusammenhänge von zeitlichen und räumlichen unterscheiden, ebenso wenig wie Ursachen von (äußerlichen) Anzeichen. Zum Beispiel kann Ihr Kind durchaus der Meinung sein, weil es noch nicht zu Abend gegessen habe, könne es auch nicht Abend sein. Oder: Wenn es nur die Kerzen wieder anzünde, sei auch wieder Geburtstag.

Gedächtnis und Erinnerung

Keiner von uns kann sich an seinen zweiten, dritten Geburtstag erinnern. Auch Ihr (Klein-)kind kann vielleicht später von dem schönen Weihnachtsfest mit den Großeltern berichten und von dem Bagger, den es – damals knappe drei Jahre alt – bekommen hat. Diese „Erinnerung" beruht aber wohl eher auf Ihren Erzählungen oder einem Foto, das es später zu sehen bekommen hat. Denn eine wirkliche Erinnerung an Erlebnisse vor Vollendung des dritten Lebensjahres ist ihm bei bestem Willen nicht möglich, da die Regionen im Gehirn, die für die Speicherung bewusster Langzeiterinnerungen (explizites Gedächtnis) verantwortlich sind, bis dahin noch nicht ausgereift sind.

Der Anfang des sogenannten autobiographischen Gedächtnisses setzt voraus, dass ein „Ich" die Erfahrungen macht und die Erfahrungen sprachlich erfasst werden können. Dies ist ganz rudimentär ab zweieinhalb Jahren möglich. Ab etwa drei Jahren können Kinder dann alle möglichen Erlebnisse und Fakten im Zusammenhang mit vergangenen Ereignissen erzählen, auch wenn sie schon lange zurückliegen – dies ohne sich daran in einigen Jahren erinnern zu können.

Die gemachten Erfahrungen sind aber nicht verloren gegangen. Sie sind – vor allem, wenn es emotional bedeutsame und immer wiederkehrende Erfahrungen sind – im impliziten Gedächtnis gespeichert.

Merkfähigkeit und Informationsverarbeitung

Für die Beschreibung der Merkfähigkeit ist die Unterscheidung in Kurz- und Langzeitgedächtnis wichtig. Im Kurzzeitgedächtnis werden Informationen nur einige Sekunden behalten, während das Langzeitgedächtnis Informationen, die es wert waren, so weit vorzudringen, für Monate, Jahre speichern kann. Während schon das ungeborene Baby im Bauch über ein Kurzzeitgedächtnis verfügt, entwickelt sich das Langzeitgedächtnis erst im Verlauf des zweiten Lebensjahrs. Auch dies hat ganz wesentlich mit der Entwicklung des Gehirns zu tun. Die Bereiche, die für die Langzeitspeicherung zuständig sind, sind zum Zeitpunkt der Geburt noch wenig differenziert. Erst gegen Ende des ersten Lebensjahres setzen im Gehirn Veränderungen ein, in deren Verlauf sich auch seine Speicherkapazität erhöht.

Gleichzeitig wächst die Merkfähigkeit jedoch auch mit der zunehmend besseren „Technik", Informationen zu verarbeiten, sich etwas merken zu können.

Dies gilt sowohl für das Kurzzeit- als auch für das Langzeitgedächtnis Ihres Kindes. Ihre Leistungsfähigkeit nimmt gerade in den Jahren zwischen eins und drei entscheidend zu. Dabei spielen neben der sprachlichen Entwicklung, die es möglich macht, Ereignisse auch sprachlich zu repräsentieren, die Verbesserung von Aufmerksamkeit und Konzentrationsfähigkeit eine entscheidende Rolle. Und: Womit Sie immer rechnen können (und müssen), ist das Speichervermögen des kindlichen Gedächtnisses für denk- und erinnerungswürdige Ereignisse. Leere Versprechungen und Enttäuschungen wird es ebenso wenig vergessen wie zum Beispiel das Geschäft bei Oma, in dem es von der Verkäuferin immer Bonbons geschenkt bekommen hat.

„Innenwelt"

Im vorigen Kapitel haben Sie gelesen, wie wichtig es für Ihr Kind war, dass Sie ihm immer und immer wieder Gefühle, Absichten und Gedanken zugeschrieben haben, zu denen es damals noch lange nicht in der Lage war. Im Grunde haben Sie ihm auf diese Weise erst den Zugang zu seiner eigenen inneren Welt ermöglicht. Denn ein Kind kann erst nach und nach seine eigene Psyche entdecken, wenn andere – seine Eltern – für es denken, fühlen und

verstehen. Schon mit etwa 15 Monaten können Kinder unterscheiden, ob ein bestimmtes Ziel aufgrund ihrer eigenen Absicht erreicht wurde oder eine rein zufällige Folge von etwas anderem war – und haben sich so als absichtsvolles Selbst verstanden. Nach und nach erwerben sie durch die Sprache die Fähigkeit, auch innere Zustände benennen zu können. Aber erst mit drei, dreieinhalb Jahren haben sie einen Begriff davon, dass sie ein privates, denkendes, wünschendes Selbst haben, das für einen äußeren Beobachter nicht sichtbar ist, also eine eigene innere Welt darstellt. Und sie entwickeln dann auch eine „Theorie" darüber, dass nicht nur sie, sondern auch andere so eine gedankliche „Innenwelt" haben. Sie haben von dieser „Theory of Mind" im letzten Kapitel (siehe Seite 132) gelesen. Innerhalb der ersten beiden Lebensjahre erlernt ein normal entwickeltes Kind die Unterscheidung zwischen eigenen und fremden Gefühlen beziehungsweise Handlungszielen und entwickelt die Fähigkeit, anderen Personen bestimmte Wünsche zuzuschreiben. Ein erster Schritt ist zum Beispiel die Fähigkeit, zwischen belebten und unbelebten Objekten zu unterscheiden, und zwar auf der Grundlage des „Wissens", dass unbelebte Objekte eben keine Absichten haben (der Ball „will" nicht rollen, der Tisch „wollte" mir nicht weh tun). Ein wichtiger Meilenstein ist erreicht, wenn Kinder im zweiten Lebensjahr eine Ahnung davon bekommen, dass andere Personen andere Gefühle und Wünsche haben können.

Und wieder ein Jahr später erst können sie annehmen, dass andere auch falsche Annahmen oder Überzeugungen haben können. Ein viel zitierter Versuch zeigt dies: Folgende Szene wird Kindern vorgespielt: „Maxi" – eine Puppe – versteckt ein Stück Schokolade in einem Schrank und geht weg. Während seiner Abwesenheit deponiert seine Mutter diese Schokolade an einem anderen Ort – zum Beispiel in einer Kommode. Wo wird – so lautet nun die Frage an die kleinen Probanden des Tests, die dieser Szene zugesehen haben – Maxi nach der Schokolade suchen, wenn er zurückkommt? Ein Kind unter drei Jahren wird antworten: In der Kommode. Es kann noch nicht denken, dass Maxi ja gar nicht mitbekommen hat, wie seine Mutter die Schokolade umgeräumt hat, und deshalb eine falsche Annahme haben muss. Erst Kinder die über drei Jahre alt sind können diese Tatsache, dass Menschen eine der Realität widersprechende Überzeugung haben, „denken". Sie sind in der Lage, Maxis Nichtwissen bei ihrer Voraussage zu berücksichtigen.

Kinder in diesem Alter können aber noch nicht lügen oder absichtlich jemand anderen täuschen. Erst vier bis fünfjährige Kinder sind dazu in der Lage. Denn das wiederum setzt noch einmal schwierigere Denkprozesse und Denkfähigkeiten voraus.

DIE EMOTIONALE ENTWICKLUNG: ICH UND MEINS

In der deutschen Sprache ist als Bezeichnung für das Alter zwischen zwei und drei Jahren der Begriff des Trotzalters geläufig. Auch der „Bock" des Zwei- bis Dreijährigen ist sprichwörtlich. In einem amerikanischen Handbuch zur emotionalen Gesundheit des Kindes wird als besonders wichtiger Meilenstein in der emotionalen Entwicklung zwischen zwei und drei Jahren, die „Fähigkeit, einen Wutanfall zu bekommen und sich wieder von ihm zu erholen", beschrieben. Mit diesen Beschreibungen wird ein Entwicklungsschritt dieses Alters hervorgehoben: nämlich die Fähigkeit des Kleinkindes, sich als Individuum zu erleben und einen eigenen Willen zu haben.

Vorformen eines Selbstempfindens haben sich zwar schon viel früher entwickelt, doch in der Phase zwischen zwei und drei Jahren verändert sich das Selbstempfinden des Kindes noch einmal ganz besonders.

Der Spiegeltest
Im Alter von fünf bis acht Monaten zeigen Babys Interesse an ihrem Spiegelbild. Ihre Reaktionen darauf unterscheiden sich

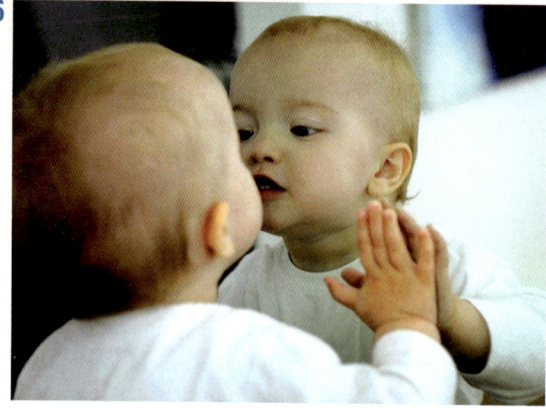

aber nicht von der Reaktion auf die Beobachtung anderer Kinder. Erste Veränderungen im Verhältnis von Kind und Spiegelbild zeigen sich im letzten Viertel des ersten Jahres. Aus dem Verhalten vor dem Spiegel kann man schließen, dass das Baby sich nun als aktiv Handelnder, als Verursacher der Veränderungen im Spiegel erlebt. Das heißt: Es erkennt die Beziehung zwischen den eigenen Körperbewegungen und dem seines Spiegelbildes. Aber erst in der zweiten Hälfte des zweiten Lebensjahres erwerben Kinder zweifelsfrei die Fähigkeit, sich selbst im Spiegel zu erkennen. Wie man das erkennt? Vor allem ein Experiment, mit dem ein ganz wichtiger Aspekt der Ich-Identität sichtbar wird, ist immer wieder beschrieben worden: 9 bis 24 Monate alte Kinder durften zunächst in einen Spiegel sehen. Danach tupften ihnen ihre Mütter einen kleinen Fleck auf die Nase. Anschließend konnten sie sich wieder im Spiegel betrachten. Was passierte? Kinder unter etwa 18 bis 21 Monaten berührten ihre Nase oder ihr Gesicht nicht, wenn sie den Fleck auf der Nase des Gegenübers im Spiegel sahen. Kinder, die zwei Jahre und älter waren, begannen sich selbst an die Nase zu fassen.

Weitere äußere Anzeichen sind etwa, dass das zweijährige Kind sich auf einem Foto selbst erkennt, dass es von sich zu Anfang in der dritten Person, Mitte des dritten Lebensjahres dann als ich sprechen kann. Zunehmend werden „mich", „mir" und vor allem „mein" zu ganz wichtigen Wörtern.

Kinder entwickeln jetzt auch ein Verständnis dafür, dass sie selbst Absichten und Wünsche haben, deren Durchsetzung Folgen in der Wirklichkeit hat. In diese Zeit fallen auch erste Anzeichen von Empathie. Ein Kind kann in Ansätzen die Perspektive eines anderen mitfühlend übernehmen, was etwas ganz anderes ist als das „Sich-anstecken-lassen" durch das Weinen eines anderen, was sogar schon bei Neugeborenen vorkommt. Während Babys unter einem Jahr in Stress geraten können, wenn sie andere Kinder weinen sehen, und deshalb zu weinen beginnen und getröstet werden müssen, beobachten Kleinkinder im zweiten Lebensjahr aufmerksam das andere weinende Kind und beginnen oft auch schon, es zu trösten. Sie zeigen damit deutlich, dass sie mitfühlen können.

Zusammenfassend lässt sich sagen: Ihr Kind entwickelt in dieser Zeit ein Selbstkonzept, dessen wichtigstes Merkmal es ist, ein Individuum zu sein, getrennt und unabhängig, aber auch in Beziehung zu anderen.

„Trotzalter"

Zu dem Wissen, eine eigenständige Person zu sein, gehört auch, dass man – nun ja, fast – alles allein und selbst machen will, und dass man sich den Anforderungen anderer widersetzen kann. Der „Bock", den ein Kind in diesem Alter entwickelt, ist die ihm gegebene Art und Weise, wie es seine zunehmende Selbstständigkeit zum Ausdruck bringen kann.

Jedes Mal, wenn es „Nein" sagt, oder gerade das Gegenteil von dem, was von ihm erwartet wird, sagt, will und tut, lernt es, sich immer mehr als eigenständiges Individuum mit eigenen Absichten und Handlungszielen zu begreifen.

Meistens ist es aber noch nicht in der Lage, einmal „geplante" Handlungsabläufe flexibel zu gestalten. Stößt es auf Widerstände – sei es auf ein „Nein" der Mutter oder auf Hindernisse, die in der Tücke des Objekts beziehungsweise in der eigenen Unfähigkeit liegen –, gerät es gewissermaßen in Panik wie ein rollender Radfahrer, der weder Kurven zu fahren noch zu bremsen gelernt hat. Der „Wutanfall" des zweijährigen Kindes, das sich hilflos wütend brüllend auf den Boden wirft, ist dann oft Ausdruck seiner Unfähigkeit, einen einmal eingeschlagenen Handlungsweg zu unterbrechen.

Zunehmend tritt dann noch ohnmächtige Wut hinzu als Ausdruck des erlebten Widerspruchs zwischen dem, was es ist, kann und will, und dem, was es sein, haben, tun kann und darf. Wutanfälle dieser Art treten besonders häufig dann auf, wenn das Kind müde und überfordert ist.

INFO **Ich könnte es an die Wand klatschen!**

Für Eltern ist diese Trotzphase ziemlich anstrengend, und viele erleben in dieser Zeit zum ersten Mal, wie viel Wut auch von ihrer Seite in der Beziehung zu ihrem Kind steckt. Ihr Impuls, in einer solchen Situation, in der Ihr Kind etwa um sich schlägt, ebenfalls handgreiflich zu werden, ist verständlich. Eltern müssen jedoch im Gegensatz zu ihrem Kind schon gelernt haben, mit solchen Impulsen umzugehen. Nur so können sie ihrem Kind helfen, dies auch zu lernen.

Erleben Sie bei solchen Trotzanfällen, dass Ihre eigene Ungehaltenheit, Ihre eigene Wut Sie überrollt und Sie der Versuchung zu erliegen drohen, Ihrem Kind gewissermaßen Gleiches mit Gleichem zu vergelten, scheuen Sie sich nicht, Hilfe in Anspruch zu nehmen. Es ist wichtig, dass Sie – sei es im Bekanntenkreis oder in einer professionellen Einrichtung – Unterstützung finden in Ihrem Bemühen, eben nicht ohnmächtig wütend handgreiflich zu werden.

Es handelt sich hier also oft nicht allein um einen Kampf zwischen Mutter/Vater und Kind, sondern auch um einen Kampf im Kind, das noch nicht gelernt hat, mit widerstreitenden Bedürfnissen und Anforderungen und vor allem mit Enttäuschung, persönlichen Niederlagen und Misserfolgen fertig zu werden. Es fehlt ihm meist auch die Sprache, genau das auszudrücken, was es möchte und was in ihm vorgeht. Es bleibt ihm dann häufig nichts anderes übrig, als schreiend wild um sich zu schlagen, um mit diesen inneren und äußeren Spannungen und Konflikten umzugehen.

Sie als Eltern haben jetzt eine große Aufgabe zu meistern: Zum einen soll Ihr Kind aus dieser Phase mit einem Gefühl des eigenen Wertes und der Eigenständigkeit hervorgehen, zum anderen soll es auch Grenzen und Misserfolge aushalten und akzeptieren können. Nur so wird es nach und nach genügend „Frustrationstoleranz" entwickeln können, um mit sich und der Welt zurechtzukommen.

Immer mit der Ruhe

Denken Sie stets daran: Diese Phase ist wichtig und – sie geht vorbei! Wenn alles gut verläuft, wird Ihr Kind nach und nach so viel Selbstständigkeit, Selbstbewusstsein und sprachliches Ausdrucksvermögen erworben haben, dass es Trotz, Bock und Wutanfall nicht mehr nötig hat. (Erst die Pubertät wird wieder „stürmischer".)

- Nehmen Sie das „Nein" und den Trotz nicht persönlich. Und vor allem: Denken Sie daran, dass es sich – von Ihrer Seite – bei den Konflikten dieses Alters nicht um einen Kampf handelt, bei dem es um Gewinner und Verlierer geht. – Aber: Bleiben Sie Herr/Frau der Situation. Ist Ihr Kind vor Wut außer sich geraten und auch in Gefahr, sich selbst zu verletzen, nehmen Sie es in die Arme. Es ist schlimm genug für Ihr Kind, die Kontrolle über sich zu verlieren. Wenn auch Sie die Kontrolle über Ihr Kind verlieren, wen hat es dann noch, an den es sich halten kann?

- Manche Kinder halten im Wutanfall nach lautem Schreien den Atem so lange an (bis zu einer Minute), bis sie blau anlaufen und sogar in krampfähnliche Zuckungen fallen. In den meisten Fällen ist ein solcher Krampfanfall harmlos. Verhalten Sie sich nicht anders als bei einem anderen Wutanfall. Ihr Kind wird keinen Schaden nehmen.

- Entwickeln Sie Fantasie! Wenn sich Ihr Kind brüllend auf dem Boden wälzt, klären Sie, ob es übermüdet, hungrig oder krank ist. Ablenkungsversuche sind jetzt meist nutzlos. Versuchen Sie jedoch, Ihrem Kind aus der Sackgasse zu helfen, ohne dass es sein Gesicht verliert. Meist ist nur ein freundliches Dabeibleiben und Abwarten nötig, bis sich Ihr Kind von selbst von seinem Wutanfall erholt.

- Besonders unangenehm für Sie als Eltern ist ein Wutanfall, der sich in der Öffentlichkeit abspielt. Versuchen Sie, sich trotz wohlmeinender, kritischer

oder hämischer Bemerkungen und Ratschläge genauso ruhig zu verhalten wie zu Hause. Sie bleiben natürlich bei Ihrem Kind. Aber geben Sie ihm nicht nach! Ihr Kind erfährt so, dass ein Wutanfall nicht der effektivste Weg ist, seinen Willen durchzusetzen. Es wird mit Ihrer Hilfe andere Techniken lernen, die vor allem für Ihr Kind selbst weit weniger Stress bedeuten.

Und als Vorbeugung: Sollte Ihr Kind zu häufigen und extremen Wutanfällen neigen, versuchen Sie, Buch zu führen, in welchen Situationen es außer sich gerät. Meist zeigt sich, dass eine bestimmte Tageszeit oder eine bestimmte Situation zum Wutanfall führt. Erproben Sie neue Strategien, um damit besser umzugehen:

- Vermeiden Sie Übermüdung, Überforderung und Situationen, die für das Kind undurchschaubar sind.
- Lassen Sie Ihrem Kind Wahlmöglichkeiten, aber überfordern Sie es dabei nicht. Die Frage: „Was möchtest du essen?" ist eine solche Überforderung, während die Wahlmöglichkeit zwischen Banane oder Butterbrot Ihrem Kind eine altersgemäße Form der Entscheidungsfreiheit bietet.
- Bieten Sie Ihrem Kind Struktur und Regelmäßigkeit. Ein eingespielter Tagesablauf zum Beispiel hilft Ihrem Kind,

sich zu orientieren und erspart ihm und Ihnen, immer neu um Essenszeiten, Schlafenszeiten, Spielplatzzeiten zu „kämpfen".

- Vermeiden Sie unnötige Diskussionen! Sowohl der Streit um die blaue oder grüne Hose, die es anzuziehen gilt, gehört dazu (warum sollte Ihr Kind nicht selbst entscheiden dürfen?), als auch die Diskussion, ob Ihr Kind bei Rot über die Straße geht oder ob es sich heute vielleicht nicht in seinen Kindersitz setzen lässt. Es gibt nun einmal Situationen, die keine Diskussion zulassen. Tun Sie dann auch nicht so, als ob Wahlmöglichkeiten bestünden.
- Geben Sie Ihrem Kind Zeit, mit neuen Situationen und Anforderungen fertig zu werden.
- Lassen Sie Ihr Kind so viel wie möglich „selbst" und „allein" machen, obwohl Sie dabei sehr viel Geduld und ganz besonders viel Diplomatie und Takt brauchen, wenn es – wie eben noch meistens – dann doch nicht richtig klappt. Wie so oft ist hier auch das Motto elterlicher Erziehungsarbeit: Hilfe zur Selbsthilfe.
- Denken Sie daran: Ihr Kind kann einfach noch nicht abwarten und Kompromisse schließen. Wenn es etwas tun oder haben will, will es dies sofort –

hier und jetzt! Es hat noch nicht gelernt, mit seinen eigenen Impulsen vernünftig, das heißt sowohl sozial verträglich als auch ohne sich selbst in Gefahr zu bringen, umzugehen.

„Meins"

Ein wichtiger Aspekt dieses neuen Selbsterlebens ist das Bedürfnis, Gegenstände als die eigenen besitzen zu dürfen. Sicher entsteht gerade jetzt, wenn Ihr Kind anfängt, mit anderen, vor allem gleichaltrigen Kindern zu spielen, zunehmend die Notwendigkeit, auch teilen und austauschen zu können. Viele gemeinsame Aktivitäten enden – besonders auch zu Ihrem Ärger – gerade deshalb mit großem Geschrei, weil eines der beiden Kinder nicht in der Lage war, sich von seinem Spielzeug zu trennen. Wie viel einfacher wäre es doch, wenn das Wörtchen „meins" nicht diese zentrale Rolle im Wortschatz Ihres Kindes spielte! Doch verlangen Sie nicht zu viel von Ihrem Kind. Man hat zwar erkannt, dass Kinder auch in diesem Alter manchmal sogar spontan einem anderen zuliebe eigene Interessen zurückstellen, dennoch darf man diese Eigenschaft – gerade jetzt, wo die Entwicklung des „Ich" und „Mein" auf der Tagesordnung steht – nicht stillschweigend und immer voraussetzen.

Und vor allem: Ihr Kind ist nicht „böse", wenn es nicht teilen will. Teilen und Abgeben wollen gelernt sein – ebenso wie der berechtigte Wunsch, auch manche

Dinge für sich ganz allein zu haben und laut und deutlich „meins" sagen zu dürfen.

Übrigens: Bei Zweijährigen, deren „Selbst-Bewusstsein" sich etwas früher als bei anderen entwickelt, ist das Besitzgefühl in der Regel auch stärker ausgebildet.

Noch einmal: Ich und Meins

„Ich" und „mein" drücken ein grundlegendes Bedürfnis des Kleinkindes aus, nämlich mit Stolz und Freude das Wachsen der eigenen Persönlichkeit und Selbstbeherrschung zu erleben. Im Grunde genommen geht es bei den meisten Konflikten dieses Alters um die Frage: „Wer beherrscht mich und meinen Körper?" Der bekannte deutsch-amerikanische Psychoanalytiker E. H. Erikson hat dies bei seiner Einteilung der menschlichen Entwicklung in verschiedene Phasen besonders hervorgehoben und diese Phase als die Zeit des Kampfes um Selbstbeherrschung gerade des immer noch weitgehend abhängigen Kindes beschrieben. Dem Gefühl der Autonomie, das jetzt auf der Tagesordnung steht, stellt er die Gefühle von Scham und Zweifel gegenüber. Denn das Kind, das etwas will und es doch nicht schafft, das entscheiden will und doch nicht darf, das sich als Objekt elterlicher Erziehung und nicht als Subjekt fühlen darf, beginnt, an sich und seinen Fähigkeiten zu zweifeln. Es beginnt, sich lächerlich zu fühlen, weil es seine wachsenden Fähigkeiten und Kräfte spürt, voller Erkundungs- und Tatendrang ist und doch so oft feststellen muss, dass es vieles noch nicht kann und darf und dann obendrein noch das elterliche „Siehst du, das hätten wir dir gleich sagen können …" als Begleitmusik seiner Anstrengungen erleben muss.

Die Scham – so beschreibt es Erikson – entsteht aus dem Gefühl, sich vorzeitig und lächerlich für jeden anderen sichtbar hervorgetan zu haben. Solche Situationen können zwar nicht ausbleiben, denn das Dilemma des zwei- bis dreijährigen Kindes ist offensichtlich. Doch Eltern sollten wissen, wie empfindlich Kinder gerade jetzt sind, und ihrem Kind in dieser schwierigen Situation helfen, anstatt es zu beschämen.

Die Angst des Kleinkinds

Ein Kind ohne Angst gibt es nicht. Zu seiner eigenen Sicherheit wäre dies auch gar nicht wünschenswert. Angst ist ein notwendiges Signal, das vor Gefahren – inneren wie äußeren – warnen soll. Die Trennungsangst des Ein- bis Zweijährigen zum Beispiel zwingt das Kind, immer wieder zur Mutter als dem sicheren Hafen zurückzukehren und sich von ihrer Gegenwart zu überzeugen. Ihre Funktion ist es, das Kind davor zu bewahren, mit seiner neu gewonnenen motorischen Fertigkeit des Wegkrabbelns und Weglaufens in den sicheren Tod zu laufen. Beginnend mit den frühen Schreckreaktionen des Neugeborenen und Säuglings (siehe Seite 26), setzt jede Angst auch eine bestimmte Fä-

higkeit voraus. Deswegen ist derjenige, „der auszog, das Fürchten zu lernen", nicht als der Intelligenteste beschrieben. Die Achtmonatsangst zum Beispiel kann ein Kind erst dann erleben, wenn es „fremd" und „vertraut" zu unterscheiden gelernt hat.

Jedes Alter hat seine typischen Ängste. Sowohl der Auslöser als auch der Inhalt der Angst verändern sich mit der Entwicklung des Kindes, da sie mit dem jeweiligen emotionalen und kognitiven Entwicklungsstand zusammenhängen: Was kann ein Kind zu einem bestimmten Zeitpunkt begreifen, welche Fantasien entwickelt es und welche emotionalen Konflikte macht es gerade durch? Zu diesen entwicklungsbedingten Ängsten kommen diejenigen hinzu, die von der jeweils eigenen Lebenserfahrung des einzelnen Kindes abhängen. Die Trennungsangst etwa verändert sich, und die Eltern haben ein Gutteil an Verantwortung dafür, wie sie sich im Laufe der Kindheit entwickelt und ob sie sich nach und nach auflösen kann.

Jedes Alter hat seine Angst

Ein Kleinkind lebt in einer Welt, die für uns Erwachsene kaum mehr zugänglich ist. Zum einen ist Ihr Kind anfangs immer noch so abhängig von Ihnen, dass es mit Angst auf jede Trennung reagieren muss. Zum anderen hat es so viele neue Aufgaben und Entwicklungsschritte zu bewältigen, dass es oft Angst vor dem Vorwärts, aber auch vor dem Zurück hat. Gerade das „Trotzalter", in dem Ihr Kind zum ers-

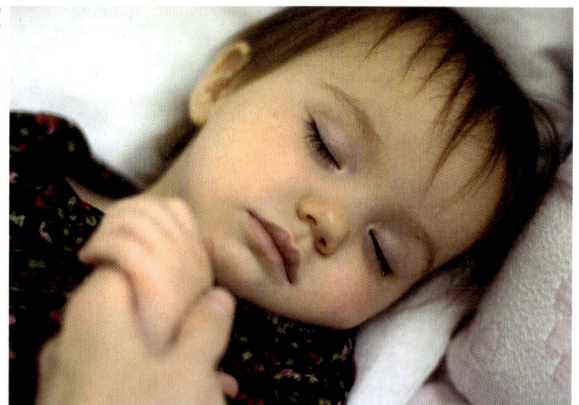

ten Mal wirklich entschieden „Nein" sagt, also von sich aus eine Trennung und Lösung aus der engen Verbundenheit mit Ihnen erprobt, bringt als Kehrseite der Medaille wieder verstärkt Trennungsangst hervor. Zu alldem kommt hinzu, dass jede Minute eine überwältigende Menge neuer Eindrücke bringt, dass es für Ihr Kind unmöglich ist, diese alle nach unseren – so vernünftigen! – Kriterien zu ordnen, zumal die Welt Ihres zwei- bis dreijährigen Jungen oder Mädchens immer noch eine Welt ohne strenge Trennung von Realität und Fantasie ist.

Seien Sie also nicht erstaunt, wenn Ihr Kind plötzlich eine scheinbar unerklärliche Angst vor dem abendlichen Bad zeigt, das es doch sonst immer so genossen hat. Vielleicht kann es nicht erkennen, dass es viel zu groß ist, um mit dem ablaufenden Wasser in den Ausguss gesogen zu werden. Wundern Sie sich auch nicht allzu sehr, wenn Ihr Kind auf einmal angstvoll verhindern will, dass Sie eine schwere Tasche die Treppe hinauftragen. Haben Sie nicht erst gestern gesagt, diese ewige Schlepperei mache Sie noch ganz kaputt? Die Vorstellung einer „kaputten Mutter" ist in höchstem Maße ängstigend. Seien Sie auch darauf gefasst, dass Ihr kleiner Junge, der sonst immer ruhig und friedlich in seinem Bettchen schlief, plötzlich

mit lautem Schreien mehrmals aufwacht. Vielleicht hat er gerade gelernt, im Sandkasten nicht mehr einfach draufloszuschlagen, wenn ihm etwas nicht passt – und nachts in seinen Träumen kommt nun „das Draufloshauen", das er tagsüber so erfolgreich unterdrückt hat, in Form eines großen gefährlichen Monsters auf ihn zu.

Gewitterdonner, der Knall eines Überschallflugzeugs, gepackte Koffer, der große Hund nebenan oder der alte Mann ohne Zähne, der so freundlich lächelt: Alles kann Angst einflößen, und es braucht viel Fantasie und Einfühlungsvermögen, um zu verstehen, was das Angsterregende an einer bestimmten Situation, einem Menschen oder an einem Gegenstand ist.

Fast alle Kleinkinder fürchten sich im Dunkeln. Sie haben Angst vor dem Einschlafen allein im dunklen Zimmer. Lauern im Dunkeln wirkliche oder „nur" eingebildete Gefahren? Sie verstehen genug, um zu wissen, dass es wirklich Mörder und Räuber gibt, die meist nachts ihr Unwesen treiben. Im Dunkeln erscheinen ihnen aber auch Monster und Gespenster, eine typische Angst, die gegen Ende des dritten Lebensjahres auftritt und die Erwachsene oft mit einem Achselzucken abtun. Eltern müssen aber die Kinder in ihrer Angst ernst nehmen, denn eingebildete Gefahren sind für sie nicht weniger real.

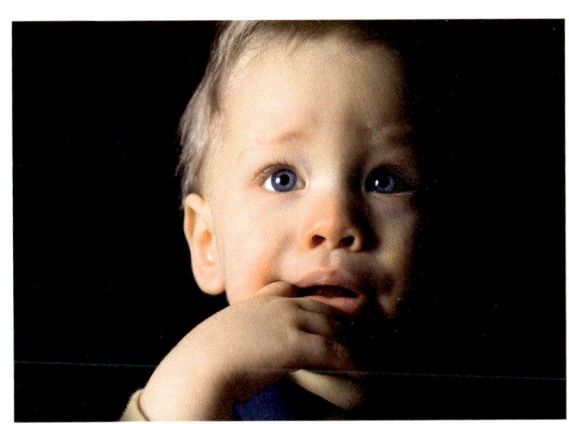

Wie Eltern helfen können

Das Kind in seiner Angst ernst nehmen bedeutet aber nicht immer, auch den Inhalt seiner Angst ernst zu nehmen.

Dafür ein Beispiel: Hat Ihr Kind plötzlich Angst, allein im Dunkeln zu bleiben, weil es Monster und Gespenster befürchtet, so reagieren Sie nicht mit übertriebener Sorge. Was soll ein kleines Kind davon halten, wenn die Mutter auf seine Angst vor dem Dunkeln mit einem immer längeren Trösten, Kuscheln und einer aufregenden Suche nach dem Einbrecher oder Monster unter dem Bett reagiert – natürlich nur um nachzuweisen, dass dort niemand ist? Und wie wirkt ein Vater, der jeden Abend zwanghaft die Fenster kontrolliert, ob sie auch wirklich geschlossen sind? Muss das Kind nicht davon ausgehen, dass seine Angst wirklich begründet ist, wenn Mutter und Vater so viele Gegenaktivitäten entwickeln? Eltern, die so auf den Inhalt der Angst eingehen, werden ihr Kind, anstatt es zu beruhigen, bestärken in seiner Furcht vor den Gefahren, die seine Unversehrtheit bedrohen.

Dass Eltern niemals die Angst des Kindes als Erziehungsmittel missbrauchen dürfen – etwa durch Geschichten vom schwarzen Mann, der Polizei oder in Süddeutschland der Knecht Ruprecht, der die bösen Kinder holt, oder weniger plump, durch die Drohung wegzugehen, wenn das Kind nicht artig ist –, versteht sich hoffentlich von selbst!

Was Sie gegen die Angst tun können

Sprechen Sie mit Ihrem Kind darüber, wovor es Angst hat und was es befürchtet. Für ein dreijähriges Kind birgt das Dunkel vor allem Monster, für ein siebenjähriges etwa eher Kidnapper und böse Männer, ein zehnjähriges Kind wird meist seine Angst als Furcht vor Feuer und Einbrechern beschreiben. In all diesen Fällen taucht auch Angsterregendes aus dem Inneren des Kindes auf, eigene Impulse zum Beispiel, die es bei Tage vielleicht durch Strafandrohung vonseiten der Eltern zu kontrollieren imstande ist. Es ist nicht selten, dass besonders „artige" Kinder eine ganz auffällige Angst vor Monstern und anderen schrecklich wütenden Ungeheuern entwickeln. All die „wilden Kerle", die menschenfressenden Krokodile, Vampire und Gespenster, die fast alle Kinder dieses Alters in ihrer Fantasie heraufbeschwören und fürchten, mögen die Vielzahl von Gefahren repräsentieren, die das kleine Kind noch nicht sicher als von innen oder außen kommend, als eigene oder fremde Aggression und Wut interpretieren kann. Sie als Eltern können Ihren Kindern diese Angst nicht durch Gegenbeweise und Argumentationen nehmen. Aber überprüfen Sie, ob Sie Ihr Kind tagsüber möglicherweise überfordert haben, weil es ja schon so groß und vernünftig sein soll. Dabei kann Überforderung nicht nur heißen, dass Sie durch besondere Strenge von Ihrem Kind zu viel an Selbstbeherrschung und Disziplin verlangt haben, sondern auch, dass Sie es ohne Regeln und Grenzen allein gelassen und ein Zuviel an Selbstkontrolle verlangt haben. Eine große Anforderung, die dieses Alter an Ihr Kind stellt, ist zwar, sich selbst, die eigene Aggression und Wut zunehmend zu kontrollieren. Doch allein schafft es das jetzt noch nicht. Eine wirksame Hilfe gegen Ängste ist also auch das Grenzensetzen.

Denn es ist Ihre Aufgabe, das Kind bei der Kontrolle seiner Impulse zu unterstützen.

Erst einmal müssen Sie jedoch Ihrem Kind helfen, mit seiner Angst umzugehen. Stellen Sie ihm Ihre Sicherheit real und gefühlsmäßig als Krücke zur Verfügung. Stecken Sie also Ihr Kind an mit Ihrer Sicherheit! Versuchen Sie, ihm klarzumachen, dass es nach und nach selbst lernen wird, mit seiner Angst „fertig zu werden". Einschlafrituale, die jeden Abend gleich ablaufen, wie Vorlesen, Singen, Allen-Teddys-gute-Nacht-Sagen, Ein-Gebet-Sprechen, können Sicherheit sowie Erleichterung bieten. Und: Ein kleines Licht im Zimmer kann wirksam „das Dunkel" vertreiben.

UND NOCH EINMAL: VOM EIN- UND DURCHSCHLAFEN

Und immer noch sind die Themen Ins-Bett-Gehen, Einschlafen, Durchschlafen sowie Schlafen im eigenen Bett in vielen Familien Ursache so mancher Diskussionen und Konflikte. Besonders zur Bettgehzeit gibt es oft lange und ermüdende Auseinandersetzungen. Denn die Zeit, die Eltern für vernünftig halten – und sei es auch nur, weil sie endlich ihre wohlverdiente Ruhe wollen –, und diejenige, die ein zwei- bis dreijähriges Kind für akzeptabel hält, ist selten dieselbe. Ein Kind, das ins Bett gelegt wird, bevor es dies will, versteht schwer, warum es seine Eltern

abschieben, bestrafen oder einfach nicht begreifen wollen. Inzwischen hat es auch vielerlei Tricks auf Lager, den Zeitpunkt, nun wirklich schlafen zu müssen, hinauszuschieben. Es bekommt plötzlich großen Durst oder Hunger, muss ganz dringend Pipi machen – oder bekommt Angst. Denn manche Kinder lernen sehr schnell, auch die Angst in ihrer Auseinandersetzung mit den Eltern einzusetzen. Väter und Mütter sollten deshalb auch in ihrem eigenen Interesse ihr Kind und seine Schwierigkeit einzuschlafen verstehen lernen.

Warum schläft unser Kind so schlecht ein?

Mögliche Ursachen sind: Ihr Kind ist tatsächlich nicht müde. Das durchschnittliche Schlafbedürfnis von Kindern vermindert sich ja im Laufe der Entwicklung. Schläft ein zweijähriges Kind durchschnittlich noch etwa 13,5 Stunden pro Tag, so muss man bei fünf- bis sechsjährigen nur noch von einem durchschnittlichen Schlafbedarf von etwa 11,5 Stunden ausgehen. (Diese Werte sind Durchschnittswerte! Manche Kinder brauchen viel mehr, viele aber auch wesentlich weniger Schlaf.) Schläft Ihr Kind nachmittags zwei bis drei Stunden, so ist es aus verständlichen Gründen am Abend noch putzmunter, auch wenn Sie gern Ihre Ruhe hätten. Vielleicht gehört Ihr Kind auch zu den „Nachteulen", das heißt zu jenen Menschen, die am Abend länger munter sind. In vielen Familien spielt sich auch gerade am Abend das eigentliche Familienleben ab, wenn Vater und Mutter endlich Zeit haben. In diesen Fällen kann nicht von Einschlafstörungen gesprochen werden. Sie sind dann „Familienstörungen", wenn sie mit dem Rhythmus und dem Bedürfnis der Eltern nicht übereinstimmen. Dies kann aber von Familie zu Familie, von Land zu Land ganz unterschiedlich sein. Wenn Ihnen daran gelegen ist, abends „endlich einmal fertig zu werden", versuchen Sie, den Tagschlaf Ihres munteren Kindes zu verkürzen. Auch wenn Ihr Kind seinen Nachmittagsschlaf noch braucht, genügt ihm oft ein Nickerchen von einer Stunde. Wenn „Nachteulen" auch nicht

grundsätzlich „umgepolt" werden können, so sind doch leichte Verschiebungen durch sanftes Wecken am Morgen möglich.

Erfahrene Kinderärzte raten Eltern, ein Schlafprotokoll zu erstellen, das über ein bis zwei Wochen Wach- und Schlafzeiten des Kindes festhält. Es hilft ihnen bei der Klärung der Fragen nach dem Schlafbedarf, dem Schlafrhythmus und dem Schlafmuster ihres Kindes und ist somit eine erste Voraussetzung für die Planung eines friedlichen Abends und einer ungestörten Nacht.

Die Macht der Gewohnheit

Eine andere Ursache für vermeintliche Einschlafstörungen kann die Schwierigkeit Ihres Kindes sein, selbstständig und allein zur Ruhe zu kommen. Meistens ist hier natürlich die Macht der Gewohnheit der Grund. Von einem Kind, das bisher auf dem Arm der Mutter oder des Vaters und durch deren Beruhigung in den Schlaf gefunden hat, kann niemand erwarten, dass es von einem auf den anderen Tag diese Gewohnheit aufgeben kann.

Wenn Sie nun, aus welchen Gründen auch immer, nicht mehr bereit und in der Lage sind, Ihr altes gemeinsames Ritual aufrechtzuerhalten, gilt: Schritt für Schritt lernen Sie und Ihr Kind am besten. Ein möglicher Weg: Die erste Nacht (oder die ersten Nächte – setzen Sie sich aber ein Zeitlimit!) sitzen Sie am Bett, streicheln Ihr Kind, halten seine Hand. Nach einiger Zeit versuchen Sie, ohne direkte Berührung

auszukommen. Ihre Nähe genügt. Ihr Stuhl kann nun jeden Tag ein Stück weiter vom Bett wegrücken. Ihr Kind wird lernen, Ihre Nähe auch dann zu spüren, wenn Sie zum Beispiel in seinem Zimmer sitzen und vielleicht bei schwachem Licht ein Buch lesen. Vermeiden Sie, mit Ihrem Kind zu sprechen. Erklären Sie ihm, warum: „Du sollst jetzt schlafen, weil du müde bist. Ich bin hier, werde aber nicht mehr antworten, wenn du mit mir sprichst." Nach und nach wird es Ihnen auch gelingen, aus dem Zimmer zu gehen, vielleicht mit den Worten: „Ich bin jetzt in der Küche. Wenn du mich brauchst, kannst du mich rufen. Ich höre dich auf jeden Fall."

Ruhestörungen

Oft jedoch können Kinder abends plötzlich keine Ruhe finden, auch wenn sie bisher ruhig und friedlich einschlafen konnten.

Jetzt gilt es herauszufinden, was Ihr Kind beunruhigt oder aufregt.

Hat es eben noch zu sehr mit seinem Vater getobt? Weiß es, dass in wenigen Minuten die Eltern ihre Ruhe wollen, weil Gäste kommen? Hat es auf dem Spielplatz so viel Neues erlebt? War Mutter eben noch verärgert, weil es mit dem Zähneputzen heute gar nicht klappen wollte? Kinder registrieren auch sofort, wenn Mutter in den letzten Tagen gar nicht so

überzeugend und entschieden gute Nacht sagt (vielleicht weil sie ganz froh ist, im Kinderzimmer dem Trubel und den Anforderungen draußen noch ein wenig zu entgehen, oder weil sie ihrem Vater und manchmal auch sich selbst zeigen muss, wie ermüdend ein Hausfrauen- und Muttertag ist.

Kinder sind hochsensible Messinstrumente für Stimmungen ihrer Eltern und damit auch für Unruhe und Spannungen. Wie können sie ruhig schlafen, wenn Vater und Mutter streiten, wenn Mutter als Hausfrau „die Decke auf den Kopf fällt" und sie nun ständig ihrem Beruf nachtrauert, wenn Vater sich Sorgen um seine Arbeitsstelle macht – und dies alles als familiäre Bedrohung in der Luft liegt?

Zu diesen möglichen Schwierigkeiten zum Zeitpunkt des Einschlafens kommen nun noch all die verschiedenen neuen altersspezifischen Ängste (Seite 201) hinzu, die ein leichtes Einschlafen und ruhiges Durchschlafen verhindern. Zu der Angst vor dem Verlassenwerden kommt jetzt als typisch für dieses Alter der ersten großen Ablösung die Angst vor der eigenen aktiven Trennung, die sich ebenfalls zur Angst vor dem Alleingelassenwerden verkehren kann. Sie ist sehr häufig in diesem Alter – nächtliche Ängste dieser Art treten dann bis ins Vorschulalter auf.

Ob man hier nun von regelrechten Einschlafstörungen (Seite 67) sprechen muss, hängt im Allgemeinen davon ab, wie gut oder wie schlecht alle miteinander gelernt haben, die Zeitspanne bis zum Einschlafen des Kindes zu überbrücken. Vielerlei Arrangements sind möglich: Erprobt sind zum Beispiel ein längeres, aber konsequentes Ritual zur Bettgehzeit, das schon weit im Vorfeld mit dem Abendessen zum Beispiel und dem letzten gemeinsamen Spiel beginnt, dann vielleicht ein kleines Licht, eine offene Tür, ein Gute-Nacht-sagen-Ritual mit wiederholtem Rufen und Antworten, ein Teddy oder Schmusetuch. Manche Eltern überlassen ihrem ängstlichen Kind in kritischen Situationen aber auch die Hand oder bieten ihm an, in ihrem Bett einzuschlafen. (Von dort lässt es sich dann später, wenn die Eltern selbst ins Bett gehen und ihre Ruhe haben wollen, ins eigene Bett tragen.)

Durchschlafen können

Außer diesen Schwierigkeiten mit dem Einschlafen erleben viele Familien in dieser Zeit wieder häufiger, dass ihr Kind nachts aufwacht. Manchmal ist das Kind einfach wach, spielt, singt, will beschäftigt werden. Auch in diesen Fällen hat sich ein Schlafprotokoll bewährt. Vielleicht haben die Eltern ihr Kind einfach zu früh ins Bett gebracht, und nun wird die Nacht zum Tage, weil der frühe Abendschlaf eher ein Nachmittagsschläfchen war. Durchschlafstörungen, die eigentlich keine sind, haben oft auch Kinder, die einfach noch

nicht gelernt haben, allein wieder in den Schlaf zu finden. Vielleicht „üben" Sie mit Ihrem Kind das Einschlafen wie oben beschrieben. Dann kann es das ganz normale Aufwachen und Wieder-Einschlafen mitten in der Nacht auch allein bewältigen.

Häufig rufen Kinder aber auch voller Angst nachts nach ihren Eltern. Sie weinen, möchten getröstet werden und brauchen die Zuwendung und Nähe von Mutter und Vater. Manchmal – je nach Alter – können sie von einem Traum erzählen, der sie geängstigt hat, wobei den Kindern die Unterscheidung zwischen Traum und Wirklichkeit gar nicht richtig gelingt. Das Traumkrokodil, das beißen wollte, die böse Hexe, der Wolf sind nicht weniger wirklich als die Wirklichkeit. Da sie viel mit „inneren" Gefahren zu tun haben, sind sie ja auch Realität und bedrohlich, wenn es mit der Selbstkontrolle noch nicht so klappt.

Manchmal kommt die Angst aber auch erst nach dem Aufwachen mitten in der Nacht: Es ist so dunkel im Zimmer, und die Eltern scheinen ganz weit weg, wenn nicht gar für immer weggegangen zu sein. Trennungs- und Verlassenheitsangst sind die Ursache vieler Durchschlafschwierigkeiten, richtiger: der Schwierigkeiten, nachts einfach wieder einzuschlafen.

Strategien gegen das nächtliche Chaos

Genau genommen sind alle diese Ein- und Durchschlafstörungen normal. Fast jedes Kind beziehungsweise jede Familie leidet irgendwann einmal darunter und wird lernen, damit umzugehen. Die meisten Kinder können bald wieder auf eigene alte Strategien zurückgreifen, die ihnen das Einschlafen erleichtern. Das Kuscheltier, der Nuckel, Schaukelbewegungen, Plappern … werden gerade in dieser Zeit noch einmal ganz wichtig. Schreckt Ihr Kind nachts aus Angstträumen auf, lassen Sie sich am nächsten Morgen den Traum Ihres Kindes genau erzählen, wenn es dazu schon in der Lage ist. Spielen Sie aber nicht mit, indem Sie vielleicht nach dem bösen Wolf suchen, um ihn zu vertreiben! Besser ist es, wenn Sie das Kind am nächsten Morgen (und immer wieder) fragen, was es denn selbst gegen seine Angst tun kann. Vielen Kindern wird die nächtliche Angst vor dem Alleinsein erleichtert, wenn sie auf einer Matratze neben dem Elternbett oder auf dem Sofa im Wohnzimmer, das neben dem Elternschlafzimmer liegt, schlafen dürfen.

Das Familienbett

Manche Kinder entwickeln auch in dieser Zeit die Angewohnheit, mitten in der Nacht einfach ins Bett der Eltern zu kriechen und dort weiterzuschlafen – oftmals, ohne dass die Eltern es merken. Dies erspart allen Beteiligten manchen Ärger bei Nacht und ermöglicht auch dem Kind, aktiv sowohl sein Nähebedürfnis zu befriedigen als auch nach einiger Zeit seinen Ablösungsprozess selbst zu gestalten. Für manche Familien ist so das Familienbett die einfachste Lösung, mit den nächtlichen Ängsten umzugehen.

Viele Einwände sind jedoch gegen eine solche Wiedereinführung des „Familienbetts" vorgebracht worden. Sie reichen von einer Sexualisierung der Beziehung zwischen Eltern und Kind bis zur Befürchtung, das Kind bleibe auf diese Weise unselbstständig und zu sehr an die Eltern gebunden. Sicher mag in manchen komplizierten Beziehungen zwischen Kind und Eltern oder zwischen den Eltern als Ehepartnern das Schlafen im elterlichen Bett eher beunruhigend als beruhigend wirken. Dies ist vor allem dann der Fall, wenn das Kind mit seinem Kuscheln bei den Eltern andere Aufgaben übernehmen muss. Der kleine Kinderkörper kann zum Beispiel tatsächlich eine (verborgene und manchmal leider auch offene) sexuelle Bedeutung für einen Erwachsenen bekommen.

Manche Eltern versuchen auch, ihr Kind zur Bewältigung eigener Trennungs- und Verlassenheitsängste zu missbrauchen, und können dann selbst nicht loslassen, wenn die Zeit dafür reif ist. Diese Gefahr ist besonders gegeben in Trennungs- und Scheidungssituationen oder bei alleinerziehenden Müttern oder Vätern. Viele Eltern merken dann irgendwann selbst, dass in ihrem Schlafarrangement etwas nicht stimmt.

Wenn auch Sie nicht sicher sind, ob die nächtliche Situation nicht eher Probleme schafft, anstatt sie zu lösen, versuchen Sie, die Lage richtig einzuschätzen. Vielleicht stellen Sie fest, dass Ihr Kind auch tagsüber eher übertrieben anhänglich ist, dass ihm auch sonst das Gefühl der Geborgenheit und die innere Sicherheit fehlen. Hier hilft das nächtliche Kuscheln wenig. Begreifen Sie sein Bedürfnis, nachts ganz dicht bei Ihnen zu sein, als Auftrag, den Tag anders zu gestalten. Was Ihr Kind braucht, ist auch tagsüber die Sicherheit, dass Vater und Mutter verlässlich sind, dass es ruhig auch einmal bockig „Nein" sagen kann, ohne die Liebe seiner Mutter, seines Vaters zu verlieren. Und es braucht Eltern, die auch einmal „Nein" sagen, als Bundesgenossen gegen überwältigende Wünsche und Aggressionen.

Achten Sie aber auch auf Ihre eigenen inneren Signale! Sind Sie wirklich zufrieden mit der Wanderschaft Ihres Kindes? Sind beide Eltern mit dem „Gast" im Bett einverstanden? Wenn Eltern sich im Bett gestört fühlen, wenn es einfach zu eng wird, wenn es zu Konflikten zwischen Mutter und Vater kommt, ob und wann Ihr Kind endlich allein schlafen sollte, wenn Sex nicht mehr möglich ist oder plötzlich auch andere Geschwister auf ihr Recht pochen, dann wird die Situation äußerst kompliziert und muss geändert werden.

Jetzt ist aber Schluss!

Wenn Sie jetzt den Entschluss fassen, Ihrem Kind das nächtliche Wandern wieder abzugewöhnen, ist eine klare und eindeutige Haltung wichtig. Ein Kind, das sich als Ursache von Spannungen und Konflikten erlebt, leidet sicher mehr, als wenn es allein im Zimmer ein- und durchschlafen muss. Eltern und Experten beobachten auch bei vielen Kindern einen Zuwachs an allgemeiner Selbstständigkeit und Selbstsicherheit, wenn sie die ihnen gestellte Aufgabe, nun allein zu schlafen, bewältigt haben.

Das heißt nicht, dass Sie nun Ihr Kind plötzlich einfach schreien lassen müssen. Vielleicht hilft ihm eine schrittweise Annäherung an das große Ziel, allein in seinem Zimmer schlafen zu können. Eine Matratze im Zimmer der Eltern als Übergangslösung leistet auch hier oft gute Dienste. Am besten planen Sie schon im Vorfeld Ihre Strategie. Entscheidend ist dabei weniger, worin diese besteht, als dass Sie selbst voll und überzeugt dahinterstehen.

Auch wenn Ihnen vielleicht einige anstrengende Nächte bevorstehen, in denen Sie ständig aufstehen, das Kind wieder ins eigene Bettchen tragen und dort sitzend beruhigen müssen: Halten Sie durch! Erfahrene Kinderärzte versichern, dass Sie in drei bis vier Nächten, spätestens innerhalb von ein bis zwei Wochen, die Durchschlafstörung Ihres Kindes „geheilt" haben. Voraussetzung dafür ist jedoch, dass Sie wirklich folgende Fragen geklärt haben: Was finde ich erträglich? Wie möchte ich die Schlafsituation haben? Denn kein Kind kann mit doppelten Botschaften umgehen oder verstehen, was Sie wollen, wenn Sie ihm einmal verbieten, in Ihr Bett zu kommen, das nächste Mal aber wieder schwach werden. Die Folge ist dann womöglich, dass sich die Ein- und Durchschlafprobleme des Kindes zu dauerhaften Störungen auswachsen.

DAS SPIEL

Kinder müssen spielen – und Eltern können viel dazu beitragen, dass ein Kind spielen kann. Aber die Betonung liegt auf „beitragen". Manchmal organisieren gerade Eltern, die von der Bedeutung des Spiels für Kleinkinder wissen, das Spiel und die Spielmöglichkeit so perfekt, dass für das Kind kein „Spielraum" mehr bleibt. Die Aufgabe der Eltern für das kindliche Spiel in diesem Alter ist das Zur-Verfügung-Stellen: Material, Umgebung, Beispiel und Ermutigung und manchmal auch sich selbst. Denn auch dann, wenn Eltern mit dem Kind spielen – also sich selbst zur Verfügung stellen –, ist es das Kind, das die Führung behalten darf und die Eltern in seinem Spiel verwenden sollte.

Spielen „als ob"
Bisher musste das Baby – dies ein Beispiel Piagets – eine Schachtel auch tatsächlich öffnen und schließen, um „Öffnen" und „Schließen" zu verstehen. Jetzt gewinnt es zunehmend einen Begriff und damit ein inneres Vorstellungsbild von „Schachtel offen" – „Schachtel zu" und kann nun darüber spekulieren, was in der Schachtel ist und wie man an ihren Inhalt kommt. Es kann an Schachteln, an Öffnen und Schließen denken, ohne einen Finger zu rühren. Sobald das Kind den Umgang mit Vorstellungen beherrscht, lernt es auch, dass etwas für etwas anderes stehen kann. Es kann zum Beispiel einen Baustein in einen Teller legen und diese „Suppe" auslöffeln, es kann trinken „als ob", obwohl die Tasse leer ist, und plötzlich ist dann der Teddy hungrig und wird mit dem „Brei" (vielleicht einem Wollfussel, den das Kind unter dem Bett gefunden hat) gefüttert.

Ein Baustein ist nun auf einmal ein kleines Mädchen, das auf einem Pferd (dem anderen Baustein) reitet, und das kleine Mädchen selbst ist wenige Minuten spä-

---

INFO | **Spielen will gelernt sein**

Obwohl Spielen die Hauptbeschäftigung dieses Spielalters ist, sind Kleinkinder erst nach und nach in der Lage, lange Spielphasen einzuhalten. Eine amerikanische Psychologin hat bei zweieinviertel Jahre alten Kindern festgestellt, dass sie durchschnittlich nur zwölf Minuten Ausdauer für eine Spielepisode bewiesen.

Mit zunehmendem Alter steigert sich diese Ausdauer. Aber im Kleinkindalter ist es eher selten, dass ein Kind sich über eine längere Zeitspanne spielend allein beschäftigt.

ter – mit einem Kissen auf dem Rücken – die Schildkröte, die es gestern im Zoo gesehen hat. Dies ist neu im Spiel des Kleinkindes: Mit dem Eintritt in die Welt der Symbole, also in der Mitte des zweiten Lebensjahres, beginnen alle Kinder zu spielen „als ob", und aus diesem Symbolspiel wird sich zunehmend ein Rollenspiel entwickeln (zuerst allein, später dann mit anderen Kindern). Ihr Kind kann jetzt eine andere Rolle, eine andere Identität annehmen, und jeder Gegenstand kann nun für einen anderen stehen. Mit dieser Art zu spielen experimentieren Kinder mit sich und der Umwelt, sie imitieren und üben.

Kinder – so haben es Psychologen erkannt –, die von sich aus häufig Fantasiespiele spielen, zeigen sich im Umgang mit anderen kompetenter, sind selbstbewusster und können besser eine fremde Perspektive einnehmen als Kinder mit vergleichbarer Intelligenz und Geselligkeit, die jedoch weniger „als ob" spielen.

Spielen mit anderen

Schon Babys zeigen Interesse an Gleichaltrigen. Legt man zwei sechs Monate alte Kinder auf den Boden, sodass sie sich betrachten können, beginnen sie sich zu beobachten, zu berühren, gegenseitig an den Haaren zu ziehen und einander zu imitieren. Dieses Interesse an gleichaltrigen Kindern nimmt im zweiten Jahr deutlich zu. Kleinkinder lieben es, in unmittelbarer Nähe von anderen zu spielen. Zwar sieht es manchmal so aus, als sei der spielende Gefährte nebenan völlig vergessen, so versunken scheint das Zweijährige in sein Spiel. Doch bei genauer Beobachtung fällt auf, wie viel Kinder dabei voneinander abgucken. Das Spiel des einen regt das Spiel des anderen an, vor allem wenn sie das gleiche Spielzeug zur Verfügung haben. Besonders einflussreich sind ältere Geschwister, die nicht nur im Spiel wichtige Vorbilder und „Vormacher" sind.

Zwischen 14 und 18 Monaten beginnen Kinder auch, gemeinsam mit Gegenständen zu spielen. Vor allem mit älteren Kindern spielen kleine Kinder mit wachsender Ausdauer und sie können sich ganz auf die Spielanleitungen der Größeren einlassen.

Ganz allgemein lässt sich feststellen: Im dritten Lebensjahr können sich gleichaltrige Kinder im Spiel aufeinander beziehen, wobei viele Kinder, vor allem solche, die Übung haben im Umgang mit anderen Kindern, schon eher mit dem gemeinsamen Spiel beginnen. Spätestens ab drei Jahren ziehen Kinder dann im Allgemeinen das Spiel mit Gleichaltrigen dem Alleinspielen und oft auch dem Spiel mit Erwachsenen vor.

Das gemeinsame Spiel unter Kindern ist anregend für alle Teilnehmer, auch wenn es in diesem Alter nicht selten in Streit und Tränen über ein Spielzeug oder einen anderen „Besitz" enden wird (nach einer amerikanischen Untersuchung bei etwa der Hälfte aller Spielsituationen). Streit entsteht besonders, wenn zu viele Gleichaltrige, die alle noch unbeholfen im Umgang mit sozialen Partnern sind, zu-

sammen spielen sollen. In altersgemischten Gruppen geht es meist viel friedlicher zu. Doch, dies zur Beruhigung der Eltern, auch die Erfahrung von Streit und folgender Versöhnung ist ein wichtiger Lernprozess: Wie sollte man sonst lernen, dass Menschen unterschiedliche Ansichten und entgegengesetzte Interessen haben, und wie man mit dieser Einsicht umgehen kann?

Entdecken, Erforschen, Experimentieren

Kleinkinder müssen experimentieren können. So wie das Fantasiespiel, das Tun als ob, ein Experimentieren mit Beziehungen und Rollen und dem eigenen Selbstverständnis ist, so ist das Spielen mit Gegenständen ein Experimentieren mit der Welt der Dinge. Trocken, nass, warm, kalt, feucht, klebrig, fest, weich, schmierig, glatt, hoch, tief, steil, spitz, scharf, rund, eckig … – alle diese Eigenschaften muss das Kind selbst erfahren können und dürfen. Zum Experimentieren gehört auch, Dinge falsch gebrauchen und Handlungen nicht in der allgemein üblichen Art und Weise ausführen zu dürfen.

Es ist die Aufgabe der Eltern, ausreichend Gelegenheit für das selbstständige Erforschen zu geben (und aufzupassen, wo es gilt Gefahren zu vermeiden oder sie

gemeinsam zu meistern). Bei diesem Spiel gibt es natürlich auch Unordnung und Chaos – Kinder sind nun einmal nicht so perfekt in ihrer Versuchsanordnung wie ein Laborant. Dazu kommt, dass Kinder in diesem Alter gerade diesen Matsch, das Chaos lieben, und sie haben zudem einen ganz anderen Begriff von Ordnung als Erwachsene. Dass ein Baustein in die Kiste mit Bausteinen gehört, verliert spätestens dann seinen Sinn, wenn der Baustein eigentlich ein Baby ist und im Puppenbett sein Mittagsschläfchen halten soll, und dass ein Löffel nur zum Essen da ist, ist ebenfalls nur – erwachsene – Übereinkunft. Man kann ihn werfen, schwenken, was vor allem bei einem mit Brei gefüllten Löffel einen besonderen Effekt ergibt. Man kann damit trommeln, hämmern und man kann ihn auch ganz manierlich zum Mund führen. Wenn ein Kind nur Letzteres ausprobieren dürfte, würden wichtige Erfahrungen an ihm vorübergehen: das Gesetz der Schwerkraft, des Gleichgewichts, der Wirkung, die es mit dem Werfen auslösen kann, und seine ersten Versuche, ein Musikinstrument zu erlernen.

Welches Spielzeug für dieses Alter?

Wichtig sind

- Bausteine zum Bauen und Konstruieren sowohl aus Holz als auch aus Plastik,

die zusammengesteckt werden können. Erwarten Sie keine ausgeklügelten Bauwerke! Ihr Kind setzt einige Steine aufeinander (siehe unter Feinmotorik, Seite 182) oder baut irgendetwas, was es dann nachträglich zum Beispiel als Auto benennt. Widerstehen Sie der Versuchung, einzugreifen. Kinder spüren sehr wohl, wenn ihre Anstrengungen offensichtlich den Erwartungen der Eltern nicht genügen.

- Gegenstände aller Art und Platz zum Sortieren und Ordnen – und sei es nur das Besteck, das es bald ganz ordent-

lich in die Schublade räumen kann. Für dieses Alter gibt es auch schon eine Reihe von puzzleähnlichen Steckspielen und Kinderpuzzles mit wenigen Teilen, die das Interesse eines Kindes lange fesseln. – Teddy und Puppe, Kuscheltiere zum Liebhaben für Als-ob-Spiele und vor allem in ihren vielfältigen symbolischen Funktionen: Einmal sind sie Mutterersatz, der nie gerade die Wäsche aufhängen muss oder gar abends ins Kino gehen will. Sehr oft müssen sie aber auch die Rolle des Kindes selbst übernehmen. Hat es

---

INFO **Treffen unter Gleichaltrigen**

Wenn Ihr Kind kaum Kontakte zu anderen Kindern hat, sollten Sie versuchen, „feste" Termine mit anderen Müttern und Vätern und deren Kindern zu vereinbaren. Ein regelmäßiger Spielplatzbesuch in der Hoffnung, dort wieder das Mädchen, den Jungen vom Tag zuvor zu treffen, reicht nicht aus, um die Lust Ihres Kindes auf andere Kinder zu befriedigen. Denn wie kann Ihr Kind sich auf seinen neuen Freund freuen, wenn es keine Regelmäßigkeit im Kontakt erwarten kann?

Vielleicht können Sie sich in der Betreuung abwechseln, sodass auch für Sie ein paar Stunden zur freien Verfügung herausspringen.
Vielleicht genießen auch Sie den Kontakt mit „Gleichaltrigen", die ebenso wie Sie eher über die neuesten Geschichten ihres Kindes als über den aktuellen Kinohit Bescheid wissen.
Für Sie und Ihr Kind wird der Kindertermin als fester Termin innerhalb des Wochenablaufs eine ganz besondere Bedeutung erhalten.

INFO   Eltern sind Spielzeugkontrolleure

Generell warnen Institute und Behörden vor zu vielen Weichmachern im Kinderspielzeug und in der Kinderausstattung (etwa Kinderwagengriffe). Nun fordert das Bundesinstitut für Risikobewertung (BfR) zusätzlich eine drastische Senkung der Grenzwerte für die schädlichen PAK (Polyzyklische Aromatische Kohlenwasserstoffe). PAK gelten als krebserregend und fortpflanzungsschädigend. Sie entstehen bei der Produktion von Weichmacherölen und finden sich in Gummi- und Plastikspielzeug. Laut BfR könnten Spielzeugproduzenten PAK durch harmlose Stoffe unproblematisch ersetzen.

Nun muss hoffnungsvoll abgewartet werden, wann sich diese dringend geforderten Verbesserungen in den EU-Beschlüssen wiederfinden werden.
Die EU-Spielzeugrichtlinie erlaubt bislang für Spielzeug eine mehr als 100-fach höhere Konzentration als in anderen Gebrauchsgegenständen. Das Problem bleibt weiterhin: Wer Kinderspielzeug kauft, kann durch Anschauen und Befühlen nicht erkennen, ob die Produkte belastet sind. Höchstens an einem stechenden Geruch lassen sich Gefahren erahnen.

Die Behörden empfehlen Eltern daher, sich beim Spielzeugkauf am **GS-Zeichen** (geprüfte Sicherheit) zu orientieren. Die zugrunde liegenden GS-Grenzwerte sind strengere Grenzwerte als die in der derzeitigen EU-Richtlinie und somit das „kleinere Übel".

Achtung: Produkte, die ein CE-Zeichen (für „übereinstimmend mit den EU-Richtlinien") tragen, „unterliegen" den nur allgemeinen Herstellerangaben. Es handelt sich dabei nicht um Prüfungszeichen einer unabhängigen Kontrollstelle.

Umweltfreundliches und gesundheitlich bedenkenloses **Holzspielzeug** können Verbraucher in Zukunft am Umweltzeichen „**Blauer Engel**" erkennen. Produzenten von Spielzeug, das frei von synthetischen Duftstoffen, Flamm- und Holzschutzmitteln ist und außerdem mit Holz aus nachhaltiger Forstwirtschaft produziert wurde, können sich von nun an um das Umweltsiegel bewerben.

Das **Proof-Zeichen** vergibt der TÜV Rheinland. Die Vergabe gilt immer nur für ein Jahr, danach muss der Hersteller nachprüfen lassen, ob er die Sicherheitsanforderungen weiterhin erfüllt. Bei einigen Spielzeugen gibt es Extra-Prüfungen, etwa auf Holzschutzmittel in Holzwaren.

Stand: März 2010

zum Beispiel gerade beim Arzt eine Spritze bekommen, wird der Teddy sicher auch gleich geimpft, und zwar ganz oft! Oder: Haben Sie eben mit Ihrem Kind geschimpft, kann die Puppe manchmal wirklich etwas erleben! Ihr Kind kann dann selbst die aktive Rolle übernehmen und durch diesen Rollentausch viel leichter die Opferrolle, die es eben innehatte, ertragen und verarbeiten.

- Stifte und Farben zum Malen: Zuerst einfach zum Spuren-Hinterlassen, dann natürlich für immer „schönere Gemälde", die hoffentlich auch manchmal für alle zum Bewundern an der Wand hängen dürfen.
- Tiere für einen Bauernhof und Autos (die erstaunlicherweise vor allem die Jungen faszinieren).
- Für draußen: ein Ball, vielleicht das erste Lauf- oder Dreirad, Sandspielzeug und natürlich die Gelegenheit zum Klettern, Buddeln und Rennen.
- Vor allem viele Gegenstände aus Ihrem Alltag – am besten nicht nur nachgemachte, sondern „echte"! Das Kind will „in echt" kehren und putzen und auch einmal „in echt" die Blumen gießen und den Rasen sprengen. Hier ist es Ihre Aufgabe, zu entscheiden, was aus Ihrem Haushalt sich als Spielzeug eignet und was nicht, weil es zu gefährlich, zu kostbar, zu zerbrechlich ist. Dabei kann Ihr Kind sicher in Ihrer Gegenwart auch einmal ein scharfes Messer in die Hand nehmen oder später vor-

sichtig mit Ihrer Hilfe eine Kerze anzünden. Aber erwarten Sie von Ihrem Kind jetzt bitte noch nicht, dass es sich immer daran erinnert, welchen Gegenstand Sie mit einem Tabu belegt haben. Machen Sie ihm immer wieder klar, was es in welcher Situation haben kann und was nicht – und passen Sie trotzdem auf, dass es nicht doch die teure Kaffeekanne für seinen Puppengeburtstag in sein Kinderzimmer trägt, eine CD einlegt oder gar versucht, die spitze Schere am Vorhang auszuprobieren. Denn wenn Kinder auch in Ihrer Gegenwart wissen, was sie tun dürfen und was nicht, so geht ihnen dieses „Wissen" – ganz ohne böse Absicht – mit ziemlicher Sicherheit verloren, wenn Sie nicht zugegen sind.

Die ersten Freunde

Schon Zweijährige haben „beste Freunde". In einer US-amerikanischen Untersuchung konnten schon bei Eineinhalbjährigen ganz spezielle Vorlieben für bestimmte gleichaltrige Kinder beobachtet werden. Dabei erwies sich diese Vorliebe als dauerhaft über den ganzen Beobachtungszeitraum (mehr als ein Jahr).

Eine solche Vorform der Freundschaft, die sich natürlich in vielem von der Freundschaft zwischen älteren Kindern oder Teenagern unterscheidet, bildet ein wichtiges Übungsfeld für die Fähigkeit, Nähe, dauerhafte Beziehung, Gegenseitigkeit und Intimität, wie sie die spätere

Freundschaft auszeichnet, erleben zu können. Aber auch das häufige Wechseln bester Freunde, zu dem Kinder dieses Alters neigen, hat seine wichtige soziale Funktion: Kinder lernen, mit verschiedenen sozialen Rollen umzugehen.

In altersgemischten Gruppen vor allem können sie durch diesen Wechsel – ohne auf eine Rolle fixiert zu bleiben – einmal die Rolle des gleichaltrigen Partners, dann des jüngeren hilfsbedürftigen Schützlings oder des älteren Bosses oder Beschützers übernehmen und einüben.

Für viele Kinder ist deshalb schon lange vor dem Eintritt in den Kindergarten der Kontakt mit Gleichaltrigen eine wichtige und erfreuliche Alternative zur alleinigen Betreuung durch die Mutter.

TAGESMÜTTER, KINDERKRIPPEN, KINDERLÄDEN – BETREUUNGSMÖGLICHKEITEN FÜR DIE KLEINSTEN

Inzwischen weiß es wohl jede junge Familie: Ab August 2013 sollen alle Eltern für Kinder zwischen dem ersten und dritten Lebensjahr einen Rechtsanspruch auf Betreuung ihres Kindes erhalten. Bis dahin soll auch die Betreuung durch Tagesmütter oder wie es juristisch heißt: die Förderung in einer Kindertagespflege, neu geregelt werden, die nach dem Willen der Politiker dann etwa 30 Prozent der Betreuungsplätze ausmachen sollen. Damit soll endlich dem Wunsch vieler Familien nach einer Vereinbarkeit von Familie und Beruf Rechnung getragen werden.

Denn immer weniger Frauen mit kleinen Kindern sind heute bereit oder in der Lage, der Kinder wegen jahrelang auf die Ausübung ihres Berufs zu verzichten. Außerdem haben moderne Technologien große Teile des traditionellen Arbeitsplatzes einer Hausfrau und Familienmutter wegrationalisiert, was bedeutet, dass sich viele Mütter in einer kleinen, mit allen technischen Hilfsmitteln ausgestatteten Wohnung schlechterdings unterfordert fühlen.

Außerdem soll durch die Bereitstellung von Krippen- und Tagespflegeplätzen eine möglichst frühe Förderung erreicht werden. Es geht also nicht nur um Betreuung, sondern auch um Bildung der Jüngsten und damit auch um Chancengleichheit.

Noch einmal: Eltern haben einen Rechtsanspruch. Um diesem gerecht zu werden, will die Bundesregierung bis 2013 das Angebot an Kinderbetreuung so weit ausgebaut haben, dass 35 Prozent aller Kinder unter drei Jahren in die Krippe oder zu einer Tagesmutter gehen können. Das heißt: Die Mehrzahl aller Mütter und

Väter – davon geht die Bundesregierung aus – möchte auch 2013 ihren Rechtsanspruch nicht in Anspruch nehmen, sondern ihr Kind zu Hause betreuen: der Kinder wegen? – den Kinder zuliebe?

„Fremdbetreuung"

Was als Bildung und Förderung verkauft wird, stellt sich – zumindest für die Kritiker – immer noch als zu frühe „Fremdbetreuung" dar. Und diese ist vor allem in den alten Bundesländern bis heute für viele ein Reizthema geblieben und hat seinen bitteren Beigeschmack nicht verloren. Dabei sollte das Wort Fremdbetreuung eigentlich längst ausgestorben sein. Denn schwingt in diesem Wort nicht mit, dass das Kind von seiner Rabenmutter an Fremde abgegeben wird. Außerdem wird im Allgemeinen Für und Wider um eine frühe „Fremd"betreuung – ich bitte Sie, im Folgenden die Anführungszeichen vor und nach „fremd" immer mitzudenken – viel aneinander vorbeigeredet, weil oft nicht deutlich gemacht wird, welches Alter der zu betreuenden Kinder gemeint ist, aus welchen Familien die Kinder kommen, und auch meist nicht unterschieden wird, welche Art von Fremdbetreuung überhaupt infrage kommt und wie oft und wie lange ein Kind außerhalb der Familie betreut wird.

Aber: In der Euphorie um den Rechtsanspruch auf frühkindliche Förderung in einer Tageseinrichtung oder in Kindertagespflege für Kinder ab dem vollendeten ersten Lebensjahr scheint manchmal allein die Frage, ob diese „Förderung" tatsächlich fördert und was eigentlich, fast ein Tabu. Tatsächlich laufen viele, die sich fragen, wo Kleinkinder „besser" aufwachsen, und ob gerade in den ersten zwei bis drei Lebensjahren Kinder durch verschiedene – möglicherweise sogar häufig wechselnde Bezugspersonen – überfordert sind, Gefahr, als frauenfeindlich oder gar als Ewiggestrige ins Abseits gestellt zu werden. Dabei ist nichts wichtiger als darüber nachzudenken, ob das „Kindeswohl" deckungsgleich ist mit dem „Wohl" der jungen Mutter, die bald wieder arbeiten möchte oder muss.

Es kommt nicht nur auf die Mutter an ...

Grundsätzlich geht es in der Diskussion um eine wirklich entscheidende Frage: Sind Babys und Kleinkinder auf die ständige Anwesenheit ihrer Mütter angewiesen? Können sie Schaden erleiden, wenn sie schon vor dem sogenannten Kindergartenalter, das hier in Deutschland mit dem dritten Geburtstag beginnt, von anderen – nicht fremden! – Personen, die nicht zur

Familie gehören, betreut werden. Oder brauchen sie sogar die Erfahrung, schon mit ein, zwei Jahren mit anderen Gleichaltrigen außerfamiliär gefördert, gebildet zu werden?

Die Hauptbefürchtung derer, die sich strikt gegen eine „Fremd"betreuung im Säuglings- und Kleinkindalter aussprechen, ist, dass die Bindung an die Mutter durch eine zusätzliche Betreuungsperson empfindlich gestört wird. In ihren Argumentationen gehen sie davon aus, dass ein kleines Kind eine Beziehung nur zu einer Person herstellen kann und dass es auch nur eine Person, also die Mutter, ist, die sich in der Familie um das Kind kümmert. Wie jedoch die Säuglingsforschung bestätigen konnte, ist ein Kind schon sehr früh in der Lage, mehrere und sehr unterschiedliche Beziehungen auch zu anderen Menschen zu unterhalten. Zum Beispiel weiß jeder, dass Babys auch zu ihren Vätern, die den ganzen Tag arbeiten, eine sichere Bindung entwickeln. (Interessanterweise ist diese Bindung an den Vater – so hat eine schwedische Untersuchung ergeben – bei Kindern, die von ihren Vätern zu Hause betreut wurden, nicht stärker.)

Auch in der Mehrzahl der Untersuchungen, die das Bindungsverhalten von Kindern zum Gegenstand hatten, zeigten die meisten Kinder, die zusätzlich fremdbetreut wurden, ein ebenso sicheres Bindungsverhalten wie reine „Familienkinder". Die Unsicherheiten in der Beurteilung, ob und inwieweit frühe Fremdbetreuung Auswirkungen auf das

Bindungsverhalten hat, betrafen nur Kinder, die vor Ablauf des ersten Lebensjahres eine Krippeneinrichtung besuchten. Vor allem im ersten Lebensjahr kann also eine Krippenbetreuung, die nicht den Bedürfnissen eines Säuglings angepasst ist – dies halten Experten für wahrscheinlich –, die emotionale Sicherheit des Babys beeinträchtigen. Denn vor allem Säuglinge, aber auch Kleinkinder empfinden viele, rasch wechselnde Betreuungspersonen als Belastung. Sie reagieren sehr häufig mit vermehrten Infektionskrankheiten und sind außerdem dem Risiko ausgesetzt, auch weiterhin nicht ihre Entwicklungsmöglichkeiten ausschöpfen zu können. Im Allgemeinen sind sich Experten jedoch weitgehend darüber einig, dass Kinder, die nach den ersten 12 bis 18 Monaten zusätzlich von „Fremden" betreut werden, keine Beeinträchtigung ihres Bindungsverhaltens zeigen, wenn die Fremdbetreuung gut ist.

Wer er es genauer wissen will:
1 300 Kinder geben Auskunft

Die bekannteste und größte Untersuchung zum Thema ist eine US-amerikanische Studie des National Institute of Child Health und Human Development (NICHD). Um die Frage nach der Auswirkung früher Fremdbetreuung beantworten zu können, haben sie viele Familien, die ihre Kinder betreuen ließen, während die Mutter berufstätig war, von der Geburt bis zum Ende der sechsten Schulklasse begleitet. Dabei wurden ganz unterschiedliche Familien und ganz verschiedene Betreuungsformen ausgewählt. Die Fragen, die sich die Untersucher stellten, betrafen im Übrigen nicht nur das Bindungsverhalten der Kinder, sondern auch die sprachliche und kognitive Entwicklung und ihr Verhalten in der Gruppe (Kindergarten/Schule).

Obwohl zum Schluss, als die Kinder 12 Jahre alt waren, aus den unterschiedlichsten Gründen nur noch sehr wenige Familien dabei waren, ergab sich doch ein aufschlussreiches Bild und ein ganz wichtiges Ergebnis: Eine einfache und eindeutige Antwort ist nicht möglich. Das heißt: Die Frage, ob Fremdbetreuung schadet oder nützt, ist so nicht zu beantworten. Zu viele Variablen, wie Statistiker das nennen, beeinflussen die Entwicklung eines Kindes. (Eine Zusammenfassung der Ergebnisse finden Sie im Online-Handbuch: Kindergartenpädagogik herausgegeben von M.R. Textor unter www.kindergarten paedagogik.de/1602.html).

Auch andere Studien, die das weitere Leben ehemaliger Krippenkinder verfolg-

---

INFO **Stress in der Krippe – Stress im Gehirn?**

Dass Trennungen von der Mutter für kleine Kinder erheblichen Stress bedeuten, ist bekannt – auch dass dieser Stress zu einem Anstieg des Stresshormons Kortisol im Gehirn führt (siehe Seite 109).
Erlebt nun ein kleines Kind den Aufenthalt in der Krippe – getrennt von seiner Bindungsperson – als solchen schädlichen Stress?
Tatsächlich scheint im Gehirn kleiner Kinder, die den Tag über in einer Kinderkrippe verbringen, eine Stressreaktion abzulaufen – erkennbar daran, dass sich ihr Kortisolspiegel im Lauf eines Tages ständig erhöht, während er bei Kindern, die diesem Stress der Trennung nicht ausgesetzt sind, normalerweise im Tagesverlauf sinkt.

Dies ist jedoch nicht der Fall – das konnte auch gezeigt werden –, wenn Kinder, die den Tag über von ihren Eltern getrennt waren, in der neuen Betreuungssituation jemanden vorfinden, der als neue zweite (dritte, vierte) Bindungsperson geeignet ist, die Zeit, Gelegenheit, Ruhe, Kraft und Feinfühligkeit (siehe Seite 151) genug hat, jedem einzelnen Kind ein „sicherer Hafen" zu sein. Außerdem ist es wichtig, dass Babys und Kleinkinder, die tagsüber von ihren Eltern getrennt sind, dann, wenn sie wieder nach Hause kommen, genügend Zeit und Zuwendung erhalten. Sie können dann genügend gut getröstet und beruhigt werden, so dass ihr Kortisolspiegel bis zum Schlafengehen wieder sein normales Level erreicht.

ten, machten deutlich: Nicht die Frage nach Fremdbetreuung an sich, sondern nur nach dem Wie der Fremdbetreuung ergab verwertbare Antworten.

Die zweite – ganz wesentliche – Antwort: Der wirklich entscheidende Einfluss auf die weitere Entwicklung eines Kindes geht von der Qualität der Familienbeziehung aus, in der es aufwächst, und nicht davon, ob das Kind nun eine Tageseinrichtung besucht oder nicht.

Außerdem – auch dies ein Ergebnis der Studie – kann man sagen: Für manche Kinder ist die kontinuierliche Anwesenheit der Mutter in den ersten Lebensjahren, für manche aber auch eher eine außerfamiliäre Betreuung entwicklungsförderlicher.

Einer guten Entwicklung steht nichts im Wege, wenn ...

Fasst man die Ergebnisse zusammen, so ergibt sich also folgendes Bild: Befürchtungen, dass sich Krippenkinder verstärkt als unsicher gebunden zeigen (siehe Seite 218), sind nicht berechtigt. Dies gilt natürlich nur für Kinder,

- deren Eltern von Anfang an regelmäßig und zuverlässig als sicherer Hafen zur Verfügung stehen und die die Erwartung ihrer Kinder erfüllen, angenommen zu sein und bestätigt zu werden,
- denen ein gleitender Übergang heraus aus dem sicheren Hafen zur neuen Sicherheitsbasis ermöglicht wird (siehe Seite 149), und vor allem,
- die sich in der neuen Betreuungssituation wieder auf eine Kontaktperson verlassen, also eine neue Bindung aufbauen können.

Kinder dagegen, deren Beziehung zu ihrer Mutter schon vor dem Eintritt in eine Kinderkrippe oder der Betreuung durch eine Tagesmutter belastet war und die dann zudem noch schlecht fremdbetreut wurden, zeigten eine negative Entwicklung in ihrem weiteren Lebensweg. Auch eine sehr lange tägliche Trennung von ihrer Mutter und ein häufiger Wechsel der Betreuungspersonen wirken sich ungünstig aus. Dagegen können Kinder, die zu Hause schlecht betreut wurden, durchaus von einer guten Fremdbetreuung profitieren.

Zufriedene Mütter sind bessere Mütter

Und noch ein wichtiges Ergebnis vieler Studien: Es zeigte sich, dass die Zufriedenheit der Mütter mit ihrer Lebenssituation, sei sie im Beruf stehend oder als Hausfrau, für eine gesunde Entwicklung ihrer Kinder eine ganz maßgebliche Rolle spielt. Wenn Sie also vor der Frage stehen, schon sehr früh wieder in Ihren Beruf zurückzukehren oder der Kinder wegen/den Kindern zuliebe zu Hause zu bleiben, geht es zuerst einmal um Sie selbst. Das Problem, das Sie zu lösen haben, ist die Entscheidung, womit Sie selbst zufriedener sind. Manche Mütter sind bessere Mütter, wenn sie berufstätig sind. Denn berufstätige Mütter, die bewusst diese Wahl getroffen haben, sind in der Regel mit sich zufriedener als Hausfrauen, die nur der Kinder wegen zu Hause bleiben, die meinen, den Kindern zuliebe alle eige-

INFO   Die Realität sieht anders aus

Schön und gut, könnte man sagen: Die aus der Sicht des Babys und Kleinkind „geforderte" Zufriedenheit seiner Mutter beziehungsweise Eltern setzt ja die Wahlfreiheit voraus. Dem ist aus vielen Gründen – das weiß jeder – nicht so. Die Mutter, deren Familie mit dem Einkommen des Vaters nicht auskommt, oder die als alleinerziehende Mutter keinen Ernährer zur Verfügung hat, ist in ihrer Wahlfreiheit massiv eingeschränkt, ebenso wie die Mutter, die arbeitslos ist, Hartz IV empfängt, und gerne arbeiten möchte. Ein weiterer wesentlicher Grund ist aber natürlich auch die Anzahl der tatsächlich vorhandenen Betreuungsplätze. Hier zeigt sich, dass Wunsch und Wirklichkeit noch weit auseinanderklaffen. In einer großen Umfrage des Deutschen Jugendinstituts wurde deutlich, dass zwar nur wenige Eltern im ersten Lebensjahr ihres Kindes eine Betreuung außerhalb der Familie in Betracht ziehen, ab dem zweiten Lebensjahr die Betreuungswünsche jedoch rapide zunehmen: 31 Prozent der befragten Eltern würden für ihr einjähriges Kind gerne einen Betreuungsplatz in einer Kindertageseinrichtung in Anspruch nehmen, bei zweijährigen Kindern sogar 60 Prozent. (Bezieht man die Zahlen lediglich auf Westdeutschland, liegen die Anteile mit 27 Prozent bezie-

hungsweise 55 Prozent etwas niedriger.) Betrachtet man demgegenüber die Häufigkeit, mit der Kinder tatsächlich eine Einrichtung besuchen, lässt sich ermessen, wie viele Eltern mit ihren Betreuungswünschen derzeit am fehlenden Angebot scheitern. Deutlich wird dies, wenn im Westen nur etwa 10 Prozent der Kinder vor ihrem dritten Geburtstag in einer Kindertageseinrichtung oder in öffentlicher Kindertagespflege betreut werden. Im Osten Deutschlands liegt der entsprechende Anteil dagegen bei 40 Prozent. Außerdem gilt: Wahlmöglichkeiten haben Eltern – wenn überhaupt – nur in Großstädten und dann oft nur, wenn sie bestimmte „Dringlichkeitskriterien" wie zum Beispiel berufstätig oder alleinerziehend erfüllen (ab 2013 dann Arbeitsplatz suchend). Sofern am Ort unterschiedliche Betreuungsangebote wie Kinderkrippe, Tagespflege, Elterninitiative (Kinderladen), Krabbelgruppen, Mütterzentrum oder Mutter-Kind-Gruppe vorhanden sind, und sich tatsächlich die Frage nach der Auswahl der für den Einzelfall am besten geeigneten Form stellt, sind oft äußere Kriterien wie Vereinbarkeit mit der Berufstätigkeit der Eltern, Betreuungszeiten, Kosten, Entfernung und Erreichbarkeit von zu Hause und Elternrechte ausschlaggebend.

nen Ansprüche und Interessen zurückstellen zu müssen. Sie sind auch zufriedener als die Mütter, die wegen fehlender Betreuungsmöglichkeiten ihren Beruf aufgeben mussten. Sie können deshalb die Zeit, die sie mit ihren Kindern verbringen, mehr genießen als Mütter, die subjektiv oder objektiv keine Wahl hatten.

Andere Mütter sind als Hausfrauen zufriedener und effektiver. Sie erleben die Zeit mit ihren Kindern entspannter ohne die zusätzliche berufliche Belastung, ohne einen ständigen Termindruck. Sie können die berufliche Pause für sich – und gerade deshalb auch für die Kinder – verwenden.

Nur das Beste für mein Kind

Falls Sie die Wahl haben, sollte dies Ihr Wahlspruch sein. Wie aber wählen? Neben der Kinderkrippe und der Tagespflege, die jetzt im Fokus der Politik stehen, gibt es weit mehr Modelle, wie Kinder betreut und gefördert werden, auch wenn die Mutter wieder berufstätig ist.

Oma und Opa

Beginnen wir mit der wohl ältesten Fremdbetreuung: der Betreuung durch andere Familienmitglieder. Schon immer konnten sich Frauen – etwa im bäuerlichen Betrieb oder im Familienbetrieb eines Handwerkers – auf die Mithilfe von anderen aus der Familie verlassen. Ältere Geschwister, Tanten und vor allem Großeltern kümmerten sich um den Nachwuchs, weil die Mütter in „Haus und Hof" genug zu tun hatten. Heute in Kleinfamilien ist diese fraglose Mitbetreuung kaum mehr gewährleistet.

TIPP   **Sogar die Betreuung durch die Großeltern ist absetzbar!**

Wenn Sie als berufstätige Eltern Kosten für die Betreuung Ihres Kindes tragen müssen, können Sie diese Ausgaben steuerlich geltend machen. Worauf Sie achten müssen: Da es keinen Pauschbetrag gibt, müssen Sie alle Ausgaben dafür nachweisen. Übrigens: Die Betreuungspersonen können auch Verwandte – zum Beispiel Großeltern oder volljährige Geschwister – sein. In diesem Fall muss allerdings ein Vertrag geschlossen werden, der bestimmte Voraussetzungen erfüllt (siehe Seite 232). Und wenn Ihre Eltern beziehungsweise Schwiegereltern ohne Bezahlung ihre Betreuungsdienste anbieten: Über eine Anerkennung – einen Blumenstrauß, eine Essenseinladung, eine Kino- oder Konzertkarte und so weiter – freuen sie sich bestimmt. Mehr Tipps dazu finden Sie im Ratgeber „Mehr Geld für Eltern", erhältlich unter www.test.de oder im Buchhandel, 12,90 Euro.

Dennoch rechnen auch heute noch viele mit der Betreuungsleistung ihrer Eltern, also der Großeltern des Kindes, und ein gutes Drittel der Eltern (36 Prozent) kann bei der Kinderbetreuung auf die Hilfe der Großeltern zählen. Tatsächlich sind Opa und Oma, wenn sie nicht mehr arbeiten müssen, sich aber noch lange nicht reif fürs Altenteil fühlen, oft ideale Ersatzeltern. Gerade für die Betreuung der Jüngsten sind sie hervorragend geeignet. Denn sie lieben und kennen ihren Enkel und haben meist viel Zeit und Geduld. Sie stellen im Allgemeinen keine Forderungen nach geregelter Arbeitszeit und garantiertem Urlaub. Ein ständiger Wechsel der Betreuungspersonen ist nicht zu befürchten.

Aber: Manchmal sind Großeltern denkbar ungeeignet als Kinderbetreuung. Dies ist zum Beispiel der Fall, wenn junge Eltern meinen die Großmutter einspannen zu können, die mit Recht das Gefühl hat, ihren Beitrag zur Kindererziehung und -betreuung geleistet zu haben und jetzt im Alter endlich unverplant bleiben will.

Ungeeignet ist vielleicht auch eine Großmutter, die sich der eigenen Kinder wegen ihren Berufswunsch nicht erfüllen konnte und heute noch bewusst oder unbewusst mit ihrem Schicksal als Hausfrau hadert. Neidgefühle auf ihrer Seite und Schuldgefühle aufseiten der Mutter, die

ihr Kind betreut wissen möchte, belasten dann oft auch das Verhältnis zwischen Großmutter und Enkel.

Ebenso sollten Eltern, die immer noch ungelöste Autoritäts- oder Abhängigkeitskonflikte mit ihren eigenen Eltern mit sich herumschleppen, ihr Kind lieber auf neutralem Boden betreuen lassen. Auch diejenigen, die unter Schuldgefühlen ihren Eltern gegenüber leiden, sollten sich nicht erneut verpflichten, indem sie ihre Eltern für ihre Zwecke einplanen.

Auf jeden Fall sollten Eltern – auch wenn alles gut geklappt hat – auf längere Sicht – also spätestens, wenn ihr Kind drei Jahre alt geworden ist – einen Kindergartenplatz für ihr Kind ins Auge fassen. Denn dann brauchen Kinder andere Kinder – und die sind in unseren Familien Mangelware.

Kinderkrippe & Co.

Ganz anders als die informelle Betreuung durch Oma und Opa sieht natürlich eine institutionelle Betreuungseinrichtung aus. Meist handelt es sich dabei um Einrichtungen großer Träger zum Beispiel der öffentliche Jugendhilfe (früher Jugendamt) der Gemeinde, Städte oder des Landes, aber auch der Kirchen und verschiedener Wohlfahrtsverbände.

Wenn für 2013 für über ein Drittel aller Kinder – bisher sind es erst 17 Prozent aller Kinder (in den neuen Bundesländern etwa – je nach Bundesland 30 bis 50 Prozent, in den alten zwischen 5 und 10 Prozent) ein Platz in einer Betreuungseinrichtung „versprochen" wird, so geht es meistens um diese Einrichtungen. Heißt das nun, dass der Kindergarten „um die Ecke" nur seine Tore öffnen muss und möglicherweise einfach die durch den Geburtenrückgang und die immer frühere Einschulung nicht mehr benötigten Plätze mit „Vorkindergartenkindern", also Kindern von eins bis drei, besetzen kann?

Ist der Kindergarten „reif" für die Kleinsten?

Wichtig für die Entwicklung von Kindern ist eine vom entwicklungspsychologischen Standpunkt vernünftige Betreuung.

Das heißt: Betreuung für Babys und Kleinkinder kann nicht einfach ein Kindergarten für Kleinkinder sein. Ein- bis Zweijährige sind nicht Drei-, Vierjährige, die noch Windeln tragen, Schwierigkeiten mit Messer und Gabel haben und Hilfe beim An- und Ausziehen brauchen. Sie sind in vielerlei Hinsicht noch ganz anders als „Kindergartenkinder". Die Entwicklungspsychologie hat uns die Unterschiede noch einmal deutlich gemacht: Gerade im Kleinkindalter, also in der Zeit zwischen eineinhalb und drei Jahren, finden so bedeutsame Entwicklungsschritte statt wie das Sprechenlernen und die Entwicklung des Ich-Bewusstseins im Zusammenhang mit einem starken Bedürfnis nach Unab-

hängigkeit und Selbstständigkeit, das sich in Trotzreaktionen und Wutanfällen äußert. Besonders wichtig in dieser Zeit ist auch, dass ein Kind erst nach und nach die Fähigkeit erwirbt, sich in andere einzufühlen und damit an sozialer Kompetenz gewinnt. Zum jetzigen Zeitpunkt kann aber von verständnisvollem, feinfühligem Umgang mit anderen Kindern noch kaum die Rede sein. Kleine Kinder brauchen immer noch vor allem aufmerksame und feinfühlige Erwachsene, um sich – bei guter Bindung an diese Erwachsenen – bei ihren Erkundungsgängen und Kontaktaufnahmen mit anderen Kindern immer wieder rückversichern zu können. Fehlt diese Möglichkeit des „Blickrückversicherungsverhaltens", entsteht Stress. Das heißt: Für kleine Kinder muss ein niedriger Betreuerschlüssel, eine kleine Gruppengröße, Konstanz in den Beziehungen innerhalb der Gruppe, vor allem aber zur Betreuungsperson garantiert werden. Und: Erzieherinnen und Erzieher brauchen eine gute Ausbildung und spezielle pädagogische Kenntnisse für die Arbeit mit kleinen Kindern. Sie brauchen auch eine hohe Beziehungskompetenz – wie Fachleute das nennen – , denn kleine Kinder brauchen erst einmal Erwachsene,

- die herzlich und liebevoll mit ihnen umgehen,
- die ihnen verlässlich, zuverlässig zur Verfügung stehen,
- die sie in ihren Gefühlen anzunehmen und aufzufangen in der Lage sind,
- die mit ihnen sprechen und spielen,

INFO Betreuungsschlüssel für die Kleinsten

Mit dem Satz: Eigentlich reicht ein Schoß nur für zwei Kleinkinder, kann natürlich jede machbare Stellenplanung aus den Angeln gehoben werden. Er sollte aber angesichts der momentan noch üblichen Verhältnisse, in denen ein „Schoß" für sechs Kleinkinder unter drei Jahren (im Westen 1 zu 5,2; im Osten 1 zu 6,5) reichen muss, zum Nachdenken anregen. Denn ein besonders wichtiges Kriterium für die Qualität der Betreuung ist der Personalschlüssel. Er beschreibt, wie viele ganztags betreute Kinder in einer Gruppe auf eine Vollzeitkraft kommen. Als gute Faustregel für das Verhältnis Anzahl der Kinder pro Betreuer sollte deshalb – so fordern Sozialpädiater – gelten:

- für Babys von 9 bis 12 Monaten: eine Betreuerin für maximal zwei (drei) Kinder,
- für Kinder von 12 bis 24 Monaten: eine Betreuerin für maximal drei (vier) Kinder,
- für Kinder von 24 bis 30 Monaten: eine Betreuerin für maximal vier (fünf) Kinder.
- für Kinder von 30 bis 36 Monaten: eine Betreuerin für maximal fünf (sechs) Kinder.

Das klingt erst einmal zu schön, um wahr zu sein. Aber wenn Sie sich vorstellen, dass ein Stellenplan, der diese „Betreuerdichte" vorsieht, nicht bedeutet, dass vor Ort tatsächlich immer dieses Kind/Betreuer-Verhältnis anzutreffen ist, da Krankheit, Urlaub, Fortbildungen und so weiter in diesen Zahlen immer mitgerechnet sind, sind die Zahlen vielleicht immer noch „zu schön, um wahr zu sein", aber dennoch bei schlechter Planung oder hohem Krankenstand nicht eben traumhaft für das Kind.

Im Übrigen: Das Kinderbetreuungsnetz der Europäischen Union empfiehlt für Kinder von 24 bis 36 Monate eine Anzahl von fünf bis acht Kinder pro Gruppe und einen Personalschlüssel von 1:3 für Kinder im Alter von 0 bis 24 Monaten, für Kinder im Alter von 24 bis 36 Monaten ein Verhältnis von 1:3 bis 1:5,3.

Außerdem sollte sowohl Betreuerschlüssel als auch Gruppengröße zusätzlich den spezifischen Anforderungen, die durch Kinder mit Behinderung oder durch Kinder, deren Familiensprache nicht Deutsch ist, angepasst werden!

- die es verstehen, sie altersgerecht anzuregen.

Kleine Kinder brauchen aber je älter, sie werden, auch andere verschieden- und gleichaltrige. Kinder, „peers". Schon Unter-Einjährige zeigen großes Interesse an anderen Kindern. Sie spielen zwar nicht miteinander, aber nebeneinander, wobei sie sich gegenseitig beobachten und in der Nachahmung aufeinander beziehen. Im zweiten Lebensjahr beginnen Kleinkinder dann mit Gleichaltrigen zu spielen, was auf lange Sicht das bisherige Parallelspiel ablöst. Sie ziehen aber immer noch erwachsene Spielpartner vor, die bereit sind, ihre Bedürfnisse im Spiel zurückzustellen, die feinfühlig mit ihnen umgehen, also in der Lage sind, sich auf ihren ganz individuellen Entwicklungsstand einzustellen, und die Anregungen bieten, die sie weder unter- noch überfordern. Gruppenfähigkeit, das viel beschworene Ziel dieser frühen Förderung und Bildung, entwickelt sich aus den ersten Ansätzen eines sozialen Umgangs mit Gleichaltrigen, nur mit Hilfe von Erwachsenen, die selbst sozial kompetent mit dem Kind umgehen. Aber schon mit zwei, drei Jahren können aus losen Spielbeziehungen Freundschaftsbeziehungen werden.

Unabhängig von diesem Betreuerschlüssel ist es für alle Kinder vorteilhafter, in einer kleinen Gruppe betreut zu werden.

Es ist also besser, wenn eine Gruppe von fünf Kindern von einem/einer Erzieher/in betreut wird, als wenn zehn Kinder von drei Erzieher/innen betreut werden.

Hier sollten diese Richtzahlen gelten:

- für Babys bis zu einem Jahr: vier bis sechs Kinder in einer Gruppe.
- für Kleinkinder bis 24 Monate: sechs bis acht Kinder in einer Gruppe.
- für zwei bis zweieinhalb Jahre: acht bis zehn Kinder in einer Gruppe.
- für zweieinhalb bis drei Jahre: zehn bis zwölf Kinder in einer Gruppe.

Altersmischung – Vor- und Nachteile

Durch die Öffnung der Kindergärten, die ja in Deutschland traditionell Kinder im Alter von drei bis zur Einschulung aufnehmen, wird natürlich das Altersspektrum der betreuten Kinder weiter.

INFO   Erziehermangel!

Leider sind alle pädagogischen und politischen Vorgaben und Wünsche für den Ausbau von Betreuungsplätzen und der Garantie einigermaßen vertretbarer Betreuerschlüssel Makulatur, wenn es am Wichtigsten fehlt: den Erziehern und Erzieherinnen. Denn leider ist der Mangel an qualifizierten Kräften schon jetzt besorgniserregend, wenn nicht sogar katastrophal. Das heißt: Schon jetzt – und um wie viel mehr erst in den nächsten Jahren! – können viele

Stellen lange nicht besetzt werden, weil es entweder gar keine geeigneten Bewerberinnen gibt oder weil an sich geeignete Kandidaten mit den Arbeitsbedingungen und den Gehaltsvorstellungen des Arbeitgebers nicht einverstanden sind – nicht sein können!
Vor allem die Bezahlung derjenigen, denen das kostbarste Gut der Nation anvertraut wird, ist in Deutschland schlicht und ergreifend nicht akzeptabel ...

Es gibt inzwischen auch Einrichtungen, die sich nach „unten" und „oben" geöffnet haben. Hier spielen und lernen also zweijährige Kinder mit vielleicht schon acht-, neunjährigen Schulkindern zusammen. Viel ist über die Vorteile und Nachteile einer solchen Altersmischung nachgedacht worden. Folgende „Einfälle" sollen Ihr „Denken" erleichtern, wobei vorab einfach gesagt werden muss: Altersmischung entspricht dem Leben. Immer schon sind Kinder mit älteren und jüngeren Kindern aufgewachsen!

Vorteile einer altersgemischten Gruppe:

- Ihr Kind hat über Jahre hinweg konstante Bezugspersonen, da es seine Erzieherin nicht immer durch das Vorrücken in die nächste Altersgruppe abgeben muss.
- Jüngere Kinder finden Vorbilder und Verhaltensmodelle in jeder Beziehung – in der Sprache, im Spielverhalten, im Einüben von Selbstständigkeit bei den Anforderungen des Alltags (Essen, Toilette, Anziehen ...), aber auch im sozialen Bereich, etwa bei der Lösung von Konflikten.
- Ältere Kinder haben die Chance, Rücksicht, Empathie und Hilfsbereitschaft gegenüber Schwächeren, den jüngeren Kindern, zu lernen.
- Kinder mit Entwicklungsrückständen werden nicht zu Außenseitern. Sie finden Spielpartner, die zu ihnen passen.
- Die Konstanz der Gruppen bietet Sicherheit. Längerfristige Freundschaften unter Kindern sind möglich, da seltener

Trennungen aufgrund von Gruppenwechsel notwendig werden.
- Pädagogen haben auch festgestellt, dass in altersgemischten Gruppen weniger Konkurrenz herrscht.
- Sie haben auch beobachtet, dass sich ältere Kinder in der Beziehung zu ihren jüngeren Freunden ausgesprochen hilfsbereit und rücksichtsvoll verhalten.

Aber es gibt auch Nachteile – und diese standen in Studien, die verschiedene Modelle untersuchten – leider im Vordergrund. Beschränken wir uns hier auf die Nachteile der Kleinsten, zu denen Ihr Kind ja in den ersten ein, zwei Jahren zählen wird:

- Möglicherweise – und dies ist bei einer schlechten Organisation, unausgewogener Altersverteilung, ungenügender Differenzierung innerhalb einer Gruppe und einer großen Gruppengröße wahrscheinlich – findet ihr Baby aufgrund seines „Entwicklungsrückstands" (sprachlich, sozial, kognitiv) keine interessierten Spielpartner, bleibt das Nesthäkchen, das vielleicht ab und zu gern von den Älteren bemuttert, aber nicht als gleichberechtigt anerkannt wird.
- In großen Gruppen und bei einem schlechten Betreuerschlüssel kann es in seiner Sprachentwicklung eingeschränkt bleiben, da ihm die Möglichkeit des Einzelkontakts mit seiner Erzieherin, die mit ihm spielt, spricht und schäkert, vorenthalten bleibt.
- Die Größe der Gruppe und die großen „Rabauken" mit ganz anderen Bedürf-

nissen beeinträchtigen das Gefühl der Geborgenheit, das gerade kleine Kinder noch so dringend brauchen.

■ Und langfristig kann Ihr Kind – sollte es eine zu große Gruppe mit wenig durchdachter Altersmischung vorfinden – weniger Chancen auf passende Spielpartner haben, von denen es lernen und mit denen es konkurrieren kann. Gerade ältere Kinder haben in altersgemischten Gruppen auch einfach zu wenig Auswahl, um ihren besten Freund, ihre beste Freundin zu finden, die in diesem Alter erfahrungsgemäß gleich sein müssen: gleichaltrig, gleichgeschlechtlich, mit den gleichen Spielinteressen, Vorlieben und Abneigungen.

„Krippen"-Suche: Tipps

Wahrscheinlich haben Sie – außer wenn Sie in einer Großstadt wohnen und am besten noch in einem der neuen Bundesländer – nicht unbedingt eine große Auswahl möglicher Betreuungseinrichtungen. Entweder es gibt noch zu wenige, was vor allem auf dem Land der Fall ist, oder „äußere" Kriterien wie zum Beispiel die Erreichbarkeit, sei es von zu Hause oder vom Arbeitsplatz aus, bestimmte zeitliche und organisatorische Anforderungen, die sich aus Ihrer Berufstätigkeit ergeben, oder Ihre finanzielle Obergrenze in Bezug

auf die monatlichen Beiträge lassen das gerade für Sie und Ihr Kind infrage kommende Angebot schrumpfen.

Dennoch sollten Sie sich die Wahl nicht leicht machen. Besuchen Sie – so vorhanden – mehrere Einrichtungen und vergleichen Sie!

■ Wie hoch ist der Betreuungsschlüssel – das heißt: Um wie viele Kinder muss sich eine Erzieherin kümmern. Achten Sie dabei auf die Stoßzeiten, aber auch auf die kritischen Zeiten, zum Beispiel ganz wichtig: morgens bei Ankommen der Kinder, die eine besonders hohe „Betreuerdichte" erfordern.

■ Wie groß sind die Gruppen? Gibt es überhaupt Stabilität in den Gruppen?

■ Sind die Räume so, wie Sie sie sich für Ihr Kind wünschen? Gibt es Rückzugsmöglichkeiten, Ruheräume?

■ Achten Sie auf den Lärmpegel. Eine zu laute und unruhige Umgebung „nervt" auch das robusteste Kind!

■ Welchen Eindruck haben Sie vom Personal und vor allem von den Betreuern der Kinder? Welche Erziehungsvorstellungen haben sie? Sind sie zur Kooperation mit den Eltern bereit? Wirken sie fröhlich und spontan, ist ihnen aber auch Regelmäßigkeit und Stabilität wichtig? Wie sprechen sie mit den Kindern, wie sieht der körperliche Kontakt aus? Wie oft fand bisher ein Wechsel der Betreuer statt?

- Fragen Sie die Erzieherinnen und Erzieher nach ihrer Ausbildung und Vorerfahrung. Haben die Betreuer schon mit Krippenkindern gearbeitet oder kommen sie aus dem Kindergarten- und Hortbereich? Vielleicht erfahren Sie etwas über die weitere Lebensplanung der zuständigen Betreuer. Ihr Kind braucht Kontinuität!
- Führen Sie ein Gespräch über Vorstellungen von Disziplin, Erziehung, Ordnung, Spontaneität, Körperkontakt und Körpererleben, kindlicher Sexualität, Ernährung, Religion ... also über die Themen, die für Sie in der Erziehung und Betreuung des Kindes wichtig sind. Ein Wechselbad entgegengesetzter Erziehungsstile und Lebensanschauungen kann Ihr Kind jetzt noch nicht verarbeiten.
- Sind Ihnen die Erzieher und Erzieherinnen sympathisch? Ihr Kind wird Ihre Haltung spüren und sich nur geborgen fühlen, wenn Sie es selbst guten Gewissens den Betreuern anvertrauen können.
- Sprechen Sie mit Eltern, deren Kinder die Einrichtung besuchen! Sind sie zufrieden?
- Wie ist der Übergang in die Einrichtung gestaltet? Muss Ihr Kind einen „Sprung ins kalte Wasser" verkraften oder wird ihm eine schrittweise Annäherung an die neue Situation mit Ihrer Hilfe gewährt (siehe Seite 230)?

Eingewöhnung – Schritt für Schritt

Was feinfühlige Mütter und Erzieherinnen wohl jederzeit bestätigen können, ist in den letzten Jahrzehnten in vielen Studien untersucht und nachgewiesen worden: Kinder, und vor allem die Jüngsten, brauchen Zeit, um sich an andere Menschen binden zu können, was die Voraussetzung dafür ist, dass es ihnen bei anderen – zuvor fremden – Menschen gut geht. In der DDR mit ihrem weltweit am stärksten ausgebauten Angebot an Krippenplätzen zum Beispiel wurden, bereits in den 1970er Jahren beobachtet, welch verheerende Folgen eine unvorbereitete Aufnahme in eine Kinderkrippe haben kann. In einer Studie mit über 6000 Kindern wurden auffallend erhöhte Erkrankungsraten, Gewichtsverlust und deutliche Entwicklungsverlangsamungen festgestellt, und dies ganz besonders drastisch, wenn die Kinder zum Zeitpunkt der Aufnahme in die Kinderkrippe zwischen 9 und 18 Monate alt waren. Eine im damaligen Westberlin etwa zehn Jahre später durchgeführte Studie zeigte, dass diese negativen Folgen eines frühen Krippenbesuchs verhindert werden konnten, wenn dem Baby oder Kleinkind eine langsame, von den Eltern begleitete Eingewöhnung ermöglicht wurde. War dies nicht möglich, waren die Kinder durchschnittlich vier Mal häufiger krank und zeigte, nach wenigen Monaten deutliche Entwicklungsverzögerungen gegenüber den anderen Kindern. Aus diesen Erfahrungen heraus wird heute in den meisten Einrichtungen ein begleiteter

INFO   Das Berliner Eingewöhnungsmodell

3 Tage Grundphase

Die Mutter (oder der Vater) kommt mit dem Kind zusammen in die Krippe (möglichst immer zur gleichen Zeit), bleibt ca. 1 Stunde zusammen mit dem Kind im Gruppenraum und nimmt danach das Kind wieder mit nach Hause.

ELTERN: eher passiv, das Kind auf keinen Fall drängen, sich von ihm zu entfernen, immer akzeptieren, wenn das Kind ihre Nähe sucht. Die AUFGABE der ELTERN ist es, „SICHERER HAFEN" zu sein: Möglichst NICHT lesen, stricken oder mit anderen Kindern spielen. Das Kind muss das Gefühl haben, dass die Aufmerksamkeit der Mutter jederzeit da ist. Hinweise für die ERZIEHERINNEN: Vorsichtige Kontaktaufnahme OHNE ZU DRÄNGEN. Am besten über Spielangebote oder über eine Beteiligung am Spiel des Kindes.

BEOBACHTUNG des Verhaltens zwischen Mutter und Kind. In diesen ersten 3 Tagen KEIN Trennungsversuch!

4. Tag Trennungsversuch

(Wenn es ein Montag ist, erst am 5. Tag) ZIEL: vorläufige Entscheidung über die Dauer der Eingewöhnungsphase:

Einige Minuten nach der Ankunft im Gruppenraum verabschiedet sich die Mutter vom Kind, verlässt den Raum und bleibt in der Nähe. Die REAKTIONEN des Kindes sind der Maßstab für die Fortsetzung oder den Abbruch dieses Trennungsversuches: gleichmütige, weiter an der Umwelt interessierte Reaktionen. Bis maximal 30 Minuten Ausdehnung der Trennung. Dies gilt auch dann, wenn das Kind zu weinen beginnt, sich aber rasch und dauerhaft von der Erzieherin beruhigen lässt. Wirkt

das Kind nach dem Weggang der Mutter verstört (erstarrte Körperhaltung) oder beginnt untröstlich zu weinen, so muss die Mutter sofort zurückgeholt werden.

Kürzere Eingewöhnung

HINWEISE für die Erzieherinnen:

Klare Versuche der Kinder, selbst mit Belastungssituationen fertig zu werden und sich dabei nicht an die Mutter zu wenden, eventuell sogar Widerstand gegen das Aufnehmen, wenige Blicke zur Mutter und seltene oder eher zufällig wirkende Körperkontakte sprechen für eine KÜRZERE Eingewöhnungszeit, d. h. ca. 6 Tage.

Längere Eingewöhnung

HINWEISE für die Erzieherinnen: Häufige Blick- und Körperkontakte mit der Mutter und das heftige Verlangen nach Rückkehr der Mutter beim Trennungsversuch am 4. Tag sind Anzeichen für die Notwendigkeit einer LÄNGEREN Eingewöhnungszeit, d. h. ca. 2– 3 Wochen.

Mit dem nächsten Trennungsversuch muss einige Tage gewartet werden.

Stabilisierungsphase

Ab dem 4 Tag versucht die Erzieherin, die Versorgung des Kindes von der Mutter zu übernehmen:

- Füttern
- Wickeln
- sich als Spielpartner anbieten

Die Mutter überlässt es jetzt immer öfter der Erzieherin, auf Signale des Kindes zu reagieren, und hilft nur noch, wenn das Kind die Erzieherin noch nicht akzeptiert. Nur wenn das Kind sich beim Trennungsversuch am 4. Tag von der Erzieherin trösten ließ bzw. gelassen auf die Trennung reagiert, sollte die Trennungszeit am 5. Tag ausgedehnt werden.

Am 5. und am 6. Tag ist die Anwesenheit der Mutter in der Krippe notwendig, damit sie bei Bedarf in den Gruppenraum geholt werden kann.

Wenn sich das Kind am 4. Tag nicht trösten ließ, sollte die Mutter am 5. und am 6. Tag mit ihrem Kind wie vorher am Gruppengeschehen teilnehmen und je nach Verfassung des Kindes am 7. Tag einen erneuten Trennungsversuch machen.

Schlussphase

Die Mutter hält sich nicht mehr im Kindertagesheim auf, ist jedoch JEDERZEIT erreichbar, falls die Tragfähigkeit der neuen Beziehung zur Erzieherin noch nicht ausreicht, um das Kind in besonderen Fällen aufzufangen. Die EINGEWÖHNUNG ist beendet, wenn das Kind die Erzieherin als „SICHERE BASIS" akzeptiert hat und sich von ihr trösten lässt.

Dies ist z. B. dann der Fall, wenn das Kind gegen den Weggang der Mutter protestiert (Bindungsverhalten zeigt), sich aber schnell von der Erzieherin trösten lässt und in guter Stimmung spielt.

Auch für die letzten drei Phasen gilt: Das Kind sollte in der Zeit der Eingewöhnungsphase die Kindertagesstätte höchstens halbtags besuchen.

Quelle: INFANS, Berlin 1990, www.infans.de

Übergang ermöglicht. Viele gute Krippen folgen dabei dem infans-Eingewöhnungsmodell für Krippen und Tagespflegestellen (siehe Kasten).

Noch einmal: Stress in der Krippe – Stress im Gehirn?

Und wieder geht es um den Kortisolspiegel. Wenn der Eintritt in die Krippe begleitet ist, wenn also während einer anfänglichen Eingewöhnungsphase von Wochen oder Monaten Eltern oder Geschwister bei ihnen sind, ist die schon beschriebene Stressreaktion mit der Folge eines ständig erhöhten Kortisol-Levels nicht zu beobachten. Dies beschreibt kein Geringerer als Bowlby, der Begründer der Bindungstheorie (siehe Seite 149).

Tagespflege – die Tagesmutter

Während Eltern für ihre Kinder ab drei Jahre den Kindergarten oder eine Kindertagesstätte und damit also die institutionelle Betreuung und -bildung bevorzugen, stellt sich für viele Kinder im Kleinkindalter und für deren Eltern die sogenannten Tagespflege als bessere, weil flexiblere und familiennähere Lösung dar.

Eine echte Betreuungsalternative zur Krippe blieb die Kindertagespflege allerdings für die wenigsten Eltern: Dies nicht nur aufgrund des geringen Angebots an (guten!) Tagesmüttern, sondern auch deshalb, weil ihre Kosten die einer

Kinderkrippe zum Beispiel weit übersteigen. Außerdem war die Kindertagespflege lange vorwiegend im privaten Bereich ohne öffentliche Kontrolle oder Qualitätssicherung angesiedelt.

Das hat sich vor allem seit den umfangreichen Gesetzesänderungen durch das Tagesbetreuungsausbaugesetz und durch die gesetzlichen Vorgaben bis 2013 geändert. Die Kindertagespflege ist heute – insbesondere mit Schwerpunkt für die unter Dreijährigen – ausdrücklich als gleichwertiges Angebot neben dem Betreuungsangebot der Kindertageseinrichtungen vorgesehen. Aus gutem Grund!

Denn vor allem Kinder, die aus welchen Gründen auch immer erhebliche Anpassungsschwierigkeiten (siehe Seite 236) zeigen, also zum Beispiel sehr schüchtern oder besonders leicht erregbar sind, können durch eine ansonsten ausreichend

gute Krippenerziehung in ihrer weiteren Entwicklung gefährdet werden. Besonders dann sollten Eltern rechtzeitig über Alternativen nachdenken.

Die Kinder finden bei der Tagesmutter eine familienähnliche Atmosphäre, zuverlässig eine Betreuungsperson und durch die begrenzte Anzahl der betreuten Kinder (nicht mehr als fünf, meist weniger) mehr Ruhe und die Möglichkeit, den individuellen Rhythmus beizubehalten. Da spezielle Absprachen zwischen Eltern und Tagesmutter möglich sind, sind Tagesmütter auch vor allem für Mütter und Väter, die flexible Unterbringungszeiten benötigen, besser geeignet als Institutionen mit geregelten Öffnungszeiten.

Im Gegensatz zur Qualitätssicherung der Fachkräfte, die in einer Institution arbeiten, sind die Voraussetzungen und Bedingungen, unter denen eine Tagesmutter

TIPP   Vertrag für Tagesmütter

Tagespflege beruht auf einer meist privaten Vereinbarung zwischen Ihnen, den abgebenden Eltern/Sorgeberechtigten und der Tagespflegeperson über die Art und den Umfang der Betreuung des Kindes. Eine solche Vereinbarung ist auch mündlich gültig, aus Nachweisgründen empfiehlt sich aber ein schriftlicher Vertrag. Mindestens enthalten sein sollten neben den persönlichen Angaben zu Kind, Eltern sowie

Pflegestelle der Stundenumfang der Betreuung, die Bezahlung und sämtliche besonderen Regelungen. Sinnvoll ist es auch, der Tagesmutter eine Arztvollmacht zu erteilen. Leider lassen sich Unfälle, die ärztliche Behandlung sofort nötig machen, nie ganz ausschließen. Einen ausführlichen Vertrag gibt es beim Tagesmütter-Bundesverband für Kinderbetreuung in Tagespflege e. V.: www.tagesmuetter-bundesverband.de.

ihre Dienste anbieten darf, jedoch immer wenig geregelt. Zwar gibt es inzwischen die Notwendigkeit einer „Pflegeerlaubnis" nach dem Sozialgesetzbuch, die dann einzuholen ist, wenn Personen ein oder mehrere Kinder

- außerhalb des Haushalts der Erziehungsberechtigten
- während eines Teils des Tages
- mehr als 15 Stunden wöchentlich
- gegen Entgelt
- länger als drei Monate

betreuen wollen.

Die Bedingungen, die erfüllt sein müssen, betreffen die „Eignung der Person" und die Räumlichkeiten. In Ansätzen geregelt sind auch bestimmte Anforderung an die Qualifizierung, zum Beispiel wird eine bestimmte Stundenanzahl von Unterrichtseinheiten vorausgesetzt. Aber alles in allem blieben die Bestimmungen über die Voraussetzungen und die Durchführung der Tagespflege recht vage und sind zudem uneinheitlich abhängig von Land zu Land und Kommune zu Kommune geregelt. Sie unterliegt also immer noch recht unterschiedlichen rechtlichen, fachlichen und finanziellen Standards. Auch die Vermittlung gestaltet sich je nach Land und Gemeinde ganz verschieden. Sie ist immer aber auch eine Aufgabe der Jugendhilfe, also informell gesprochen, des Jugendamtes. Übrigens: Tagesmütter und Eltern haben Anspruch auf Beratung durch das Jugendamt (§ 23 SGB VIII). Nehmen Sie diesen wahr, wenn Sie unsicher sind!

Eine große Verantwortung

Wie auch immer Sie Ihre Tagesmutter suchen und finden:

Es ist angesichts der weniger klaren formalen Anforderungen an die „Eignung" der Betreuungsperson natürlich besonders wichtig, dass Sie Kriterien haben, nach denen Sie die Eignung für Ihr Kind beurteilen.

- Sie sollten mit der Kandidatin ausführlich sprechen und auch vertragliche Aspekte vorab klären (siehe dazu Kasten, Seite 232) und
- bis hin zu unverschämter Neugier ihre Wohnung inspizieren.
- Sie sollten sicherstellen, dass ihr Erziehungsstil, ihre häusliche Atmosphäre und vor allem ihr alltäglicher Umgang mit Kindern Ihren Vorstellungen entsprechen. Sie müssen der Tagesmutter Ihres Kindes voll und ganz vertrauen können!!!
- Sie sollten auch ein Gespür für die menschlichen Qualitäten der Tagesmutter entwickeln
- und sich darüber klar werden, ob auch Sie als Eltern mit der Tagesmutter „können". Denn mehr noch als in Institutionen muss Ihre Beziehung – also die zwischen Tagesmutter und Ihnen als Eltern – einwandfrei funktionieren. Oder wollen Sie Ihrem Kind zumuten, den Tag über bei jemandem zu verbringen, den Sie nicht achten oder so gar nicht mögen? Ihr Kind wird Ihr Misstrauen spüren! Wie soll es dann selbst Zutrauen haben?!

TAGESMUTTER – STÄRKEN UND SCHWÄCHEN AUF EINEN BLICK

- Vorteile: flexibel, familienähnliche Umgebung
- und geringeres Infektionsrisiko.
- Nachteile: Instabilität der Betreuungsform, kleinere Zahl der Spielkameraden, schlechtere Ausstattung mit Spielsachen,
- fehlende pädagogische Aus- und Fortbildung vieler Tagesmütter und die reduzierte Kontrolle durch den Staat.

Kinderläden

Eine weitere Alternative zur Kinderkrippe sind die sogenannten Kinderläden (EiKitas) oder andere private elterninitiierte und selbstorganisierte Kinderbetreuungsformen. Auch sie garantieren meist eine kleinere Gruppengröße und einen besseren Betreuerschlüssel. Außerdem bieten sie die Möglichkeit engagierter Elternmitarbeit und damit eine stärkeren Einflussnahme auf den Erziehungsstil, der in der Gruppe vorherrscht.

Für Berufstätige bedeutet jedoch oft gerade dies eine Überforderung. Zudem besteht dabei auch die Gefahr, dass unterschiedliche Vorstellungen der Eltern zu Konflikten führen, die auf dem Rücken der Erzieher und der Kinder ausgetragen werden. Sind Eltern jedoch zeitlich und finanziell in der Lage, einen Kinderladen mit zu tragen und auch als Gruppe sich sachgerecht „zusammenzuraufen", sind Kinderläden eine positive Alternative zu überfüllten Kinderkrippen. Ein wichtiger Vorteil ist die prinzipiell andere Beziehung, die zwischen dem Elternhaus des Kindes und der

---

TIPP **Tipps für das tägliche Überleben einer berufstätigen Hausfrau und Mutter**

Wenn Ihre finanzielle und berufliche Situation es zulässt, wählen Sie für die ersten Jahre eine Teilzeitarbeit.

- Reservieren Sie genügend ganz intime, entspannte und entspannende Perioden:
  a) für sich,
  b) für sich und Ihren Partner und
  c) täglich für sich und Ihr Kind!
- Stehen Sie zu Ihrer Entscheidung und fühlen Sie sich nicht verpflichtet, trotzdem oder gerade deswegen eine „Supermutter" zu sein. Supermütter gibt es nicht!

- Reduzieren Sie Ihre Hausarbeit! Ihre Wohnung muss nicht aussehen, als sei sie die Filmbühne für einen Werbespot einer Reinigungsfirma.
- Spannen Sie den Rest der Familie in die Hausarbeit mit ein! Jeder muss sich verantwortlich fühlen.
- Vermeiden Sie Übermüdung! Ein ausreichendes Schlafquantum ist ein absolutes Muss.

INFO Für Engagierte

Eltern, die selbst einen Kinderladen gründen wollen, erfahren Beratung und Unterstützung bei der Bundesarbeitsgemeinschaft Elterninitiativen (BAGE) e. V. mit ihren über 20 bundesweiten Kontakt- und Beratungsstellen. Hinweise auf die für den jeweiligen Ort zuständige Stelle gibt es über die folgende Adresse:

BAEG e.V. Geschäftsstelle
Landwehrstraße 60–62
80336 München
Tel. 0 89/9 61 60 60 60,
Fax 0 89/9 61 60 60 16
www.bage.de.
Auch das Bundesministerium für Familie, Senioren, Frauen und Jugend bietet dazu Informationen: www.bmfsfj.de.

außerfamiliären Betreuungseinrichtung besteht. Kleinkinder, die in einer funktionierenden Kinderladengruppe, die ja Eltern, Kinder und Erzieher umfasst, betreut werden, erleben diese Gruppe als erweiterte „Familie". Zumindest spüren sie zu Recht, dass ihre Gruppe als Gruppe zusammengehört.

... und viele andere

Zusätzlich zu diesen Betreuungsformen gibt es vor allem in größeren Städten noch viele verschiedene Alternativen, die sich auch von Bundesland zu Bundesland unterscheiden. Da sind zum Beispiel Kinderhäuser, die sowohl offene als auch feste Gruppen und Betreuungsmöglichkeiten mit Einbeziehung der Familien in der Nachbarschaft anbieten. Da ist das „Netz für Kinder", das ebenfalls aus altersgemischten Gruppen von zwei- bis zehnjährigen Kindern besteht, mit der Besonder-

heit, dass zusätzlich zu den fest angestellten Fachkräften immer noch eine Mutter oder ein Vater in der Betreuung mitarbeitet. Es gibt zudem Krabbelgruppen, Miniclubs, Mütterzentren mit Mutter-Kind-Gruppen und Ähnliches, die vor allem für Kinder nicht berufstätiger Mütter die ersten Schritte hinaus aus der Familie und regelmäßige Kontakte mit Gleichaltrigen ermöglichen. Erkundigen Sie sich beim Jugendamt Ihrer Stadt! Denn die Unterschiede in Betreuungszeiten, Kosten, Gruppengrößen, Stabilität der Organisationsform, Elternrechten, Ausbildung der Betreuer und Qualität der Betreuung überhaupt sind enorm. Es gibt auch Leihomas und -opas, also (meist ältere) Menschen, die gerne mit Kindern zusammen sind und auch deren Betreuung übernehmen. Eltern sollten aber immer bedenken: Eine Leihoma oder Patenoma ist kein Babysitter. Sie kommt nicht wegen des Geldes, sondern wegen der Kinder. Sie steht auch

nicht immer auf Abruf, sondern kommt lieber in mehr oder weniger regelmäßigem Rhythmus. Genaue Absprachen sind deshalb im Vorfeld wichtig! Vor allem muss geklärt werden: Wie viel Zeit möchte und kann die „Oma" (die jüngeren Varianten nennen sich gerne Leihtante oder Leihpatin) der Familie zur Verfügung stellen? Lässt sich eine volle Berufstätigkeit mit den Möglichkeiten und Wünschen der Leihoma verbinden? Kann sie hilfreich sein, wenn ein Kind regelmäßig stundenweise betreut werden muss oder vielleicht auch nur dann, wenn Mutter einkaufen muss, Behördengänge zu erledigen hat oder ein Arztbesuch ansteht?

Und noch wichtiger für beide Seiten: Achten Sie auf Ihr Gefühl. Sympathie zwischen den Erwachsenen muss vorhanden sein. Denn Leihomas gehören – wie der Name schon andeutet – „irgendwie" mit zur Familie. So will es auch Ihre Tochter, Ihr Sohn, der bald eine ganz innige Beziehung zu ihr haben wird, verstanden wissen.

Fühlt sich mein Kind wohl?

Wie einfach wäre es doch, wenn Ihre Tochter, Ihr Sohn klar und deutlich formulieren könnte: Hier gefällt es mir, oder hier gefällt es mir nicht, weil ...! Aber keiner

kann von einem Kleinkind erwarten, dass es in Worten sein Gefallen beziehungsweise Missfallen an seiner „Unterbringung" ausdrücken kann. Es hat jedoch eine Vielzahl anderer Möglichkeiten, Ihnen zu zeigen, wie es ihm in seiner neuen Betreuungsumgebung geht.

Sie können davon ausgehen, dass es sich gut eingewöhnt hat und wohlfühlt, wenn es nach der Eingewöhnungszeit (rechnen Sie mit mindestens einem Monat!) nicht mehr beim oder nach dem Abschied weint, sondern aus Freude an der Umgebung, der Erzieherin, den anderen Kindern sich freiwillig von der Mutter/dem Vater löst, wenig am Daumen, am Schnuller, an der Flasche nuckelt, konzentriert spielt, allein, parallel zu anderen Kindern und manchmal auch schon mit anderen Kindern, wenig Aggression in seinem Verhalten zeigt, nicht abseits steht oder ziellos herumwandert, spontan auf „seinen/ ihre" Erzieher/in, Tagesmutter zugeht, sich von ihm/ihr helfen, trösten lässt, fröhlich ist, lacht und wenig weint.

Stellen Sie fest, dass Ihr Kind auch noch nach Monaten weiterhin große Schwierigkeiten mit seiner Eingewöhnung hat,

- „seine" Erzieherin nicht als Ansprechpartnerin, Spielpartnerin, Trösterin annehmen kann, sondern auf „sozial unerwünschte" Weise (Aggression, Schreien, Destruktivität) um Aufmerksamkeit kämpft,

- abseits steht oder ziellos herumwandert,
- oder „depressiv", also mit Weinerlichkeit, Daumennuckeln oder gar Rückzug und Abschalten und Stereotypien wie Hin- und Herschaukeln reagiert,
- zu Hause nur noch gereizt oder quengelig ist,
- nur noch an Ihrem Schürzenzipfel hängt,
- Probleme mit dem Schlafen und Essen entwickelt und damit zeigt, dass es sich nicht wohl und sicher fühlt, sprechen Sie mit den Betreuern. Vielleicht braucht es vermehrte Zuwendung, um mehr Sicherheit und Geborgenheit zu erlangen.

Hilft auch dies nicht, denken Sie über Alternativen nach! Denn zur Qualität der Versorgung gehört auch die Überlegung, welches Kind sich in welcher Betreuungsform am wohlsten fühlt. Wenn dies möglich ist, sollten Sie Ihre Entscheidungen von Ihrem Kind und seinen Entwicklungsbedingungen abhängig machen. Wie auch immer Sie sich entscheiden: In jedem Fall sollte die Unterbringung mit Ihrer Berufstätigkeit vereinbar und fest geregelt sein. Sind Sie von einem zum anderen Termin gezwungen, zu organisieren und neue Abmachungen zu treffen, wird Ihr Kind sich „herumgeschubst" fühlen, und auch Ihre Nerven werden unnötig strapaziert.

Und für jede „Fremd"betreuung gilt: Ihr Kind braucht eine Eingewöhnungsphase, in der es in Ihrem Beisein Zutrauen zu der neuen Bezugsperson schöpfen und mit der Situation vertraut werden kann. Diese Eingewöhnungszeit kann einige Tage, ja Wochen dauern. Empfehlenswert ist es auch, erst im weiteren Verlauf die Unterbringungszeit allmählich auf die benötigte Stundenzahl zu steigern. Ihr Kind braucht Zeit – Zeit, um eine neue Bindung aufzubauen. Das heißt auch: Sie müssen die neue Bindung ernst nehmen. Dazu gehört, dass Sie ihm helfen, die Trennung von dieser neuen Bindungsperson, seiner Erzieherin, seiner Tagesmutter, die es ja tagtäglich, jedes Wochenende, im Zusammenhang mit Urlaubszeiten und bei einem Betreuerwechsel erleben wird, zu verkraften.

Ferner ist es absolut notwendig, dass Ihr Kind, wenn es wieder zu Hause ist, auftanken kann (siehe Seite 219). Die meisten Kinder, die tagsüber fremdbetreut wurden, sind abends erst einmal besonders anhänglich, liebebedürftig und zeigen dies manchmal durch Quengeligkeit und einem überstarken Wunsch nach Mamas Rockzipfel. Gestehen Sie Ihrem Kind dieses Nähe- und Trostbedürfnis zu – auch wenn Sie selbst abgehetzt nach Hause kommen und schmutziges Geschirr und Wäscheberge auf Sie warten. Ihr Kind geht vor!

Was ebenfalls gilt: Wenn sich Ihr Kind wohl fühlen soll, müssen Sie mit sich selbst in Bezug auf die „Fremdbetreuung" im Reinen sein. Wenn Sie sich nicht ein- gestehen können, dass Sie Angst davor haben, Ihr Kind an die Erzieherin zu verlie- ren, wo doch gerade das Kind Ihr „einzi- ger Lebensinhalt" geworden ist, oder wenn Sie es mit Ihrem Selbstbild als „gute Mutter", „guter Vater" nicht vereinbaren können, dass Sie Ihr Kind fremdbetreuen lassen und ständig ein schlechtes Gewis- sen haben, dann muss es Ihrem Kind schwerfallen, neue Bindungen einzuge- hen, und es kann sich mit neuen Bezug- personen nicht wohl fühlen.

WENN SICH PROBLEME NICHT EINFACH „AUSWACHSEN"

Groß werden ist nicht einfach. Jedes Alter bringt neue Aufgaben und neue Probleme mit sich, die bewältigt werden müssen. El- tern wissen das nur zu gut. Und es gibt wohl kaum Eltern, die sich nicht hin und wieder Sorgen machen. Die meisten die- ser Sorgen erweisen sich glücklicherweise als unbegründet. Entweder sind die klei- neren oder größeren Probleme, vor die El- tern sich hin und wieder gestellt sehen, einfach „normal" und gehören zum Alter und dem Entwicklungsstand des Kindes. Eltern machen dann die Erfahrung, dass das, was gestern noch als Problem er- schien, plötzlich der Vergangenheit ange- hört, wie zum Beispiel die „Dreimonatsko- lik" (siehe Seite 77), die Angst des Klein- kinds oder die „unerträglichen" Wutanfäl- le, mit denen Mutter und Vater so gar nicht umgehen konnten. Auch viele Ängs- te sind – so haben Sie gelesen – einfach alterstypisch und die beste Therapie ist die kindliche Entwicklung selbst und die bes- ten Therapeuten seine Eltern, die intuitiv wissen, was ihr Kind gerade jetzt braucht, um die nächste Entwicklungsaufgabe in Angriff nehmen zu können.

Wenn man sich das immer wieder vor Augen hält, lebt man als Mutter, Vater sehr viel entspannter. Und die wiederge- wonnene Gelassenheit tut allen gut – den Eltern, die dadurch wieder zu einem unbe- lasteten Umgang mit ihrem Kind finden, und dem Kind, das nun weit weniger un- ter Druck steht.

Und wenn nicht? Tieferliegende Stö- rungen zeigen sich bei Kindern meist da- rin, dass Verhaltens- und Erlebensweisen, die durchaus zu einem gesunden Kinder- leben dazugehören können, länger andau- ern und intensiver sind als „normal" – und damit zum Problem für Eltern und Kind werden.

Dann ist Hilfe nötig für die Kinder – und ihre Eltern! Denn gerade Kinder mit Pro- blemen brauchen besonders „gute" El- tern, auf die sie sich voll und ganz verlas- sen können.

Hilfen für Kinder und ihre Eltern

Wenn Ihr Kind zeigt, dass es Hilfe braucht, sind viel Fantasie und Einfühlungsvermögen, immer aber auch exakte ärztliche und psychologische Diagnostik nötig, um wirklich effektiv helfen zu können. Deshalb ist der Kinderarzt (siehe Seite 243) sinnvollerweise die erste Anlaufstelle. Er kennt Sie, die Familie und Ihr Kind seit Langem, weiß von möglichen früheren organischen Erkrankungen oder Entwicklungsverzögerungen und kann auch jetzt im Vorfeld abklären, ob die Probleme Ihres Kindes organisch bedingt sind. Er wird im Allgemeinen auf der Grundlage seiner Diagnose gemeinsam mit Ihnen die Entscheidung treffen, welche weiterführende Hilfe oder Therapie notwendig ist. Bei Entwicklungsverzögerungen und Bewegungsstörungen wird er – nachdem er Ihr Kind möglicherweise vorher noch einmal von einem Spezialisten, meist einem Kinderneurologen, zur genaueren Abklärung überwiesen hat – eine Physiotherapie oder Ergotherapie verordnen.

Der Kinderarzt ist auch dann der richtige Ansprechpartner, wenn Eltern sich vor allem wegen Verhaltensauffälligkeiten, psychischen und emotionalen Schwierigkeiten Symptomen Sorgen machen – vorausgesetzt, er nimmt sich die Zeit, mit den Eltern ausführlich über ihre Sorgen und das Problem ihres Kindes zu sprechen. Manche Kinderärzte haben inzwischen eine Zusatzausbildung in psychosomatischer Grundversorgung absolviert oder nehmen regelmäßig an psychotherapeutischen Fortbildungsveranstaltungen teil. Sie sind dann in der Lage, auch bei psychischen und psychisch bedingten Störungen im Gespräch mit den Eltern zu klären, wie es weitergehen soll.

Wo finden wir Hilfe?

Schon im letzten Kapitel (siehe Seite 161) haben wir Ihnen verschiedene Anlaufstellen genannt. Je nach Problembereich und Alter des Kindes gibt es in Deutschland ganz unterschiedliche professionelle Hilfe.

Physiotherapie und Ergotherapie

Physiotherapie (ehemals Krankengymnastik) und Ergotherapie (auch Beschäftigungs- oder Arbeitstherapie) sind die etablierten Therapieformen bei motorischen Entwicklungsstörungen. Sie überschneiden sich oft sowohl in Bezug auf ihr Anwendungsgebiet als auch auf die Art und Weise ihres Vorgehens. Beide umfassen und kombinieren oft verschiedene Therapien. Durch Bewegungsaktivitäten, gezielte Aufgaben zur Körperkontrolle und Turnübungen (dies eher bei einer Physiotherapie) oder durch Spiel und die altersgemäße Beschäftigung mit den unterschiedlichsten Materialien und Gegenständen) werden dem Kind viele neue Bewegungserfahrungen ermöglicht.

Kann die (Grob- und Fein-)Motorik gebessert werden, gewinnt ein Kind auch mehr sensomotorische Sicherheit. Einschränkungen in der Bewegung werden

abgebaut. Konzentrationsfähigkeit, Eigeninitiative und Kreativität werden gefördert.

Physio- und Ergotherapeuten formulieren als Nahziel neue Erfahrungen mit Bewegung und Wahrnehmung, durch die
die motorischen Reaktionen und Fertigkeiten verbessert und damit auch die Lernfä-
higkeit positiv beeinflusst werden.

Fernziele sind eine effektive Körperkontrolle, verbunden mit besserer emotionaler
Steuerung, sozialer Kompetenz sowie
mehr Selbstbewusstsein und Selbstvertrauen. Beide Therapien sind von den
Krankenkassen als Heilmittel anerkannt.
Die Kosten werden also von den Kassen
übernommen, wenn eine ärztliche Verordnung vorliegt.

Frühförderstellen und Sozialpädiatrische Dienste

Kinder, bei denen der Kinderarzt bei einer
der Früherkennungsuntersuchungen eine
Entwicklungsstörung diagnostiziert hat,
oder auch eine Behinderung zu befürchten ist, finden auch kostenlose Hilfe in
Einrichtungen, die sich auf Frühförderung
spezialisiert haben.

Ärzte, Sozialpädagogen, Physiothera-
peuten, Ergotherapeuten, Logopäden und
viele andere arbeiten hier zusammen, um
dem Kind in allen Bereichen, die durch
seine Störung betroffen sind, die Förderung angedeihen zu lassen, die es
braucht. Jede Behandlung wird – handelt
es sich um vordringlich medizinische
Maßnahmen – nach Verordnung eines
Arztes von den Krankenkassen oder auch
von Sozialhilfeträgern übernommen.

Der Vorteil einer solchen Frühförderstelle
oder einer entsprechenden Einrichtung:
Hier können Kinder und Eltern ein ganz-
heitliches Behandlungskonzept in Anspruch nehmen, das neben der reinen
Heilbehandlung auch pädagogische, son-
derpädagogische, psychotherapeutische
und soziale Hilfen umfasst. Denn die Behandlung soll sich nicht auf das Training
einzelner Funktionen beschränken, sondern die ganze körperliche, psychisch-
emotionale und soziale Entwicklung fördern.

In Frühförderzentren werden immer
auch die Eltern aktiv mit einbezogen. Sie
erfahren, wie sie mit ihrem Kind am besten umgehen und wie sie es zu Hause gezielt fördern können, ohne es zu unter-
oder überfordern.

Eltern erfahren hier auch Einzelheiten
über gesetzliche Ansprüche und finanzielle Hilfen, die ihnen und ihrem Kind zuste-
hen.

Erziehungs-, Familien- und Konfliktberatungs- stellen

Bei Erziehungsfragen und bei persönlichen oder familienbezogenen Problemen
sind Erziehungs- und Familienberatungsstellen die richtigen Ansprechpartner. Diese bieten Hilfe bei so unterschiedlichen
Problemen wie Fütter- und Schlafstörun-
gen, Entwicklungsverzögerungen, Ess-
Störungen oder Ängsten, bei Trennungs-
und Kontaktschwierigkeiten, Sprachstö-
rungen, bei Leistungs- und Verhaltenspro-
blemen, bei Einnässen, Einkoten oder an-

deren psychosomatischen Beschwerden. Auch bei Fragen und Konflikten im Zusammenhang mit Trennungen und Scheidungen bieten die Erziehungs- und Familienberatungsstellen allen Familienmitgliedern ihre professionelle Unterstützung an. In einer Erziehungs- und Familienberatungsstelle arbeitet ein Team von Fachleuten unterschiedlicher Berufe zusammen. Psychologen, Sozialarbeiter und Sozialpädagogen, Kinder- und Jugendlichen-Psychotherapeuten, Ärzte, Pädagogen, Logopäden, Beschäftigungstherapeuten, Bewegungstherapeuten und andere Fachkräfte.

Erziehungs- und Familienberatungsstellen werden von Städten oder Landkreisen, also öffentlichen Trägern, und von aner-

kannten freien Trägern wie zum Beispiel die Arbeiterwohlfahrt, der Caritasverband, der Paritätische Wohlfahrtsverband, das Diakonische Werk unterhalten. Untersuchung, Beratung und die therapeutischen Angebote sind kostenlos.

Für eine erste Terminvereinbarung genügt in der Regel ein Anruf. (Adressen finden Sie im Telefonbuch und im Internet unter dem entsprechenden Stichwort. Auch das Jugendamt kann Ihnen weiterhelfen.) Kurze Gesprächstermine sind innerhalb der offenen Sprechstunden möglich. Voranmeldung ist aber auch hier sinnvoll. Bis zu einem ausführlichen Erstgespräch müssen Sie leider immer noch mit langen Wartezeiten rechnen.

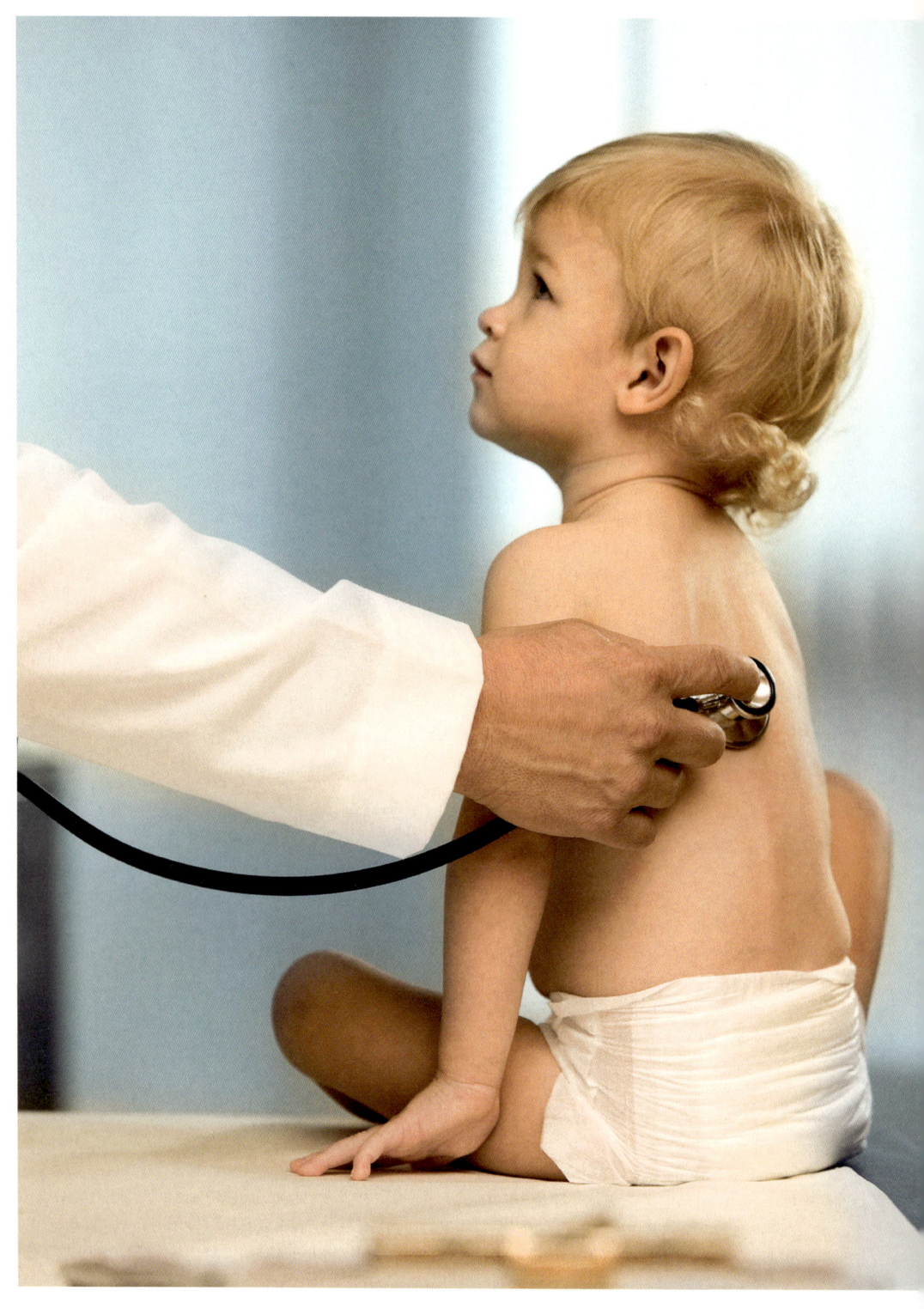

BEIM KINDERARZT

Die Gesundheit ihres Kindes ist die Hauptsorge aller Eltern. Leider lässt sich Gesundheit nicht garantieren. Das Risiko, krank zu werden, gehört zum Leben. In Ihrer Verantwortung liegt es, Risiken – so weit es in Ihrer Macht steht – vorzubeugen und – wenn Ihr Kind krank geworden ist – ihm die Behandlung teil werden zu lassen, die es braucht.

VERTRAUEN BRINGT SICHERHEIT

Die Grundlage jeder Gesundheitsvorsorge ist Ihre Fürsorge. Ohne diese Fürsorge kann kein Kind gedeihen und gesund aufwachsen. Die wichtigste Unterstützung finden Eltern beim Kinder- und Jugendarzt. Er ist der Hausarzt Ihres Kindes, der es behandeln wird, wenn es einmal krank ist. Seine Aufgabe ist es jedoch nicht nur, kranke Kinder zu behandeln, sondern auch, Krankheiten zu verhüten oder so frühzeitig zu erkennen, dass eine frühe Behandlung einen möglicherweise schweren Verlauf verhindern kann. Das heißt: Der Kinder- und Jugendarzt spielt bei der Vorsorge eine zentrale Rolle. Er steht Ihnen, wenn es um die Gesundheit Ihres Kindes geht, von Anfang an regelmäßig und kontinuierlich als Ansprechpartner zur Verfügung.

Und er wird Sie gemeinsam über viele Jahre begleiten. Deshalb ist eine gute Entscheidung wichtig! Wie aber wählen? Allgemeingültige Regeln für die Wahl eines Arztes Ihres Vertrauens kann es nicht geben. Zu unterschiedlich sind die Ansprüche und Vorstellungen, die Eltern – und später auch die Kinder selbst – mit einem guten Arzt verbinden. Eine Mutter fühlt sich bei einem älteren Arzt in guten väterlichen Händen, eine andere zieht eine junge Kinderärztin vor, bei der sie eher den neuesten medizinischen Kenntnisstand vermutet. Manche Eltern beruhigt eine Praxis mit hohem medizintechnischem Standard. Andere fühlen sich dort unwohl und befürchten eine reine Apparatemedizin. Ihre Haltung zu naturheilkundlichen oder homöopathischen Verfahren kann

TIPP   ## Tipps für die Wahl des Kinderarztes

- **Empfehlungen:** Achten Sie auf Empfehlungen anderer Mütter, etwa in Schwangeren- oder Stillgruppen. Oft wissen auch das Kinderpflegepersonal oder Ärzte in der Entbindungsklinik aus vielen Gesprächen mit Müttern, welche Kinderärzte sie aufsuchen und mit welchen sie zufrieden sind. Auch Ihren Gynäkologen können Sie um Rat fragen.
- **Entfernung:** Die Praxis sollte für Sie nicht weit entfernt liegen und unkompliziert zu erreichen sein. Auch wenn Ihnen ein empfohlener Arzt noch so kompetent erscheint: Muten Sie sich und Ihrem Kind keine unnötige Belastung durch eine lange Anfahrt zu. Zu groß ist dann die Gefahr, dass Sie nach und nach selbst notwendige Besuche aufschieben oder ausfallen lassen.
- **Hausbesuche – Sprechstunde am Wochenende:** Manche Kinderärzte bieten Notfallsprechstunden am Wochenende, beispielsweise am Samstagvormittag und Hausbesuche an. Erkundigen Sie sich danach!
- **Wartezeiten:** Es gibt gut und weniger gut organisierte Arztpraxen. Regelmäßig langes Warten muss nicht sein.
- **Zeit für die Patienten:** Es besteht kein Zweifel – auch ein Kinderarzt muss ökonomisch arbeiten. Aber: Wenn Ihnen in einer Praxis alles zu schnell geht, Sie keine Antworten auf Ihre Fragen erhalten, der Zeitdruck Sie hindert, überhaupt Fragen zu stellen, sollten Sie diesen Eindruck (auch wenn Ihnen dies schwerfällt) dem Arzt mitteilen. Er wird hoffentlich positiv darauf reagieren. Denn ein Kinderarzt muss sich in Ruhe mit dem Kind und den Fragen der Eltern auseinandersetzen. Manche Kinderärzte bieten auch besondere „Sprechstunden" außerhalb der üblichen Sprechzeiten an, um, wenn es um mehr als reine Routine-Untersuchungen geht, Eltern genügend Zeit für ein Gespräch einzuräumen.
- **Telefonische Beratung:** Kein Arzt wird das Risiko eingehen, Ferndiagnosen zu stellen, ohne seinen Patienten selbst gesehen und untersucht zu haben. Aber vor allem wenn Sie nicht auf den guten Rat von erfahrenen Müttern oder Großmüttern zurückgreifen können, sollten Sie auch die telefonische Beratung durch den Kinderarzt in Anspruch nehmen können. Und: Gerade in den ersten Wochen und Monaten sind Eltern oft so unsicher, dass sie ab und zu einfach Beruhigung durch den Kinderarzt brauchen, um zu wissen, dass alles in Ordnung ist.

ebenfalls ausschlaggebend für die Kinderarztwahl sein.

Trotz dieser Unterschiede gibt es aber einige wichtige Hinweise, die Ihnen die Wahl und den weiteren Umgang mit dem Kinderarzt erleichtern können. Sie finden Sie zusammengefasst im Tipp-Kasten.

Kontinuität ist wichtig

Verfallen Sie nicht dem immer beliebter werdenden Ärztehopping:

Bedenken Sie, dass Ihr Kinderarzt Sie und Ihr Kind möglichst bis über die Pubertät hinaus wie ein Hausarzt begleiten soll. Dies ist nicht nur wichtig für Ihr Kind und sein Vertrauen zu seinem Arzt. Auch für den Arzt ist es bei der Diagnose und Behandlung vieler Beschwerden unerlässlich, die Entwicklung des Kindes, seine Eltern und Geschwister und sein Verhalten auch in gesunden Zeiten genau zu kennen. Es kann also gerade beim Kinderarzt auch medizinisch gesehen nur nachteilig sein, sich in jedem Quartal einen neuen Arzt auszusuchen oder nur noch von einem Spezialisten zum anderen zu eilen. Je spezialisierter ein Arzt ist, desto weniger kann er das Ganze im Blick haben.

Aber: Wenn Sie Zweifel an der Kompetenz des Arztes haben oder Schwierigkeiten im zwischenmenschlichen Kontakt Ihr Vertrauen zum gewählten Kinderarzt beeinträchtigen, sollten Sie einen Arztwechsel in Betracht ziehen. Versuchen Sie jedoch vorher, dem Arzt Ihre Bedenken mitzuteilen. Oftmals schafft ein solches Gespräch die notwendige gute Vertrauensbasis, die dann den Wechsel unnötig macht.

Auch bei speziellen Erkrankungen sollten Sie in Ergänzung zum Familienarzt den Weg zu Ärzten anderer Fachgruppen nicht scheuen. Unter den Kinderärzten gibt es Spezialisten, die sich mit bestimmten Erkrankungsgruppen befassen, beispielsweise Kinderallergologen, Kinderkardiologen, Kinderneurologen und Kinderpsychiater. In aller Regel wird Ihr Kinderarzt Sie und Ihr Kind bei entsprechenden Fragestellungen zu diesen Fachkollegen überweisen.

„Der Nächste bitte!"

Die meisten Mütter und Väter sind aufgeregt, wenn sie endlich „dran" sind. Und vor lauter Aufregung ist schnell vergessen, was man eigentlich fragen wollte. Deshalb: Bereiten Sie den Besuch beim Kinderarzt vor. Notieren Sie sich schon zu Hause Ihre Fragen und Beobachtungen.

Ist Ihr Kind krank, sollten Sie dem Kinderarzt auch sagen können, wann die ersten Symptome aufgetreten sind, oder allgemeiner: wann Ihnen zum Beispiel Ihr Kind zum ersten Mal als besonders müde, matt, appetitlos, weinerlich und so weiter aufgefallen ist (siehe Seite 266, Kinderkrankheiten).

Eine Hilfe zur Vorbereitung auf die einzelnen Vorsorgeuntersuchungen sind die Themen des gelben Heftes. Zum einen erfahren Sie dort, was Ihr Arzt jeweils untersuchen wird und welche Krankheiten, Fehlentwicklungen und Fehlbildungen er ausschließen will. Zum anderen sind hier die Fragen Ihres Arztes, die sich auf das Verhalten und den aktuellen Entwicklungsstand Ihres Kindes beziehen, als Stichpunkte vermerkt. Genaue Erläuterungen finden Sie im Abschnitt „Das gelbe Heft" (siehe Seite 250). Und: Scheuen Sie sich nicht, beim Kinderarzt mitzuschreiben, was er rät. Zu Hause haben Sie vielleicht einiges schon wieder vergessen!

Vorbeugen ist besser als Heilen

Wie alle Mütter, beziehungsweise Eltern, in Deutschland haben Sie bei Entlassung aus der Geburtsklinik das oben genannte Gelbe Heft, genauer: das „Kinderuntersuchungsheft des Bundesausschusses der Ärzte und Krankenkassen" erhalten. Mit der Überreichung dieses Heftes haben Sie die Verantwortung für das weitere gesundheitliche Schicksal Ihres Kindes im wahrsten Sinne des Wortes in die Hand bekommen. Denn Sie haben damit die Möglichkeit – vielmehr die Verpflichtung gegenüber Ihrem Kind –, eine festgelegte Anzahl Vorsorgeuntersuchungen in Anspruch zu nehmen. Derzeit (siehe Seite 250ff.) sind 11 Vorsorgeuntersuchungen vorgesehen, bei denen Kinder und Jugendliche auf ihren Entwicklungsstand und ihren Gesundheit untersucht werden. Sieben davon gibt es bis zum zweiten Geburtstag, und mit der neuen Untersuchung U7a wurde inzwischen auch eine von Kinderärzten beklagte Lücke zur U8 mit vier Jahren geschlossen. Die Untersuchungen finden jeweils in einem bestimmten Zeitraum statt, in dem Sie Ihr Kind einem Kinder- und Jugendarzt Ihrer Wahl oder einem der kinder- und jugendärztlichen Dienste bei den Gesundheitsämtern vorstellen. Wann welche Untersuchung ansteht, können Sie aus der Umschlaginnenseite des Gelben Heftes ersehen. Das Gelbe Heft ist zugleich das Scheckheft für die ärztlichen Leistungen. Denn die Kosten der Untersuchungen werden von den Krankenkassen übernommen.

Früherkennung und ...

Diese oben genannten Vorsorgeuntersuchungen dienen erst einmal der Früher-

---

TIPP   Vorsorge ist Elternpflicht

Erfreulich: 95 Prozent aller Eltern nehmen ihre Verantwortung wahr. Eltern sind in den ersten Monaten stets „pflichtbewusst" genug, das Angebot der Vorsorgeuntersuchungen in Anspruch zu nehmen. Je älter das Kind wird, desto „großzügiger" werden damit wichtige elterliche Fürsorgepflichten vernachlässigt.

Bitte versäumen Sie möglichst keinen der vorgesehenen Untersuchungstermine, auch wenn Ihr Kind Ihnen „ganz kerngesund" erscheint.

Übrigens: Das Gelbe Heft (siehe Seite 250) oder den Mutter-Kind-Pass sollten Sie zusammen mit dem Impfpass möglichst zu jedem Kinderarztbesuch mitnehmen, auch wenn er nichts mit einer der vorgesehenen Vorsorgeuntersuchungen zu tun hat. Sollten Sie einmal, aus welchem Grund auch immer, einen neuen Arzt aufsuchen, so können ihm die Eintragungen wichtige Hinweise für seine Beurteilung Ihres Kindes, seine Diagnose und seine Behandlung geben.

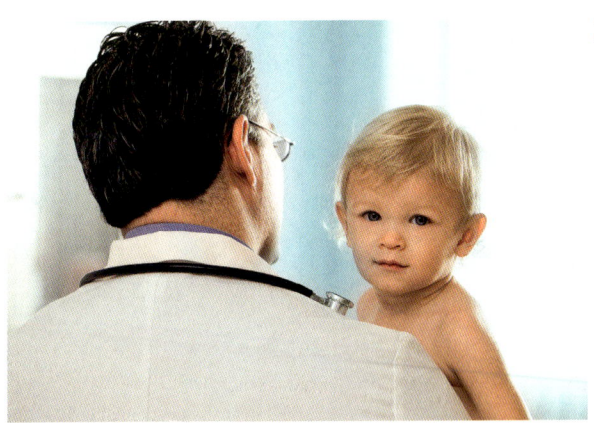

kennung von Fehlbildungen, Geburtsschäden, Entwicklungsstörungen und ersten Symptomen, die eine spätere Erkrankung befürchten lassen. Aufgrund gezielter Untersuchungen Ihres Kindes und eines ausführlichen Gesprächs mit Ihnen wird der Kinderarzt bestätigen können, dass alles in Ordnung ist. Sollte er Auffälligkeiten feststellen, können durch rechtzeitige Behandlung möglicherweise ein Fortschreiten, drohende Komplikationen oder Dauerschäden verhindert und Fehlbildungen korrigiert oder kompensiert werden.

Bei manchen Fehlbildungen ist Früherkennung gerade in der Neugeborenenperiode schlicht lebensrettend. Auch Entwicklungsverzögerungen können umso besser behandelt, wenn nicht sogar überwunden werden, je früher sie erkannt werden. Oft sind auch die „Zeitfenster" für die erfolgreiche Behandlung beziehungsweise Frühförderung begrenzt. Ohnehin gilt: Behandlungs- und Fördererfolge sind umso wahrscheinlicher, je früher sie einsetzen.

Früherkennung ist aber auch in solchen Fällen wichtig, in denen die Ursachen von Entwicklungsverzögerungen und -beeinträchtigungen nicht „geheilt" werden können. Kinder, die aufgrund angeborener Abweichungen und Störungen des Nervensystems aller Wahrscheinlichkeit nach ein Leben lang mit bestimmten Handikaps leben müssen, brauchen Eltern, die so früh wie möglich wissen, ob und wobei ihr Kind besondere Hilfe braucht, wann und wie sie ihr Kind fordern und fördern können, wie sie ihm von Anfang an die Erfahrungen verschaffen, die ihm helfen, sich im Rahmen seiner eingeschränkten Möglichkeiten optimal zu entwickeln. Ihr Wissen kann ihnen helfen, ihr Kind zu verstehen, das ihnen aufgrund seiner Behinderung anders begegnen wird als ein gesundes Kind. Gleichzeitig können sie auch seine Möglichkeiten und Grenzen richtig einschätzen, ohne es zu überfordern und ihm dadurch das Gefühl zu vermitteln, ein Versager zu sein.

… Prävention

Lange stand bei den Themen des Gelben Heftes die Früherkennung von Krankheiten und Fehlentwicklungen, die die gesunde körperliche, geistige und seelische Entwicklung der Kinder gefährden, ganz im Vordergrund. Inzwischen sind sich die Experten einig: Vorsorge heißt nicht nur Früherkennung von Krankheiten, sondern auch Prävention.

Das Wort Prävention bedeutet übersetzt: der Erkrankung zuvorkommen, nämlich durch Beseitigung der mutmaßlichen Ursachen oder der möglichen Risikofaktoren.

Von Anfang an ein „Reisepass": das gelbe Untersuchungsheft gehört bei Arztbesuchen immer ins Reisegepäck.

Oft werden diese Risiken unterschieden in biologische Risiken und psychosoziale Risiken. Bei den biologischen Risiken handelt es sich um medizinisch erfassbare Störungen, die Kinder mit auf die Welt bringen oder die sich in den ersten Monaten und Jahren entwickeln. Aber auch andere Risiken können Kinder weltweit betreffen. Dazu gehören Infektionen, Unfallgefahren sowie psychosoziale Schwierigkeiten.

Die sogenannte primäre Prävention (im Gegensatz zur sekundären, zu der die Früherkennung gehört) dient also der Vorbeugung möglicher Krankheiten und damit ihrer Verhinderung. Dies gilt für körperliche wie auch für seelische Krankheiten.

Vor allem diese Einsicht führte dazu, dass die Richtlinien U1 bis U9 derzeit im Unterausschuss Prävention des Gemeinsamen Bundesausschusses (gemeinsa-

---

INFO   **Vorbeugen ist besser als Heilen – zwei Beispiele**

■ **Erstes Beispiel:** Wenn Eltern im Rahmen der Vorsorgeuntersuchungen der ersten Monaten ihrem Kinderarzt einen verständnisvollen Zuhörer finden und berichten können von ihrer Überlastung durch das „ewige **Schreien**" ihres Babys und dieser – vielleicht ohne schon eine medizinische Diagnose einer Regulationsstörung (siehe Seite 155) ins Gelbe Heft einzutragen – an eine sogenannte Schreiambulanz weiterverweisen kann, ist dies der erste Schritt der Vorbeugung. Wenn ständiges Schreien des Babys den Familienalltag belastet und diese Belastung eine befriedigende entwicklungsfördernde Beziehung zwischen Eltern und ihrem Baby stört, drohen andere „Krankheiten", zum Beispiel Bindungsstörungen mit ihren Folgen (siehe Seite 83) bis hin zum Extremfall eines „Schütteltrau-

mas" (siehe Seite 83). Hier muss der Früherkennung auf jeden Fall die frühe Hilfe folgen.

■ **Zweites Beispiel:** Wenn bei den Vorsorgeuntersuchungen der ersten drei Jahre ein massives **Übergewicht** festgestellt wird, so können Eltern jetzt schon über die möglichen Krankheitsrisiken aufgeklärt werden. Denn es ist leider so: Übergewicht schadet der körperlichen, motorischen und geistigen Entwicklung des Kindes mit den bekannten Folgen wie Bluthochdruck, Fettstoffwechselstörungen, Diabetes mellitus, Arteriosklerose, orthopädischen Problemen und so weiter. Dass auch in psychosozialer Hinsicht negative Folgen zu befürchten sind, die wiederum zu seelischen Krankheiten führen können, ist leider auch nicht von der Hand zu weisen.

mes Selbstverwaltungsorgan der Ärzte und Krankenkassen) diskutiert und überarbeitet werden. Erste Erfolge sind vier weitere Checks auf Sprachprobleme und Übergewicht, Lernstörungen, Allergiebereitschaft sowie motorische Defizite und Hyperaktivität/Aufmerksamkeitsmangel (ADHS-Syndrom).

Diese „neuen" Untersuchungen sollen unter anderem sicherstellen, dass Sprach-, Gewichts- oder Lernprobleme, Störungen der Sozialisation und gesundheitliche Gefahren eines inadäquaten Medienkonsums frühzeitig erkannt und behandelt werden können. Insgesamt soll einer inzwischen eingetretenen Veränderung der gesundheitlichen Gesamtsituation im Kindes- und Jugendalter Rechnung getragen werden.

Entwicklungskurven

Auf den letzten Seiten des Gelben Heftes wird die körperliche Entwicklung Ihres Kindes grafisch in Form von Entwicklungskurven dargestellt. In verschiedenen Diagrammen trägt der Arzt Größe, Gewicht und Kopfumfang im Altersvergleich ein. So können auch Sie mit einem Blick sehen, wie sich der jeweilige Messwert Ihres Kindes zum Durchschnitt der Gleichaltrigen verhält.

Drei verschiedene „Perzentilen"-Kurven geben einen Anhalt dafür, wie der bei einem bestimmten Kind gemessene Wert von Länge (Größe), Gewicht oder Kopfumfang im Verhältnis zu einer Vergleichsgruppe (hierzulande sind das die gesunden mitteleuropäischen Kinder) liegt.

Wenn zum Beispiel die Größe eines Kindes auf die 76. Perzentile fällt, so heißt das, dass 76 Prozent der gleichaltrigen Kinder gleich groß oder kleiner sind. Dieser Wert wird in der Entwicklungskurve vermerkt. Ein solcher Eintrag ist aber keine Aussage darüber, ob das Kind zu groß ist oder zu klein (falls das Kreuzchen auf der 10. Perzentile liegen sollte). In jeder Normalbevölkerung gibt es ja auch große und kleine, dicke sowie recht dünne Menschen.

Viel entscheidender ist, dass Gewicht, Größe sowie Kopfumfang im gleichen Bereich der Perzentilen-Kurven liegen und vor allem, wie sie sich im weiteren Verlauf des Lebens entwickeln.

Liegt etwa das Gewicht eines Säuglings bisher immer auf der 50. bis 75. Perzentile und bei der folgenden Untersuchung plötzlich auf der 10. Perzentile, so muss der Kinderarzt eine schwere Gedeihstörung diagnostizieren und möglichst schnell die Ursachen hierfür herausfinden, um die richtige Therapie einzuleiten.

INFO   Checkhefte: Gelb und grün

Die Mutter und ihr neugeborenes Kind erhalten, wenn sie aus der Klinik entlassen werden, das gelbe Kinder-Untersuchungsheft. Sämtliche vorhandenen und künftigen Untersuchungsergebnisse werden in dieses Heft eingetragen. Das Vorsorgeheft muss sorgfältig aufbewahrt und bei jeder Vorsorgeuntersuchung dem Kinder- und Jugendarzt vorgelegt werden.

Da das gelbe Vorsorgeheft seit seiner Entstehung in den 1970er Jahren kaum überarbeitet wurde, fehlen darin noch einige Vorsorgeuntersuchungen. Zum Beispiel die vom Berufsverband für Kinder- und Jugendärzte empfohlenen Untersuchungen (U10, U11 und J2). Die vollständige Aktualisierung des Heftes wird noch lange Zeit in Anspruch nehmen, deshalb wird die J1 in einem gesonderten Dokumentationsbogen erfasst. Für die zusätzlich empfohlenen Untersuchungen gibt es ein grünes Checkheft.

Folgende Untersuchungen sind laut gelbem (und später grünem) Checkheft für Ihr Kind vorgesehen:

- **U1**: direkt nach der Entbindung
- **U2**: 3. bis 10. Lebenstag
- **U3**: 4. bis 5. Lebenswoche
- **U4**: 3. bis 4. Lebensmonat
- **U5**: 6. bis 7. Lebensmonat
- **U6**: mit einem Jahr
- **U7**: mit 2 Jahren
- **U7a**: mit 3 Jahren (falls noch nicht im gelben Checkheft enthalten, liegt ein extra Blatt darin).

In vielen grünen Checkheften ist zum großen Teil noch die **erweiterte U7a** aufgeführt (eine umfangreichere Untersuchung als die übliche, von den Kassen erstattete U7a).

- **U8**: mit 4 Jahren
- **U9**: mit 5 Jahren
- **U10**: mit 7 bis 8 Jahren (grünes Checkheft)
- **U11**: mit 9 bis 10 Jahren (grünes Checkheft)
- **J1**: mit 12 bis 14 Jahren (gesonderter Dokumentationsbogen)
- **J2**: mit 16 bis 17 Jahren (grünes Checkheft)

Erstattung: Für Kinder sind von der Geburt bis zum 18. Lebensjahr bisher 11 Vorsorgeuntersuchungen kostenlos: U1 bis U9 im gelben Vorsorgeheft und außerhalb des Heftes J1. Zusätzliche drei Gesundheitschecks empfiehlt der Berufsverband der Kinder- und Jugendärzte: U10, U11 und J2, doch diese erstatten noch nicht alle gesetzlichen Krankenkassen.

Meldepflicht: Die meisten Länder – mit Ausnahme von Berlin, Hamburg, Niedersachsen, Sachsen, Sachsen-Anhalt (Stand: Juli 2009) haben für die Mehrzahl der Vorsorgeuntersuchungen eine Meldepflicht eingeführt, das heißt, die Vorsorgeuntersuchungen sind verpflichtend, und versäumte Termine werden angemahnt.

Quelle: Berufsverband für Kinder- und Jugendärzte (BVKJ), www.kinderaerzte-im-netz.de

EIN „NEGATIVER BEFUND"

Spricht der Arzt von einem negativen Befund, meint er nicht, dass er etwas Negatives gefunden, sondern dass er nichts Auffälliges bemerkt hat, Ihr Kind also gesund ist. Ein positiver Befund dagegen bedeutet, dass der Arzt eine Auffälligkeit oder Krankheit festgestellt hat.

U1 und U2:
Die Neugeborenen-Untersuchungen

Die U1 – die Neugeborenen-Erstuntersuchung – fand in den ersten Minuten nach der Geburt Ihres Kindes statt (siehe Seite 13). Nach einigen Tagen wird Ihr Baby dann noch einmal sehr gründlich untersucht. Diese zweite Untersuchung (U2) – die Neugeborenen-Basisuntersuchung –

Frontooccipitaler Kopfumfang

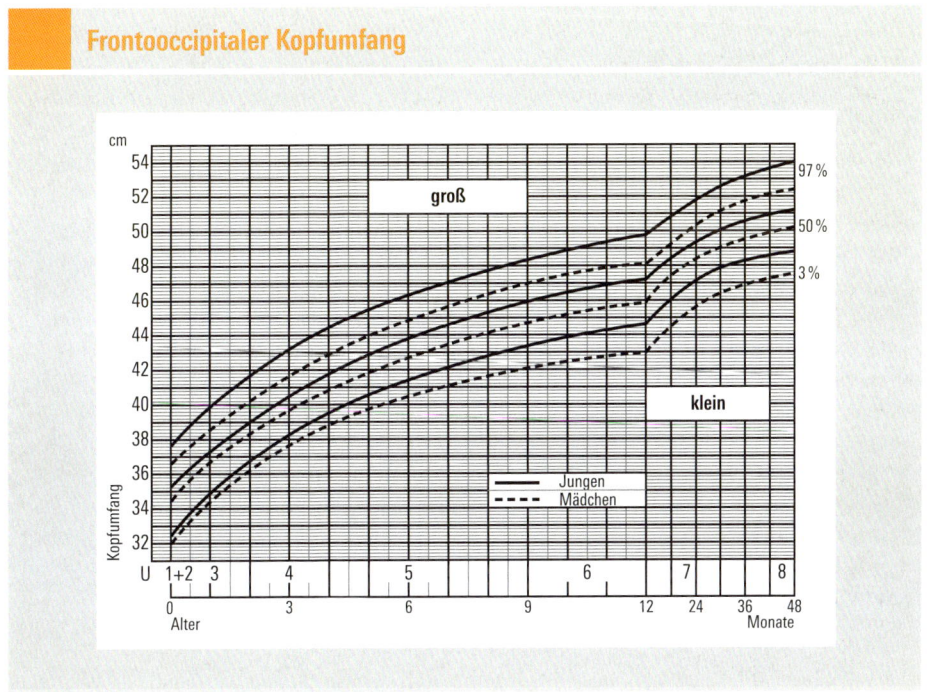

Auch die Größe des Kopfes sagt viel über das Gedeihen des Kindes aus. Das Wachstum von Jungen und Mädchen ist dabei unterschiedlich. Lassen Sie die Werte im Checkheft eintragen und orientieren sich an den Perzentilen über den Entwicklungsverlauf (Prozentwerte).

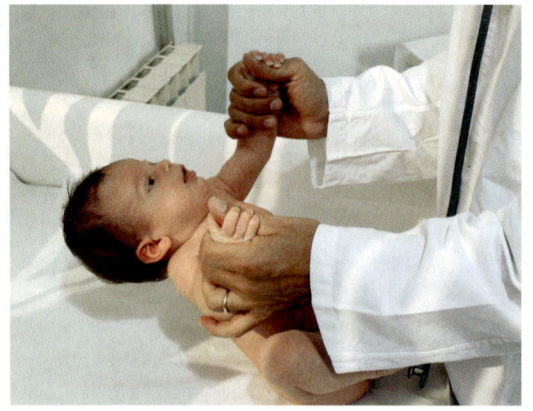
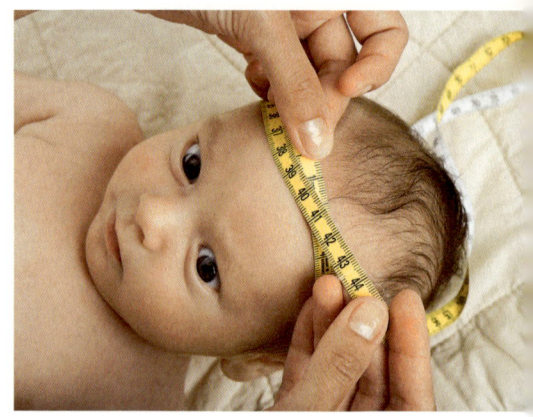

findet zwischen dem dritten und zehnten Lebenstag statt.

Wenn Ihr Kind im Krankenhaus zur Welt kam, wird sie meist noch vom dortigen Kinderarzt vorgenommen. (Dies ist auch möglich, wenn Sie ambulant entbunden haben und schon seit einigen Tagen zu Hause sind.) Im Falle einer Hausgeburt müssen Sie selbst einen Kinderarzt aufsuchen. Möglicherweise kommt er auch zu Ihnen nach Hause. Klären Sie dies auf jeden Fall schon während der Schwangerschaft. Kurz nach der Entbindung sind Sie vielleicht dazu nicht in der Lage.

Der Kinderarzt verfolgt wie Hebamme und Arzt schon bei der U1 (siehe Seite 13) auch bei dieser zweiten Untersuchung ein vorgeschriebenes Untersuchungsschema. Auch jetzt geht es noch einmal um angeborene oder während der Geburt erworbene Störungen und Krankheiten, da sich manche erst einige Tage nach der Geburt zeigen. Untersucht wird jetzt auch, ob und wie Ihr Baby die Anpassung an seine neue Umgebung meistert.

U3 ... und immer weiter

Die weiteren Untersuchungen finden meist in der Praxis Ihres Kinderarztes statt. Jetzt sind Ihre Erfahrungen und Be-

obachtungen eine wesentliche Hilfe für die Beurteilung Ihres Kindes. Dies gilt vor allem unter der Rubrik „Erfragte Befunde". Deshalb ganz wichtig: Diese und alle folgenden Untersuchungen müssen in einer Atmosphäre stattfinden, in der es für Sie selbstverständlich (oder zumindest möglich) ist, nachzufragen, wenn Ihnen Fragen, Untersuchungen und Befunde des Arztes unverständlich oder unklar sind. Wenn nicht, dann wechseln Sie den Arzt!

JETZT SIND SIE GEFRAGT!

Der Kinderarzt ist für die Beurteilung Ihres Kindes auf Ihre Mitarbeit und Ihr Wissen angewiesen. Da da er Ihr Kind immer nur sehr kurz sieht, Sie dagegen den ganzen Tag mit ihm verbringen, können Sie eventuell Probleme erkennen, die dem Arzt in den wenigen Minuten nicht auffallen. Eine wichtige Frage, die der Arzt Ihnen stellt, ist jetzt, ob und – wenn ja – warum Sie mit der Entwicklung Ihres Kindes unzufrieden sind. Sollte er es vergessen, erinnern Sie ihn daran! Zögern Sie nicht, Ihre Beobachtungen und Vermutungen dem Kinderarzt mitzuteilen, und sprechen Sie auch dann mit ihm, wenn Sie nur den unbestimmten Verdacht haben, dass etwas nicht in Ordnung sein könnte.

Motorik, Reflexe und Kopfumfang – alles in Ordnung!

Das Wichtigste in aller Kürze – die Hauptthemen der U3 bis U7a

- Die U3 dient noch einmal der Untersuchung des zentralen Nervensystems, der Motorik und der Reflexe. Auch die Funktionsfähigkeit der Sinnesorgane wird noch einmal eingehend überprüft. Eine sonographische Untersuchung der Hüftgelenke deckt Anomalien und Entwicklungsstörungen frühzeitig auf.

- Bei der U4 wird Sie der Kinderarzt zur Nahrungsaufnahme Ihres Babys befragen. Gibt es Schwierigkeiten beim Trinken und Füttern? Erbricht es häufig? Hat es Schluckstörungen? Unter dem Stichwort „Motorik und Nervensystem" untersucht Ihr Kinderarzt die neurologische Entwicklung Ihres Kindes. Störungen können sich beispielsweise in der Bewegung und in der Sinneswahrnehmung eines Kindes zeigen, aber auch im Tonus, also der Körperspannung, die Ihr Arzt kontrolliert. Solchen Auffälligkeiten in der Motorik, der Körperspannung und der Sinneswahrnehmung muss möglichst schnell nachgegangen werden. Spezialisten (Entwicklungsneurologen, Augenärzte und Hals-Nasen-Ohren-Ärzte) sollten bei vermuteten Störungen hinzugezogen werden.

- Ab der U5 tritt immer mehr die Entwicklung in den Vordergrund. In allen Untersuchungen Ihres Kindes wird Sie der Kinderarzt deshalb vor allem nach dessen Entwicklungsschritten in allen Bereichen fragen. Die U5 dient vor al-lem der Überprüfung der Fortschritte, die sich in der Motorik (aktives Drehen vom Rücken in Seiten- oder Bauchlage), in seiner Beziehung zu seiner Umwelt (Interesse für angebotenes Spielzeug) sowie in seinen Reaktionsmöglichkeiten auf andere Menschen (Blickkontakt) zeigen. Die Frage nach seiner Reaktion auf Klingel, Telefon, Zuruf der Eltern soll wichtige Hinweise auf das Hörvermögen Ihres Babys geben.

- Bei der U6 werden Sie zur sprachlichen Entwicklung Ihres Kindes befragt. Diese Frage wird Sie auch bei den folgenden Vorsorgeuntersuchungen begleiten. Die Beurteilung von Grob- und Feinmotorik, der Hand- und Augen-Koordination und der sozialen und emotionalen Entwicklung geben dem Arzt Aufschluss, ob Ihr Kind sich gesund weiterentwickeln konnte.

- Die U7 enthält unter den erfragten Befunden zum ersten Mal ausdrücklich eventuelle Verhaltensauffälligkeiten. Wichtig ist dabei, dass Sie hier ansprechen, womit Sie Schwierigkeiten haben, welches Verhalten Ihres Kindes Sie „stört", ohne dass damit immer schon eine Verhaltensstörung im medizinisch-psychologischen Sinn vorliegen muss.

- Die Schwerpunkte der U7a-Vorsorgeuntersuchung, die „um den dritten Geburtstag herum" (genauer zwischen dem 34. und 36. Lebensmonat) stattfindet, sind das Erkennen und die Behandlung von allergischen Erkrankun-

INFO Tests und Skalen – Statistiken und Wirklichkeit

Als Modelle der Entwicklungsskalen sind in Deutschland vor allem der Denver-Test (Denver Developmental Screening Test) und die MFED (Münchner Funktionelle Entwicklungsdiagnostik) bekannt. Die „Funktionelle Entwicklungsdiagnostik" – eine ärztlich-psychologische Diagnostik – beurteilt sieben verschiedene Einzelfähigkeiten:

- das Krabbeln,
- Sitzen,
- Laufen,
- das Greifen,
- die Wahrnehmung,
- das Sprechen und
- das Sprachverständnis.

In dieser strikten Unterteilung ist dem Arzt die Möglichkeit gegeben, die einzelnen durchaus verschiedenen Geschwindigkeiten zu unterscheiden, die jedes Kind für die jeweiligen Bereiche einschlägt. Damit ist es eher möglich, dem individuellen Entwicklungstempo gerecht zu werden, als wenn – wie in anderen Beurteilungen – versucht wird, dem Kind einen allgemeinen Entwicklungsdurchschnitt zuzuschreiben. Denn ein temperamentvolles Baby mit starkem Drang nach vorne wird sicher früher krabbeln als ein ruhiges Kind, das besondere Freude an der Beobachtung und der Differenzierung der beobachteten Eindrücke hat. Dieses wird im Wahrnehmungsalter vielleicht dem viel bewunderten Krabbelbaby weit voraus sein, was aber nichts darüber aussagt, ob das ruhige Kind insgesamt ein „Spätentwickler" ist. Man spricht in dieser MFED also vom Greifalter eines Kindes, das zum Beispiel gar nicht identisch sein muss mit seinem Krabbel- oder Sprachverständnisalter. Weltweit bekannter sind die Denver-Entwicklungsskalen. Die amerikanischen Zeitangaben sind in der deutschsprachigen Fassung durch Werte mitteleuropäischer Kinder ersetzt. Die jeweiligen Zeitangaben umfassen einen Zeitraum, in dem Kinder normalerweise eine bestimmte Fähigkeit in den Bereichen sozialer Kontakt, Feinmotorik, Sprache und Grobmotorik erwerben. Ein solcher (Zeit-)Raum wird wieder statistisch ermittelt.

Dass auch ausgefeilte Entwicklungsskalen den Charakter von Faustregeln nicht verlieren, zeigt ein Vergleich der Denver-Skalen und der MFED. Obwohl beide streng wissenschaftlich und statistisch einwandfrei sind und beide ihre Daten an Kindern im deutschsprachigen Raum erhoben haben, unterscheiden sie sich in ihren Zeitangaben, so etwa beim freien Stehen: Die 50. Perzentile für die ersten freien Stehversuche (einige Sekunden) liegt beim Denver-Test bei etwas mehr als 13, beim MFED dagegen bei 12 Monaten.

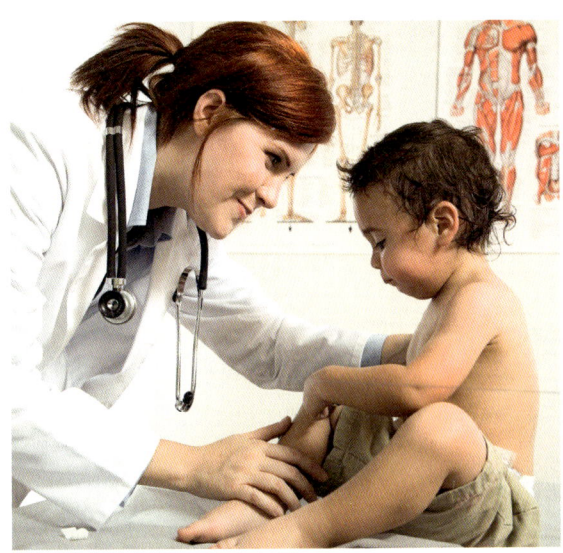

gen, Übergewicht, Zahn-, Mund- und Kieferanomalien, Sprachentwicklungsstörungen und Verhaltensauffälligkeiten. Neben einer gründlichen körperlichen Untersuchung wird der Arzt im Gespräch mit Ihrem Kind prüfen, ob es schon Drei- bis Fünfwortsätze bilden kann, ob es auf Befragen einige seiner Körperteile zeigen kann und ob es seinen Vornamen kennt. Wie schon bei der U7 ist hier ein Gespräch über mögliche Verhaltensstörungen vorgesehen. Manche Kinderärzte verwenden inzwischen vor allem in den U4 bis U9 die standardisierten Fragebögen der sogenannten Erweiterten Vorsorgeuntersuchung (EVU). Sie dienen der Erfassung von Auffälligkeiten in den vier Bereichen Motorische Entwicklung, Sprachentwicklung, Kognitive Entwicklung und Verhaltensauffälligkeiten. Diese Untersuchung dient also vor allem dem Aufdecken von Entwicklungsdefiziten. Vor allem bei der Frage nach möglichen Verhaltensauffälligkeiten kommt es wieder auf Ihre Mitarbeit an. Sie erhalten hier einen Fragebogen, den Sie nach bestem Wissen und Gewissen ausfüllen. Sie werden auf jeden Fall von der Nachbesprechung, die Ihr Arzt in aller Ruhe durchführen muss, profitieren. Auch das ist primäre Prävention vieler Probleme und Problemchen, die Ihr Kind vielleicht später im Kindergarten, in der Schule, mit Freunden oder auch in der Familie haben könnte.

UND IMPFUNGEN?

Bei allen Vorsorgeterminen wird der Arzt den „Impfstatus" überprüfen, also klären, ob Ihr Kind alle notwendigen und empfohlenen Impfungen (siehe Seite 263) erhalten hat.

Entwicklung: Was ist normal? – Faustregeln

Den Kinderarzt leiten bei seinen Fragen und bei der Beurteilung der Entwicklung Ihres Kindes seine Vorstellungen von Normalität, die sich aus seiner ärztlichen Erfahrung und den allgemeinen Kenntnissen zum normalen Entwicklungsablauf zusammensetzen. Der Begriff von Normalität hinsichtlich der Entwicklungsdaten eines Kindes ist dabei wie beim Größenwachs-

INFO Das Grensteinprinzip

Grenzsteine der Handmotorik

- 3. Monat: Kind bringt Hände und Finger über der Körpermittellinie zusammen.
- 6. Monat: Gegenstände und Spielzeug wechselt es von einer Hand in die andere. Greift mit einem Faustgriff.
- 9. Monat: Es hält Gegenstände in einer oder in beiden Händen und erforscht sie durch Tasten intensiv.
- 12. Monat: Pinzettengriff mit Daumen und Zeigefinger.
- 15. Monat: Greifen kleiner Fusseln, Fäden, Körnchen, mit der Spitze von Daumen und Zeigefinger.
- 18. Monat: Das Kind gibt Gegenstände, die es in der Hand hält, auf Verlangen her oder legt sie in ein Gefäß hinein und holt sie heraus.
- 2. Jahr: Sicheres, präzises Greifen mit Daumen und Zeigefinger beim Spielen. Hält Malstift mit Faustgriff oder zwischen den ersten drei Fingern.
- 3. Jahr: Es blättert Buchseiten einzeln um. Es greift sehr kleine Gegenstände präzise mit den vordersten Fingeranteilen und setzt sie an anderer Stelle wieder auf oder ein.
- Und so geht es weiter:
4. Jahr: Es hält einen Stift korrekt und präzise zwischen den ersten drei Fingern der Hand. „Malt" gerne mit Farbstiften.
5. Jahr: Kinderschere: Schneidet entlang einer Linie. Schreibt einzelne Buchstaben oder Zahlen (seitenverkehrt erlaubt).

Grenzsteine der kognitiven Entwicklung

- 3. Monat: Das Kind verfolgt ein langsam vor den Augen hin und her bewegtes attraktives Objekt mit den Augen.
- 6. Monat: Es wechselt Objekte von einer Hand in die andere und steckt sie in den Mund. Aktivitäten in der nächsten Umgebung verfolgt es aufmerksam.
- 9. Monat: Ahmt kleinere Gestik nach, winken, backe, backe Kuchen. Kennt seine täglichen Abläufe und richtet sich danach.
- 12. Monat: Das Kind findet Objekte, die vor seinen Augen versteckt werden.
- 15. Monat: Testet Gegenstände, Spielzeug auf seine einfachste Verwendbarkeit: Gegeneinanderschlagen, schütteln, reihen, koppeln.
- 18. Monat: Rollenspiele mit sich selbst (zum Beispiel trinken aus Spielzeugtasse). Kann sich für 10 bis 20 Minuten selbst beschäftigen: Reintun, rausholen, untersuchen, genau betrachten. Bilderbücher betrachten.
- 2. Jahr: Kleine Rollenspiele mit Puppen und Spieltieren. Stapelt Bauklötzchen o. ä., mindestens drei.

- 3. Jahr: Malen und Kritzeln. Obwohl es noch wenig gestaltend malen kann, wird „Gemaltes" kommentiert.
- Wie es weitergeht: 4. Jahr: W-Fragen: warum, wieso, wo, woher, wann? Genaues Zuhören beim Vorlesen oder bei Erklärungen. Haus, Baum, Männchen (Kopffüßler), Autos werden in noch sehr einfacher, aber doch erkennbarer Weise gemalt.

5. Jahr: Erkennt und benennt Grundfarben (Blau, Gelb, Grün, Rot, Weiß, Schwarz). Intensives, ausdifferenziertes Rollenspiel, auch mit anderen Kindern, mit Übernahme einer bestimmten Funktion im Spiel.

Grenzsteine des expressiven Spracherwerbs

- 3. Monat: Differenziertes, gerichtetes Schreien (Hunger, Unbehagen, Schmerz).
- 6. Monat: Spontanes, variationsreiches Vokalisieren, für sich allein, aber auch auf Ansprache, „Dialog".
- 9. Monat: Spontanes Vokalisieren mit längeren Silbenreihungen mit den Vokalen a / e (wa-wa-wa-wa, ra-ra-ra-ra).
- 12. Monat: Silbenverdoppelung vorwiegend mit dem Vokal a (mama, papa, dada).
- 15. Monat: Mama, Papa, in sinngemäßer Bedeutung. Lebhaftes, spontanes,

dialogisches „Reden" mit anderen Personen.
- 18. Monat: Symbolsprache (zum Beispiel wau-wau für Hund, nam-nam für Essen), Pseudosprache.
- 2. Jahr: Einwortsprache (mindestens zehn richtige Wörter in korrekter Aussprache).
- 3. Jahr: Drei- bis Fünfwortsätze: Verwendet den eigenen Vor- oder Rufnamen, wenn es etwas über sich aussagen möchte. Das Kind redet für sich beim Spielen.
- Und so geht es weiter:

4. Jahr: Satzreihungen mit: und dann und dann. Grammatikalische Fehler noch erlaubt.

5. Jahr: Fehlerfreie Aussprache. Es berichtet Erlebtes in logischer und zeitlicher Reihenfolge korrekt. Korrekte, aber noch grammatikalisch einfache Satzstrukturen.

Quelle: R. Michaelis: Das „Grenzsteinprinzip" als Orientierungshilfe für die pädiatrische Entwicklungsbeurteilung. In: H. G. Schlack (Hrsg.): Entwicklungspädiatrie, Marseille Verlag, München 2004.

tum und bei der Gewichtszunahme ein rein statistischer Normbegriff: Der Zeitpunkt, zu dem ein Phänomen, ein Entwicklungsschritt, eine Leistung am häufigsten zu beobachten ist, wird als der „normale" Zeitpunkt angenommen. Aufgrund solcher Faustregeln lassen sich für die einzelnen Entwicklungsbereiche Skalen und Raster entwickeln, die als Richtlinien genommen werden.

Versteht man die „Norm" als Faustregel, ist es also durchaus möglich, ohne Verletzung der ärztlichen Sorgfaltspflicht einzelne Untersuchungen zeitlich zu verschieben.

Meilensteine …

Eine andere Sichtweise, nach der Ihr Kinderarzt den Entwicklungsweg Ihres Kindes beurteilt, ist das Meilensteinkonzept. Während früher diese Meilensteine sehr dicht gesetzt, das heißt sehr viele einzelne Schritte als notwendig aufeinanderfolgend betrachtet wurden, haben Kinderärzte, Entwicklungsneurologen und -psychologen heute aufgrund vieler Beobachtungen erkannt, dass durchaus auch Varianten als gesund einzustufen sind. Das heißt also:

Manche Kinder kommen an bestimmten Meilensteinen nicht vorbei und erreichen dennoch das Ziel dieses Weges. Ein Beispiel hierfür ist der Meilenstein des Krabbelns, den manche gesunde Kinder umgehen oder überspringen (siehe Seite 113). Da gibt es zum Beispiel die Rutscher oder Shuffler, die sich aus einer Sitzposition heraus vorwärtsbewegen. Diese Fortbewegungsart wurde früher immer als

---

Krankheitszeichen und somit als behandlungsbedürftig angesehen. Mittlerweile weiß man aber, dass bei mindestens der Hälfte dieser Kinder keine Störung der motorischen Entwicklung vorliegt und dass diese Art der motorischen Entwicklung familiär gehäuft vorkommt, also eine Normvariante ist.

… Grenzsteine

Es gibt aber auch „Grenzsteine". Dieses Bild betrifft nicht die Abfolge einzelner Entwicklungsschritte, sondern den Zeitraum, in dem sie normalerweise stattfinden. Grenzsteine am oberen äußersten Rand eines solchen (Zeit-)Raums markieren dann den Zeitpunkt, an dem Kinderärzte hellhörig werden.

Nach diesem Grenzsteinkonzept lässt sich feststellen, ob ein Kind einen wesentlichen Entwicklungsschritt zu einem bestimmten Zeitpunkt erreicht hat oder nicht. Die Zeitangaben beziehen sich dabei ungefähr auf die 90. Perzentile (siehe Seite 249) der Entwicklungsschritte der Kinder des deutschsprachigen Kulturkreises. Das heißt zum Beispiel: Kann ein Kind nicht wie 90 Prozent aller Kinder bis spätestens zum Ende des neunten Monats sitzen, so hat der Kinderarzt zwar noch keine Krankheit festgestellt, wird aber weitere Untersuchungen einleiten. Das Grenzsteinkonzept ist also ein Warnkonzept. Nun muss die Ursache dieser Entwicklungsverzögerung gesucht werden, um Behandlungsmöglichkeiten zu finden.

IMPFEN – SCHUTZ FÜR IHR KIND

Wenige wissen, dass noch bis Mitte des 20. Jahrhunderts in Mitteleuropa jährlich Tausende Kinder an den Folgen von Keuchhusten, Scharlach oder Diphtherie starben. Kaum einer denkt noch an die Pockenkrankheit, gegen die bis vor wenigen Jahrzehnten in Deutschland noch Impfpflicht bestand. Durch konsequentes Impfen ist diese Krankheit seit Ende der 1970er Jahre auf der ganzen Welt praktisch ausgerottet. Dieser große Erfolg der Schutzimpfungen verführt allerdings auch zum Leichtsinn. Denn: Ansteckende

Krankheiten gibt es nach wie vor. Erreger von Mumps, Masern, Röteln, Keuchhusten, vermeintlich harmloser „Kinderkrankheiten", aber auch die anderer schwerer Infektionskrankheiten wie die der Kinderlähmung oder des Wundstarrkrampfs sind heute noch verbreitet. Und sie bergen nach wie vor ihre lebensbedrohlichen Gefahren. Vor allem Kinder oder abwehrgeschwächte Menschen erkranken – mit dem Risiko lebenslanger Behinderungen wie Lähmungen, Störungen der Hirnfunktion, Blindheit oder Taubheit. Auch Todes-

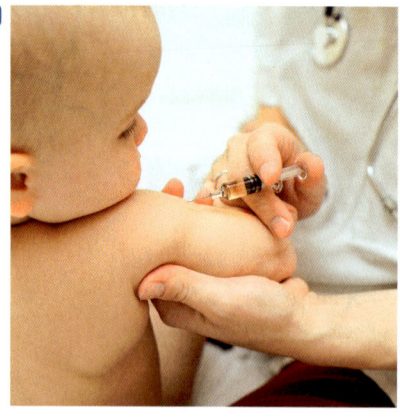

fälle sind nach wie vor zu verzeichnen. So erkrankten 2006 innerhalb weniger Tage in Nordrhein-Westfalen 1 100 Kinder an Masern. Bei zwei Jugendlichen kam es zu einer Hirnhautentzündung, mit der Gefahr verbleibender Ausfallerscheinungen!

Generell lässt sich sagen: Bei einem von 2 000 Masernfällen kommt es zu einer Enzephalitis (Hirnentzündung) – nicht selten mit bleibenden Schäden. Während in Europa die Kinderlähmung (Poliomyelitis) seit dem Jahre 2002 praktisch nicht mehr vorkommt, kann dies für die gefährlichen Masern leider noch nicht gesagt werden.

Impfmüdigkeit in Deutschland

Impfungen gehören zu den wirksamsten Vorbeugemaßnahmen, die es in der Medizin gibt. Seit einigen Jahrzehnten gibt es in Deutschland keine Impfpflicht mehr. Impfungen werden von den obersten Gesundheitsbehörden der Bundesländer aufgrund von Empfehlungen der Ständigen Impfkommission (STIKO) am Robert-Koch-Institut in Berlin empfohlen. Die Durchimpfungsrate und damit der Impfschutz für einige Infektionskrankheiten ist seit der Aufhebung der Impfpflicht zurückgegangen. Noch nicht einmal acht von zehn Kindern erhalten in Deutschland die erste Masern/Mumps/Röteln-Impfung (MMR).

Noch schlechter sieht es bei der zweiten MMR-Impfung aus. Diese erhalten noch nicht einmal zwei von zehn Kindern. Damit liegt die Durchimpfungsrate der Bevölkerung inzwischen in Deutschland deutlich niedriger als in anderen Ländern der Europäischen Union. Schuld daran sind wohl weniger die Argumente, Behauptungen und Fehlinformationen gegen das Impfen (siehe Seite 264), die von wenigen ausgesprochenen Impfgegnern angeführt werden, als vielmehr eine allgemeine „Impfmüdigkeit". Da zahlreiche Infektionskrankheiten dank der Impfmöglichkeiten heute kaum noch bekannt sind, halten viele Eltern den Impfschutz ihrer Kinder für überflüssig. Sie wollen ihren Kindern die häufigen Spritzen nicht zumuten, andere fürchten Nebenwirkungen der Impfstoffe. Vermutlich liegt aber der wesentliche Grund schlicht in Nachlässigkeit oder im abnehmenden Bewusstsein für die potenzielle Gefährdung. Vermehrt werden aber auch unerwünschte Wirkungen der Impfungen ins Feld geführt; solche Impfschäden sind aber extrem seltene Ereignisse, viel seltener als die möglichen Folgen der Krankheit, gegen die geimpft wird.

Diese negativen Folgen sind jedoch erheblich. Ein Beispiel ist der Keuchhusten: Nachdem es nach der Impfung gegen

Keuchhusten mit dem damaligen Impfstoff wiederholt zu starken Nebenwirkungen gekommen war, wurde die entsprechende Impfempfehlung im Jahr 1974 aufgehoben, und ab 1975 fanden daher deutlich weniger Impfungen statt. In der Folge beobachtete man in den Jahren 1975 bis 1991 bei Kindern eine Zunahme der Keuchhustenfälle auf 2 bis 8 Prozent, was deutlich über internationalen Durchschnittswerten liegt. In derselben Zeit starben in der damaligen Bundesrepublik 117 Menschen an Keuchhusten. Der Vergleich mit der ehemaligen DDR, wo seit 1964 eine ununterbrochene Impfpflicht bestand, verdeutlicht die Notwendigkeit und den Erfolg von Impfungen. Denn in der DDR gab es in diesem Zeitraum nur einen Todesfall. Im Jahr 1991 wurde die Impfempfehlung für Keuchhusten erneut ausgesprochen.

Kinderkrankheiten sind kein Kinderspiel

Gegen viele gefährliche oder sogar lebensbedrohliche Infektionskrankheiten (Diphtherie, Wundstarrkrampf, Kinderlähmung) oder mögliche Komplikationen, die vermeintlich harmlose Kinderkrankheiten (siehe Seite 266) zur Folge haben können, gibt es nach wie vor nur eingeschränkte Behandlungsmöglichkeiten. Aus dieser Einsicht werden Impfungen von den Gesundheitsbehörden „empfohlen" Die Ständige Impfkommission (STIKO) überarbeitet den Impfplan regelmäßig nach neuesten wissenschaftlichen Erkenntnissen. Auch die eingesetzten Impfstoffe unterliegen einer ständigen Überwachung. Die Kosten für die Impfungen dieses Impfplans werden von den Krankenkassen übernommen.

Was geschieht bei einer Impfung?

Ziel einer Impfung ist es, den Organismus in die Lage zu versetzen, eine Infektion abzuwehren. Dabei macht sich die Impfung das „Gedächtnis" (siehe Seite 267) unseres Immunsystems zunutze. Denn auch auf abgeschwächte, abgetötete oder veränderte Krankheitserreger (Viren, Bakterien) oder abgeschwächte Bakteriengifte, die bei einer Impfung gespritzt oder geschluckt werden, reagiert der Körper mit der Bildung von Antikörpern. Diese „passen" dann auch zum eigentlichen Krankheitserreger: Im Falle einer späteren „echten" Infektion werden dann diese krankheitsspezifischen Antikörper aus dem immunologischen Gedächtnis abgerufen. Das heißt: Der Körper ist durch die Impfung gegen diese Infektionskrankheit immun geworden.

Nicht alle Mikroorganismen und Krankheitserreger jedoch hinterlassen im Organismus eine dauerhafte Erinnerung. Es ist nur sinnvoll, gegen solche Krankheiten zu impfen, bei denen das Gedächtnis des Immunsystems aktiviert werden kann. Manche Krankheitserreger, vor allem manche Viren, verändern sich schnell. Sie sind für den Organismus immer wieder neu. Eine Impfung kann in diesem Fall – wie etwa bei der jährlich anstehenden saisonalen

Grippe – keine dauerhafte Immunität gewährleisten und muss dann jedes Jahr gezielt auf die veränderten Krankheitserreger angepasst und aufs Neue verabreicht werden.

Auffrischimpfungen

Da die Impfungen im Kindesalter mit abgeschwächten Krankheitserregern erfolgen, verblasst das Gedächtnis des Immunsystems langsam, genauso wie unser „richtiges Gedächtnis". Die Anzahl derjenigen Zellen, die sich noch an ein bestimmtes Virus oder ein bestimmtes Bakteriengift erinnern und demzufolge die entsprechenden Antikörper herstellen,

nimmt im Lauf der Jahre ab. Irgendwann tritt der Zeitpunkt ein, an dem dieses Gedächtnis aufgefrischt werden muss. Eine Auffrischimpfung stellt den Kontakt des Immunsystems mit einem abgeschwächten oder veränderten Krankheitserreger wieder her. Das Immunsystem schaltet auf „Alarm", es setzt sich nochmals mit dem Krankheitserreger auseinander, die Zahl der Gedächtniszellen vermehrt sich: Der Impfschutz ist wiederhergestellt.

Aktive und passive Impfung

Die Impfung mit einem abgeschwächten oder veränderten Krankheitserreger, der den Organismus des Kindes anregt, ein

---

INFO   **Impfen bei Infektionskrankheiten?**

Aktive Impfungen sind, da dem Körper abgeschwächte Krankheitserreger verabreicht werden, „kleine Krankheiten": Es kann also zu Krankheitszeichen kommen, die aber in aller Regel wesentlich schwächer ausfallen als bei einer tatsächlichen Erkrankung. Impfnebenwirkungen äußern sich häufig in unspezifischen Beschwerden, wie grippeähnlichen Symptomen, also in leichtem Fieber, Unwohlsein, Muskel- und Gliederschmerzen. Daneben kann es zu lokalen Reizungen kommen. Meist handelt es sich um Rötungen oder Schwellungen an der Einstichstelle der Injektionsnadel.

Für Kinder, die gerade eine akute oder chronische Infektionskrankheit durchmachen, gilt grundsätzlich:
Infektionen, die ohne Fieber und ohne Beeinträchtigung des Allgemeinbefindens einhergehen, sind in aller Regel kein Impfhindernis.
Der Arzt wird Sie ohnehin vor der Impfung zum Befinden Ihres Kindes befragen und es selbstverständlich untersuchen. Eine laufende Nase und ein verschnupfter Opa zu Hause sollten Sie nicht veranlassen, geplante Impftermine abzusagen. Sie laufen dann Gefahr, dass Ihr Kind vielleicht lange Zeit ohne ausreichenden Impfschutz bleibt.

IMPFTABELLE FÜR SÄUGLINGE UND KLEINKINDER

Wann Sie Ihr Kind gegen welche Krankheiten impfen lassen sollten:

Alter[1]	Impfung
2. Monat	**1. Impfung**[2]: Diphtherie, Keuchhusten, Tetanus (Wundstarrkrampf), Hepatitis B, Haemophilus influenzae Typ b (Hib), Kinderlähmung, Pneumokokken
3. Monat	**2. Impfung:** Diphtherie, Keuchhusten, Tetanus (Wundstarrkrampf), Hepatitis B 3), Haemophilus influenzae Typ b (Hib)[3], Kinderlähmung[3], Pneumokokken
4. Monat	**3. Impfung:** Diphtherie, Keuchhusten, Tetanus (Wundstarrkrampf), Hepatitis B, Haemophilus influenzae Typ b (Hib), Kinderlähmung, Pneumokokken
11. bis 14. Monat	**4. Impfung:** Diphtherie, Keuchhusten, Tetanus (Wundstarrkrampf), Hepatitis B, Haemophilus influenzae Typ b (Hib), Kinderlähmung, Pneumokokken
	1. Impfung: Mumps, Masern, Röteln (Kombination) sowie Windpocken
	Impfung: Meningokokken (nicht gleichzeitig mit Pneumokokken, Mumps, Masern, Röteln oder Windpocken)
15. bis 23. Monate	**2. Impfung:** Mumps, Masern, Röteln (Kombination) sowie Windpocken (4–6 Wochen Mindestabstand zwischen den Impfungen)
	Als nächste Impfung folgt dann im Alter von 5 bis 6 Jahren die Auffrischung von Diphterie, Tetanus und Keuchhusten.

1) Vollendete Monate oder Jahre. 2) Es gibt für Teile der Erreger Mehrfach 3) Bei Einzelimpfstoffen bzw. bei Kombistoffen ohne Keuchhusten-Komponente kann diese Dosis beim 3 Monate alten Kind entfallen.

(Quelle: Robert-Koch-Institut, www.rki.de, Übersicht der Ständigen Impfkommission (Stiko), Stand: August 2009).

immunologisches Gedächtnis und entsprechende Antikörper zu erzeugen, wird eine aktive Impfung genannt, weil sie eine Aktivität des Organismus auslöst. Die Ausbildung einer körpereigenen Immunität braucht aber eine gewisse Zeit. Bei passiven Impfungen dagegen werden dem Organismus aus fremdem Serum ge-

wonnene Antikörperextrakte verabreicht. Diese fremden Antikörper erfüllen dann dieselben Aufgaben wie Antikörper, die der Organismus selbst herstellt – das Immunsystem bleibt passiv.

Eine passive Impfung kann notwendig sein, wenn der Verdacht auf eine akute Infektion besteht und das Kind bisher noch nicht aktiv geimpft werden konnte. Beispielsweise ist ein Teil der Tetanus-Impfung nach Verletzungen eine solche passive Impfung, die dann meist mit einer aktiven Impfung kombiniert wird.

Impfen: Pro und Kontra

Impfungen haben wie jede medizinische Anwendung Vorteile und Nachteile.
Die Vorteile bestehen darin, die geimpften Kinder vor ernsten, lebensbedrohlichen, teilweise schlecht behandelbaren Krankheiten zu schützen (zum Beispiel Tetanus, Diphtherie, Kinderlähmung) oder sie vor Folgeschäden von Krankheiten zu bewahren (zum Beispiel Mumps).

Die Nachteile bestehen neben einem vorübergehenden Krankheitsgefühl in seltenen Impfkomplikationen, die in sehr seltenen Fällen auch ernst sein können.
Nach allen verfügbaren Daten und bei nüchterner Betrachtung ist die Bilanz der von der STIKO empfohlenen Impfungen (siehe Tabelle) eindeutig positiv, das bedeutet, die Vorteile überwiegen sehr deutlich. Nur bezüglich der Impfung gegen Windpocken wird der Nutzen unterschiedlich bewertet.

Ein gewichtiges Argument der Impfgegner sind die Impfrisiken und -komplikationen, die angeblich jede Impfung zu einem Risiko für den Impfling werden lassen. Eine Impfung könne deshalb aus gesundheitlichen Gründen nicht verantwortet werden. Grundsätzlich müssen natürlich die Komplikationen einer Impfung gegen die Risiken der Erkrankung abgewogen werden. Aber selten lassen sich Impfgegner, die dieses Argument ins Feld führen, auf eine wissenschaftlich begründete Risikoabwägung ein. Im Gegenteil: Als Belege werden äußerst seltene, manchmal auch nicht schlüssig bewiesene Einzelfälle genannt, die in keinem Verhältnis zu den Risiken der Krankheit, gegen die geimpft wird, stehen.

Unabhängig vom durchaus bedenkenswerten Argument des Impfrisikos wird von Impfgegnern eine Reihe weiterer Argumente gegen das Impfen von Kleinkindern und Kindern vorgebracht:

- Ein erstes Argument lautet: Impfen ist sinnlos, weil die Erkrankungen, gegen die geimpft wird, nur noch sehr selten auftreten. Eine Vorbeugung ist also nicht mehr notwendig, weil das Risiko einer Ansteckung nur noch äußerst gering sein soll. Aber: Diese Argumentation berücksichtigt nicht, dass bei einer allgemeinen „Impfmüdigkeit" genau dieses inzwischen verringerte Risiko wieder aktiviert wird. Genauer: Bei nachlassendem Impfschutz in der Bevölkerung erhöht sich das Risiko von Epidemien der Infektionskrankheiten, die nur deshalb heute unwahrscheinlich sind, weil der entsprechende Krankheitserreger allein durch den Impfschutz fast oder ganz „ausgestorben" ist. Dagegen: Am Beispiel der relativ neuen (Hib)-Impfung konnte gezeigt werden, dass diese gefährliche Infektionskrankheit, die zu Hirnhaut- und

Kehlkopfentzündungen führen kann, dort praktisch nicht mehr auftritt, wo ein allgemeiner Impfschutz besteht. Das ist in Finnland der Fall, dort verfügen 98 Prozent aller Kinder über diesen Impfschutz.

- Ein weiteres Argument der Impfgegner: Eine Impfung schütze im Gegensatz zum „Durchmachen" der betreffenden Krankheit nicht lebenslang gegen diese Krankheit, sodass Auffrischimpfungen nötig sind. Aber: Auch nach „durchgemachten" Kinderkrankheiten lässt bei Menschen im fortgeschrittenen Alter der Infektionsschutz nach, was ebenfalls eine zweite Erkrankung möglich macht. Nach Impfungen ist dieses Risiko höher, jedoch ebenfalls individuell sehr unterschiedlich. Jeder Mensch hat sein eigenes Immunsystem, das in seiner eigenen Weise reagiert. In beiden Fällen hat das „Gedächtnis" des Immunsystems nachgelassen und eine „Auffrischung" kann angeraten sein.

- Impfgegner betonen auch, dass das Durchmachen bestimmter Kinderkrankheiten zu einem „natürlichen" Aufwachsen gehöre. Jede überstandene Kinderkrankheit führe zu unverzichtbaren seelischen Reifungsprozessen. Besonders radikale Verfechter dieser

Theorie schreiben den einzelnen Kinderkrankheiten sogar spezifische Reifungsprozesse zu. Aber: Viele Mütter und Väter haben zwar beobachtet, dass ihr Kind nach einer überstandenen Krankheit irgendwie „reifer" gewirkt habe. Unbestritten sei auch, dass jede bewältigte Krise, sei sie seelisch oder körperlich, einen positiven Entwicklungsschritt darstellen kann. Ob jedoch das Durchmachen einer Kinderkrankheit zu einer solchen Krise gehört, ist fraglich. Auch die Vermutung, die „Reifung" sei Folge der Krankheit, ist erst einmal nicht zu beweisen. Denn ebenso „schlüssig" kann behauptet werden, dass Kinder in der Zeit körperlicher und seelischer Entwicklungssprünge über weniger Widerstandskraft gegenüber Infektionen verfügen, damit auch anfälliger sind und möglicherweise deshalb erkranken. Wirkt ein Kind nach seiner Genesung gereifter, so ist dies dann nicht die Wirkung der Krankheit, sondern die Folge eines anstrengenden allgemeinen Entwicklungssprungs, der seine Abwehrkräfte herabgesetzt hat. Befürworter des „Durchmachens" von Kinderkrankheiten sollten sich auch fragen, welche Familien ihren Kindern eine sachgerechte Pflege im Fall einer Erkrankung bieten können. Berufstätige Eltern können ihrem Kind keine drei- bis vierwöchige „Bettruhe" mit anschließender Erholungszeit gewähren. Und die Großeltern, die möglicherweise in früheren Generationen am Bett sitzen konnten, stehen nur noch selten in dieser Funktion zur Verfügung. Für viele Kinder kann es deshalb heute gefährlich werden: Sie werden nicht geimpft, erkranken an einer schweren Infektionskrankheit, die nicht auskuriert werden kann, und laufen Gefahr, komplizierte Krankheitsverläufe erleiden zu müssen. Die aktuelle gesellschaftliche Diskussion über die Vereinbarkeit von (vor allem) mütterlicher Berufstätigkeit und Familienplanung führt zwangsläufig in die Forderung nach vermehrten Betreuungsplätzen in Krippen und Kindergärten. Für die Kinder bedeutet dies sehr viel mehr Kontakt mit anderen Kindern. Diese soziale Frühförderung darf aber nicht ein erhöhtes Erkrankungsrisiko für im Einzelfall gefährliche Infektionskrankheiten beinhalten. Auch unter diesem Gesichtspunkt ist für alle Kinder ein umfassender Impfschutz erforderlich.

 FÜR UND WIDER:
NOCH MEHR ARGUMENTE

Zusätzlich zu einem besonderen Herausstellen der sehr seltenen Impfkomplikationen verweisen solche „Impfgegner" auf weitere Punkte, die ihrer Auffassung nach gegen Impfungen sprechen. Das Robert-Koch-Institut (RKI) hat sich in einem 20-Punkte Papier mit solchen Kritikpunkten befasst und für Eltern verständlich dargelegt, was von diesen Argumenten zu halten ist. zu finden im Internet unter www.rki.de; Rubrik „Impfen", „Bedeutung".

MASERN, MUMPS, RÖTELN UND ANDERE KINDERKRANKHEITEN

Husten, Schnupfen, Fieber, aber auch Ohrenschmerzen oder Durchfall und Erbrechen, kurz eine Vielzahl von Krankheiten gehören zu einem Kinderleben wie die ersten Schritte oder der Zahnwechsel. Meist handelt es sich um leichte Infektionskrankheiten, die Ihr Kind sich irgendwo „eingefangen" hat. Denn Infektionskrankheiten „stecken an", das heißt:

Krankheitserreger dringen in den Körper ein und beginnen sich dort zu vermehren. Bis zum Ausbruch der Krankheit kann dann einige Zeit – je nach Krankheitserreger Stunden, Tage, Wochen, Monate, sogar Jahre – vergehen. In dieser Zeit, der Inkubationszeit, breiten sich die Krankheitserreger im gesamten Körper aus. Erste allgemeine Krankheitszeichen wie Fieber, Schüttelfrost, Muskel- und Glieder-schmerzen, Müdigkeit und Abgeschlagen-heit treten auf. Schließlich sammeln sich die Erreger in einem Zielorgan und verur-sachen dort typische, meist auf dieses Or-gan beschränkte Symptome, bei Windpo-cken zum Beispiel auf der Haut, bei Keuchhusten in den Atmungsorganen, bei einer Magen- und Darmgrippe eben im Magen oder Darm.

Mit dem Eindringen der Krankheitserre-ger setzt der Körper die Produktion von Antikörpern in Gang. Bei einem unkompli-zierten Verlauf hält das Immunsystem die Krankheitserreger in Schach, sodass die Krankheit nur auf das jeweilige Organ be-

INFO Krankheitserreger: Viren und Bakterien

Viren selbst zählen nicht zu den Lebe-wesen. Sie enthalten zwar ein „Pro-gramm", dessen Ziel Vermehrung und Ausbreitung ist. Sie besitzen aber kei-nen eigenen Stoffwechsel, das bedeu-tet, sie brauchen den Stoffwechsel ei-ner Wirtszelle. Diesen Wirt erreicht das Virus über einen spezifischen Infekti-onsweg, also etwa über eine Tröpf-cheninfektion (zum Beispiel beim Nie-sen oder Husten). Es verbreitet sich im Körper, wandert in das Innere unserer Zellen und vermehrt sich dort. Nun kann die weitere Ausbreitung im Kör-per beginnen und ganz rasant fort-schreiten.
Bakterien sind einzellige Mikroorganis-men mit eigenem Stoffwechsel. Sie vermehren sich im menschlichen Kör-per. Einige Bakterien teilen sich in we-niger als einer Stunde.
Manche Bakterien verursachen nur lo-kale Infektionen wie zum Beispiel Eiter-erreger, andere wieder verursachen die typischen bakteriellen Infektionskrank-heiten wie etwa Scharlach. Eine Son-derstellung nehmen Bakterien ein, die als Stoffwechselprodukte Gifte produ-zieren. Der Körper reagiert mit Krank-heitszeichen in erster Linie auf diese Stoffwechselprodukte und nicht auf die Bakterien selbst. Das ist zum Beispiel beim Wundstarrkrampf, der Diphtherie, aber auch bei bestimmten Lebensmit-telvergiftungen der Fall.
Die Unterscheidung zwischen bakte-riellen und viralen Erkrankungen ist wichtig; sie hat Konsequenzen für die Behandlung:
Bei bakteriellen Erkrankungen ist eine Therapie mit Antibiotika möglich, bei einigen Virusinfektionen mittlerweile auch, jedoch mit andersartigen Medi-kamenten. Für viele Viruserkrankungen wie etwa Masern ist aber eine kausale, zielgerichtete Behandlung noch nicht möglich. Hier hilft nur ein ausreichen-der Impfschutz.

schränkt bleibt und dort ausheilt. Aber: Bei Komplikationen jedoch können auch andere Organe mitbetroffen sein. So werden dann aus eigentlich ganz harmlosen Krankheiten gefährliche Erkrankungen, die bleibende Behinderungen verursachen können. Deshalb ist Impfen so außerordentlich wichtig.

Was sind „Kinderkrankheiten"?

Kinderkrankheiten haben ihre Bezeichnung nicht erhalten, weil sie „kinderleicht" oder ein „Kinderspiel" sind. Der Begriff bezieht sich auf ihr Vorkommen. Denn aufgrund ihrer hohen Infektiosität und der menschlichen Empfänglichkeit für die auslösenden Erreger liegt der Gipfel der Erkrankungshäufigkeit im frühen Kindesalter.

Da sie gleichzeitig meist eine anhaltende, wenn nicht lebenslange Immunität hinterlassen, kommen diese Erkrankungen bei Erwachsenen nur noch sehr selten vor. Daher nennt man sie Kinderkrankheiten. Kaum ein Kind kann eine Ansteckung vermeiden. Deshalb gehörten sie bis vor wenigen Jahrzehnten gewissermaßen zum Kinderleben. Für Erwachsene, die als Kind eine solche Kinderkrankheit durchgemacht haben, ist die Wahrscheinlichkeit einer Ansteckung dagegen sehr viel geringer. Denn das Immunsystem des Menschen hat für Krankheitserreger ein Gedächtnis: Schutz gewähren nur Impfungen, die gegen viele dieser Krankheiten empfohlen werden (siehe Tabelle, Seite 263).

DIE „STILLE FEIUNG"

Die Kinderheilkunde kennt den Ausdruck der „stillen Feiung": Er bedeutet, dass ein Kind an einer Infektionskrankheit erkrankt, ohne Krankheitszeichen zu entwickeln. Auch aus dieser Auseinandersetzung mit Krankheitserregern resultiert eine anhaltende Immunität.

Die wichtigsten „Kinderkrankheiten"

Masern (Morbilli)

Masern sind eine hochansteckende und akute Erkrankung, verursacht durch das Masern-Virus. Dieses wird im direkten Kontakt durch Tröpfcheninfektion (Niesen, Husten), selten auch per Luftzug über weitere Strecken übertragen. Ansteckungsgefahr besteht drei bis fünf Tage bevor die ersten Krankheitszeichen an Haut und Schleimhäuten auftreten bis zum vierten Tag des Masernausschlags (inklusive). Die Inkubationszeit – also die Zeit zwischen Ansteckung und Ausbruch der Krankheit – beträgt acht bis zwölf Tage. Zu den Symptomen gehören Husten, Schnupfen, gerötete Augen, Lichtempfindlichkeit. Auf der Mundschleimhaut im Wangenbereich entstehen kleine weiße Flecken, die an weiße Spritzer erinnern. Typisch ist der danach auftretende rote Hautausschlag, der durch Zusammenfließen einzelner Flecken flächenhaft erscheint. Der kleine Patient hat hohes Fieber, das krankheitstypisch in zwei Schüben auftritt. Die Erkrankungsdauer beträgt

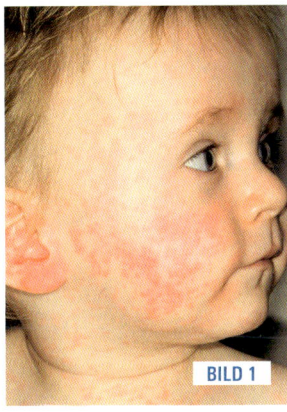

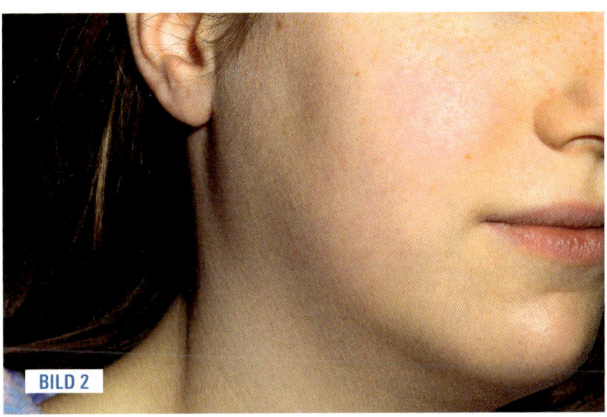

BILD 1

BILD 2

meist ein bis zwei Wochen. Eine durchgemachte Masernerkrankung gewährt lebenslange Immunität. Gefürchtete Komplikationen sind Mittelohrentzündungen,
Lungenentzündungen und vor allem die
sogenannte Masernenzephalitis, eine Gehirnentzündung, die zu bleibenden Behinderungen und zum Tod führen kann.
Alarmzeichen sind Kurzatmigkeit oder
Krampfanfälle (siehe Seite 330) oder Bewusstlosigkeit. Eine ursächliche Behandlung, also eine Bekämpfung des Virus, ist
nicht möglich. Ein Kinderarzt muss immer
zu Rate gezogen werden! Bei Komplikationen ist Krankenhausbehandlung (unter
Isolierung) erforderlich. Säuglinge sind im
ersten Lebenshalbjahr aufgrund der noch
wirksamen mütterlichen Antikörper geschützt.

Nur eine konsequente und vollständige
Masernimpfung (siehe Seite 263, MMR)
kann diese Risiken weitgehend ausschließen.

MASERN:
WIE SIE IHREM KIND HELFEN

Bei einem üblichen Verlauf stehen bei un-
geimpften Kindern Husten, Schnupfen,
Kopfweh und Lichtscheu bei einer ent-
zündlichen Bindehautentzündung im Vordergrund. Also

- ein ruhiges, abgedunkeltes Zimmer,
- reichlich zu trinken, bei Bedarf Fiebersenkung (beispielsweise mit Parazetamol, siehe Seite 295) und
- frische Luft.

Mumps (Parotitis epidemica)

Mumps oder „Ziegenpeter" ist eine akute,
hochansteckende Virusinfektion. Das Virus wird über Tröpfcheninfektion, selten
über Gegenstände (Schmierinfektion)
übertragen. Die Inkubationszeit beträgt 14
bis 24 Tage. Die Ansteckungsgefahr besteht schon eine Woche vor Auftreten der
ersten Symptome und dauert an bis etwa
zwei Wochen nach ihrem Abklingen. Die
Symptome sind zuerst einseitige, dann
nach einigen Tagen fast immer beidseitige
schmerzhafte Schwellungen (bei un-
geimpften Kindern) der Speicheldrüsen
vor und unterhalb des Ohres. Das Kind hat
Fieber und Kopfschmerzen, das Kauen
und Einspeicheln fester Nahrung ist ihm
schmerzhaft und bereitet Schwierigkeiten.
Die Krankheit dauert etwa 14 Tage. Eine
ursächliche Therapie ist nicht möglich.
Das Durchmachen der Krankheit bewirkt
lebenslangen Schutz vor einer zweiten
Mumpserkrankung. Gefürchtete Komplikationen sind: Hirnhautentzündung (in zirka 5 Prozent der Fälle), Entzündung der

Windpocken – erst rote Flecken, dann flüssigkeitsgefüllte Bläschen, die verkrusten.

Hörnerven mit Gefahr der Taubheit und eine Beteiligung vor allem der Bauchspeicheldrüse.

Hoden- und Nebenhodenentzündungen, die zur Unfruchtbarkeit führen können, ereignen sich vor allem während und nach der Pubertät (zirka 30 Prozent). Auch Eierstockentzündungen können auftreten. Obwohl die Erkrankung vorwiegend Schulkinder betrifft, sollte wegen der Komplikationen bereits im Kindesalter gemäß Impfplan (siehe Seite 263, MMR) geimpft werden.

MUMPS:
WIE SIE IHREM KIND HELFEN

- Die Ohrspeicheldrüsen mit einem Schal warm halten,
- breiförmige Kost (!) und
- Mundpflege.
- Bei Fieber viel trinken lassen!
- Wenn nötig fiebersenkende Maßnahmen (siehe Seite 293).
- Bei starken Ohren- und Kopfschmerzen und Nackensteifheit (Zeichen einer Hirnhautentzündung) auf jeden Fall den Kinderarzt rufen!

Dreitagefieber (Exanthema subitum)

Das Dreitagefieber ist eine Virusinfektion. Typisch für das Dreitagefieber ist plötzlich auftretendes sehr hohes Fieber von bis zu 40 Grad. Es hält etwa drei bis fünf Tage lang an und sinkt (dann am vierten Tag) rasch ab. Gegen Ende der Krankheit bekommt das Kind einen kleinfleckigen, roten Ausschlag, der insgesamt sehr großflächig auftritt. Er verschwindet erst nach ein oder zwei Tagen. Eine einmal durchgemachte Krankheit gewährt eine lebenslange Immunität. Eine typische Komplikation ist ein durch den Fieberanstieg ausgelöster Krampfanfall, der jedoch als gutartig angesehen werden kann. Rufen Sie dann auf jeden Fall Ihren Kinderarzt. Eine Impfung gegen das Dreitagefieber gibt es nicht.

Das Dreitagefieber befällt fast ausschließlich Kinder im Alter zwischen einem halben und drei Jahren. Diese Virusinfektion ist übrigens die häufigste Viruserkrankung in den ersten beiden Lebensjahren. Im dritten Lebensjahr haben fast alle Kinder die Erkrankung bereits hinter sich, viele auch im Sinne einer stillen Feiung (siehe Seite 268).

Erwachsene sind sehr selten betroffen.

DREITAGEFIEBER:
WIE SIE IHREM KIND HELFEN

- Bei hohem Fieber fiebersenkende Maßnahmen (siehe Seite 293).
- Bei Fieberkrämpfen den Arzt rufen (siehe Seite 300)!

Windpocken (Varizellen)

Windpocken gehören zu den ansteckendsten Infektionskrankheiten überhaupt – sie sind eine typische Kinderkrankheit: Die meisten von uns wurden bereits im Kindesalter von dem Varicella-

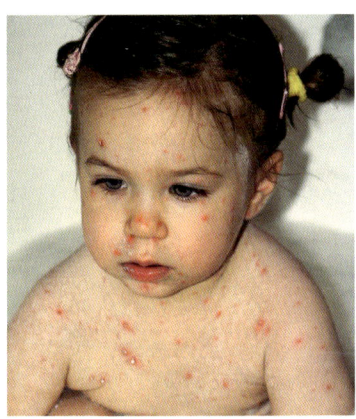

Zoster-Virus, das die Erkrankung auslöst, befallen. Das häufigste Erkrankungsalter liegt zwischen dem zweiten und sechsten Lebensjahr, allerdings besteht eine zunehmende Verlagerung ins spätere Kindesalter. Im 14. Lebensjahr haben über 95 Prozent aller Kinder die Windpocken bereits durchgemacht. Eine Erkrankung in den ersten drei Lebensjahren ist eher selten und der Kinderarzt muss dann an eine Immunschwäche denken. Wenn die Mutter am Ende der Schwangerschaft an Windpocken erkrankt, besteht besondere Gefahr für das Neugeborene. Geburtshelfer und Kinderarzt sind zu informieren.

Die Ansteckung erfolgt über eine Tröpfcheninfektion, das bedeutet auch, dass Viren als feiner Nebel („Wind") über kurze Distanz übertragen werden können. Die Inkubationszeit beträgt 8 bis 28 Tage, im Mittel 14 Tage. Ansteckungsgefahr besteht zwei Tage vor Auftreten des Ausschlags bis fünf Tage nach Auftreten der ersten Bläschen. Eine Woche nach Ausbruch des Ausschlags darf also der Kindergarten wieder besucht werden. Der Ausschlag bei Windpocken zeigt die typischen flüssigkeitsgefüllten Bläschen, die sich aus einem einzelnen rötlichen Flecken entwickeln und dann verkrusten. Die Bläschen treten schubweise auf. Das Kind leidet meist unter heftigem Juckreiz. Die Krankheit dauert im Allgemeinen ein bis zwei Wochen. Die Behandlung beschränkt sich auf juckreizstillende Maßnahmen. Normalerweise sind außer Vereiterung (!) der Bläschen durch Infektion beim Kratzen und Narbenbildungen keine Komplikationen zu befürchten.

In seltenen Fällen ist es möglich, dass die Krankheit andere Organe wie Gehirn, Lungen oder Nieren betrifft. Hier kann und muss im Frühstadium eine Antivirusbehandlung mit dem Wirkstoff Aciclovir erfolgen. Meist handelt es sich dann um ein sehr ernstes Krankheitsgeschehen, eine stationäre Behandlung ist unausweichlich.

Windpocken hinterlassen in aller Regel bei Menschen eine lebenslange Immunität. Das Robert-Koch-Institut und die Ständige Impfkommission empfehlen eine Windpockenimpfung (siehe Seite 263).

WINDPOCKEN: WIE SIE IHREM KIND HELFEN

- Gegen den starken Juckreiz juckreizstillende Salbe oder Lotion auftragen. Auch juckreizstillende Bäder helfen.
- Kratzen vermeiden helfen, eventuell Baumwollhandschuhe tragen lassen.
- Nägel kurz schneiden!
- Auch häufiger Wäschewechsel beugt

Röteln - der Ausschlag beginnt hinter der Ohren und dehnt sich dann auf Gesicht und den weiteren Körper aus.

einer zusätzlichen Infektion der Bläschen mit Bakterien vor.
- Wenn die Bläschen stark entzündet sind und zu vereitern drohen, beim Arzt vorstellen und antibiotikahaltige Salben verordnen lassen.

Röteln (Rubella)

Auch die Röteln sind eine weltweit verbreitete Viruserkrankung des Kindes- und Jugendalters. Sie werden durch Tröpfcheninfektion übertragen. Die Inkubationszeit beträgt zirka zwei bis drei Wochen.

Ansteckungsgefahr besteht sieben Tage vor Ausbruch des Ausschlags bis sieben Tage danach. Symptome sind unter anderem leichte Erkältungserscheinungen, Kopfschmerzen, Fieber und eine Bindehautentzündung. Es können Schwellungen der Lymphknoten im Nacken und seitlich am Hals auftreten. Typisch ist ein leichter Hautausschlag (feinfleckig, nicht zusammenfließend, hellrot), der hinter den Ohren beginnt und sich über das Gesicht auf Hals, Rumpf, Arme und Beine ausbreitet. Es besteht lebenslange Immunität.

Röteln sind eine (harmlose) Kinderkrankheit, die keiner weiteren Behandlung bedürfen. Schwere Komplikationen treten jedoch auf, wenn Ungeborene im Mutterleib mit dem Virus infiziert werden.

Die größte Gefahr der Rötelninfektion besteht für das Ungeborene während der ersten drei Schwangerschaftsmonate. Es drohen lebenslange Behinderungen wie zum Beispiel Gehörlosigkeit, Augenprobleme (grauer Star, Glaukom, also grüner Star, und möglicherweise Blindheit), Herzfehler oder Hirnschäden. Wegen dieser schweren Komplikationen sollten alle Kinder gegen Röteln geimpft werden (siehe Seite 263).

Und alle gebärfähigen Frauen sollten ihren Röteln-Titer kennen! Ein einfacher Bluttest beim Hausarzt verschafft schnell Gewissheit. Denn: Auch heute haben 10 bis 15 Prozent der Betroffenen keine Antikörper.

Die Untersuchung des Blutes auf Zeichen einer durchgemachten Rötelninfektion gehört zur regulären Schwangerenvorsorge, deren Kosten die Krankenkasse trägt.

RÖTELN: WIE SIE IHREM KIND HELFEN

- Meist sind keine besonderen Maßnahmen nötig.
- Wichtig: Den Kontakt mit Schwangeren unbedingt vermeiden!

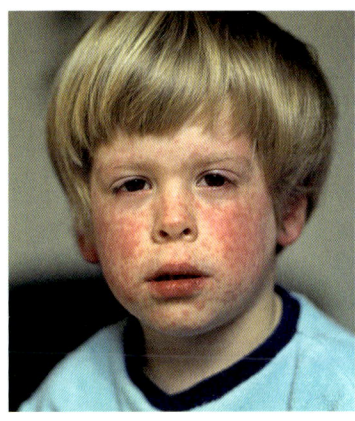

Keuchhusten (Pertussis)

Der Keuchhusten ist eine akute, durch Bakterien verursachte, sehr ansteckende Infektionskrankheit der Atemwege. Auch Keuchhusten wird durch eine Tröpfcheninfektion über erkrankte Personen übertragen. Das Bakterium setzt ein spezifisches Gift, das Pertussis-Toxin (Toxin = Gift), frei und bedingt dadurch die Krankheitssymptome.

Das Bakterium haftet an den Schleimhäuten des Atemtrakts und bewirkt dort durch das abgesonderte Gift Zellschädigungen. Es entsteht dann eine Entzündung, welche die normale Schleimhaut in Luftröhre und Bronchien zerstört, die zur Bildung von zähflüssigem Schleim führt. Und dies wird als Ursache der charakteristischen Hustenanfälle angesehen.

Die Inkubationszeit beträgt 7 bis 14 Tage. Ansteckungsgefahr besteht ab dem ersten Husten für etwa fünf bis sechs Wochen.

Die Krankheit verläuft in verschiedenen Phasen: Während der ersten Phase treten leichte Erkältungsanzeichen auf, die in der zweiten Phase zu den typischen Hustenanfällen mit Einziehen der Luft („Keuchen") und möglichem Erbrechen nach einem Hustenanfall führen. Die Anfälle treten besonders nachts auf. Während der dritten Phase bilden sich die Symptome

langsam zurück. Die Krankheit dauert insgesamt meist sechs bis acht Wochen. Wenn bereits eine Ansteckung besteht, die Krankheit aber noch nicht ausgebrochen ist, ist eine Behandlung mit Antibiotika möglich (Wenn Ihr Kind beispielsweise engen Kontakt mit einem sicher erkrankten Kind hatte.) Die Antibiotikagabe kann auch nach dem Ausbruch den Verlauf lindern und die Ansteckungsgefahr in 10 bis 14 Tagen beenden.

Gefürchtete Komplikationen sind: bei Säuglingen Atemstillstand im Pertussis-Anfall – was Lebensgefahr bedeutet. Auch bei älteren Kindern besteht die Gefahr von Lungenentzündung, kleinen Hirnblutungen, Gehirnentzündung. Bei erkrankten Säuglingen ist eine stationäre Behandlung in einer Kinderklinik notwendig. Wegen der Schwere der Erkrankung und den gefürchteten Komplikationen sollte eine Impfung aller Kinder gemäß Impfplan (siehe Seite 263) vorgenommen werden.

KEUCHHUSTEN: WIE SIE IHREM KIND HELFEN

- Bettruhe ist nicht erforderlich; aber Schonung.
- Viel trinken lassen.
- Bei häufigem Erbrechen kleine Mahlzeiten.

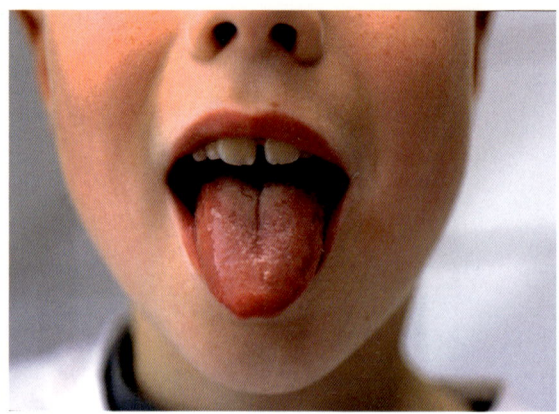

- Für feuchte Luft sorgen.
- Zigarettenrauch ist (generell) absolut tabu!
- Für Säuglinge mit Keuchhusten wird ein Klinikaufenthalt zur Überwachung dringend empfohlen.

Scharlach (Scarlatina)

Auch Scharlach ist eine bakterielle Infektionskrankheit. Krankheitserreger sind Streptokokken. Da sie über unterschiedliche Fähigkeiten zur Krankheitsauslösung und toxische Eigenschaften (also einer Produktion von Zellgiften) verfügen, kommt es je nach individueller Situation des kranken Kindes und abhängig von der „Eintrittspforte" zu unterschiedlichen Krankheitsbildern. Die häufigsten sind die Streptokokken-Angina und die typischen Scharlach-Hauterscheinungen.

Ansteckungsgefahr besteht von den ersten Krankheitsanzeichen bis 24 Stunden nach Beginn der Antibiotika-Behandlung. Symptome sind Schluckbeschwerden und meistens plötzlich hohes Fieber. Der Rachen zeigt eine starke Rötung mit fleckigem Übergreifen auf den Gaumen, die Mandeln sind häufig weißlich belegt. Zeigt die Zunge ebenfalls weiße Beläge, sprechen die Ärzte von der scharlachtypischen „Himbeerzunge". Heute eher selten zu beobachten ist der eigentlich typische feinfleckige rote Ausschlag im Gesicht (unter Aussparung des Munddreiecks) und – ausgehehend von der Leistenregion – auch an Bauch, Brust und am Rücken. Die Rötung und das Fieber verschwinden im Allgemeinen bei einer konsequenten Antibiotika-Behandlung (zum Beispiel Penizillin-Saft oder -Tabletten) nach 24 Stunden. Danach kommt es im Heilungsprozess oft zu einer kleieförmigen Abschuppung der Haut – besonders an Händen und Füßen.

Die Krankheit dauert bei einer Antibiotika-Behandlung zirka eine Woche.

Mögliche Frühkomplikationen sind: Lymphknotenschwellungen am Hals, Mittelohrentzündung und septischer Scharlach (hohes Fieber, gegebenenfalls mit Fieberkrämpfen) sowie Bewusstseinstrübung.

Die in früheren Zeiten mit Scharlach einhergehenden, gefürchteten Spätkomplikationen sind durch die fachgerechte Antibiotikagabe so gut wie verschwunden und kaum noch relevant.

Die Infektion hinterlässt eine Immunität gegen genau den Keim, der die aktuelle Erkrankung ausgelöst hat. Da es über 60 verschiedene Streptokokkenarten gibt, kann die Infektion wiederholt auftreten.

Scharlach mit der typischen Himbeerzunge.

 SCHARLACH: WIE SIE IHREM KIND HELFEN

- Bei Scharlachverdacht (Halsschmerzen, plötzliches Fieber) sofort zum Arzt.
- Bettruhe bzw. körperliche Schonung!
- Wegen der Gefahr von (Spät-)Komplikationen Antibiotika verordnen lassen.

Diphtherie (Diphtheria)

Diphtherie ist eine akute bakterielle Infektionskrankheit. Sie ist in Deutschland wegen der Impfpraxis mittlerweile extrem selten geworden. Trotzdem kommt es besonders in Osteuropa vermehrt zu Krankheitsfällen, wobei fast nur Erwachsene betroffen sind. Diese Erkrankung ist ein gutes Beispiel, dass nur durch die Immunisierung über einen ausreichenden Impfschutz der schwere und ernste Krankheitsverlauf vermieden werden kann.

Die Diphteriebakterien produzieren ein Gift (Toxin), das zu Zellschäden führt. Dadurch bilden sich im Verlauf der Erkrankung feste graue Membranen auf den Schleimhäuten des Rachens und der Atemwege. Die Toxine wirken aber auch auf Organe ein, die von der eigentlichen Entzündungsstelle weiter entfernt liegen, wie zum Beispiel Herz, Niere, Leber und Nervengewebe. Dies ist die Ursache der gefährlichen Komplikationen der Diphtherie.

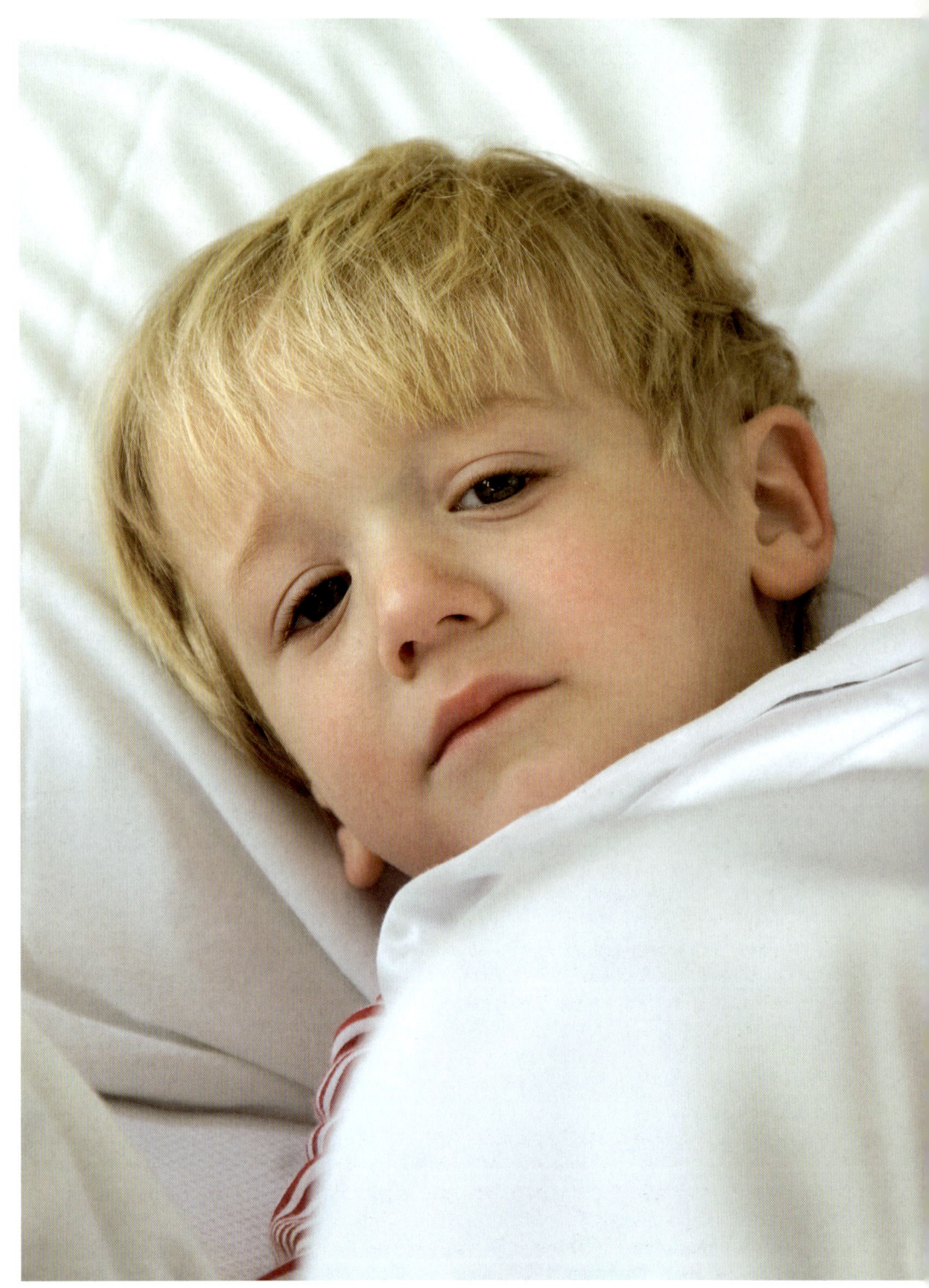

WEHWEHCHEN
UND NOTFÄLLE

Keiner möchte daran denken – und doch: auch Krankheiten und Verletzungen gehören zum Leben. Die Aufgabe der Eltern ist es, für den Notfall vorbereitet zu sein, Erste Hilfe leisten zu können und bei Krankheiten sämtliche Hilfs- und Behandlungsmöglichkeiten auszuschöpfen.

VORKEHRUNGEN FÜR DEN NOTFALL

Notfälle sind definitionsgemäß (lebens)bedrohliche Ereignisse, bei denen es auf schnelle Hilfe ankommt. In einer solchen Situation nicht in Panik zu geraten ist schwer – jedoch besonders wichtig. Auf einen möglichen Notfall gut vorbereitet zu sein ist eine Voraussetzung dafür, nicht planlos aktiv zu werden. Lesen Sie deshalb jetzt in aller Ruhe, was Sie hoffentlich nie anwenden müssen.

Telefonlisten

Platzieren Sie eine Notfall-Telefonliste immer gut sichtbar in der Nähe des Telefons! Sie muss folgende Nummern sinnvoll geordnet und gut leserlich enthalten:

- Notrufnummern für Polizei (110) und Feuerwehr und Notarzt (112),
- Notrufnummer des nächsten Kranken- oder Kinderkrankenhauses,
- Telefonnummer Ihres Haus- und Ihres Kinderarztes,
- Telefonnummer des kassenärztlichen Notdienstes,
- Telefonnummer der Giftnotzentrale in Ihrer Nähe (siehe Seite 280),
- Telefonnummern von Freunden und Verwandten, die Sie im Notfall um Hilfe bitten können (unbedingt notieren, denn in der Aufregung eines akuten Notfalls können die vertrautesten Nummern vergessen sein).

Speichern Sie diese Nummern auch in Ihrem Mobiltelefon; Sie sollten es bei allen Aktivitäten, die Sie mit Ihrem Kind außer Haus machen, stets (aufgeladen) bei sich haben.

Notfallausrüstung im Haushalt

In jedem Haushalt sollte eine Grundausstattung vorhanden sein, die wenigstens erste Notfallmaßnahmen erlaubt. Dazu gehören: Ein für Erwachsene leicht zugänglicher Erste-Hilfe-Kasten, der regelmäßig auf Vollständigkeit überprüft wird. Er entspricht im Allgemeinen der Erste-Hilfe-Tasche, die Sie in Ihrem Auto haben. (Vergessen Sie jedoch nicht, eventuell spezielle Gegenstände, Materialien und Medikamente, die nur in Ihrer Familie erforderlich sind, zusätzlich darin aufzunehmen).

- Sterile Kompressen, 7,5 mal 7,5 Zentimeter, einzeln verpackt
- sterile Mullbinden verschiedener Breite
- elastische Binden verschiedener Breite
- Dreieckstücher
- Baumwolltupfer
- Augenverband
- Verbandsschere
- Heftpflaster, schmal und breit
- Pinzette, Splitterpinzette
- Zeckenzange
- Fieberthermometer
- Sicherheitsnadeln verschiedener Größe
- Wunddesinfektionsmittel (siehe Seite 310).
- Medikamente (zum Beispiel verschreibungspflichtige Notfallmedikation bei bekannter allergischer Neigung Ihres Kindes, aber auch Zäpfchen gegen Fieber, siehe Seite 295).
- Zusätzlich: medizinische Kohle und ein flüssiges, entschäumendes Medikament. So können Sie auf Anweisung der Giftnotzentrale oder des Arztes bei Vergiftungen schnell reagieren. Und nicht vergessen: Entnommene Gegenstände immer sofort ersetzen!
- Neben dem Erste Hilfe-Kasten sollte auch ein Feuerlöscher bereitstehen!

INFO   **Ganz besonders wichtig: Der Erste-Hilfe-Kurs**

Die beste Ausrüstung nützt nichts, wenn Sie sie nicht richtig verwenden können. Deshalb: Besuchen Sie auf jeden Fall einen Erste-Hilfe-Kurs. Das, was Ihnen vielleicht noch aus dem Kurs anlässlich der Führerscheinprüfung in Erinnerung ist, reicht im Notfall nicht aus! Im Erste-Hilfe-Kurs lernen Sie insbesondere, wie das Kind nach einem Unfall richtig gelagert wird, wie Sie seine Atmung, seinen Puls und sein Bewusstsein kontrollieren. Und Sie lernen, wie Sie, wenn nötig, die Beatmung oder Herzmassage durchführen. Spezielle Kurse werden für Eltern inzwischen von vielen Organisationen und Einrichtungen angeboten. Erkundigen Sie sich bei Ihrem Gesundheitsamt, Ihrem Kinderarzt, der Klinik, in der Sie entbunden wurden, dem Deutschen Roten Kreuz oder anderen Rettungsdiensten!

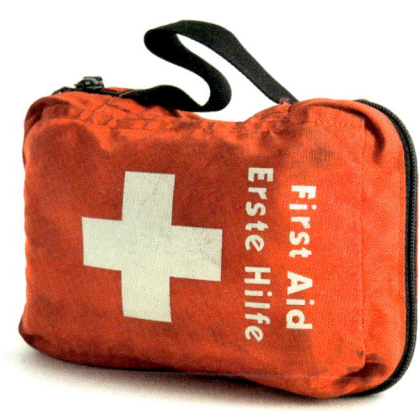

UND IM ERNSTFALL?

So ernst ein Ernstfall auch sein mag: Jetzt ist es wichtig, dass Sie als Mutter und Vater Ruhe bewahren. Das geht am besten, wenn Sie ganz genau wissen, was Sie tun können, tun müssen. Auch wenn Sie professionelle Hilfe rufen: Ihre Mithilfe ist notwendig!

Wenn Ihr Kind krank ist

Die beste Adresse ist zu normalen Geschäftszeiten fast immer Ihr Kinderarzt! Ist er nicht zu erreichen, wählen Sie die Telefonnummer des kassenärztlichen Notdienstes!

Welche Informationen sind für den Arzt wichtig?

- Beschreiben Sie die Symptome Ihres Kindes. Dazu gehören auch seine spontanen Klagen.
  Also: Mein Kind klagt über Bauchschmerzen. Es deutet immer auf die Gegend um den Bauchnabel.
- Geben Sie den Zeitpunkt an, zu dem die Krankheitszeichen eingesetzt haben.
  Also: Die Bauchschmerzen traten heute Morgen schlagartig auf. Gestern hat sich mein Kind matt gefühlt.
- Beschreiben Sie den allgemeinen Zustand Ihres Kindes.

Also: Es ist blass, fühlt sich krank, zeigt wenig Aktivität.
- Geben Sie an, was Ihr Kind in den letzten 24 Stunden gegessen und getrunken hat.
  Also: Schon gestern hatte mein Kind keinen Appetit, am Abend hat es gar nichts gegessen und nur ein Glas Milch getrunken. Heute Morgen habe ich ihm Kamillentee und Zwieback gegeben.
- Geben Sie die Körpertemperatur und die Messmethode an.
  Also: Mein Kind hat 38,5 Grad Fieber, ich habe die Temperatur im Po gemessen (siehe Seite 294).
- Erwähnen Sie andere Erkrankungen Ihres Kindes, unter denen es leidet oder wegen derer es schon behandelt wurde.
  Also: Der Blinddarm wurde meinem Kind vor einem Jahr entfernt.
- Schildern Sie alle Behandlungsversuche, die Sie bisher schon selbst unternommen haben. Dazu gehören insbesondere alle Medikamente, die Sie gegeben haben.
  Also: Ich habe heute Morgen meinem Kind ein Fieberzäpfchen gegeben (Namen des Wirkstoffs und Stärke – also beispielsweise 250 mg Parazetamol, siehe auch Seite 295 – mitteilen).

INFO Vergiftungen - und Giftnotrufzentralen (GIZ)

Die Giftnotzentrale Berlin rät:
- Bei allen Vergiftungen gilt: **Keine Panik – Ruhe bewahren!**
- Giftnotruf (siehe unten) oder den Hausarzt anrufen.
- Bei schweren Symptomen (Luftnot, Bewusstlosigkeit, epileptischem Anfall usw.) den **Notarzt über die 112 rufen.**
- Tee, Wasser oder Saft zu trinken geben. **Keine Milch!**
- Kein Erbrechen auslösen! **Kein Salzwasser geben!**
- **Stets den Grundsatz Sicherheit vor Geschwindigkeit einhalten!**
Kinder dabei nicht aufregen, nicht schimpfen oder mit Gewalt zu etwas zwingen!

Giftnotrufzentralen (bundesweit):
Bis auf Erfurt und Nürnberg sind zurzeit alle Giftnotzentralen unter der Telefonnummer **1 92 40** + entsprechender Ortsvorwahl rund um die Uhr zu erreichen:
- BERLIN
Beratungsstelle für Vergiftungserscheinungen
Tel.: 0 30/1 92 40
www.giftnotruf.de

- BONN
Informationszentrale gegen Vergiftungen
Tel.: 02 28/1 92 40
www.giftzentrale-bonn.de

- ERFURT
Gemeinsames Giftinformationszentrum der Länder (GGIZ)

Mecklenburg-Vorpommern, Sachsen, Sachsen-Anhalt und Thüringen
Tel.: 03 61/73 07 30
www.ggiz-erfurt.de

- FREIBURG
Vergiftungs-Informations-Zentrale (VIZ)
Tel.: 07 61/1 92 40
www.uniklinik-freiburg.de/giftberatung

- GÖTTINGEN
Giftinformationszentrum-Nord der Länder Bremen, Hamburg, Niedersachsen und Schleswig-Holstein (GIZ-Nord)
Tel.: 05 51/1 92 40
www.giz-nord.de

- HOMBURG/SAAR
Informations- und Behandlungszentrum für Vergiftungen
Tel.: 0 68 41/1 92 40
www.uks.eu/giftzentrale

- MAINZ
Giftinformationszentrale Mainz
Tel.: 0 61 31/1 92 40, -/23 24 66;
www.giftinfo.uni-mainz.de

- MÜNCHEN
Giftnotrufzentrale München
Tel.: 0 89/1 92 40
www.toxinfo.org

- NÜRNBERG
Giftinformationszentrale Nürnberg
Tel.: 09 11/3 98 24 51

Stand: März 2010

Wenn ein Unfall passiert ist

Bei Unfällen rufen Sie, wie bereits erwähnt, die (am Telefon vermerkte oder im Mobiltelefon gespeicherte) Notrufnummer des nächsten Kranken- oder Kinderkrankenhauses oder den Notruf 112.

Welche Informationen sind bei einem Unfall wesentlich?

- Nennen Sie deutlich Ihren Namen, Adresse und die Telefonnummer, unter der Sie im Augenblick zu erreichen sind. Sie ist bei Unterbrechungen und für Rückfragen wichtig.
- Sagen Sie möglichst exakt, wo Sie sich gerade befinden. Geschah der Unfall zu Hause, nennen Sie die exakte Adresse.
- Wenn der Unfall unterwegs passiert ist, versuchen Sie, eine genaue Ortsbeschreibung zu geben, auf Autobahnen die Fahrtrichtung, den letzten Ort oder die letzte Ausfahrt, die Sie passiert haben. In Telefonzellen findet sich meist eine Information zum Ort. Wenn Sie keine genauen Informationen zum Ort haben, orientieren Sie sich an besonders markanten Landschaftsmerkmalen. Wenn Sie mit dem Auto unterwegs sind, nennen Sie Fahrzeugtyp, Kennzeichen und Farbe.
- Beschreiben Sie genau, was passiert ist: „Mein Kind ist von einem zwei Meter hohen Klettergerüst gestürzt. Es fiel auf sandigen Untergrund."
- Schildern Sie den Zustand Ihres Kindes möglichst genau: „Mein dreijähriges Kind liegt auf der Seite und hält sich den Oberarm. Es ist wach, ansprechbar und bleich. Das Kind atmet gleichmäßig. Äußere Verletzungen kann ich nicht erkennen." (Gerade über den Zustand des Unfallopfers werden sehr genaue Informationen benötigt, damit vor Entsenden der Helfer notwendige Hilfsmaßnahmen schon abgeschätzt werden können.)
- Beschreiben Sie, was Sie an Erster Hilfe schon geleistet haben: Ich habe das Kind auf die nicht schmerzende Seite gelegt.
- Fragen Sie am Ende eines Notrufs aktiv nach, ob der Gesprächspartner noch Informationen benötigt.

INFO **In der Ruhe liegt die Kraft!**

Auch wenn Sie in höchster Sorge sind, so ist es auch für Ihr Kind am wichtigsten, dass Sie Ruhe und einen klaren Kopf bewahren. Versuchen Sie, nichts zu tun, was die Situation noch unübersichtlicher macht.

Halten Sie den Kontakt zu Ihrem Kind und unterlassen Sie eine, von anderen vorgeschlagene, Selbstmedikation mit (angeblich) ganz harmlosen pflanzlichen Wirkstoffen oder mit Medikamenten, die Sie nicht kennen.

- Beenden Sie das Gespräch erst, wenn Sie von der Gegenseite dazu aufgefordert werden.

Bis der Arzt eintrifft

Allgemeine Erste-Hilfe-Maßnahmen, die Sie leisten, können immer nur eine derartige Hilfe sein, um die kritische Zeit, bis der Arzt kommt, zu überbrücken. Diese erste Hilfe als Überbrückung betrifft auch nur wenige wichtige Funktionen:

- Atemwege und Atmung,
- Kreislauf (Pulsschlag),
- Bewusstsein,
- richtige Lagerung.

Sie ist jedoch im Ernstfall lebensrettend.

Trauen Sie sich nur das zu, was Sie in einem Erste-Hilfe-Kurs (siehe Seite 278) gelernt haben. Dazu gehört, rechtzeitig zu erkennen, wann in einem akuten Notfall eine kritische Situation beginnt, die Sie allein nicht mehr meistern können. Oberster Grundsatz jeder ersten Hilfe bleibt immer: Professionelle Hilfe holen!

Versuchen Sie auch, Ihr Kind anzusprechen und zu streicheln.

Die richtige Lagerung

In Ihrem Erste-Hilfe-Kurs haben Sie erfahren, dass in einer Notsituation der bewusstlose Verletzte oder Erkrankte in die stabile Seitenlagerung gebracht werden soll. Sie hat den wesentlichen Vorteil, dass ein bewusstloses Kind im Falle des Erbrechens nicht ersticken kann. Durch die Schräglagerung des Kopfes kann Erbrochenes nach außen abfließen, die Atemwege können somit besser freigehalten werden.

Die stabile Seitenlagerung gilt für alle Situationen, bei denen nicht mit einer Wirbelsäulen- oder Nackenverletzung oder mit einem Schockzustand (siehe Seite 286) gerechnet werden muss.

ERNSTFÄLLE VON A BIS Z

Auf den folgenden Seiten werden einige Wehwehchen und Notfälle beschrieben, mit denen Eltern in den ersten Lebensjahren konfrontiert werden können.

Zu bestimmten Themen finden Sie ferner kurze Tabellen, welche die „geeigneten" und „mit Einschränkung geeigneten" Wirkstoffe im Krankheitsfall enthalten. Dazu werden die jeweils am häufigsten verkauften rezeptfreien Präparate genannt. Grundlage für diese Auswahl ist das Handbuch „Rezeptfreie Medikamente" (2009) der Stiftung Warentest. Sämtliche Handbuchinformationen sind auch über www.medikamente-im-test.de (gegen Gebühr) einzeln abrufbar.

Ausschlag

Ausschläge sind gerade im Säuglingsalter sehr häufig. Babyhaut reagiert schnell gereizt – sei es auf Nässe (Windeldermatitis, siehe Seite 313), Hitze (Hitzepickelchen) oder auch hormonelle Umstellung gerade in den ersten Wochen („Babyakne"). Häufig sind diese Hautveränderungen harmlos und verschwinden schnell wieder.

Hautausschlag kann jedoch auch ein Begleitsymptom bei Infektionskrankheiten oder eine allergische Reaktion auf Umweltreize (zum Beispiel Nahrung, Seife, Waschpulver) sein. Deshalb ist es sinnvoll, auf jeden Fall den Kinderarzt aufzusuchen.

Schon bei der telefonischen Praxisanmeldung sollten Sie den Ausschlag genauer beschreiben können. Daraus lässt sich für das Praxisteam zum Beispiel die Ansteckungsgefahr und die Dringlichkeit erschließen.

Folgende beschreibende Hinweise geben Auskunft über die mögliche Ursache des Ausschlags und sind daher für die Vorabdiagnose entscheidend:

- die Körperstelle (Lokalisation), an der der Ausschlag aufgetreten ist,
- die Erscheinungsform (der Arzt spricht von Effloreszenz) und
- der Verlauf des Ausschlags.

Bauchschmerzen

Bauchschmerzen kommen bei kleinen Kindern häufig vor und sind meist harmlos. Oft kündigen sich fieberhafte Infekte durch Bauchschmerzen an, die sich meist um den Nabel herum konzentrieren.

Bauchschmerzen können aber auch ganz akute und schwerwiegende Funktionsstörungen innerer Organe anzeigen.

Häufige Ursachen für plötzlich eintretende Bauchschmerzen im Kindesalter sind Blinddarmentzündung, Leistenbruch, Darmentzündung, Darmverschluss durch Einstülpung von Darmschlingen. Daneben sollte auch an Harnweginfektionen gedacht werden. Und manchmal versteckt sich hinter einem „akuten Bauch" sogar eine Lungenentzündung.

Chronische, das heißt immer wieder auftretende und andauernde Bauchschmerzen können auch bei Kindern psychosomatisch sein. Das bedeutet: Seelische (= psychische) Spannungen und Konflikte äußern sich in körperlichen (= somatischen) Beschwerden. Kinderärzte raten auch aus diesem Grund, sich den

---

INFO **Ausschlag: Bläschen & Co.**

In der Beschreibung des Aussehens lassen sich unterscheiden:

- Bläschen
- Pünktchen
- Knötchen
- Krusten
- Quaddeln

Außerdem muss zwischen trockenen und nässenden Bezirken unterschieden werden.

Ort des Schmerzes genau beschreiben zu lassen. Klagt ein kleines Kind vor allem über Schmerzen in der Nabelgegend, und zeigt es sich in seinen Aktivitäten überhaupt nicht oder nur wenig beeinträchtigt, sind organische Gründe eher auszuschließen.

Akute Bauchschmerzen, die sich länger als drei Stunden hinziehen, sind ein Alarmsignal des Körpers! Eine eingehende diagnostische Abklärung, also die Suche nach den Ursachen dieser Schmerzen, ist unumgänglich. Geben Sie in einer solchen Situation Ihrem Kind keine Schmerzmittel und nichts zu essen oder zu trinken.

Wann zum Arzt?

Sie sollten sofort einen Arzt aufsuchen, wenn

- plötzlich Schmerzen auftreten, die an einer – von Kleinkindern meist nur grob umschriebenen – Stelle des Bauchraums angegeben werden oder sich stärker werdend von dort ausbreiten,
- es zum nächtlichen Aufwachen wegen Bauchschmerzen kommt,
- das Kind über Schmerzen beim Wasserlassen klagt,
- kolikartige Schmerzen, möglicherweise einhergehend mit Schweißausbruch auftreten,
- der Allgemeinzustand des Kindes sich verschlechtert,
- es unruhig und blass wird oder erbricht,
- die Schmerzen andauern,
- Fieber hinzutritt.

Bissverletzungen

Die meisten Bissverletzungen verursachen lediglich Hautabschürfungen und Quetschungen. Dabei tritt keine Blutung auf. Bei Hautabschürfungen ist die oberste Hautschicht betroffen, darunter zeigt sich eine Rötung. Bei Quetschungen kann es auch zu einem örtlichen Bluterguss kommen.

Was tun bei Bisswunden?

Die meisten Bisswunden lassen sich bei ausreichendem Tetanus-Impfschutz des Kindes zu Hause behandeln:

- Die Verletzung sollte mit Wasser und einem Wunddesinfektionsmittel (siehe Seite 310) gereinigt und dann getrocknet werden.
- Darüber hinaus ist auf austretendes Blut und auf Schwellungen zu achten. Eine Ausnahme gilt immer – auch für leichtere Verletzungen – bei Bissen, die durch unbekannte Tiere, wie wild lebende Tiere und streunende Hunde oder Katzen verursacht wurden. Hier muss bei einer Erste-Hilfe-Ambulanz oder beim Haus- oder Kinderarzt die örtliche Tollwutsituation abgeklärt werden, um zu entscheiden, ob eine Impfung notwendig ist.
- Bei offenen Bisswunden ist die oberste Hautschicht zerstört. Die Wunde blutet. Auch in diesem Fall sollte die Wunde sofort gereinigt und bis zur Untersuchung durch einen Arzt mit sterilen Kompressen bedeckt werden. Ausgedehnte Bisswunden müssen bis zur

Versorgung steril abgedeckt und bandagiert werden. Wenn Arme oder Beine betroffen sind, müssen diese locker bandagiert und hoch gelagert werden, bis das Kind zum Arzt gebracht oder Erste Hilfe eingetroffen ist.

- Bei stärkerer Blutung müssen die sterilen Kompressen fester angewickelt werden.
- Bisswunden können auch Tetanusinfektionen verursachen. Halten Sie deshalb den Impfpass des Kindes bereit. Wenn nötig, muss die Tetanusimmunisierung aufgefrischt werden.

Wann ins Krankenhaus?

Sofort ins Krankenhaus, wenn
- die Wunde stark oder pulsierend blutet,
- ein Gliedmaß durch den Biss abgetrennt wurde (in diesem Fall das abgetrennte Glied für die Weiterbehandlung sicher verwahren, möglichst steril und trocken einschlagen).

Wann zum Arzt?

Bei allen Bissverletzungen ist ein Telefonat mit Ihrem Kinderarzt stets sinnvoll.

Sie sollten mit Ihrem Kind einen Arzt, aufsuchen wenn

INFO **Bissverletzungen: Achtung Tollwut!**

Jede Bissverletzung durch ein Tier muss auch als mögliche Quelle einer Tollwutinfektion angesehen werden. Zwar ist die Gefahr, an Tollwut zu erkranken, in Deutschland sehr gering. Die Infektionskrankheit endet aber, ist sie einmal ausgebrochen, immer tödlich. In Tollwutgebieten – meist sind dort Warnschilder aufgestellt, die Tollwutsituation können Sie aber auch bei den Gesundheitsämtern erfragen – kann es erforderlich sein, nach jeder Bissverletzung durch ein unbekanntes Tier beim Arzt eine Schutzimpfung durchzuführen. Er ist über die exakten Anweisungen der zuständigen Gesundheitsbehörde informiert.

Einer Tollwut können Sie vorbeugen:
- Lassen Sie Ihr Kind niemals mit einem fremden Haustier allein, auch wenn Ihnen vom Besitzer versichert wird, es beiße nicht.
- Verhindern Sie Neckereien von Tieren und lassen Sie Ihr Kind (auch im Urlaubsland) nicht mit auffällig zutraulichen wild lebenden Tieren spielen.

Die Schocklagerung für ein kleines Kind.

- eine offene Hautverletzung vorliegt,
- Gesicht oder Hände betroffen sind,
- es von einer Katze gebissen wurde (auch bei einem nur leichten Biss), weil Katzenbisse ein hohes Infektionsrisiko in sich bergen.

Blutungen

Für die Wundversorgung im Säuglings- und Kindesalter gelten grundsätzlich dieselben Regeln wie bei Erwachsenen. Kinder sind allerdings bei größeren Blutverlusten wegen ihres geringeren Gesamtblutvolumens bedeutend stärker gefährdet. Deshalb ist das oberste Ziel bei stark blutenden Wunden, einen größeren Blutverlust zu vermeiden, der sonst zu schweren Allgemeinsymptomen (Schock) führen kann.

In der Regel bringt direkter Druck auf eine Wunde auch starke Blutungen zum Stillstand.

Das früher häufig empfohlene Abbinden eines Armes oder Beines ist nur in extremen Ausnahmesituationen, wie bei Amputationsverletzungen oder bei sehr starken Blutungen, die anders nicht zu stillen sind, zu empfehlen, weil durch die Unterbrechung des Kreislaufs schwerwiegende Schäden im betreffenden Arm oder Bein hervorgerufen werden können.

Wann den Notarzt rufen?

Rufen Sie sofort über den Notruf 112 ärztliche Hilfe, wenn Ihr Kind

---

INFO   **Wie sieht Ihr Kind im Schock aus?**

Ein Schock ist ein kritischer Zustand, bei dem das gesamte Blutvolumen im Zentrum des Körpers zusammenströmt, um damit die Blutzufuhr für die wichtigsten Organe aufrechtzuerhalten.
Bei den folgenden Anzeichen eines Schocks immer sofort (!) den Notarzt rufen (Tel. 112):

- Ihr Kind kann anfangs unverständliche Äußerungen machen, es kann auch über Durst und Kältegefühl klagen (geben Sie in einer solchen Situation nichts zu trinken).

- Es kann Ihnen benommen erscheinen oder schläfrig sein; oder auch bewusstlos werden.
- Das Gesicht sieht weißlich-grau aus, die Lippen können blau sein. Schweißperlen zeigen sich im Gesicht.
- Die Haut fühlt sich kühl und schweißig an.
- Der Puls schlägt nur schwach, aber schnell.
- Die Atmung kann beschleunigt sein, es kann röcheln oder nach Luft schnappen: Der Körper versucht auf diese Weise, mehr Sauerstoff zu bekommen.

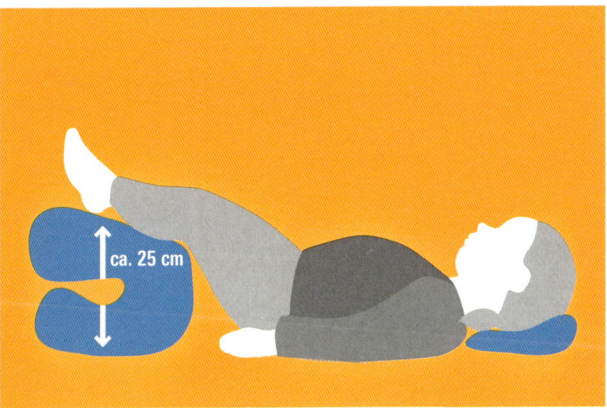

in der Abbildung: ca. 25 cm

- in kurzer Zeit viel Blut verliert und die Blutung nicht zum Stillstand kommt,
- Zeichen eines Schocks zeigt (siehe Info-Kasten links),
- schwächer atmet.

Während Sie auf die notärztliche Hilfe warten, sind für Sie folgende Schritte wichtig:
- Achten Sie darauf, dass Ihr Kind warm und sicher in Schocklagerung liegt (siehe Abbildung oben).
- Drücken Sie weiterhin auf die Stelle der stärksten Blutung.
- Legen Sie einen Druckverband an (erlernbar in einem Erste-Hilfe-Kurs).
- Achten Sie weiterhin auf mögliche Schockzeichen (siehe Kasten links).

Wann zum Arzt?
Suchen Sie mit Ihrem Kind einen Arzt auf, wenn
- sich in der Wunde ein Gegenstand befindet,
- die Wunde stark klaffende Ränder aufweist und tief geht, etwa eine Platzwunde,
- sich die Wunde am Kopf oder Hals befindet,
- die Blutung durch einen Biss verursacht wurde.

Durchfall und Erbrechen
Wirkt Ihr Kind sehr blass, ist es quengelig und erbricht, dann kann dies einige Ursachen haben: Etwa eine Magen-Darm-Infektion oder einen anderen Infekt, ein seelisches Problem oder einen „verdorbenen" Magen (etwa zu viele Süßigkeiten auf einmal). Auch längere Fahrten oder Urlaubsreisen können eine Ursache für Erbrechen sein. Gegen diese „Reiseübelkeit" gibt es einfache, aber wirksame Mittel (siehe Seite 288).

Wenn Babys und Kleinkinder erbrechen, müssen die Eltern sehr aufpassen, da ihr Körper sehr rasch eine Menge Mineralsalze und Wasser verliert. Im Gegensatz zu größeren Kindern und zu Erwachsenen können sie dieses Defizit nicht so schnell aus eigener Kraft wieder ausgleichen. So kann ein erkranktes Baby innerhalb von 24 Stunden in einen kritischen Zustand geraten.

Gestillte Babys erkranken in der Regel seltener an schweren Magen-Darm-Infektionen. Die Muttermilch bietet ihnen einen Immunschutz. Hat es ein Stillkind dennoch erwischt, soll es weiter angelegt werden und zum Ausgleich der Flüssigkeitsverluste eine Elektrolytlösung (siehe Tabelle, Seite 289) erhalten.

Auch Flaschenkinder sollten ihre Milchnahrung weiter bekommen, aber in kleinen Portionen und eventuell verdünnt mit Elektrolytmischungen. Heilnahrung ist nicht erforderlich.

Bei Kleinkindern ist Folgendes zu beachten: Wenn Ihr Kind bricht oder Durchfall hat, sollte es erst einmal nichts essen. Viel trinken ist hingegen die beste Therapie! Medikamente werden zunächst nicht empfohlen. Sie wiegen die Eltern in falscher Sicherheit und lenken nur vom Trinken ab. Durchfälle enden in der Regel innerhalb von ein bis zwei Tagen. Also: Solange Ihr Kind Flüssigkeit zu sich nimmt (und nicht sofort wieder erbricht), müssen Sie sich nicht sorgen, dass es in Mangelzustände kommt, wenn es einen oder einige Tage nichts isst.

So können Sie Ihrem Kind helfen

- Bleiben Sie bei ihm, wenn es sich erbricht.

- Halten Sie es und wischen Sie den Mund ab.
- Statt der Gabe von Cola und Salzstangen (dies ist eine veraltete Methode) sind eindeutig zu bevorzugen: Elektrolytlösungen (siehe Tabelle rechts), Tees (z.B. Fenchel-, Anis-, Kamillentee).
- Nach dem Erbrechen stärken leichte Suppen (etwa Karottensuppe, Hühnersuppe mit Reis) Ihr Kind.
- Wohltuend können bei Durchfall auch die Gerbstoffe von Heidelbeertee oder schwarzem Tee wirken.

Wann zum Arzt?

Wenn das Erbrechen und/oder der Durchfall bei Säuglingen nicht innerhalb weniger Stunden aufhören, sollten Sie einen Arzt aufsuchen. Besonders rasch sollten Sie dies tun, wenn Ihr Kind keine zugeführte Flüssigkeit (z.B. Muttermilch, Was-

---

INFO   ### Sonderfall Reisekrankheit

Reiseübelkeit lauert zu Lande, zu Wasser und in der Luft. Sie zählt zu den Bewegungskrankheiten (Kinetosen). Auslöser sind widersprüchliche Signale an das Brechzentrum im Gehirn: Während das Auge ein ruhiges Bild meldet, weist das Gleichgewichtsorgan im Innenohr auf Schaukeln hin. Kinder reagieren besonders empfindlich, vor allem bei „passiver" Fortbewegung. Oft lässt sich dieser Übelkeit vorbeugen:

- Vor der Reise wenig und fettarm essen.
- Wichtig sind Pausen mit etwas Bewegung und Spiel.
- Sonnen- und Wärmeschutz beugen einer Überhitzung vor, die den Brechreiz fördert.

Tipp: Ingwer ist Geschmackssache. Er kann manchmal die Reisekrankheit abschwächen – ganz, kandiert, pulverisiert oder als Tee.

ERBRECHEN

GEEIGNET	Zusatzinfo	Hinweise
Diphenhydramin Bsp. Emesan®	Kinderzäpfchen für Kinder 1 bis 12 Jahre. Wenn Kinder erbrechen müssen, sollten sie Zäpfchen bekommen. Mittel in Form von Kaugummi sind für Kleinkinder ungeeignet.	Zur Behandlung von Übelkeit und Erbrechen bei Kindern. Müde machendes Antihistaminikum. Bei Übelkeit aufgrund von Reisekrankheit kann das erwünscht sein.

DURCHFALL

Wirkstoff	Zusatzinfo	Hinweise
GEEIGNET		
Elektrolyt-mischungen (Glukose + Kaliumchlorid + Natriumchlorid + Natriumzitrat) Bsp. Elotrans®, Oralpädon®	Ab dem Säuglingsalter. Kinder, die noch gestillt werden, bekommen zuerst die Trinklösung und werden dann gestillt, bis sie satt sind. Wenn die Kinder gleichzeitig erbrechen, sollten Sie die Elektrolytlösung in kleinsten Mengen mit dem Löffel einflößen. Kinder ab 2 Jahren nur nach Rücksprache mit einem Arzt. Wird nach Körpergewicht dosiert.	Bei akutem Durchfall zum Ausgleich des Elektrolytverlustes.

ser, Elektroytmischung) bei sich behalten kann, auch nicht bei löffelweiser Gabe in kleinsten Portionen.

Gut zu wissen: Auch für ältere Kinder gilt: Bei starkem Flüssigkeitsverlust sollten Sie mit ihm den Arzt aufsuchen. Dies gilt besonders dann, wenn Bauchschmerzen und Fieber dazukommen.

Elektrounfälle

Ein starker Stromschlag führt dazu, dass das Herz aufhört, regelmäßig zu schlagen und nur noch fibrilliert, gleichsam zittert. Dadurch ist es nicht mehr in der Lage, weiterhin Blut in den Körper und die lebenswichtigen Organe zu pumpen. Daraus entsteht schnell ein lebensbedrohli-

Droht Ersticken bei Säuglingen, kann ein solcher Schlag auf den Rücken helfen.

cher Schock (siehe Seite 286). Ab einer gewissen Stromstärke kann ein sofortiger Herzstillstand mit Todesfolge eintreten.

Weitere schwerwiegende Folgen können Bewusstlosigkeit, epileptische Anfälle, Erinnerungslücken, Orientierungsstörungen, Störungen der Sinnesorgane und Lähmungen sein.

Sichtbare Verletzungen (sogenannte Strommarken) auf der Haut können äußerlich recht klein sein. Darunter verbergen sich aber möglicherweise ausgedehntere Gewebeschädigungen. Besonders gefährlich sind Strommarken im Bereich des Gesichts, insbesondere am Mund sowie an den Lippen.

Was tun bei Elektrounfällen?

So gehen Sie bei einem Elektrounfall vor:
- Unterbrechen Sie den Stromkreis (Gerät ausschalten, Stecker ziehen, Sicherung herausschrauben).

Gelingt dies nicht:
- Ziehen Sie das Kind von stromführenden Teilen oder Leitungen weg.
- Berühren Sie Ihr Kind jedoch nicht ungeschützt, wenn es noch Körperkontakt mit dem stromführenden Teil hat. Sie können dadurch selbst einen Stromschlag erleiden. Ziehen Sie es an den Kleidern weg (Achtung: Manche Kunstfasern leiten elektrischen Strom!) oder verringern Sie das Risiko, selbst einen Stromschlag zu erleiden, indem Sie ein zusammengewickeltes trockenes Handtuch oder Kleidungsstück um einen Körperteil des Kindes schlingen und es damit wegziehen.
- Achten Sie darauf, dass Sie auf trockenem Untergrund stehen; notfalls werfen Sie einen trockenen Gegenstand auf den Boden, beispielsweise ein Brett, einen Teppich oder eine Fußmatte.

TIPP   **Elektrounfälle: Gefahrenquellen bannen!**

Abgesehen vom Sichern der Steckdosen mit einer Kindersicherung und dem Prüfen aller elektrischen Geräte auf Ungefährlichkeit sowie Überprüfung des GS-Zeichens, sollte auch das Nachrüsten eines FI-Schalters nicht fehlen.

Seit Februar 2009 muss in jedem neueingebauten Steckdosenstromkreis ein **FI-Schalter** installiert werden. Dieser Fehlerstromschutzschalter ist ein wirksamer Schutz gegen einen tödlichen Stromschlag. Er überwacht die Stärke der Ströme, die zu einem elektrischen Gerät hin- und von ihm zurückfließen. Kommt das Gerät mit Wasser in Berührung (wird also der Strom auf einmal über die Erde oder den Nullleiter geführt) dann unterbricht der FI-Schalter den Stromkreis sofort und es kommt zu keinen Stromschäden.

- Berühren Sie Strom führende Teile nur mit nicht leitendem Material, etwa einem hölzernen Besenstiel.
- Lagern Sie Ihr Kind ruhig und warm.
- Wenn Ihr Kind bewusstlos ist, aber atmet: Bringen Sie es in die stabile Seitenlage (erlernbar im Erste-Hilfe-Kurs).

Wann den Notarzt rufen?

Rufen Sie sofort über den Notruf 112 ärztliche Hilfe rufen, wenn Ihr Kind

- bewusstlos ist,
- keinen fühlbaren Herzschlag mehr hat (sofort mit Herzmassage und Beatmung beginnen). Setzen Sie Atemspende und Herzmassage bis zum Eintreffen der ärztlichen Hilfe fort, wenn dies erforderlich ist.
- Alle Unfallopfer müssen sofort vom Arzt untersucht werden. Überwachung am Monitor und ein EKG, das die Herzströme misst, sind notwendig.

Erstickungsgefahr

Hat Ihr Kind einen Gegenstand verschluckt, der die Atemwege blockiert, wird es meist versuchen, den Fremdkörper auszuhusten. Dies gelingt glücklicherweise auch meistens, solange das Kind in der Lage ist zu husten, zu atmen, zu sprechen oder zu schreien.

Eingreifen sollten Sie, wenn ein Ersticken droht. Hinweise auf Erstickungsgefahr sind:

- Die Atmung wird schwächer.
- Die Haut färbt sich zunehmend bläulich.
- Das Kind hört auf zu husten, zu sprechen, zu atmen oder zu schreien.

Der Fremdkörper muss sofort entfernt werden. Lassen Sie nach Möglichkeit durch einen Dritten Hilfe rufen, bevor Sie mit Erste-Hilfe-Maßnahmen beginnen. Wenn Sie allein sind: Zuerst helfen, dann Hilfe rufen!

Was tun bei Erstickungsgefahr?

Einen Säugling legen Sie mit dem Kopf nach unten auf Ihren Unterarm und stützen Sie dabei Kopf und Nacken mit der Hand. Der Kopf des Kindes muss tiefer liegen als sein Brustkorb. Oft wird dadurch schon ein Husten hervorgerufen. Wenn nicht, schlagen Sie mit der anderen Hand mehrfach zwischen die Schulterblätter des Kindes, um so ein Husten zu provozieren (siehe Abbildung oben).

Ein Kleinkind legen Sie sich am besten über den Schoß oder Oberschenkel, damit sein Kopf nach unten hängen kann. Legen Sie eine Hand unter das Brustbein und schlagen wieder mit der anderen Hand

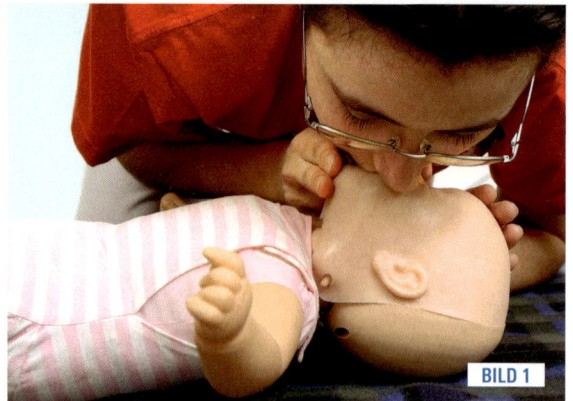

BILD 1

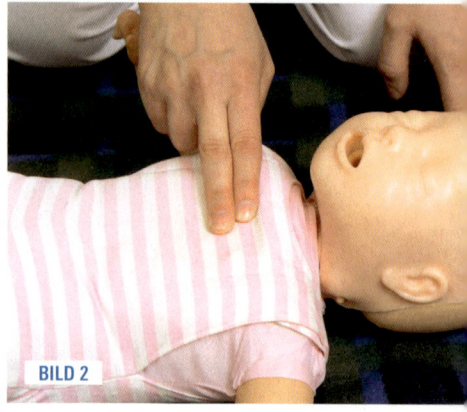

BILD 2

zwischen die Schulterblätter. Wenn Sie sich vergewissert haben, dass die Atemwege Ihres Kindes frei sind, überprüfen Sie, ob es atmet. Wenn das Kind nur schwach atmet und dabei stabil bleibt, unterlassen Sie alle möglicherweise unnötigen Manipulationen und sorgen für

- stabile Lagerung,
- Verständigung des Notarztes,
- Beruhigung des Kindes.

VORBEUGEN IST IMMER BESSER

- Säuglinge nicht unbeaufsichtigt Brotrinden und andere feste Nahrungsmittel in Hand und Mund geben.
- Nüsse (besonders Erdnüsse) sind für Säuglinge und Kleinkinder verboten.
- Vorsicht bei herumliegenden kleinen Gegenständen, besonders zum Beispiel bei kleinen und kleinsten Lego®-Teilen spielender älterer Geschwister.
- Und wenn ein Fremdkörper schon im Mund ist? Nicht in Panik verfallen, nicht rufen und nicht auf das Kind zurennen! Es wird dann nur Lachen, Weinen, Wegrennen oder alles gleichzeitig tun – und sein erster „erschrockener" Atemzug befördert das Teil genau dorthin, wo es nicht sein soll – nämlich in die Luftröhre.

- Lieber gelassen die Hand aufhalten, und den Sprössling darum bitten, auch mal lutschen zu dürfen.

Ertrinkungsunfälle

Ertrinken (= Ersticken unter Wasser) ist eine der häufigsten Todesursachen im Kindesalter. Kleinkinder sind davon besonders betroffen. Erste Hilfe beim Ertrinkungsunfall mit Atem- oder Herzstillstand ist eine Atemspende und/oder Herzmassage.

Was tun bei einem Ertrinkungsunfall?

Hier die wichtigsten Stichwörter. Und eine dringende Empfehlung: Viele lebensrettende Griffe erlernen Sie in einem Erste-Hilfe-Kurs (siehe Seite 278). Um welche es sich handelt, ist in Klammern angefügt.

- Bergen

Das Kind muss aus dem Wasser heraus! Wichtig ist, dass der Kopf über die Wasseroberfläche kommt. (Versuchen Sie die Rettung jedoch nur, wenn Sie selbst schwimmen können!)

Rufen Sie laut um Hilfe! Es kann ohne fremde Hilfe sehr schwierig sein, ein Kind aus dem Wasser zu bergen.

Sofort über den Notruf 112 ärztliche Hilfe rufen – oder rufen lassen durch eine dritte Person.

BILD 1+2: Beatmung und Herzmassage bei Kleinkindern muss gelernt sein, zum Beispiel in einem speziellen Erste-Hilfe-Kurs für Kinder.

- **Atemwege freimachen**

Öffnen Sie den Mund des Kindes und entfernen Sie mögliche Fremdkörper (Sand und so weiter).

Wenn das Kind selbst atmet, bringen Sie es in die stabile Seitenlage (Erste-Hilfe-Kurs).

- **Beatmen**

Wenn das Kind nur schwach oder gar nicht atmet, beginnen Sie sofort mit der Mund-zu-Nase-Beatmung (Erste-Hilfe-Kurs, siehe auch Abbildungen oben).

Setzen Sie diese so lange fort, bis das Kind von selbst atmet.

- **Herzmassage**

Wenn Sie keinen Puls feststellen können, beginnen Sie auch mit der Herzmassage (Erste-Hilfe-Kurs).

Setzen Sie das Beatmen und die Herzmassage so lange fort, bis Atmung und Kreislauf von selbst funktionieren.

- **Lagerung**

Legen Sie trockene Kleidungsstücke oder Handtücher vorsichtig unter das Kind, entfernen Sie nasse Kleidung, trocknen Sie es vorsichtig ab und decken Sie es mit einem leichten Kleidungsstück oder Handtuch zu. Versuchen Sie nicht, das Kind selbst zu schnell zu erwärmen. Wichtig ist zunächst, dass es nicht weiter auskühlt.

- **Durchhalten!**

Geben Sie nicht zu schnell auf! Es sind Fälle beschrieben worden, in denen Kinder, die länger als eine Stunde unter Wasser waren, überlebt haben. Die Prognose, ein Beinaheertrinken zu überstehen, ist erstaunlich gut. Wichtig ist, dass die richtigen Erste-Hilfe-Maßnahmen ohne Verzögerung begonnen und lange genug fortgesetzt werden.

Jedes Kind, das beinahe ertrunken wäre, muss sofort ins Krankenhaus!

Fieber

Unsere normale durchschnittliche Körpertemperatur liegt bei 36,1 bis 37,5 °C. Der Bereich zwischen 37,5 und 38,5 °C wird als erhöhte Temperatur bezeichnet. Alles, was darüber liegt, ist Fieber. Fieber ist ein Feuermelder des Körpers. Es zeigt an, dass etwas nicht in Ordnung ist, dass der Körper sich beispielsweise mit Krankheitserregern auseinander setzt.

Fieber in Grenzen schadet nicht und muss deshalb nicht unter allen Umständen gesenkt werden. Im Gegenteil: Die höhere Körpertemperatur schadet den Krankheitserregern und beschleunigt alle Stoffwechselvorgänge des Organismus: Der Körper wird mithilfe des Fiebers mit Infektionskrankheiten schneller fertig.

Im Verlauf einer Infektionskrankheit ist es zudem ein wichtiger Hinweis auf Heilungsprozesse: Wenn das Fieber fällt, hat der Körper die Erkrankung in den meisten Fällen überwunden. Fiebersenkende Maßnahmen sind nur bei Komplikationen und sehr hohem Fieber notwendig.

Grippale Infekte und andere (Infektions-)Krankheiten sollten richtig auskuriert werden. Kinder sollten diese Erkrankungen ausliegen können und erst dann wieder aufstehen, wenn sie fieberfrei sind.

TIPP Wie misst man Fieber?

Mittlerweile gibt es ganz unterschiedliche Thermometersorten. Spitzenreiter bei Stiftung Warentest (test 9/08) waren die preisgünstigen konventionellen Kontaktthermometer. Damit lässt sich das Fieber im Po messen, was bei zappeligen Kindern ohnehin die genaueste Messmethode ist. Die ebenso zuverlässige Mundmessung kommt nur für ältere Kinder infrage.

Heute gibt es auch spezielle Geräte, die eine genaue Messung im äußeren Gehörgang oder über einen anderen Hautkontakt ermöglichen. Kinderärzte raten von den Ohrmodellen für Babys unter sechs Monaten ab: Ihre Gehörgänge sind noch zu eng. Außerdem kann es bei Ohrentzündungen zu überhöhten Werten oder Keimverschleppungen kommen.

Einfacher als im Ohr lässt sich das Fieber auf der Stirn ermitteln. Das Ermitteln der Temperatur erfolgt auch zügig (vier bis sieben Sekunden). Der Nachteil: Es ist nicht leicht zu bedienen. Eine Messung in der Achselhöhle ist absolut unzuverlässig.

Und: Die teuersten Thermometer sind nicht die besten. Die Testergebnisse der Stiftung Warentest zu Fieberthermometern finden Sie unter www.test.de (Abrufgebühr: 1,50 Euro).

INFO Azetylsalizylsäure (ASS): Finger weg!

Bei Kindern unter zwölf Jahren sollten bei Schmerzen und Fieber Mittel mit ASS (zum Beispiel Aspirin®, ASS-ratiopharm®) gar nicht angewendet werden; bei einem Virusinfekt wie Grippe oder Windpocken dürfen sie gar nicht gegeben werden. Dann besteht nämlich das seltene Risiko, dass ASS ein Reye-Syndrom auslöst, bei dem schwere Leber- und Hirnschäden möglich sind. Erstes Symptom ist lang anhaltendes Erbrechen; später ist das Kind nur noch schlecht ansprechbar und hat Zustände wie im Delirium (Bewusst-seinsstörungen, keine zeitliche und räumliche Orientierung, das Sehen von Trugbildern, Schwitzen, Zittern, und Unruhe). Rufen Sie bei solchen Anzeichen sofort einen Arzt. Diese Nebenwirkung kann zum Tod führen.

Lediglich die Schwere bestimmter Erkrankungen (beispielsweise das Kawasaki-Syndrom, eine schwere entzündliche Erkrankung des Lymphsystems im frühen Kindesalter) kann es in Einzelfällen notwendig machen, Azetylsalizylsäure auch bei jüngeren Kindern anzuwenden.

SCHMERZEN UND FIEBER

Wirkstoff	Zusatzinfo	Hinweise
GEEIGNET		
Parazetamol Bsp. Paracetamol-ratiopharm®, Paracetamol Stada®	bis 6 Monate: je nach Körpergewicht 75 mg 6 Monate bis 2 Jahre: je nach Körpergewicht Zäpfchen mit 125 mg 2 bis 8 Jahre: je nach Körpergewicht Zäpfchen mit 250 mg Säfte werden je nach Körpergewicht dosiert.	Bei leichten bis mäßig starken Schmerzen und Fieber.
Ibuprofen Bsp. Dolormin®, Ibu-ratiopharm®	Zäpfchen mit 60 mg bei Säuglingen ab 3 Monate und ab 6 kg Körpergewicht. Säfte ab 6 Monate, Dosierung nach Körpergewicht.	Bei leichten bis mäßig starken Schmerzen und Fieber.

Was tun zur Fiebersenkung?

Hohes Fieber strengt an. Bei länger dauerndem Fieber besteht zudem die Gefahr des Wasser- und Elektrolytverlustes durch starkes Schwitzen sowie die oft stark reduzierte Nahrungs- und Flüssigkeitsaufnahme.

Eine ernste Komplikation sind Fieberkrämpfe (siehe Seite 300). Auch Halluzinationen (Trugwahrnehmungen) können bei Kindern gelegentlich unter hohem Fieber auftreten. Viele Kinder leiden beim Fieberanstieg unter heftigen Kopfschmerzen, zum Teil mit Erbrechen. In diesen Fällen sind fiebersenkende Maßnahmen angezeigt. Wichtig ist jetzt besonders die Senkung der Temperatur durch Kühlung (Wadenwickel) oder Lüftung. Grundfalsch ist die Annahme, ein fieberndes Kind benötige eine besonders warme Umgebung. Wenn Ihr Kind friert, ist dies ein Hinweis darauf, dass das Fieber steigt. Dann sollten Sie unmittelbar mit den fiebersenkenden Maßnahmen beginnen:

- Sorgen Sie für ausreichende Lüftung des Kinderzimmers – aber ohne Durchzug.
- Das Krankenzimmer darf nicht überheizt werden.
- Bedecken Sie Ihr Kind mit einer dünnen Bettdecke, ziehen Sie ihm einen dünnen Schlafanzug an.
- Legen Sie Ihrem Kind einen Wadenwickel an.

- Reichen diese Maßnahmen nicht aus, ist es möglich, das Fieber durch Medikamente zu senken.

WADENWICKEL

Bei Kindern ab sechs Monaten senken Wadenwickel das Fieber schonend und mildern Unbehagen. Wichtig: Die Füße dürfen nicht kalt sein. Umwickeln Sie die Unterschenkel des Kindes mit einem handwarmen feuchten (ausgewrungenen) Tuch für etwa zehn Minuten. Wenn Sie ein Handtuch oder Gummituch unterlegen, wird das Bett nicht nass.

Die Verdunstung des Wassers auf der Haut verschafft Kühlung. Wadenwickel müssen mehrmals wiederholt werden, weil die Wickel durch die Körpertemperatur erwärmt werden. Nach 30 Minuten Fieber messen.

Grundsätzlich sollten Sie Ihren Kinderarzt, zum Beispiel anlässlich einer Vorsorgeuntersuchung, fragen, welches Medikament er für Ihr Kind im Notfall zur Fiebersenkung empfiehlt. Beachten Sie strikt die alters- und gewichtsabhängigen Dosishinweise sowie die Dosierintervalle.

Gegen eine medikamentöse Fiebersenkung vor der Fahrt in die Praxis oder vor dem Hausbesuch spricht nichts. Allerdings sollte der Fieberverlauf zuvor korrekt gemessen und dokumentiert sein.

Husten

Fast alle Eltern kennen das: Schon wieder hustet ihr Kind. Bis zu 15 Infekte im Jahr sind bis zur Einschulung völlig normal. Besonders oft plagen die Kleinen Erkältungskrankheiten mit Husten oder Schnupfen (siehe Seite 308), und Fieber

---

TIPP **Husten: Was hilft?**

- **Tees & Co.:** Es eignen sich Aufgüsse aus Thymian- oder Salbeiblättern, Anis- oder Fenchelsamen, Linden- oder auch Holunderblüten. Honig kann den Hustenreiz lindern. Bei Appetitlosigkeit sollte der Flüssigkeit Zucker zugesetzt werden, um der Entwicklung ungünstiger Stoffwechsellagen vorzubeugen. Generell sollte man Granulattees meiden, da sie zu viel Zucker enthalten. Instant-Teepulver sind dagegen empfehlenswert.

- **Physikalische Maßnahmen:** Ganz traditionell wie unsere Großmütter das schon machten: leicht abklopfen, massieren, Atemübungen, Lagewechsel, Liegen, Aufsetzen, Kissen aufschütteln. Dafür wird jedes Kind dankbar sein.
- **Frische & feuchte Luft:** Lüften Sie regelmäßig das Zimmer – ohne Durchzug. Sorgen Sie mit nassen Tüchern im Raum für feuchte Frischluft. Sie wirkt schleimlösend.

HUSTEN

Wirkstoff	Zusatzinfo	Hinweise
MIT EINSCHRÄNKUNG GEEIGNET		
Ambroxol Bsp. Mucosolvan®, Ambroxol-ratio-pharm®	Es sollte bei Kindern unter 2 Jahren nur nach sorgfältiger Abwägung von Nutzen und Risiken und unter ärztlicher Aufsicht angewendet werden. Ab 2 Jahren Dosierung nach Körpergewicht. Hustenlöser.	Bei Husten als sekretlösendes Mittel. Die therapeutische Wirksamkeit ist noch nicht abschließend nachgewiesen.
Azetylzystein Bsp. ACC®, NAC-ratiopharm®	Es sollte bei Kindern unter 2 Jahren nur nach sorgfältiger Abwägung von Nutzen und Risiken und unter ärztlicher Aufsicht angewendet werden. Ab 2 Jahren Dosierung nach Körpergewicht. Hustenlöser.	
Efeu Bsp. Prospan®, Sinuc®	Für Säuglinge und Kleinkinder nach Körpergewicht dosiert. Hustenlöser. Säfte ohne Alkohol sind zu bevorzugen.	
Thymian Bsp. Aspecton®, Bronchipret Thymian®	Für Säuglinge und Kleinkinder nach Körpergewicht dosiert. Hustenlöser. Säfte ohne Alkohol sind zu bevorzugen.	
Dextromethorphan Bsp. Silomat DMP®, WICK® Husten-Pastillen, -Sirup	Bei Kindern unter zwei Jahren nur anwenden, wenn der Arzt dies ausdrücklich befürwortet hat. Saft ist zu bevorzugen. Hustendämpfer. Säfte ohne Alkohol sind zu bevorzugen.	Zur kurzzeitigen Behandlung bei Reizhusten ohne Auswurf. (Anhaltender Husten kann Hinweis auf Asthma sein und darf nicht ständig mit Hustenblockern unterdrückt werden.)

(siehe Seite 293) gesellt sich oft dazu. Doch der Körper besitzt alle Mittel, um sich gegen den Angriff der Krankheitserreger mit Selbstheilungskräften zur Wehr zu setzen. Im besten Fall klingen die Symptome schnell wieder ab und der Körper wird ganz von allein gesund.

Auch einen akuter Husten wird fast immer durch Viren ausgelöst. Gegen sie können Antibiotika nichts ausrichten, weil sie nur Bakterien abtöten. Kommt zum Husten aber eine bakterielle Entzündung hinzu, können Antibiotika sinnvoll sein. Dies entscheidet aber allein der Kinderarzt.

Häufig kommt es auch zu den sogenannten Pseudokrupp-Anfällen. Mehr dazu finden Sie auf Seite 306.

Was tun, um Husten zu lösen?

Ruhe, Zuwendung und Getränke helfen Kindern am besten auf die Beine. Es ist einen Versuch wert, einige Hausmittel anzuwenden (siehe Tippkasten). Sie können zwar nicht heilen, aber die Genesung unterstützen.

Viele Eltern greifen zusätzlich zum Hustensaft, vor allem nachts. Manche Säfte sollen dabei den Husten lösen, andere ihn dämpfen. Bei Hustendämpfern sollten Eltern vorsichtig sein: Sie stoppen zwar den Hustenreiz, aber das reinigende Abhusten funktioniert nicht mehr so gut.

Verschreibungspflichtige Mittel können gar den Atemantrieb unterdrücken. Verschreibungsfreie Hustendämpfer sollten Kinder generell nur bei Reizhusten kurzzei-

tig und zur Nacht bekommen – Babys und Kleinkinder nur nach ärztlicher Rücksprache. Und: Benutzen Sie keine Medikamente, die Ihnen von anderen Eltern weitergereicht werden.

Löst sich der Husten, verschreiben viele Ärzte hustenlösende Säfte etwa mit Efeu oder Thymian, aber auch mit Ambroxol und Azetylzystein. Sie können das Abhusten erleichtern (siehe Tabelle, Seite 297).

Wann zum Arzt?

Ein Arzt muss hustende Babys sowie ältere Kinder mit hohem Fieber, bellendem Husten und Kurzatmigkeit abhorchen.

Insektenstiche und -bisse

Die typischen Beschwerden nach einem Insektenstich klingen in aller Regel nach wenigen Stunden ab und bedürfen keiner weiteren Versorgung. Anders ist dies bei allergischen Reaktionen. Sie reichen von örtlicher Schwellung und Rötung bis hin zu dramatischen Reaktionen des gesamten Körpers (dies ist dann die sogenannte anaphylaktische Reaktion).

Die häufigsten Verursacher sind Wespen, Bienen, Hornissen, Bremsen, Moskitos. Entgegen landläufiger Meinung können auch Hummeln stechen.

Bienen unterscheiden sich von anderen stechenden Insekten dadurch, dass sie beim Stich ihren Stachel in der Haut zurücklassen und nach dem Stich sterben. Bei einer größeren Anzahl von Insektensti-

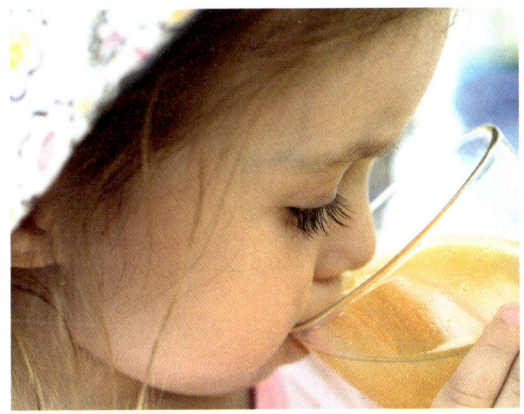

chen, zum Beispiel nach Angriff eines Bienenschwarms, kann es als Folge der großen Giftmenge zu einer Allgemeinreaktion des Körpers kommen, die einer schweren allergischen Reaktion des Körpers ähnlich ist.

Was tun bei Insektenstichen?

- Bei einem Bienenstich sollte der Stachel möglichst sofort entfernt werden. Dadurch gelangt weniger Gift in den Körper, und die Gefahr einer späteren Wundinfektion ist geringer. Versuchen Sie, den Stachel entweder mit einer feinen Pinzette zu fassen oder schieben Sie ihn durch seitlichen Druck mit dem Fingernagel, einem Messerrücken oder einem festen Stück Karton – etwa einer Spielkarte – heraus. Drücken Sie ihn aber keinesfalls mit den Fingerspitzen heraus, weil dadurch das Gewebe um die Einstichstelle geschädigt wird und das Insektengift sich besser verteilen kann.
- Andere Insekten hinterlassen in der Regel keinen Stachel. Dennoch sollten Sie die Einstichstelle genau auf Insektenreste hin überprüfen.
- Bei Rötung, Schwellung und Schmerz an der Einstichstelle hilft Kühlung mit einer Kühlkompresse, Eis oder einem feuchten Tuch (wenn Sie kein Eis ha-

ben, können Sie auch einen beliebigen gekühlten Gegenstand aus dem Tiefkühlfach nehmen).
- Wenn sich Schwellung und Rötung vergrößern, sich also beispielsweise bei einem Stich in die Wade über den ganzen Unterschenkel ausdehnen, sollten Sie Ihr Kind hinlegen, die betroffenen Gliedmaßen ruhigstellen und den geschwollenen und geröteten Hautbezirk kühlen.
- Wenn Ihnen eine Insektengiftallergie bei Ihrem Kind bekannt ist, müssen Sie über eine Notfallbehandlung (Allergie-Set, siehe auch Seite 300) verfügen, die Sie nach Anweisung Ihres Arztes sofort zur Anwendung bringen.

Wann den Notarzt rufen?

Rufen Sie ärztliche Hilfe über den Notruf 112, wenn
- Sie wissen, dass bei Ihrem Kind eine Überempfindlichkeit gegen Insektengift, zum Beispiel Wespengift, besteht,
- Ihr Kind im Mundbereich oder im Inneren des Mundes gestochen wurde,
- Schwellung und Rötung immer weiter zunehmen,
- die Lippen anschwellen,
- Sie den Eindruck haben, Ihr Kind atmet schwer,
- sich seine Stimme verändert,

Insektenstiche: Was gehört in ein Allergie-Set?

Das Allergie-Set mit einer schriftlichen Dosierungsanweisung sollten Sie während der Bienen- und Wespensaison immer bei sich tragen. Es besteht aus einer Adrenalin-Fertigspritze, Stauband und Alkoholtupfer sowie Antihistaminika-Tabletten (Antihistaminikum besser auch in flüssiger Form) und Kortisonsaft. Sie bekommen es vom Arzt verordnet und können es sich in Apotheken besorgen. Lassen Sie sich die Anwendung genau von Ihrem Arzt oder Apotheker erklären, damit Sie das Allergie-Set im Notfall beherrschen.

- Juckreiz und Rötung am ganzen Körper auftreten (Nesselsucht),
- sich Übelkeit oder sogar Erbrechen einstellen,
- Ihr Kind schläfrig wird oder über Schwindel klagt,
- Bewusstlosigkeit eintritt.
  Während Sie auf Hilfe warten, achten Sie auf
- Atemwege,
- Atmung,
- Kreislauf,
- richtige Lagerung des Kindes (siehe Seite 282).

Krampfanfall (epileptischer Anfall)

Zerebrale (das heißt vom Gehirn ausgelöste) Krampfanfälle sind im Kindesalter nicht selten. Man schätzt, dass etwa 4 bis 6 Prozent aller Kinder im Laufe ihres Heranwachsens einmal einen zerebralen Krampfanfall erleiden. Nur bei wenigen entwickelt sich später tatsächlich eine Epilepsie.

Ein Krampfanfall kann die verschiedensten Ursachen haben und sehr unterschiedlich aussehen. Die häufigsten Auslöser sind hohes Fieber, Infektionen, Stoffwechselstörungen, ein Gehirntumor, Hirnblutungen, Gehirnerschütterungen. Fieberkrämpfe sind im Kindesalter mit Abstand am verbreitetsten. Sie betreffen meist Kinder zwischen sechs Monaten und sechs Jahren. Glücklicherweise ist ein einmaliger Krampfanfall aber weniger gefährlich, als es den Anschein hat. Ein Fieberkrampf ist in der Regel ein einmaliges Ereignis.

Wie erkenne ich einen Krampfanfall?

Ein Krampfanfall kann mit Bewusstseinsverlust und einer „tonisch-klonischen" Entladung einhergehen. Das Kind wird plötzlich bewusstlos, steif, Arme und Beine sind gestreckt, auch die Rückenmuskulatur kann überstreckt sein. Im Anschluss an diese tonische Phase kommt es dann meist zu rhythmischen (klonischen) muskulären Entladungen in Armen und Beinen: Das Kind fängt an, mit einer bestimmten Regelmäßigkeit und Gleichzeitigkeit Arme und Beine zu beugen und zu strecken. Dies kann sehr beängstigend und gefährlich aussehen. Dabei kann es zum Urin- und Stuhlabgang kommen, die Atemzüge sind tief, Schaum tritt aus dem Mund. Auch ein Zungenbiss ist möglich. Bei einem länger andauernden Anfall kann Sauerstoffmangel auftreten. Es besteht auch die Gefahr von Verletzungen durch Stürze im Anfall.

Das Kind ist in einer solchen Situation in aller Regel bewusstlos. Es wird sich auch später nicht an den Anfall erinnern. Nach dem Anfall ist es schläfrig, benommen, schwer zu erwecken, wenn es in Schlaf gefallen ist. Schläft Ihr Kind in dieser Situation, ist es notwendig, dass Sie seine Atmung beobachten und Fieber messen, wenn der Anfall mit einer fiebrigen Erkrankung aufgetreten ist. Es gibt aber auch nur kurze Bewusstseinsstörungen. Das Kind wirkt abwesend, traumverloren, oder es zeigt kurzzeitige unverständliche Verhaltensänderungen, während derer es nicht ansprechbar ist. Entladungen der Muskulatur fehlen bei diesen Zuständen. Diese Form ist bei Säuglingen und Kleinkindern besonders häufig.

Seltener sind rhythmische Entladungen nur einer Muskelgruppe oder nur einer Extremität, ohne dass das Kind bewusstlos wird. Dabei kann es beispielsweise die rhythmische Bewegung des Unterarms über Sekunden oder Minuten nicht willentlich beeinflussen.

Die meisten der großen Krampfanfälle mit Bewusstseinsverlust dauern nicht länger als 10 bis 15 Minuten. Es ist also häufig so, dass beim Eintreffen von Hilfe der Anfall schon vorbei ist. Ein längeres Andauern eines Krampfanfalls muss besonders ernst genommen werden.

Trotz aller Aufregung ist die genaue Beobachtung des Anfalls wichtig. Diese Information braucht der weiterbehandelnde Arzt. Er kann aus Ihren Beobachtungen schon wichtige diagnostische Vorentscheidungen treffen.

Was tun bei einem Krampfanfall?
- Ruhe bewahren!
- Verletzungen durch Sturz auf scharfe Kanten und Ähnliches nach Möglichkeit vermeiden.
- Enge Kleidung lösen.
- Sobald die Krämpfe aufhören: Ihr Kind in die stabile Seitenlage bringen, dabei darauf achten, dass Blut und Schleim aus dem Mund ablaufen können.
- Auf die Atmung achten und wenn notwendig Atemspende (siehe Bild, Seite 292).
- Rufen Sie, wenn das Kind stabil gelagert ist, so schnell wie möglich ärztliche Hilfe über den Notruf 112.
- Die Konvulsionen keinesfalls unterdrücken, aber das Kind vor Verletzungen sichern, etwa den Kopf halten.
- Keinesfalls Gegenstände zwischen die Zahnreihen schieben.
- Keinesfalls versuchen, irgendwelche Medikamente zu verabreichen, also

auch keine homöopathischen oder sonstigen „Notfall"mittelchen.

- Nicht versuchen, ein Getränk zu verabreichen (Flasche).
- Keine äußeren Reize anwenden, um den Anfall zu durchbrechen, wie etwa kaltes Wasser.

Wann zum Arzt/ins Krankenhaus?

Jedes Kind, das einen Krampfanfall erlitten hat, muss unverzüglich einem Arzt vorgestellt werden. Beim ersten Mal wird in aller Regel ein Notfall- oder Rettungsdienst gerufen.

Wenn Ihr Kind beim Eintreffen der Helfer noch krampft, wird es mit krampflösenden Medikamenten versorgt. Das ist nötig, um die Ausbildung eines epileptischen Zustands (Status epilepticus), eines über längere Zeit andauernden Krampfgeschehens, zu verhindern. Ein solches Ereignis kann zu bleibenden Schäden führen oder gar eine Lebensbedrohung darstellen. Jeder epileptische Anfall muss unbedingt diagnostisch abgeklärt werden, das heißt, es muss eine organische Hirnerkrankung ausgeschlossen werden.

Läuse

Läuse kann jeder – selbst bei penibelster Hygiene – bekommen. Vor allem Krippen- und Kindergartenkinder (und später dann Schulkinder) können davon betroffen sein. Es genügt, dass sich ein mit Nissen besetztes Haar eines anderen Kindes in seiner Jacke oder Mütze, die üblicherweise dicht nebeneinander an der Garderobe hängen, verfängt. Auch gemeinsam benutzte Bürsten, Kissen und Kuscheltiere, Kopfstützen im Auto oder der Kindersitz, in dem Sie gestern einen kleinen Freund Ihres Kindes transportiert haben, sind gute „Überträger". Die häufigste Übertragungsart ist aber das „Zusammenstecken" der Köpfe, also der direkte Kontakt zwischen den Haaren. Läuse können zwei Tage überleben, ohne Blut zu saugen. Ihre Eier halten sich sogar bis zu zehn Tagen.

Da es oft lange dauert, bis ein Lausbefall erkannt wird, ist die Verbreitung in einer Kindergruppe außerordentlich einfach. Die graubraunen Läuse sind 2 bis 3 Millimeter groß und ernähren sich von Blut aus der Kopfhaut. Während ihres kurzen Lebens – sie leben nur etwa einen Monat – legen sie bis zu 150 weißliche Eier (Nissen), die oft als Schuppen verkannt in Kopfnähe an den Haaren kleben.

Der Speichel der Läuse verursacht einen starken Juckreiz, was Ihr Kind zu anhaltendem Kratzen veranlasst. Manchmal bildet sich auch ein Läuseekzem (rote schuppige Stellen meist hinter den Ohren oder im Nacken). Die Haut muss im Allgemeinen nicht behandelt werden.

Was tun bei Läusen und Nissen?

- Mit einem Kleinkind sollten Sie den Kinderarzt aufsuchen.
- Waschen Sie Ihrem Kind mit einem Läusemittel (siehe Tabelle rechts), das Sie auch rezeptfrei in der Apotheke erhalten, die Haare.

LÄUSE

Wirkstoff	Zusatzinfo	Hinweise
GEEIGNET		
Pyrethrum Bsp. Goldgeist forte®	Säuglinge sollten mit den Mitteln möglichst erst ab dem dritten Lebensmonat behandelt werden. Auch bei Kleinkindern ist besondere Vorsicht geboten.	Die Anwendungshinweise sind strikt zu beachten. Die Mittel sind feuergefährlich. Keine Feuerquelle im Raum während der Behandlung.
Permethrin Bsp. InfectoPedicul®	Säuglinge sollten mit den Mitteln möglichst erst ab dem dritten Lebensmonat behandelt werden. Auch bei Kleinkindern ist besondere Vorsicht geboten. Nur unter ärztlicher Aufsicht.	
MIT EINSCHRÄNKUNG GEEIGNET		
Dimeticon Bsp. Jacutin Pedicul®	Bei Säuglingen und Kleinkindern unter Aufsicht eines Arztes.	Die therapeutische Wirksamkeit ist noch nicht ausreichend nachgewiesen. Medizinprodukt.
Kombinationsmittel Hoch- und niedrigviskoses Dimeticon und Jojobawachs und mittelkettige Triglyzeride und Duftstoffe Bsp. NYDA®-Pumplösung	Mangels Erfahrungen nicht bei Kindern unter zwei Jahren.	Die therapeutische Wirksamkeit ist noch nicht ausreichend nachgewiesen. Bei der Anwendung als Spray besteht die Möglichkeit, dass das Mittel eingeatmet wird und bei empfindlichen Personen Asthmaanfälle oder Atembeschwerden auslöst. Medizinprodukt.

- Alle Nissen (Läuseeier) müssen sorgfältig, am besten mit einem Nissenkamm (ebenfalls in der Apotheke erhältlich), ausgekämmt werden.
- Es ist sinnvoll, am Tag der Behandlung die Bettwäsche abzuziehen und bei mindestens 60 Grad zu waschen.
- Nur noch in besonderen Fällen, etwa bei besonders schwerem Läusebefall, wird empfohlen, auch Kleidung, Mützen, Kissen, Kuscheltiere und Ähnliches bei mindestens 60 Grad zu waschen.
- Bürsten, Kämme werden in 60 Grad heißem Wasser zehn Minuten ausgewaschen.
- Textilien und Gegenstände, die keine (heiße) Wäsche vertragen, sollten Sie – wenn möglich – einen Tag lang in einem Plastiksack verschlossen im Tiefkühlfach aufbewahren. Wenn Ihr Tiefkühlfach nicht groß genug ist, können Sie den verschlossenen Plastiksack auch 14 Tage möglichst warm liegen lassen und den Inhalt dann waschen. So hungern Sie die Läuse aus.
- Vertrauen Sie nicht darauf, dass Sie selbst „immun" gegen Läuse sind! Jeder in der Familie muss genauestens auf Nissen untersucht werden.
- Auch das betroffene Kind muss wiederholt auf Nissen kontrolliert werden.

Mittelohrentzündung

Wenn das Kind verschnupft ist und auf die Berührung des Ohrs empfindlich und/oder mit starken Schmerzen reagiert, könnte eine akute Mittelohrentzündung (Otitis media) schuld sein. Diese plagt Kinder bis zwei Jahre besonders oft. Denn bei ihnen ist der Verbindungsgang zwischen Ohr und Rachen kürzer, weiter und flacher als bei Erwachsenen. Lässt ein Infekt den Gang zuschwellen, kommt nicht mehr so viel Luft hinein. Die körpereigene Abwehr kann die Erreger nicht mehr hinausbefördern, sodass sie ins sonst keimfreie Mittelohr gelangen. Dort verursachen sie eine Entzündung, Gewebe schwillt an, Sekret entsteht, starke Schmerzen sind üblich.

Mittelohrentzündungen verlaufen unterschiedlich intensiv und lang. Fieber kann hinzukommen, selten dauert es länger als zwei Tage.

Im Mittelohr haben sich Schleim und Eiter gesammelt. Manchmal so viel, dass das Trommelfell platzt und Flüssigkeit aus dem Ohr rinnt. Das Kind verspürt Erleichterung, weil die Druckschmerzen schlagartig nachlassen. Glücklicherweise ist das Loch im Trommelfell meist klein und verheilt rasch wieder. Das volle Hörvermögen stellt sich manchmal erst nach einigen Wochen wieder ein.

Ferner können bei manchen Kindern – vor allem bei Säuglingen – Mittelohrentzündungen ohne Schmerzen verlaufen, dafür mit Erbrechen, Durchfall, Fieber.

Wann zum Arzt?

Bei Verdacht auf Mittelohrentzündung sollten Eltern mit ihren Babys und Kindern immer zum Arzt gehen. Sein Rat ist auch wichtig, wenn ein Kind innerhalb von

TIPP Mittelohrentzündung: So helfen Sie Ihrem Kind

- Es muss nicht sofort ein Antibiotikum gegeben werden, es helfen nachweislich in den ersten drei Tagen die Wirkstoffe Ibuprofen und Parazetamol. Bei längerer Dauer der Beschwerden kommt ein Antibiotikum zur Anwendung, das der Kinderarzt verordnet.

- Nasentropfen haben (leider) keinen positiven Effekt auf die Mittelohrentzündung, halten aber immerhin die Nase (jedoch nicht die Tube!) frei, wenn gleichzeitig Schnupfen besteht.

- Warme Säckchen, zum Beispiel mit Kamilleblüten, gelten als gutes Hausmittel **bei leichten Ohrenschmerzen**: Eine Handvoll trockene Kamilleblüten in ein dünnes Tuch einbinden. Das Säckchen durchkneten, über Wasserdampf erwärmen. So entfalten sich die ätherischen Öle am besten. Auf das Ohr legen, mit Stirnband, Tuch oder Mütze fixieren. Mindestens 30 Minuten, eventuell auch über Nacht, einwirken lassen. Das Säckchen kann mehrmals verwendet werden.

- Zwiebelsäckchen riechen kräftig und sollen vor allem bei starkem Schmerz gut wirken: Eine mittelgroße Zwiebel feinhacken. Alles in dünne Baumwolltücher geben, sodass eine fingerdicke Rolle entsteht. Sie wird körperwarm auf oder hinter das Ohr gelegt, per Stirnband oder Tuch fixiert und soll 30 bis 60 Minuten liegenbleiben.

- Die aufgelegte Hand von Mama oder Papa hilft auch. Sie leistet vielleicht viel bessere Dienste, verlangt allerdings eine gewisse Präsenz am Bett.

MITTELOHRENTZÜNDUNG

Wirkstoff	Zusatzinfo	Hinweise
GEEIGNET		
bei Schnupfen: Nasentropfen mit Salz- oder Meerwasserlösungen Bsp. Rhinomer®, Emser®	Bei leichten Beschwerden. Befeuchtende Nasentropfen, ab Säuglingsalter.	
bei Schnupfen: Nasentropfen zur Abschwellung der Schleimhaut mit Xylometazolin Bsp. Nasenspray-ratiopharm®, Olynth®	Bei schweren Beschwerden. Dosierung 0,25 mg für 0 bis 2 Jahre, 0,5 mg für 2 bis 6 Jahre. Abschwellende Nasentropfen. Einige Präparate mit diesem Wirkstoff enthalten Konservierungsmittel, diese sind nur mit „auch geeignet" bewertet. Bevorzugen Sie konservierungsmittelfreie Präparate.	Nasentropfen helfen, das Ohr zu belüften.
Schmerzmittel Ibuprofen und Parazetamol (siehe Tabelle „Schmerzen und Fieber", siehe Seite 295).	Bei Schmerzen im Rahmen der Mittelohrentzündung. In den ersten drei Tagen reicht die Gabe solcher Schmerzmittel zumeist aus. Wenn die Mittelohrentzündung länger andauert, werden Antibiotika gegeben.	

sechs Monaten drei Mal an einer Mittelohrentzündung erkrankt. Dahinter können Wucherungen im Nasen-Rachen-Raum stecken (Polypen). Eventuell ist es sinnvoll, diese zu entfernen, um das Mittelohr besser zu belüften. Neuere Studien zweifeln aber am Nutzen vieler solcher Operationen.

Eine Behandlung durch den Arzt ist auch nötig, wenn ständig Schleim und Eiter aus dem Ohr des Kindes laufen. Oft ist ein Defekt im Trommelfell die Ursache.

Nasenbluten

Nasenbluten kann nach einer stumpfen Druck- oder Schlagwirkung oder auch ohne äußere Gewalteinwirkung auftreten, wenn etwa beim Schnäuzen der Nase (oder beim Nasebohren) ein kleines Blutgefäß in der Nasenschleimhaut verletzt wird. Nasenbluten ist im Kindesalter häufig. Der Blutverlust bleibt dabei entgegen dem äußeren Anschein meist gering. Oft ist Nasenbluten ein Begleitsymptom bei Infekten oder bei Heuschnupfen.

Was tun bei Nasenbluten?

- Lassen Sie das Kind den Kopf leicht nach vorn neigen, damit das Blut aus der Nase abfließt.
- Drücken Sie den Nasenflügel des blutenden Nasenlochs mit dem Daumen an die Nasenscheidewand, wenn nötig zehn Minuten lang.
- Bei hartnäckigem Nasenbluten legen Sie einen mit zerstoßenen Eiswürfeln

gefüllten Waschlappen auf den Nacken des sitzenden Kindes. Wenn Sie keine Eiswürfel zur Hand haben, können Sie zum Beispiel auch ein kleineres Tiefkühlprodukt oder ein Kühlelement aus dem Tiefkühlfach benutzen. Die Blutung wird in der Regel zum Stillstand kommen, bevor Ihr gefrorener Spinat aufgetaut ist. Die Kälte unterstützt die Blutstillung.
- Das Kind sollte während des Nasenblutens nicht schnäuzen, husten oder sprechen.

Wann zum Arzt?

Rufen Sie ärztliche Hilfe über den Notruf 112 oder suchen Sie eine nahe gelegene Arztpraxis oder Ambulanz auf, wenn

- das Nasenbluten länger als eine halbe Stunde anhält,
- dem Nasenbluten ein Sturz vorausging, bei dem Gesicht und Kopf in Mitleidenschaft gezogen wurden,
- das Blut aus der Nase mit einer wasserklaren Flüssigkeit vermischt ist.
- Stopfen Sie nicht Watte, Taschentücher, Mull oder Ähnliches in die Nase. Eine sogenannte Tamponade der Nase sollte nur von einem Arzt durchgeführt werden.

Pseudokrupp-Anfall

Krupp ist ein lautmalendes Wort, das einen bellenden Husten bezeichnet. Ursprünglich bezeichnete der Begriff Krupp oder „echter Krupp" den Husten bei Diph-

terie. Ähnlich in der Art des Hustens, aber mit völlig anderer Ursache ist der Krupp-Husten bei einer virusbedingten Hals- beziehungsweise Kehlkopfentzündung, den man in Unterscheidung zum Diphterie-Krupp als Pseudokrupp bezeichnet hat. Der Bereich unterhalb der Stimmbänder ist entzündet und geschwollen. Zusätzlich bilden sich dort schleimige Beläge, die die Atmung behindern. Betroffen sind vor allem Kinder zwischen drei Monaten und dem fünften Lebensjahr.

Der Pseudokrupp-Anfall beginnt meist nachts: Das Kind hat bellenden Husten, Atemnot (Schwierigkeiten beim Einatmen, es bekommt nicht genügend Luft in die Lungen) und Angst. Nach und nach entwickelt sich ein pfeifend-ziehendes Atemgeräusch – ähnlich der schluchzenden Einatmung eines weinenden Kindes. Die Atmung beschleunigt sich. Manchmal färben sich die Lippen blau. Meist ist das betroffene Kind fieberfrei. Reagieren die Eltern richtig, so verläuft diese Erkrankung in der Regel ohne Komplikationen und kann oft zu Hause gut behandelt werden.

Trat ein Pseudokrupp-Anfall erstmalig auf, so verschreibt für einen möglichen

PSEUDOKRUPP-ANFÄLLE

Wirkstoff	Zusatzinfo	Hinweise
GEEIGNET		
Prednisolonazetat, Bsp. Infectocortikrupp® rezeptpflichtig	Packungsinhalt: 2 Zäpfchen à 100 mg	Bei akuten Pseudokrupp-Anfällen bei Kindern sowie in Situationen, in denen eine Einnahme oder Injektion des Wirkstoffs nicht möglich ist.
Prednisolon, Bsp. Klismacort® rezeptpflichtig		
Prednison, Bsp. Rectodelt® rezeptpflichtig		Quelle: www.medikamente-im-test.de

folgenden Fall des Falles der Kinderarzt – in enger Absprache mit den Eltern – Notzäpfchen auf „Vorrat". Für eine solche Akutsituation eignen sich die Wirkstoffe Prednisolon und Prednison (also kortisonhaltige Medikamente). Wird Kortison nur über einen kurzen Zeitraum angewandt, sind definitiv keine unerwünschten Wirkungen zu befürchten.

Um Pseudokrupp-Anfällen vorzubeugen, sollte generell auf keinen Fall in Gegenwart von Kindern geraucht werden. Säuglinge und Kleinkinder haben eine besonders empfindliche Schleimhaut und werden durch das Passivrauchen erheblich gefährdet!

Was tun bei einem Pseudokrupp-Anfall?

- Ruhe bewahren, nicht in Panik verfallen!
- Das Kind aufrecht hinsetzen und besänftigen oder auf den Arm nehmen.
- Das Zäpfchen frühzeitig geben, beim ersten „krupp, krupp". Nicht warten, bis zum Beispiel Atemnot auftritt (es dauert eine gewisse Zeit bis zum Wirkungseintritt des Zäpfchens).
- Vor einem weit geöffneten Fenster (oder vor dem geöffneten Kühlschrank) Kaltluft einatmen lassen (dies lässt die Engstelle wieder abschwellen).

Wann ins Krankenhaus?

Rufen Sie ärztliche Hilfe oder fahren Sie mit dem Kind ins Krankenhaus, wenn:

- keine rasche Besserung eintritt,
- das Kind blaue Lippen hat und wenn

sich die Haut am Hals bei der Einatmung „einzieht".

Schnupfen

Hat Ihr Kind einen Schnupfen erwischt, fällt ihm das Atmen schwer. Aus der Nase läuft es wässrig-klar, später schleimig-gelb. Schlimmstenfalls ist sie verstopft. Ein solcher Schnupfen ist zwar meist harmlos, aber eben auch sehr lästig. Nasentropfen machen ihn erträglicher. Doch auch für die Kleinen gilt die alte Volksweisheit: Ein Schnupfen mit Medikamenten dauert eine Woche – und ohne sie sieben Tage.

Verschnupfte Säuglinge

Problematisch kann Schnupfen bei Säuglingen werden. Sie atmen normalerweise nur durch die Nase, außer wenn sie schreien. Deshalb bekommen Säuglinge mit Schnupfen beim Trinken kaum noch Luft und verweigern deshalb dann die Nahrung.

Ein Säugling der friedlich schnorchelnd schläft, sogar mit Schnuller im Mund, bekommt trotz laufender Nase sowie Geräuschentwicklung ausreichend Luft und braucht weder Kochsalzlösung, noch abschwellende Nasentropfen.

Wenn der Schnuller aber ausgespuckt wird und an Brust oder Flasche nur noch gejapst und nicht getrunken wird, dann sind (vorübergehend) abschwellende Nasentropfen angezeigt und nichts spricht gegen ihren Gebrauch. Eine eher kühle

Umgebungstemperatur und frische Luft verstehen sich von selbst.

Für ältere Kinder

Ein Schnupfen sollte am besten lokal behandelt werden, wenn er auf die Nasenschleimhaut begrenzt ist. Mit Nasentropfen und Nasensprays erreicht man diese relativ leicht. Dabei sind vor allem zwei Gruppen zu unterscheiden: abschwellende sowie befeuchtende Tropfen und Sprays.

Abschwellende Nasenmittel können kurzfristig Linderung verschaffen. Sie sorgen dafür, dass sich die Blutgefäße zusammenziehen und die Nasenschleimhaut für einige Stunden abschwillt. (Der Nachteil: Die Nase ist weniger gut durchblutet.)

Länger als fünf bis sieben Tage sollten Verschnupfte deshalb schleimhautabschwellende Nasentropfen nicht benutzen. Sonst droht die sogenannte Nasentropfen-Nase. Davon spricht man, wenn die Nase sich an diese Nasentropfen gewöhnt hat. Werden sie abgesetzt, schwillt die Schleimhaut wieder zu. Erneutes Tropfen hilft kurzfristig, trocknet die Schleimhaut aber aus.

Alternativen ohne Nebenwirkungen sind Tropfen oder Sprays mit Meerwasser oder physiologischer Kochsalzlösung. Sie befeuchten die Schleimhaut, was Bakterien abwehrt (siehe Tabelle unten). Diese Mittel können auch längere Zeit genutzt werden.

SCHNUPFEN		
Wirkstoff	**Zusatzinfo**	**Hinweise**
GEEIGNET		
Salz- oder Meerwasserlösungen Bsp. Rhinomer®, Emser®	Ab Säuglingsalter. Befeuchtende Nasentropfen.	Bei Schnupfen, um die Nasenschleimhaut zu befeuchten und zu reinigen.
Xylometazolin Bsp. Nasenspray-ratiopharm®, Olynth®	Dosierung: 0,25 mg für 0 bis 2 Jahre, 0,5 mg für 2 bis 6 Jahre. Abschwellende Nasentropfen. Einige Präparate mit diesem Wirkstoff enthalten Konservierungsmittel, diese sind nur mit „auch geeignet" bewertet. Bevorzugen Sie konservierungsmittelfreie Präparate.	Bei Schnupfen als schleimhaut-abschwellendes Mittel zur kurzzeitigen Anwendung.

Wann zum Arzt?

Ein Arztbesuch ist wegen eines Schnupfens nur nötig, wenn er hartnäckig ist und mit hohem Fieber (siehe Seite 293) oder mit Kopfschmerzen einhergeht.

Schürfwunden

Bei Schürfwunden kommt es zu meist wenig blutenden, flächigen Schädigungen einer oder mehrerer Hautschichten. Sie gehören zu den häufigsten Verletzungen im Kindesalter. Bei Abschürfungen tieferer Hautschichten können diese Wunden stärker bluten, weil Blutgefäße der Haut geöffnet werden und der Blutdruck das Blut durch die „neue" Öffnung nach außen befördert. Manchmal kommt es zu Wundinfektionen. Sie erkennen diese an einer Rötung um die verletzte Stelle herum, außerdem an einer Schwellung und einer Überwärmung der betreffenden Stelle. In einem solchen Fall sollten Sie unbedingt einen Arzt aufsuchen. Dies gilt ganz besonders, wenn die Rötung sich auszudehnen beginnt und beim verletzten Kind Allgemeinsymptome wie Fieber hinzukommen.

Was tun bei Schürfwunden?

- Wundreinigung: Am besten reinigen Sie Schürfwunden mit klarem, kaltem Leitungswasser, besonders wenn sie stärker verschmutzt sind, etwa durch Straßenstaub. Nicht stark blutende Schürfwunden können Sie mit einer sterilen trockenen Kompresse abtupfen. Meist kommt die Blutung dann schon zum Stillstand.
- Wundabdeckung: Verwenden Sie bei kleineren Wunden Wundpflaster. Bei größeren Flächen decken Sie die wunde mit einer Kompresse ab und fixieren sie mit einer Binde oder mit einem Pflasterstreifen. Manche Kinder reagieren auf normales Heftpflaster sensibel; dafür werden hautschonende Pflaster bereitgehalten. Wasserfeste Pflaster sollten Sie vermeiden, weil sich die Feuchtigkeit der Wunde unter dem Pflaster sammelt und diese nicht trocknen kann.

INFO   **Wunddesinfektionsmittel**

Wunddesinfektionsmittel: Ein Kombinationsspray Octenisept (Antiseptikum plus spezieller Alkohol) brennt nicht, ebenso Mittel mit Povidon-Jod. Jod desinfiziert kleine und große Wunden sowie die umgebende Haut. Es tötet Bakterien, Pilze und Viren sehr wirksam ab. Die Anwendung: Jodsalben, -tinkturen oder -lösungen direkt auf betroffene Stellen geben. Keine tiefen Wunden mit Jod spülen, weil sonst zu viel davon in den Körper gelangt.

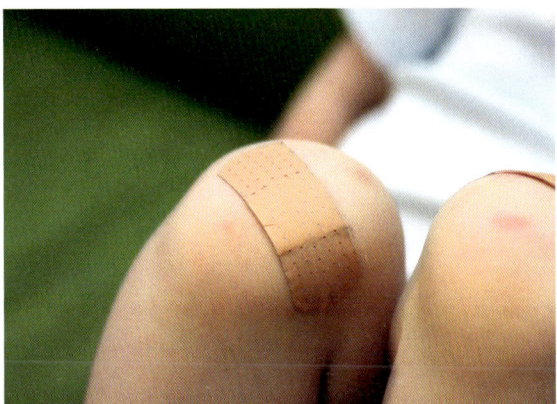

- Entfernen Sie das Pflaster, sobald die Wunde nicht mehr blutet und sich ein gelblicher Belag gebildet hat. Meist ist dies nach einem Tag der Fall. Gleiches gilt für kleinere Kratz- oder Schnittwunden. Denn: Luft ist der beste Verband.

Verbrühungen und Verbrennungen

Bei Schädigungen der Haut durch überhöhte Temperaturen ist die Tiefe der Schädigung wesentlich. Je mehr Hautschichten betroffen sind, desto höher ist der Verbrennungsgrad. Drei Viertel aller hitzebedingten Schädigungen im Kindesalter sind Verbrühungen. Meist handelt es sich dabei um nur oberflächliche Hautschädigungen, die normalerweise gut ausheilen. Sie entstehen in erster Linie durch heißes Wasser oder Dampf. Verbrennungen schädigen nicht nur die Haut. Wenn das Kind heiße oder giftige Dämpfe eingeatmet hat, können Atemstörungen auftreten (auf schnelle Atmung und ungewohnte Atemgeräusche achten).

Was tun, wenn es passiert ist?
- Verbrennungsquelle beseitigen, Feuer löschen oder Ihr Kind wegziehen.
- Sofort (!) 10 bis 15 Minuten lang kaltes Wasser auf alle verbrannten Hautstellen laufen lassen. Bei größeren Verbrennungen oder Verbrühungen die verbrannten Stellen in kaltes Wasser tauchen oder das Kind sofort (!) mit Kleidern unter die kalte Dusche stellen (ungefähr für fünf Minuten, sonst kühlt es zu sehr aus).
- Kleider entfernen, haftende Teile aber auf der Haut belassen.
- Die verbrannten Hautbezirke mit einem sauberen und trockenen Tuch abdecken, beispielsweise mit einem gebügelten Geschirrtuch (keimärmer als ungebügelt). Verbrennungen nicht mit faserigem oder flauschigem Textilmaterial abdecken, glatte Baumwolltücher oder sterile Kompressen benutzen.
- Keinerlei Hausmittel anwenden, also kein Mehl, keine Butter, keine Brandsalben, Brandgels oder anderes.
- Niemals Blasen öffnen.
- Kein Eis auf die Verbrennungen geben.

Grad der Verbrennung – und was tun?
1. Grad:
Hautrötung, keine Blasenbildung.
- Kühlen.
- Geschädigte Haut mit einem lockeren sterilen Gazeverband bedecken.
- Arzt rufen oder Ambulanz/Praxis aufsuchen, wenn der geschädigte Hautbezirk größer ist als etwa die Hand des Kindes.

2. Grad:
Rötung, Blasenbildung, unter Umständen zerrissene Blasen.

- Kühlen.
- Betroffene Stellen mit einem sauberen Tuch abdecken.
- Bei Verbrennung am Arm oder Bein dieses hochlagern.
- Arzt oder Ambulanz aufsuchen.
- Kühlen.
- Wenn notwendig, Atemwege freimachen.
- Atmung und Kreislauf unterstützen.
- Ärztliche Hilfe über den Notruf 112 rufen.
- Anweisungen befolgen.
- Wunde sauber abdecken.

Vergiftungen

Eindeutige Hinweise auf eine Vergiftung fehlen häufig. Deswegen wird der Kinderarzt bei unklaren Krankheitszuständen eines Säuglings oder Kleinkindes – besonders bei einer unklaren Bewusstseinsstörung oder einer Bewusstlosigkeit – immer auch an eine Vergiftung denken.

Oft gibt es aber Hinweise, die vermuten lassen, dass ein Kind einen Giftstoff geschluckt hat. Beispielsweise, wenn Ihr Kind Ihnen erzählt, dass es etwas gegessen hat, von dem es die Farbe oder den schlechten Geschmack schildert. Oder Ihr Kind zeigt Ihnen leere Behälter oder Verpackungen.

Ein weiterer Hinweis können äußerliche Spuren einer giftigen Substanz am Mund und im Gesicht oder flammend gerötete Schleimhäute der Augen und der Lippen oder ein entsprechender Mundgeruch sein: Tabak verursacht starken Mundgeruch und eine bräunliche Verfärbung des Speichels. Alkohol oder Lösungsmittel wie auch Kosmetika hinterlassen ebenfalls typische Geruchsspuren.

Hinweise auf eine Vergiftung

- Plötzliche Wesensveränderung des Kindes.
- Typischer Mundgeruch.
- Reste des Giftstoffes an den Händen, am Körper und in der Mundgegend.
- Spuren in der Umgebung des Kindes: zerkrümelte Zigaretten, herumliegende Tabletten, geöffnete Flaschen und Ähnliches.

Schwere Symptome: Beispiele

- Plötzliche Bewusstlosigkeit.
- Plötzliches Erbrechen, plötzlicher Durchfall.
- Luftnot.
- Epileptischer Anfall.

Was tun bei Vergiftungen?

- Wenn der Giftstoff bekannt ist, sofortige Nachfrage beim Kinderarzt oder beim Giftnotruf (GIZ-Liste, siehe Seite 280).
- Rufen Sie bei schweren Symptomen (siehe Text oben) den Notruf 112 oder suchen Sie sofort eine Ambulanz auf.
- Bis zum Eintreffen von Hilfe Beobachtung des Kindes.

- Wenn nötig, Unterstützung von Atmungs- und Kreislauffunktionen.
- Reste des (vermuteten) Giftstoffs einschließlich Verpackung aufbewahren und mit ins Krankenhaus nehmen. Ursache: Stark ätzende Stoffe. Sie sind besonders konzentriert enthalten in Spülmaschinen-, Toiletten- und Haushaltsreinigern.
- Entfernen Sie Reste der Substanz aus dem Mund und von den Schleimhäuten.
- Auf keinen Fall sollte Ihr Kind erbrechen. Die empfindliche Schleimhaut von Speiseröhre und Mund könnte so ein zweites Mal verätzt werden.

SURF- UND LESETIPP

Unter www.das-sichere-haus.de finden Sie in der Rubrik „Broschüren", „Kinder" die Lektüre: Achtung! Giftig! Vergiftungsunfälle bei Kindern (Download kostenfrei). Neben wertvollen Tipps zu den Gefahren im Haus (z.B. Lampenöle, Haushaltschemikalien) finden Sie auch ausführliche Informationen zu Giftpflanzen in Haus, Garten und Natur.

Windeldermatitis

Viele Babys haben irgendwann einmal entzündete Haut im Windelbereich (Windeldermatitis), vor allem, wenn die Windel nicht häufig genug gewechselt wird. Auf dieser Grundlage kann auch eine Pilzinfektion im Windelbereich entstehen. Denn die feuchtwarme Hülle einer nassen Windel bietet Pilzen, die in geringer Anzahl auf gesunder Haut siedeln, einen idealen Nährboden. Sie können sich stark vermehren und breiten sich dann über den gesamten Windelbereich aus. Die Windeldermatitis ist eine der häufigsten Hauterkrankungen von Kindern im ersten und zweiten Lebensjahr. Auch die beste Windel kann die Haut nicht dauerhaft trocken halten und vor Kontakt mit Stuhl und Urin schützen.

Woran erkennt man eine Windeldermatitis?

Wenn sich die Haut unter einer Windel am Gesäß rötet, bedeutet das noch nicht, dass sich Pilze eingenistet haben. Meist ist sie nur gereizt. Hinweise auf eine Pilzinfektion sind Juckreiz und schuppende sowie gerötete Hautränder. Auch kann sich die Haut stärker entzünden und sehr berührungsempfindlich sein. Häufig bilden sich kleine Bläschen oder Krusten.

Deutliche Hinweise auf eine Pilzinfektion sind: anhaltende Hautrötung mit relativ scharf abgegrenztem dunkelrotem, schuppendem Rand, gerötete Leistenfalten, Durchfall.

Die Ursache liegt in nassen Windeln, denn sie weichen die Haut auf. Die feuchte Haut kann dann den alkalischen Urin nicht mehr gut abpuffern. Aus dem Urin entsteht dann stark hautreizender Ammoniak, der den Säureschutzmantel der Haut zerstört und so ideale Voraussetzungen schafft, dass sich Pilze ansiedeln. Vor allem Hefepilze (Candida) können sich in diesem Milieu gut vermehren. Sie sind die häufigsten Verursacher einer Pilzinfektion im Windelbereich.

Was tun bei einer Windeldermatitis?
Gerötete und somit gereizte Haut unter der Windel beruhigt sich, wenn Sie die Windeln oft wechseln, damit die Haut möglichst trocken bleibt. Ist sie sehr stark gerötet und entzündet, sollten Sie sie nach dem Waschen oder Baden mit einem Föhn (vorsichtig!) trocknen (Gebläse auf lauwarm oder kühl einstellen) oder an der Luft trocknen lassen. Je häufiger Sie die Windel weglassen können, desto besser.

Bei leichten oder abklingenden Symptomen hilft oft auch eine einfache Zinkpaste. Sie ist in Apotheken oder Drogerie erhältlich.

WINDELDERMATITIS		
Wirkstoff	**Zusatzinfo**	**Hinweise**
GEEIGNET		
Nystatin Bsp. Nystaderm®, Candio-Hermal®	Mittel bei jedem Windelwechsel auftragen. Ist der Ausschlag abgeklungen, die Creme noch drei bis fünf Tage anwenden, um einem Rückfall vorzubeugen.	Bei Pilzinfektionen im Windelbereich und anderen nystatinempfindlichen Hautpilzen.
Kombinationsmittel Nystatin und Zinkoxid Bsp. Multilind® Heilsalbe, Mykoderm® Heilsalbe	Bei jedem Windelwechsel neu eincremen.	
Synthetischer Gerbstoff Bsp. Tannolact®, Tannosynt®	Bei jedem Windelwechsel dünn auf den betroffenen Hautstellen verteilen. Darauf achten, dass die Präparate nicht ins Auge des Kindes gelangen.	Zur Unterstützung der Behandlung von Pilzinfektionen im Windelbereich, immer nur zusätzlich zu Antipilzmitteln. Synthetischer Gerbstoff bekämpft nicht die Pilze, sondern wirkt leicht antientzündlich, dämpft den Juckreiz und stabilisiert die Haut.

Wann zum Arzt?

Wenn Sie noch keine Erfahrung mit der Behandlung eines Windelausschlags haben, sollten Sie die wunden Stellen einem Arzt zeigen, bevor Sie den Ausschlag selbst behandeln. Später werden Sie die typischen Anzeichen aus Erfahrung kennen.

Tritt die Hautreizung trotz der allgemeinen Maßnahmen ständig wieder auf oder ist der Ausschlag nach sieben bis zehn Tagen immer noch nicht abgeklungen, sollten Sie einen Arzt aufsuchen.

Wenn Sie davon ausgegangen sind, dass eine Pilzinfektion vorliegt und Sie die Haut deshalb mit den hier als „geeignet" bewerteten Mitteln behandelt haben, die Haut aber trotzdem auch nach drei bis fünf Tagen weiterhin stark gerötet ist und schmerzt, sollten Sie ebenfalls einen Arzt aufsuchen.

Zeckenstiche

Zecken lauern im Unterholz und Gebüsch bis ein Meter Höhe, an Waldrändern, Lichtungen oder Bächen. Auch auf ungemähten Wiesen und in Gärten können Zecken vorkommen. Sie werden dort im Vorbeigehen unbemerkt abgestreift und lassen sich auf der Haut nieder. (Sie fallen nicht von Bäumen herab.)

Anzeichen und Beschwerden

Einen Zeckenstich spürt Ihr Kind meist nicht. Erst wenn Sie seine Haut absuchen, erkennen Sie die Zecke an einem zirka ein bis zwei Millimeter großen schwarzen Punkt. Hat sie sich mit Blut vollgesogen, ist sie erheblich dicker (zirka zehn Millimeter) und fällt wieder von der Haut ab. Zurück bleibt ein winziger blutiger Fleck, der manchmal etwas juckt und ansonsten rasch verheilt.

Es besteht ein relativ hohes Risiko, dass Zecken bestimmte Bakterien (Borrelien) übertragen, die eine Haut-, Hirnhaut- und Gelenkentzündung hervorrufen können (Lyme-Borreliose). Etwa jede dritte Zecke in Europa ist mit Borrelien infiziert. Sehr viel seltener werden mit dem Speichel der Zecken auch Viren übertragen, die eine Gehirnentzündung (Frühsommer-Meningoenzephalitis, abgekürzt FSME) auslösen. Zecken, die FSME übertragen, kommen nur in bestimmten Landstrichen häufig vor.

Bei Kindern stehen nach einem Stich einer mit Borrelien infizierten Zecke Fieber, Kopfschmerzen sowie eine plötzlich auftretende einseitige Lähmung des Gesichtsmuskels im Vordergrund.

Eine FSME-Infektion verläuft bei Kindern im Vergleich zu Erwachsenen in der Regel deutlich leichter und bis zu einem

INFO   Insektenabwehrmittel

Gegen Insektenstiche können Sie sich schützen, indem Sie Flüssigkeiten mit Insekten abschreckenden Inhaltsstoffen auf die Haut auftragen. Zu diesen Mitteln gehören:

- Anti Brumm Naturel mit Citriodiol, einem Bestandteil des ätherischen Öls aus einer chinesischen Eukalyptusart (Eucalyptus maculata citriodon) sowie Zedan SP mit einer Mischung aus ätherischen Ölen aus Zedernholz, Nelke, Palmarosa, Citronella, Eukalyptus, Minze und anderen
- Anti Brumm Forte, Azaron before Tropen Gel/Spray, Nobite Hautschutzgel/-lotion mit dem Wirkstoff Diethyltoluamid (DEET)
- Autan Active/Family, Azaron before Moskito- und Mückenschutz Sprayotion Tropen, Azaron before Zeckenschutz Spraylotion, Nobite Sensitive mit dem Wirkstoff Icaridin (Hydroxy-isobutyl-piperidin-carboxylat, auch Bayrepel ® genannt)
- Zanzarin mit einer Kombination aus Aloe vera, Jojobaester und ätherischen Ölen

Bei diesen Präparaten handelt es sich nicht um Arzneimittel, für den Vertrieb ist keine behördliche Zulassung erforderlich, sodass sich die Produkte nicht nach den für das Handbuch „Medikamente ohne Rezept" geltenden Grundsätzen bewerten lassen.

Der wissenschaftlichen Literatur zufolge schützen Mittel mit DEET oder Icaridin am besten gegen Insektenstiche. Diese Wirkstoffe sind vor allem angezeigt, wenn Insekten abgewehrt werden sollen, die Krankheiten übertragen (z. B. Moskitos mit Malaria-Erregern, Zecken mit Erregern für Frühsommer-Meningoenzephalitis oder Borreliose). Die Schutzwirkung dieser Mittel hält etwa zwei bis drei Stunden vor, wie lange genau, hängt von den Umgebungsbedingungen (Temperatur, Luftfeuchtigkeit, Wind, Schwitzen) und von der Art der Insekten ab.

Für DEET liegen die längsten praktischen Erfahrungen vor. Es wehrt sowohl tag- wie auch nachtaktive Stechinsekten gut ab. Deshalb wird DEET vor allem in malariagefährdeten Gebieten als Mittel der ersten Wahl empfohlen, um Anopheles-Mücken, die Überträger von Malaria-Erregern, abzuwehren. In Deutschland und Europa jedoch ist der Wirkstoff Icaridin vorzuziehen, nicht zuletzt wegen des angenehmeren Geruchs, vor allem aber wegen seiner besseren Verträglichkeit. Die bisher vorliegenden klinischen Untersuchungen legen nahe, dass Icaridin ähnlich gut und zuverlässig wirkt wie DEET; dieses hat jedoch den Nachteil, dass es besonders gut durch die Haut in den Blutkreislauf eindringt und dann unerwünschte Wirkungen auf das Nervensystem entfalten kann (z. B. Taubheitsgefühle und Kribbeln, bei großflächiger Anwendung aber auch Hirnschädigungen und Krampfanfälle). Wenn Sie andere Medikamente auf der Haut anwenden, die das Eindringen von Wirkstoffen in die Haut erleichtern (z. B. harnstoffhaltige Hautpflegemittel, salizylsäurehaltige Mittel), oder wenn Sie das Mittel auf großen Flächen auftragen (z. B. ganzer Oberkörper), besteht ein höheres Risiko, dass DEET Nervenschäden hervorruft. Auch sollten Sie darauf achten, dass Sie Sprühnebel aus Sprays nicht einatmen. DEET kann sowohl die Haut reizen, als auch Kunstfasern, Uhrenarmbänder und lackierte Flächen angreifen. In Schwangerschaft und Stillzeit sowie bei Kindern unter drei Jahren sollten Sie DEET nicht anwenden.

Wenn Sie DEET zusammen mit einem Sonnenschutzmittel, das chemische Filtersubstanzen enthält, anwenden, sollten Sie dieses zuerst auftragen, und dann erst das Insektenabwehrmittel. Zu beachten ist, dass Sie dann kürzer als gewohnt in der Sonne bleiben dürfen, weil DEET die Wirkung des Sonnenschutzmittels um bis zu ein Drittel verringern kann.

Mückenschutzmittel mit ätherischen Ölen riechen zwar deutlich besser als die chemischen Produkte, wirken aber weniger sicher und deutlich kürzer als diese. Am ehesten sind Präparate mit dem ätherischen Öl aus Eucalyptus maculata citriodon oder Citronella ratsam, weil diese Öle Insekten noch am stärksten abschrecken.

Alle Mittel dürfen Sie nicht auf offenen Hautstellen oder in der Nähe von Schleimhäuten anwenden. Wenn die Haut sich nach dem Auftragen rötet, juckt und schuppt, sollten Sie das Mittel absetzen. Dann reagieren Sie vermutlich allergisch auf die darin enthaltenen Stoffe. Wegen der möglicherweise giftigen Wirkung müssen Sie alle Mittel außerhalb der Reichweite von Kinderhänden aufbewahren.

In Ausgabe 5/2008 der Zeitschrift „test" berichtet die Stiftung Warentest über einen Test von zwanzig verschiedenen Mitteln zur Zeckenabwehr. Zwölf davon schnitten mit „mangelhaft" ab, lediglich drei Mittel gelten als „befriedigend" (Anti Brumm Naturel, Autan Family Care Zeckenschutz und Quartett Anti Zecke Hautspray).

Quelle: Handbuch „Rezeptfreie Medikamente", Stiftung Warntest, Stand: 2009.

Alter von 14 Jahren meist ohne bleibende Schäden.

Abwehr von Zecken

Suchen Sie Ihrem Kind und sich nach einem Spaziergang oder einer Wanderung immer die gesamte Hautoberfläche (nicht nur die unbedeckten Hautstellen) auf Zecken ab, auch Haaransatz, Kopf, Achselhöhlen, Kniekehlen und die Genitalregion. Schütteln Sie auch die Kleider gründlich aus. Zecken können darin sechs bis acht Stunden ausharren, bevor sie sich am Menschen festbeißen.

Wenn Sie das Tier innerhalb von zwölf Stunden nach dem Zustechen entfernen können, ist das Risiko klein, dass es mit dem Speichel schon die Erreger der Lyme-Borreliose übertragen hat. FSME-Viren werden dagegen sofort übertragen.

Sie können zum Schutz vor Zecken Insektenabwehrmittel auf die Haut auftragen (siehe Seite 316).

Eine Zecke entfernen – aber richtig

Wenn Sie eine Zecke auf der Haut entdecken, sollten Sie sie so schnell wie möglich entfernen. Hat sich das Insekt noch nicht länger als zwölf Stunden auf der Haut niedergelassen, ist die Wahrscheinlichkeit gering, dass es schon Borrelien übertragen hat.

Am einfachsten lässt sich das Tier entfernen, indem Sie es mit einer Pinzette möglichst dicht über der Haut fassen und vorsichtig herausziehen. Nicht quetschen! Sie können auch ein Vereisungsspray aufsprühen, das die Zecke sofort betäubt. Sie lässt sich dann noch leichter abziehen.

Benutzen Sie kein Öl und keinen Klebstoff, um das Insekt zu ersticken – in solchen Stresssituationen gibt die Zecke vermehrt Speichel ab, und das Infektionsrisiko steigt. Ein in der Haut zurückgebliebener Stechrüssel bedeutet jedoch meist keine Gefahr.

Wann Unbedingt zum Arzt?

- Ein Empfehlung vorab: Wenn Sie in einem FMSE-Risikogebiet wohnen, sollten Sie Ihr Kind und sich gegen dieses Virus mit einer Impfung schützen.
- Wenn die Haut um einen Zeckenstich stark anschwillt, sich entzündet und eitert, sollten Sie einen Arzt aufsuchen.
- Bildet sich an der Stichstelle ein großer roter Fleck oder ein Bereich mit einem runden roten Rand (Erythem), besteht der Verdacht, dass eine Zecke Borrelien übertragen hat. Beobachten Sie den Bereich um den Zeckenstich und die Haut am ganzen Körper genau, oft entwickelt sich das Erythem erst ein bis zwei Wochen nach dem Stich und

möglicherweise auch an einer Stelle, die weitab von der Stichstelle liegt. Sobald Sie einen solchen Fleck bemerken, müssen Sie sich unverzüglich in ärztliche Behandlung begeben.

- Wenn Ihr Kind nach einem Zeckenstich über unerklärliche Schmerzen in einem Gelenk klagt, wenn ein Gelenk anschwillt oder wenn es Kopfschmerzen und Fieber bekommt, sollten Sie sofort einen Arzt aufsuchen.
- Und: Wird eine Lyme-Borreliose vom Arzt festgestellt, muss so schnell wie möglich mit Antibiotika behandelt werden.

REGISTER

UNSER TAGEBUCH

Fragen, Notizen und Beobachtungen

U1 und U2, Erstgeborenenuntersuchungen

Unsere Fragen an den Arzt

....

....

....

....

....

....

Interessantes, das wir erfahren haben

....

....

....

....

....

....

U3, Termin am:..

Unsere Fragen an den Arzt

....

....

....

....

....

....

Interessantes, das wir erfahren haben

....

....

....

....

....

....

U4, Termin am:...

Unsere Fragen an den Arzt

....

....

....

....

....

....

Interessantes, das wir erfahren haben

....

....

....

....

....

....

U5, Termin am:...

Unsere Fragen an den Arzt

....

....

....

....

....

....

Interessantes, das wir erfahren haben

....

....

....

....

....

....

U6, Termin am:...

Unsere Fragen an den Arzt

....

....

....

....

....

....

Interessantes, das wir erfahren haben

....

....

....

....

....

U7, Termin am:..

Unsere Fragen an den Arzt

....

....

....

....

....

....

Interessantes, das wir erfahren haben

....

....

....

....

....

....

U7a, Termin am:..

Unsere Fragen an den Arzt

....

....

....

....

....

Interessantes, das wir erfahren haben

....

....

....

....

....

Unsere wichtigen Adressen und Telefonnummern

Unser Kinderarzt

Name: _____
Adresse: _____
Tel. _____

Die nächste Kinderklinik

Name: _____
Adresse: _____
Tel. _____

Unsere Tagesmutter/Kinderkrippe

Name: _____
Adresse: _____
Tel. _____

....
Name: _____
Adresse: _____
Tel. _____

....
Name: _____
Adresse: _____
Tel. _____

IMPRESSUM

© 2010 Stiftung Warentest, Berlin

Stiftung Warentest
Lützowplatz 11–13
10785 Berlin
Tel. 0 30/26 31–0
Fax 0 30/26 31–25 25
www.test.de

Vorstand: Dr. jur. Werner Brinkmann
Weiteres Mitglied der Geschäftsleitung:
Hubertus Primus (Publikationen)

Autorin: Dr. Rose Riecke-Niklewski, analytische
Kinder- und Jugendlichen-Psychotherapeutin
Lektorat: Heike Plank, Veronika Schuster (Assistenz)
Redaktionelle Mitarbeit: Ina Bockholt,
Dorothee Soehlke-Lennert
Fachliche Beratung: Prof. Dr. Gerd Glaeske, Zentrum
für Sozialpolitik, Abt. Arzneimittelversorgungsfor-
schung, Universität Bremen; Dr. Dr. Günter Niklewski,
leitender Arzt der Klinik für Psychiatrie und Psychothe-
rapie am Klinikum Nürnberg; Dr. Imke Reese, Diplom-
Ökotrophologin, Ernährungsberatung und -therapie,
Schwerpunkt Allergologie, München; Dr. Volker Spit-
zer, Kinder- und Jugendarzt, Nürnberg; Bettina Weni-
ger, Apothekerin, pharmafacts Berlin; Prof. Dr. Jürgen
Windeler, Medizinischer Dienst des Spitzenverbandes
Bund der Krankenkassen, Essen
Titelentwurf: Susann Unger, Berlin
Layout: Pauline Schimmelpenninck Büro für
Gestaltung, Berlin
Grafik und Satz: Anne-Katrin Körbi, Vera Göring
Verlagsherstellung: Rita Brosius (Ltg.), Susanne Beeh
Produktion: Vera Göring
Bildredaktion: Anne-Katrin Körbi
Illustrationen: Kati Hammling, Brieselang
Bildnachweis – Titel: privat;
Innenteil: A1Pix, Alimdi.net, argum, iStockphoto,
Joker, Mauritius, mediacolors, Superbild,
Agnes Brendel
Litho: tiff.any GmbH, Berlin
Druck: Firmengruppe APPL, aprinta druck, Wemding

Einzelbestellung:
Stiftung Warentest
Tel. 0 180 5/00 24 67
Fax 0 180 5/00 24 68
(je 14 Cent pro Minute aus dem Festnetz, maximal
42 Cent pro Minute aus dem Mobilfunknetz)
www.test.de/shop

Redaktionsschluss: März 2010

ISBN: 978-3-86851-013-3